JOURNAL
D'UNE
Promenade autour du Monde
EN 118 JOURS

ÉTATS-UNIS. — JAPON. — CHINE. — CEYLAN. — INDE.

ÉGYPTE. — TERRE-SAINTE.

PARIS

FAYARD FRÈRES, ÉDITEURS

78, BOULEVARD SAINT-MICHEL, 78

JOURNAL
D'UNE PROMENADE AUTOUR DU MONDE

JOURNAL

D'UNE

PROMENADE AUTOUR DU MONDE

EN 118 JOURS

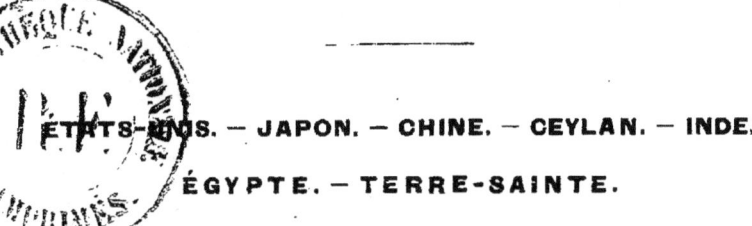

ÉTATS-UNIS. — JAPON. — CHINE. — CEYLAN. — INDE.
ÉGYPTE. — TERRE-SAINTE.

PARIS

FAYARD FRÈRES, ÉDITEURS

78, BOULEVARD SAINT-MICHEL, 78

Pont-promenade de la *Touraine*, près de l'avant du bâtiment.

AVANT-PROPOS

Je n'avais jamais eu la chance de visiter ni l'Asie ni l'Amérique du Nord. Je me décidai à accompagner mon fils aîné dans une partie de son tour du monde.

Ayant dû limiter à quatre mois la durée de mon absence, je ne pouvais évidemment recueillir des pays que j'allais parcourir, autre chose que des impressions d'ensemble ou des traits de couleur locale. Loin de moi donc la prétention de porter un jugement sur leurs conditions sociales, économiques ou politiques.

Les pages qui suivent ne sont, en effet, que le développement des lettres écrites dans les moments trop courts laissés libres par la rapidité du voyage ; et leur style, forcément aride, le reflet d'une course malheureusement trop précipitée.

La forme de journal que je leur ai conservée est l'excuse de leur insignifiance : leur caractère de « pages vécues », d'impressions jetées sur le papier au jour le jour, peut seul plaider en leur faveur les circonstances atténuantes.

Peut-être les voyageurs futurs y trouveront-ils quelques renseignements utiles.

Toutes les vues photographiques jointes à ce volume, et qui lui donnent son principal intérêt, sont l'œuvre de mes jeunes compagnons de voyage.

JOURNAL
D'UNE
PROMENADE AUTOUR DU MONDE
EN 118 JOURS

CHAPITRE I

L'Atlantique. — Le paquebot la « Touraine ». — Première impression de New-York. — Le « Broadway Central Hotel. »

22 Octobre 1897. — C'est pour 7 heures 52 du soir qu'est annoncé, le départ du train spécial, dont l'heure varie avec la marée, et qui conduit les passagers de la Compagnie Transatlantique de la gare Saint-Lazare au Havre pour les déposer au quai d'embarquement où les attend le paquebot à destination de New-York. Vers 7 heures donc, nous laissons, non sans une émotion qu'on comprendra facilement, les nôtres au pied de l'escalier de la cour du Havre, et pénétrons rapidement, mon fils et moi, dans la gare brillamment éclairée par les globes de lumière électrique, traversant par un de ces contrastes, hélas ! si fréquents, d'abord les groupes d'émigrants accroupis dans une des salles d'attente, puis, un peu plus loin, sur le quai, celui des beaux messieurs en chapeaux haute forme venus pour donner la conduite aux voyageurs d'un ordre plus relevé.

Chacun de nous était muni d'un billet circulaire de

Paris à Paris, fourni Place de l'Opéra, par l'agence Cook and Sons moyennant la somme de 3,000 francs dans laquelle se trouve compris le supplément de 125 francs exigé pour voyager sur la *Touraine*, le plus beau et le plus rapide des paquebots français.

Sur le quai de départ nous rejoignons notre jeune ami et compagnon de voyage le comte de La B... que son père seul avait accompagné pour l'embrasser au moment de la séparation. Il avait eu la bonne pensée de demander au chef de gare un compartiment de 1re classe où nous pussions être seuls, nous évitant ainsi, pour cette soirée du départ, la promiscuité des beaux salons, dits « wagons-bars », préférés par les amateurs de conversation. Trajet silencieux : les émotions de la séparation pèsent sur chacun.

A minuit juste on arrive au Havre, où, après quelques manœuvres, le train prend la ligne spéciale qui descend au port. Il est minuit 35 minutes quand, enfin, nous nous arrêtons dans une sorte de couloir en planches, et, à peine les portières ouvertes, on a la satisfaction de se trouver entre les mains des domestiques du paquebot se précipitant pour prendre les colis qui encombrent les compartiments : on n'a qu'à les suivre quelques pas pour gagner l'entrée du navire. Une fois à l'abri dans ce merveilleux hôtel flottant admirablement éclairé à l'électricité, j'exhibe les numéros des cabines qui nous sont destinées et y suis conduit sans retard à travers tout un labyrinthe de corridors se croisant à angles droits et qualifiés de rues : « rue de Paris, rue de New-York, rue de Londres, rue de Chicago, rue du Havre ». Nous sommes logés « rue de Paris, *Paris Street* » (toutes les inscriptions sont dans les deux langues) en deux cabines contiguës, donnant heureusement l'une et l'autre sur la mer. J'en prends possession pendant que mes jeunes gens s'occupent de retrouver tous ceux de nos bagages destinés aux cabines, et munis depuis Paris d'étiquettes spéciales : l'opération s'effectue promptement grâce à l'excellente organisation du service, pendant que je m'étends avec délices dans un vaste lit bien différent des couchettes étroites auxquelles mes navigations d'autrefois m'avaient habitué. Notre jeune domestique pyrénéen, Albert Latapie, s'installe dans ma cabine, au dessus de moi ; et mon fils et son ami, l'un au-dessus de l'autre, dans la cabine voisine.

Tout le monde se trouve fort bien et bientôt un sommeil réparateur vient compenser, surtout pour moi, les fatigues des préparatifs de voyage et les préoccupations inséparables d'un semblable départ. J'appris donc seulement le lendemain matin qu'un violent incendie avait, cette nuit même, éclaté dans le voisinage du port.

23 Octobre. — Réveillé vers 6 heures, par les premiers mouvements de la machine, je vois, par le hublot de la cabine, défiler les derniers quais et les dernières maisons du Havre. La jeunesse, comme de raison, sommeille davantage, mais il faut enfin qu'à 8 heures 1/2 tous s'arrachent au repos : car les garçons nous avertissent que le petit déjeuner ne reste servi, à la salle à manger, que jusqu'à 9 heures.

A midi, on voit les dernières collines de France et au-dessous le phare bas de la Hague, dernière pointe extrême du Cotentin. Le ciel est gris et la mer légèrement houleuse, pas assez cependant pour que le mouvement du navire soit sensible, et, en dépit d'un vent assez froid, ce premier jour de navigation nous semble fort doux.

Le commandant du navire, M. Santelli, qui avait été au préalable prévenu par notre compagnon et de notre voyage et de notre désir de garder l'incognito, nous fait gracieusement demander s'il nous serait agréable d'être placés pour les repas à celle des deux longues tables centrales dont il occupe la présidence. Mais ce serait incompatible avec la réserve que nous désirons garder et nous préférons une des petites tables, pour quatre, placées sur le pourtour de la salle : notre société y est fort agréablement complétée par un compagnon de voyage imprévu, le jeune et aimable

Léon de Lab..., dont la famille est de longue date liée avec la mienne et que mes fils ont lui-même rencontré plus d'une fois dans leurs exercices de bicyclettes : il va tâcher de chasser l'ours chez des amis possesseurs d'un rancho dans l'Assiniboia, l'une des provinces occidentales du Dominion Canadien. Je tiens beaucoup à passer inaperçu à bord pour ne pas donner l'éveil sur notre passage à travers les États-Unis : ne pouvant, par suite de la rapidité de notre voyage, aller saluer le chef de ce pays ami, je craindrais autrement de paraître manquer d'égards envers un gouvernement qui, à différentes époques, a constamment accueilli tous mes proches avec une bienveillance particulière.

Je parcours la liste des passagers sans y trouver d'autres connaissances, bien que j'y rencontre plusieurs noms illustres. Nous avons en effet à bord deux peintres célèbres : l'espagnol Madrazo, et Chartran, bien connu par son portrait du Pape Léon XIII et d'autres chefs-d'œuvre. Je relève encore sur la liste les noms de Hippeau, Benzinger, Urquiza, puis trois ecclésiastiques : monseigneur Laflamme, le Père Epinard et un autre, et trois religieuses. Il y a environ 200 passagers de première classe.

La *Touraine* est un magnifique navire long de 165 mètres.

Le premier entrepont (ou *main deck* comme dit l'inscription anglaise) comprend la plupart des cabines de 1re classe, ainsi que la vaste salle à manger qui va d'un bord à l'autre et donne place, autour de ses trois grandes tables à 104 passagers, et à 60 autres le long des dix petites tables placées des deux côtés. Ces chiffres ne représentent pas la moitié des places de cabines de 1re classe qui s'élèvent à 405 mais sont rarement occupées au complet ; puis il faut bien compter sur le mal de mer, sur les dames de santé délicate ou autres passagers peu assidus aux repas.

Le premier déjeuner servi, au gré de chacun, de 7 heures du matin à 9 heures, comporte, outre le thé, le café, le chocolat et accessoires, une excellente soupe à l'oignon. On sonne le principal déjeuner au coup de midi, le dîner à 6 heures et demie. La cuisine aussi bien que le menu de l'un et l'autre repas ne laissent rien à désirer ; les vins rouge et blanc sont à discrétion, complétés par le café et un verre de cognac. Le soir, à 9 heures, ceux qui éprouvent le besoin de se réconforter avant le sommeil, trouvent encore du thé agrémenté de diverses confitures.

Une partie des cabines situées à l'arrière du navire, sont séparées de la salle à manger par la longue avenue des machines. Les nôtres, qui sont à l'avant, ont l'avantage, malgré la longueur encore assez respectable de la « rue de Paris », de se trouver plus facilement en contact avec le centre du bâtiment. Du voisinage de la salle à manger s'élève, en effet, le grand escalier dont la somptueuse construction fait face à une belle vue du château de Chenonceaux, cette perle de la Touraine, et qui, se séparant en deux branches gracieusement recourbées, conduit aux deux entrées du salon de musique ou conversation, situé à l'étage supérieur, ou deuxième entrepont (*lower deck*). Là se trouvent encore, à l'avant, quelques cabines de 1re classe et une table de trente-deux places qualifiée table d'enfants ; le reste de l'étage est consacré aux cabines de 2e classe, puis aux passagers dits d'entrepont, absolument séparés des autres, mais disposant, pour prendre l'air, d'une galerie extérieure située à la même hauteur, ainsi que d'une partie de l'arrière du navire où, du haut du pont de promenade on voit parfois, les jours de beau temps, les émigrants, pour la plupart de nationalité italienne, charmer leurs loisirs par les danses de leur pays.

A l'étage supérieur (Pont promenade, *Promenade deck*) se trouve, outre le logement du commandant, encore un petit nombre de cabines de 1re classe et notamment quelques-unes des merveilleuses « chambres de luxe » dont chacune constitue tout un petit appartement divisé par d'épais rideaux et comprenant salle de bains particulière et autres accessoires. Tout autour de cet étage est l'espace destiné à la promenade des passagers de 1re classe, et l'arrière est réservé à ceux de 2me qui y ont leur fumoir. Par delà tous ces étages, au-dessus du Pont Promenade il y a encore la passerelle des officiers, et un toit dont l'accès est interdit comme de raison aux passagers.

La grande hauteur donnée ainsi à ce genre de paquebots, de façon à augmenter le nombre des logements et compenser la grande dépense de charbon occasionnée par leur vitesse, a malheureusement pour résultat de les rendre bien plus sensibles aux mouvements de la mer et notamment au roulis, qu'on ne pourrait s'y attendre, étant donné leur fort tonnage.

24 Octobre. — C'est dimanche. Rencontrant la veille le prélat dont j'avais vu le nom sur la liste des passagers, je m'étais informé de « Monseigneur l'Evêque », si nous n'aurions pas la messe. Il m'avait répondu qu'il n'était pas évêque, mais bien recteur de l'Université de Québec revenant d'un congrès de géologie tenu en Russie ; mais qu'il n'a pas apporté ce qu'il faut pour dire la messe. Le bon et sans doute savant prélat semble jouir fort à son aise de ses derniers jours de vacances, passant une bonne partie de la journée étendu sur les banquettes de la salle à manger, où tout en somnolant il laisse tomber sur ses genoux les journaux amusants de Paris.

Les deux autres ecclésiastiques sont de tous jeunes novices, paraît-il, de l'ordre des chanoines réguliers de Saint-Augustin, qui blottis l'un contre l'autre sur le pont, dans leurs manteaux de drap noir, ne semblent appartenir qu'à leurs pieuses pensées, ou plus problablement à la crainte du mal de mer.

Le vent, en effet, a fraîchi et déjà notre jeune montagnard Latapie, tout à fait novice en voyages maritimes, a payé son tribut à la mer en inondant inconsciemment ma belle couverture de voyage d'une pluie peu odoriférante. Sauf cet incident, notre société se tient encore assez bien : la jeunesse se promène beaucoup sur le pont ; et le soir, après 9 heures, quand déjà je cherche dans la cabine le repos nécessaire à mon âge et à mes habitudes, il y a raout en petit nombre chez le Commandant où on se livre aux délices du jeu de bézigue.

25 Octobre. — Hélas ! Pendant la nuit la mer s'est gâtée tout à fait, et ce navire qui nous avait paru si stable au sortir de l'estuaire de la Seine, a un tel roulis que je n'ai guère pu sommeiller. Les yeux grands ouverts il me fallait voir avec douleur se balancer les pesants rideaux de soie qui garnissent les couchettes ; parfois même la lourde malle placée sous la banquette s'ébranlait suivie bientôt par tous les livres, nécessaires de toilette et valises imprudemment laissés libres ; et les ondes balayaient sans cesser le hublot, tandis qu'au-dessus de ma tête mon jeune domestique trouvait dans le profond sommeil de son âge la meilleure garantie contre le mal qui l'avait tant éprouvé dès la veille.

Mon fils, non moins sensible aux mouvements du navire, prit le sage parti de ne pas quitter son lit de toute la journée et de s'en remettre à la cure classique des quartiers d'orange. Léon de Lab... aussi n'est apparu que pour s'étendre sur un des bancs du pont, enveloppé dans sa peau de bique et consommer languissamment quelques maigres aliments. Ainsi de notre société La B... seul est entièrement indemne et vaillant. Quant à moi, après quelques heures de malaise à la suite de la mauvaise nuit, je me trouvai dès midi assez remis pour profiter de sa bonne compagnie aux repas, et risquer à pas chancelants la promenade sur le pont. Je pus même écrire tant bien que mal et commencer la lecture de la « *Visite à l'Oncle Sam* », du comte de Grancey, dont l'esprit si français et les fines observations de voyage ont su dérider la morosité habituelle de mes 55 ans et demi.

Nous avons dépassé la hauteur de l'Irlande : au sortir de la Manche, en effet, on s'approche de cette île pour aller chercher un parallèle plus septentrional, plus court par conséquent en vertu de la rotondité de la terre, de sorte que notre itinéraire semble sur la carte tracer une courbe, tandis que son trajet est, en réalité, moindre que si nous avions dès l'abord suivi une ligne droite vers New-York.

Maintenant nous marchons vers l'Ouest Sud-Ouest. La brise fraîche est du Nord-Ouest, presque debout par conséquent, mais n'empêche pas le navire de filer bien près de ses 19 nœuds réglementaires. C'est le plus rapide des paquebots français. Sur ce point, hélas ! comme sur d'autres, nous sommes pour le moment battus par nos voisins du Nord et du Nord-Est. Quelques-uns des transatlantiques anglais de la Compagnie Cunard, de Liverpool, notamment le *Campania* filent facilement 21 nœuds, et le *Kaiser Wilhelm* qui va de Brême à New-York, tient le record avec ses 22 nœuds ! La Compagnie Transatlantique espère en approcher, sinon le battre, quand elle aura terminé ses nouveaux bâtiments la *Lorraine* et la *Savoie*.

Mais au dire des marins, cette rivalité de vitesse ne pourra guère aller plus loin, la consommation de charbon qu'elle exige obligeant à élever le prix des passages dans des proportions qui pourraient cesser un jour d'être rémunératrices.

Il y a un peu de bleu au ciel, ce qui réjouit toujours le cœur, et un superbe arc-en-ciel d'heureux présage.

26 Octobre. — La mer s'est calmée pendant la nuit, et on a bien dormi. Toute notre société paraît rétablie et la jeunesse s'occupe de photographie sans grand succès, car le mouvement se faisant encore sentir, rend tout équilibre instable ; et, sur le promenoir dont l'espace est limité par les cabines du pont, on n'a pas le choix des positions : il faut s'accommoder de la direction de la lumière telle qu'elle se trouve, et les résultats sont des plus insuffisants.

Un joli soleil égaie la brise encore fraîche et donne bien la sensation qu'on va vers le Sud. New-York, en effet, est à la latitude de Naples, sans en avoir le doux climat.

Ainsi, dans les voyages de ma jeunesse, sentais-je approcher les côtes d'Espagne ou de Portugal après avoir franchi le golfe de Gascogne, souvent si peu aimable.

27 Octobre. — Hélas! l'acalmie n'a pas duré. La nuit a été de nouveau mauvaise ; mais j'ai retrouvé, avec mes habitudes marines, mon bon sommeil habituel. Il a plu et même neigé, paraît-il un moment. Le thermomètre ne s'est pas élevé au dessus de 4 degrés.

Le mouvement du navire toujours violent rend l'existence inconfortable même pour ceux qui, comme moi, ont triomphé du mal de mer. L'écriture est difficile, la toilette pénible, la promenade sur le pont impossible, et la marche mal équilibrée dans les trajets assez longs qui, à travers les corridors et les escaliers, nous conduisent de nos cabines à la salle à manger ou aux salons.

La merveilleuse salle à manger, dont les dorures, la petite forêt d'élégantes colonnettes et le brillant éclairage électrique semblent reproduire les salons des plus luxueux cafés, perd ses charmes quand, en prenant place devant l'excellent menu, on est salué par les lames balayant constamment les hublots. Aussi, mon fils et Lab..., les plus jeunes et les moins amarinés d'entre nous, préfèrent-ils le grand air du pont où nous les retrouvons mélancoliquement étendus l'un à côté de l'autre.

Cependant, quelques mouettes nous font pressentir le voisinage de Terre-Neuve, et l'après-midi un beau soleil nous réconforte un peu. On croise un vapeur.

28 Octobre. — Voici enfin du beau temps. Lever du soleil sans nuages. Mer calme. Température cependant encore fraîche. On a passé pendant la nuit entre Terre-Neuve et le grand banc de sable qui l'avoisine, de sorte qu'on est abrité par les terres qui nous restent néanmoins cachées.

Je m'efforce d'employer ces dernières journées de navigation à mettre à jour ma correspondance, ce qui en dépit de la splendeur de ce bâtiment et à moins d'avoir un appartement à soi dans une des « cabines de luxe », n'est pas aussi facile qu'on pourrait le croire. Les tables destinées à l'écriture dans le salon de musique sont rarement libres, et les banquettes même qui y font face, se trouvent occupées parfois dès 7 heures du matin par des dormeurs étendus, voire même des dames qui ont apparemment éprouvé le besoin d'abandonner leur cabine, pour changer d'air, laissant de côté la fameuse « *propriety* », le sentiment des convenances si prôné par les anglo-saxons. Le mal de mer excuse tout.

Il y a bien encore quatre petites tables situées à l'étage supérieur et que leur isolement destine spécialement au travail de bureau ; mais si l'une d'elles se trouve occupée par une dame, on n'ose guère se mettre à celle d'en face ; car, à en croire les récits de voyageurs, peut-être un peu fantaisistes, on pourrait regretter d'avoir risqué ce tête-à-tête. On a vu, prétend-on, au pays où nous allons des personnes du sexe faible intenter un procès à un voyageur inexpérimenté sous prétexte de les avoir compromises en se trouvant, par hasard, quelques instants seul avec elles ; à en croire ces touristes de mauvaise langue, les dames américaines sauraient ainsi mettre à profit les termes par trop amples d'une législation plus rigoureuse que les mœurs !

Pendant que je travaille, les jeunes gens ont, sur mon avis, visité tous les détails du navire sous les auspices de l'aimable commandant.

29 Octobre. — Nous voici à la dernière journée de la traversée, journée toujours triste, en dépit des souvenirs peu agréables du mauvais temps et du mal de mer, et malgré le désir de trouver à terre des nouvelles des nôtres et de voir un pays encore inconnu pour nous. Il m'en coûte toujours de me séparer d'un navire où j'ai passé un certain nombre de jours : et aussi de rompre avec la régularité, le calme forcé de l'existence du bord. Puis, il va falloir nous séparer du bon Lab... Nous ne pouvions, sans déranger tout le plan de notre voyage, le suivre au Fort-Ellice, dans l'Assiniboia, au delà de Winipegg en Manitoba où va le conduire le chemin de fer transcanadien. Il nous faut donc fermer l'oreille à ses aimables instances. Mon fils, surtout, en est tout marri : cette chasse à l'ours le tentait beaucoup.

Pour ce qui est des autres passagers du paquebot, nous n'avons pas à regretter de les quitter, ayant, pour passer inaperçus, dû éviter de faire des connaissances. Nous ne sommes donc entrés en rapport ni avec les gros personnages, tels que Chartrain et Madrazo qui embellissent la table du commandant, ni avec la très élégante société américaine qui occupe la petite table à côté de la nôtre, ni avec personne enfin. Nous n'avons été présentés, toujours incognito du reste, qu'à une aimable américaine qu'on avait, de Paris, recommandée à La B... Miss H... demeure, en effet, avec sa mère, avenue Marceau ; elle va, en ce moment, faire visite à son oncle, maire, paraît-il, de New-York, et n'a pour tout chaperon que cinq petits caniches noirs qui, chaudement habillés de draps de fantaisie, font la joie de notre société.

Le ciel se met de la partie pour compléter la tristesse de la journée. La *sirène* a mugi toute la nuit à cause de la brume si redoutable en ces parages sillonnés d'innombrables navires. Le temps est resté sombre et les lampes électriques qui brillaient encore à midi ne se sont éteintes que pour être allumées dès quatre heures. La température est douce : d'après ce que nous dit le commandant et contrairement à ce que je croyais, le mois de novembre est moins froid sur la côte d'Amérique qu'en Europe. C'est la suite des fortes chaleurs de l'été ; en décembre seulement se fait sentir l'influence des vents d'Ouest transcontinentaux, qui apportent avec eux le froid des hauts plateaux et donnent à New-York un climat si différent des localités européennes situées à égale latitude, telles que les côtes d'Espagne et d'Italie.

J'ai fort à faire à terminer la correspondance que je veux mettre à la poste en arrivant et dont une partie, déposée à bord, dans une boîte préparée à cet effet, sera, à peine aurons-nous jeté l'ancre, transportée directement sur le paquebot la *Gascogne* en partance pour la France.

Nous sommes, en outre, tous plus ou moins préoccupés des détails de l'arrivée dans ce pays qu'aucun de nous n'a encore abordé. Nous craignons et l'assaut des redoutables *reporters* américains, et les formalités de la douane, surtout à cause du matériel de chasse de nos jeunes gens. Le bon commandant, à qui nous allons faire visite pour le remercier de ses soins, nous fournit quelques renseignements. Quant à la douane, aucune recommandation, nous dit-il, même de caractère diplomatique (sauf un ordre expédié de Washington par le Secrétaire d'Etat), ne saurait lui imposer respect. Mais... il y a, dit-on, certains moyens de s'entendre avec les douaniers, sans le dire tout haut. Quant aux reporters, nous ne conservons guère d'espoir d'échapper à leur interrogatoire qui, paraît-il, est d'usage pour tous les nouveaux arrivants et d'autant plus difficile à éviter que la douane américaine, par une rigueur inconnue ailleurs, prend les noms de tous les passagers !

30 Octobre. — L'Amérique ! Les Etats-Unis ! Terre dont les merveilles ont séduit mon imagination dès mes jeunes années ; terre traversée dans les premières années de ce siècle, alors que les voyages offraient des difficultés disparues de nos jours, par mon grand-père et ses frères, lors de leur long exil ; terre pour laquelle des circonstances diverses ont à différentes époques ravivé mon intérêt, et que maintes fois j'avais rêvé de visiter. Mais les destinées m'ayant rattaché longtemps à une autre partie du même continent, me voici arrivé à un âge avancé avant d'avoir pu réaliser ce rêve, et j'ai encore le regret de ne pouvoir consacrer que dix jours à parcourir ces vastes espaces !

Nous sommes sur pied dès 6 heures et le thé pris aux premières lueurs du jour, chacun s'empresse de gagner le pont pour apercevoir la côte du nouveau continent. On a déjà franchi l'entrée de la vaste baie dont la brume matinale laisse mal distinguer les contours grandioses.

Il y a sept jours, heure par heure, que nous avons quitté le port du Havre.

La matinée est froide et ma fourrure n'est pas de trop pour protéger, contre une recrudescence inopportune, les restes d'un rhume.

Vers 7 heures, nous passons à hauteur d'un des îlots dont la baie est semée. On continue à avancer, mais en ralentissant la marche, et bientôt accostent les embarcations de la Santé, puis de la douane. C'est le moment émouvant : ces messieurs de la douane s'emparent d'une des grandes tables de la salle à manger, et silencieusement y installent leurs papiers. Tous les passagers sont avertis d'avoir à comparaître pour déclarer, à tour de rôle, leurs noms et qualités, plus le nombre et la qualité de leurs colis, pour l'inscription aux registres étalés sur la table. Je m'esquive autant que je peux, tout en me tenant à portée ; c'est notre compagnon La B..... qui se charge des déclarations et s'en acquitte parfaitement. Pas de complications et pas de reporters non plus, ce semble : nous respirons.

A 8 heures on est au quai, sur la rive gauche du *North-River*, dénomination donnée je ne sais trop pourquoi à l'estuaire de l'Hudson qui limite New-York à l'Ouest et sépare les deux États de New-York et New-Jersey, de même qu'à l'Est la puissante métropole est bornée par l'East-River, bras de mer qui la sépare de la grande île appelée Long-Island : la ville se trouve ainsi enserrée dans la péninsule allongée du Nord au Sud qui portait aux temps primitifs le nom indigène de Manhattan.

Encore un quart d'heure pour amarrer, accoster, manœuvre forcément lente en tous pays, et qui met à l'épreuve la patience des passagers, et enfin on y est : le navire touche le quai ou plutôt (car en somme il n'y a pas de quai, mais des appontements en bois sans symétrie ni grandeur) la passerelle formant couloir qui conduit au hangar destiné à l'examen des bagages. Il a été convenu que je laisserai à la jeunesse le soin d'assister à cette opération épineuse.

Aussitôt la communication établie, je me hâte donc de m'échapper : n'ayant pas de bagages, je passe sous le nez des douaniers ébahis ; et bientôt j'aperçois au fond du hangar un rudiment de bureau télégraphique d'où j'ai le plaisir d'expédier le mot « Bien » à Boulogne-sur-Seine.

Quelques pas encore et me voici en plein air cherchant quel véhicule pourra me piloter à travers ce monde nouveau : « *The Empire City* ».

L'hésitation n'est pas longue. Un vieux bonhomme de cicerone, à l'affût des voyageurs, m'entendant demander le « *Broadway Central Hôtel* » se donne comme appartenant à cette maison, me fait monter dans un landau cahotant qui pour m'y avoir conduit en un petit quart d'heure m'extorque deux dollars (10 fr. 50). Je reconnus, dans la journée que c'est bien là le prix de la plus simple voiture à New-York : 2 dollars l'heure : la multiplicité des tramways et des « *Elevated Railways* » ne laisse guère de clientèle aux voitures de place qui, par suite, sont rares, et chères en proportion.

Rien de séduisant ni de grandiose dans cette première impression d'Amérique. Comme il arrive en maint port de grande navigation, le quartier avoisinant le débarquement n'est qu'un amoncellement incohérent de constructions d'ordre inférieur, sans la plus lointaine idée de bon goût, de régularité ; la propreté même des rues paraît entièrement négligée.

En débouchant dans Broadway, l'impression change, non pas que cette immense artère en lignes droites ait, du moins dans la partie qui traverse l'ancien New-York, aucune prétention à la beauté architecturale : ses constructions n'offrent pas plus de symétrie que celles du Strand de Londres. Mais elles le dépassent beaucoup en dimensions. On reçoit, dès les premiers pas, l'impression de la grandeur, de l'activité et de l'esprit pratique qui sont les traits caractéristiques des Etats-Unis.

Le milieu de la rue est occupé par une ligne de tramways dont les wagons mûs silencieusement par un câble souterrain, glissant sans secousse, se suivent presque de minute en minute, s'arrêtant un moment à chaque coin de rue pour prendre et déposer rapidement les passagers; ils sont très bas, de sorte que l'accès, qui se fait par les deux extrémités, en est facile; l'intérieur en est propre et confortablement capitonné. Sur les trottoirs la foule des deux sexes bigarrée, mais en quelque sorte incolore et sans caractère, émaciée par le travail incessant, circule d'un pas réglé, précipité, et silencieux aussi.

Pas de voitures! C'est à peine si de loin en loin il en stationne une demi-douzaine à l'entrée de quelque rue transversale, plus importante que les autres. Ce trait de mœurs, à première vue surprenant pour l'habitant de l'ancien continent, s'explique cependant facilement. Les personnes (pas aussi nombreuses qu'on pourrait croire) qui vivent luxueusement, ont leurs équipages et ne se montrent guère dans la vieille ville, quartier commerçant. Les autres, ceux qui, à tous les degrés de l'échelle sociale, vont à leur besogne, se servent des excellents tramways ou des nombreuses lignes de chemins de fer aériens.

New-York touche ces jours-ci au terme d'une ardente campagne électorale pour l'élection du Maire « *Mayor* » qui va disposer des immenses ressources de la plus colossale administration municipale du monde. Aussi les rues, et surtout Broadway, sont-elles traversées d'un côté à l'autre par des cordages d'où pendent d'énormes drapeaux aux couleurs américaines portant les noms, l'éloge en quelques mots tracés à grands caractères, voire même les portraits des principaux candidats : Low, Tracy, Van Wyck. C'est d'un aspect étrange, saisissant et pourtant grandiose.

La façade du *Broadway Central Hôtel* n'a rien qui la distingue des maisons contiguës : pour la retrouver, quand on suit la rue, il faut se rappeler les numéros : 667 à 677. Il n'y a donc là rien de comparable, comme apparence extérieure, au Continental ou au Grand-Hôtel de Paris, à l'Impérial de Vienne, ni à quelques grands hôtels de Londres. New-York possède deux ou trois hôtels plus imposants, notamment le « Waldorf », grand édifice semi-gothique, situé à l'entrée du quartier élégant. Le « Broadway » était le premier hôtel indiqué sur la liste de l'Agence Cook, ce qui, joint à sa situation centrale, avait dicté notre préférence.

L'entrée du vestibule franchie, l'attention est aussitôt attirée par de belles cartes coloriées des différentes parties des Etats-Unis où nous pouvons, sur-le-champ, je ne dirai pas étudier (puisque dans notre voyage à fond de train le temps nous fait défaut hélas! pour aucune étude) mais entrevoir du premier coup d'œil les différents itinéraires susceptibles de nous conduire au bord du Pacifique.

Tout à côté, adossé au mur, se trouve un énorme étalage ouvert, garni du haut en bas d'une multitude de brochures, toutes de même format, mais dont les couvertures élégantes séduisent l'œil par la variété de leurs couleurs et des dessins pittoresques dont elles sont ornées. Ce sont les indicateurs des innombrables compagnies de chemins de fer qui sillonnent dans tous les sens le territoire des États-Unis, tantôt presque parallèles les unes aux autres (trois lignes au moins, par exemple, réunissent New-York à Chicago), tantôt se croisant, s'entre-croisant, puisque les zones privilégiées n'existent pas, et que, sauf dans des cas exceptionnels, tel que celui de la première grande ligne qui a relié, par-dessus les hauts plateaux, les bassins de l'Atlantique et du Pacifique, Chicago et San Francisco, les pouvoirs publics n'accordent aucune faveur aux chemins de fer, n'interviennent pas dans les tracés ni dans la concurrence qui en résulte. A chaque Compagnie de se faire sa place par la rapidité et la bonne organisation de son service et par une intelligente publicité d'annonces. Chacune donc prépare sa brochure, voyante, séduisante, artistique autant que faire se peut ; et elles sont toutes là à la disposition des voyageurs, qui n'ont qu'à puiser à leur gré dans l'étalage pour se procurer sans aucun frais, ces pittoresques documents géographiques.

Puis on pénètre dans le « *hall* », garni sur un des côtés d'un vaste et confortable comptoir derrière lequel se tiennent, en correcte tenue de ville, les *gentlemen* de l'administration de l'hôtel. Je demande les chambres qu'il nous faut et exhibe mes coupons Cook. Ces coupons, dont je m'étais muni à Paris à l'Agence Cook, ne représentent pas, comme on pourrait le croire, et comme il arrive pour les billets circulaires de chemins de fer et de navigation, une économie. Mais ils ont deux avantages appréciables en certaines circonstances : ils remplacent la monnaie du pays où l'on arrive, au cas où on n'aurait pu encore s'en procurer, et ils assurent à celui qui en est porteur, une certaine respectabilité qui dispose favorablement l'administration de l'hôtel. Les coupons, émis dans des carnets dont quatre coupons constituent une page, valent chacun un dollar, soit à Paris 5 fr. 25, et donnent droit soit à une chambre pour 24 heures, soit à un repas.

La vie américaine comporte trois repas, tous également substantiels : *breakfast, luncheon, dinner*. C'est un peu trop pour les estomacs fatigués. Mais il faut s'y soumettre à moins de demander à vivre d'après le système européen : « *European plan* », c'est-à-dire à la carte, ce que certains hôtels seulement admettent ; c'est probablement plus cher, en tout cas plus compliqué, et pour des voyageurs avides de voir du nouveau, n'a pas la saveur pittoresque de l'usage local. Je suis d'ailleurs, toujours porté, à me conformer aux usages du pays où je me trouve : je hais la contrefaçon, en général imparfaite et frelatée, de ce qu'on a laissé loin derrière soi.

Pour quatre dollars donc, soit 21 francs par jour, on est admirablement logé, couché, nourri à profusion, servi (les pourboires n'étant pas exigibles sont peu usités), éclairé à l'électricité ; on a à discrétion thé, café, chocolat, glace : ce n'est vraiment pas cher. Il n'y a d'extra que le vin ou autres boissons à alcool. Les vins d'Europe sont dans des prix inabordables et m'inspireraient une profonde défiance : mais on a à sa disposition les différentes variétés de ceux de Californie.

Ajoutons que dans certains hôtels de province, cependant encore de 1ʳᵉ classe, marqués d'un astérisque sur la liste Cook. le prix du coucher ou du repas est abaissé à 80 cents ou centièmes de dollar, ce qui réduit le prix de la journée à 3 dollars 20 cents, ou 16 fr. 80!! En ce cas, on fait le décompte en encaissant les coupons : on paie 4 coupons, par exemple, ce qui ailleurs en coûterait 5 et ainsi de suite.

Les hôtels américains n'ont pas de tarif pour les domestiques; il faut payer pour ceux-ci autant que pour les maîtres. L'Américain, habitué à l'activité et parfaitement servi dans les hôtels, les paquebots et les chemins de fer, ne s'embarrasse pas de serviteurs en voyage.

Tout ceci à peu près éclairci, il me faut inscrire nos noms et domiciles sur un luxueux et solide registre. Puis l'ascenseur m'enlève et me dépose à l'étage qui nous est échu : on m'ouvre des chambres de dimensions médiocres, mais pourvues de tout : cabinet de bains, eau chaude et le reste, le tout à l'intérieur même de l'appartement. Impossible d'imaginer plus de confort et de propreté. On accorde pour notre domestique une chambre à un étage supérieur pour laquelle on fera un rabais.

Je prends possession ; puis, impatient d'attendre, je descends par le majestueux escalier, je remonte par l'ascenseur, et je redescends encore ; enfin il est 10 heures et demie quand je rencontre mes jeunes gens qui, depuis quelques minutes, par suite d'un malentendu sur le numéro de l'appartement, voyagent dans le confortable ascenseur, du rez-de-chaussée aux combles, de bas en haut, de haut en bas. Ils sont dans la joie ; l'allégresse de se retrouver en terre ferme se manifeste avec exhubérance et réjouit mon vieux cœur.

Moyennant 35 francs de pourboires opportunément appliqués, ils ont passé la douane sans encombre. Puis ils

1. — « Elevated Railway », près de « The Battery », New-York.

2. — Entrée du pont de Brooklyn.

3. — Pont de Brooklyn.

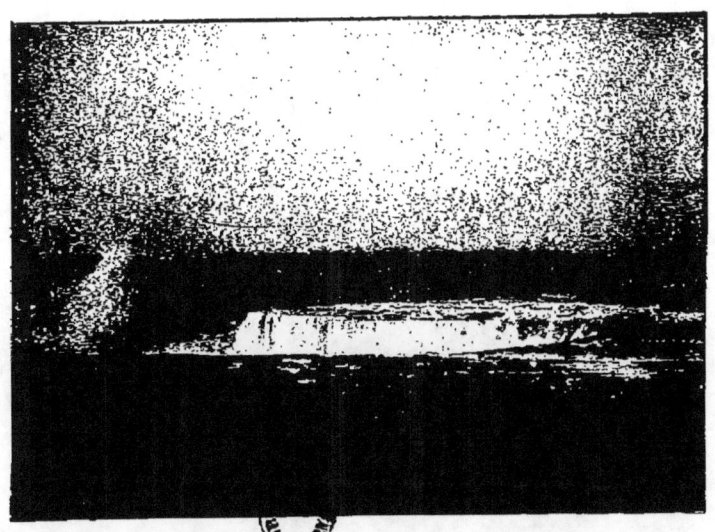

4. — Cataracte du Niagara prise de la rive canadienne.

ont confié, peut-être imprudemment ce me semble, le bagage à un commissionnaire qui ne l'amène dans un camion qu'au bout de plusieurs heures. Mais... « *all's well that end's well* », et les reporters décidément n'ont pas brillé cette fois-ci par leur vigilance : mon fils me remet un télégramme adressé à mon nom authentique, en clair, sans autre indication que « Compagnie Transatlantique », et dans lequel le chef de notre maison m'envoyait ses souhaits de bon voyage. Le télégraphiste ingénu errant dans le hangar de la douane cherchait au hasard le destinataire, quand mes jeunes gens, l'apercevant, s'en saisirent sans plus de difficulté !

A midi, la salle à manger située au premier étage est accessible pour le lunch. Mais elle ne s'ouvre que pour ceux qui montrent patte blanche. Il faut descendre se munir au comptoir de billets de la valeur d'un coupon Cook, moyennant quoi un nègre respectable nous prend à l'entrée nos chapeaux, parapluies et pardessus, la porte vitrée s'ouvre et on a le droit de consommer toutes les victuailles, mets et boissons (non alcooliques), que contient ce lieu de délices.

Un escadron volant de nègres s'empresse et nous indique une des nombreuses tables. Leur peau d'ébène fait ressortir la blancheur irréprochable de leur linge, repassé de frais, depuis la cravate jusqu'au pantalon blanc : tout cela a fort bon air. Quelques-uns de ces serviteurs noirs sont de beaux hommes : celui qui nous sert affecte de comprendre le français. Il n'y a encore que fort peu de clients : l'heure habituelle du repas est évidemment plus tardive.

Attablés, nous avons grand'peine à faire un choix dans la longue liste de mets à noms souvent baroques qui nous est présentée. Il faut tout demander à la fois sous peine de n'être servi que beaucoup plus tard. Les petites assiettes contenant ce qu'on a réclamé sont disposées alors autour de nous, quitte à se refroidir si on n'est pas disposé à en faire le mélange. Quoique nous entrions dans la saison d'hiver, la glace joue un grand rôle : l'eau glacée, le beurre garni de glaçons, sont sur la table ; le thé, le café sont indiqués, sur le menu, chauds ou glacés.

Mais pour nos estomacs européens, tant de glace demande une compensation, et sans respect cette fois-ci pour les habitudes locales, nous réclamons hardiment la liste des vins et nous résolvons à des expériences sur ceux du pays, c'est-à-dire de la Californie, seule partie des États-Unis dont le climat modifié, comme celui d'Europe, par les vents maritimes venant de l'Ouest, se prête à cette précieuse industrie. Les blancs ne nous reviennent pas : mais les « *Claret* » et les « *Burgundy* » du cru ont notre approbation, sans prétendre égaler ceux de France.

Latapie, établi à une autre table, est fort empêtré, et, en somme, peu réconforté par toute cette splendeur : car ne connaissant pas une syllabe de la langue du pays, c'est absolument au hasard qu'il lui faut choisir dans les noms de la liste, avec grande chance d'avoir à absorber, au lieu d'une bonne tranche de viande, quelque pâtée de semoule à l'eau décorée du nom de « *hominy* ».

Nous ne pouvons nous attarder à table ; le temps presse : nous n'avons encore rien vu de New-York, et cependant il me faut d'abord vaquer aux affaires.

CHAPITRE II

Promenades dans New-York. — Les chutes du Niagara. — Chicago — Les États d'Iowa et de Nebraska. — Denver.

Laissant la jeunesse explorer de son côté et se charger de quelques emplettes, je prends le tramway qui me dépose à l'agence Cook : 261 et 262, Broadway. Nous avons, en effet, à nous faire délivrer nos billets pour la traversée des États-Unis. Le billet pris à Paris nous donne le droit de choisir l'itinéraire que nous préférons, de New-York à San Francisco, sans en excepter celui de l'extrême Sud, par la Nouvelle-Orléans. Mais nos jours étant comptés, nous ne saurions penser à celui-là; et comme nous tenons absolument à voir le Niagara, il nous faut sacrifier aussi Washington et Philadelphie.

Après avoir exhibé nos billets circulaires et ma lettre de recommandation, j'indique notre itinéraire : Niagara, Chicago, Denver, Colorado Springs, Salt-Lake City, San Francisco; et on me dit de repasser dans deux heures pour prendre livraison des coupons nécessaires.

Puis, il me faut recourir à une voiture de place pour aller à Wall-Street, la rue des grandes maisons de banque, perpendiculaire à Broadway dans la partie du vieux New-York la plus voisine du port. Il venait de s'y tenir, autour d'une sorte d'estrade dressée à un coin de rue, une réunion électorale, malheureusement déjà terminée. Il n'en restait que les papiers réclame qui, distribués à profusion, formaient sur le pavé un tapis compact et immonde.

Mon cocher, assez peu au fait, et dont l'accent chantant dénote l'origine irlandaise, finit cependant par trouver la banque Morgan and C°. Mais, hélas! les bureaux sont vides.

J'apprends avec effarement que le samedi la maison ferme à midi. Toutefois, au vu de ma lettre de recommandation, un monsieur fort aimable se prête à faire changer dans le voisinage mes quelques centaines de francs de billets de banque français. Impossible d'en avoir davantage aujourd'hui. Pour nous lester d'une manière plus complète, il nous faudra attendre à Chicago.

Cette affaire réglée, je me fais conduire jusqu'au petit parc appelé « *The Battery* » : c'est l'extrême pointe qui, s'avançant dans le port, termine New-York au Sud.

La promenade, plantée de quelques arbres est, en ce moment solitaire, mais doit être fréquentée dans les belles après-midi d'été : la vue s'étend sur la vaste baie et on y respire les brises pures de la mer.

Tout à côté passe l'*Elevated Railway* qui fait, en plusieurs lignes le tour de la ville, à la hauteur du premier ou deuxième étage des maisons, mais évite Broadway.

Je gagne non loin de là l'entrée du colossal pont suspendu qui unit les deux rives de l'East-River, reliant ainsi la ville de New-York à celle de Brooklyn, aujourd'hui du reste confondues dans une même circonscription municipale, et la péninsule de Manhattan à l'île de Long Island.

Une double ligne de tramways, mûs par des câbles, fait en peu de minutes ce trajet pendant lequel on domine, d'une hauteur invraisemblable, le trafic de cette partie du port : au-dessous de nous naviguent des trains entiers de wagons de chemin de fer transportés, je ne sais où, sur deux vapeurs reliés ensemble.

De retour à l'agence Cook, on me livre, gratuitement bien entendu, nos coupons de chemin de fer, sous la forme de toute une série de petits carrés de couleur orange, formant une longue bande de près d'un mètre, destinés à être détachés au fur et à mesure au moyen des trous pointillés qui les séparent! Je prends en même temps les quatre billets supplémentaires qui nous assurent pour demain soir des places de « *Pullman-Palace-Car* » (c'est ainsi que d'après le nom de leur inventeur, aujourd'hui défunt, on désigne les wagons-lits Américains). Pour donner à New-York une journée de plus, cette première s'étant trouvée par trop insuffisante, nous avons, en effet, pris le parti de voyager la nuit, ce qui nous privera malheureusement des vues si vantées du trajet qui remonte le Hudson-River. Mais, il nous faut choisir pour employer au mieux nos dix jours d'Amérique.

Le prix des quatre places de *Pullman-Car* pour une nuit est de huit dollars (42 francs), soit 2 dollars par personne. Ce sont là des prix qui me semblent fort raisonnables, habitué que je suis à verser 38 francs, voire même 43, quand la place est retenue d'avance, pour les vingt-trois heures de sleeping-car de Paris à Vienne!

J'emploie le reste de mon après-midi à me faire conduire à différentes librairies pour chercher sans succès la suite des ouvrages du baron de Mandat-Grancey et autres livres sur les États-Unis dont je n'avais pas eu le temps de me munir à Paris. Mais on est mal fourni de livres français à New-York ; nos romans modernes seuls y ont cours. Cette recherche, absolument vaine, eut du moins l'avantage de me conduire à la grande librairie Brentano située sur *Union-Square*, à travers le commencement du quartier élégant, et de me faire parcourir les beaux espaces appelés *Madison-Square*, *Washington-Square*, avec leurs constructions fantaisistes, leurs statues, et même jeter un coup d'œil sur la fameuse « *Fifth-Avenue* », séjour des plus grandes fortunes de New-York, dont le surnom d'Avenue des Palais me parut quelque peu exagérée. On me renvoie, enfin, à un modeste libraire franco-américain, où le brave français qui la tient et n'est pas mieux monté que les autres librairies m'impose pour 25 cents son *Guide Franco-Américain*, compilation de statistiques, d'adresses et de quelques-unes des indications les plus utiles sur la législation américaine. Ayant pour cette dernière petite course laissé ma voiture à la porte de l'hôtel, je fus fort surpris en rentrant au bout d'un quart d'heure, de voir le cocher qui stationnait en attendant d'autres clients, courir après moi et me remettre mon « *General Railway Guide* », gros volume acheté fort inutilement à Paris, et quelques autres papiers du même ordre que j'avais oubliés dans son lourd véhicule. Je fus tellement édifié par ce spécimen inattendu d'honnêteté irlando-américaine que j'ajoutai volontiers un demi-dollar à la somme assez lourde mais réglementaire de quatre dollars (21 francs) qu'il m'avait prise pour ses deux heures de service.

Non loin de l'hôtel, dans une devanture de Broadway, je fus frappé par une annonce singulière répétée en grandes lettres et contenant un nom qui m'est cher et familier : « *De Joinville-Scarfs* », « *De Joinville-Scarfs.* » Cette désignation bizarre s'applique tout bonnement à des nœuds de cravates de nuances criardes, principalement vertes, auxquelles le chemisier fait une réclame en leur donnant le nom d'un prince dont les séjours aux États-Unis quoique remontant l'un à plus de soixante ans, l'autre à plus de trente-cinq ans semblent, d'après cet exemple, avoir laissé au peuple américain un souvenir toujours vivant. Je me promis de rapporter en France ce trait de mœurs, flatteur pour nous en dépit du mauvais goût des cravates.

Dîner à l'hôtel sur le même plan que le déjeuner de midi : les trois repas de la journée sont égaux entre eux dans le système américain.

La journée de New-York n'ayant malheureusement guère amendé la recrudescence de rhume que m'avait procuré la brise du matin, j'éprouvai le besoin de me tenir clos pour la soirée dans la tiède atmosphère de l'hôtel et m'installai à déguster les journaux dans le vaste « *Reading-Room* » qui fait suite au « *Hall* » de l'entrée. Mes jeunes gens parcourant la liste de spectacles qui y était affichée, choisirent : *Faust*, arrangé à l'américaine (c'est, paraît-il, une pantomime, accompagnée par la musique de Gounod, mais sans paroles !)

Au sortir de la représentation, ils eurent la bonne idée d'aller voir imprimer le *New-York Herald*, dans le majestueux palais de style gothique qui abrite, au coin de

Madison-Square les bureaux de cette feuille d'universelle renommée.

31 Octobre.— C'est dimanche : après un repos bien mérité dans les excellents lits de l'hôtel, le tramway qui file incessamment dans Broadway nous conduit rapidement à portée de la cathédrale catholique de Saint-Patrick, où nous arrivons pour la messe de 9 heures : grande et belle église dans le style de celle de Sainte-Clotilde de Paris, mais sans cette obscurité mystérieuse et douce qui, sans doute, ne serait pas dans le goût américain. L'originalité transatlantique se reconnaît encore à d'autres traits : l'eau bénite coule dans les vasques par des robinets que chacun ouvre à volonté. Au-dessus de la chaire, sous la coupole peinte de rayons dorés qui la surmonte, se dresse, en forme de serpent, un conduit à gaz mobile. On prend place dans les bancs comme en Angleterre, mais aussitôt la messe commencée le sacristain vient les fermer à clef, détenant ainsi les fidèles auxquels la liberté n'est rendue qu'au moment de la communion. Ajoutons, toutefois, pour atténuer cette singularité, que la plupart des bancs étaient occupés par les enfants des écoles : n'importe, les adultes sont enfermés comme les enfants, et nous aussi tout comme les autres fidèles. Peu de monde à cette messe basse coupée par une courte instruction. Malgré les progrès si rapides faits par le catholicisme dans cette immense contrée, les grandes distances obligent à multiplier les églises hors de proportion avec le nombre des catholiques qui, en somme, ne constituent encore qu'une faible minorité de la population.

La cathédrale occupe une belle situation dans le quartier nouveau, qui forme la partie nord de la péninsule new-yorkaise et offre un contraste frappant avec le vieux quartier commerçant. Ici, un mouvement incessant, des rues relativement étroites, des constructions pour la plupart anciennes, sans goût, irrégulières, se suivant et se touchant sans présenter entre elles aucune harmonie ; là, de larges avenues peu fréquentées, des habitations souvent précédées de petits jardins, d'aspect élégant, confortable ; la teinte rouge de la brique présente une uniformité qui n'est pas désagréable. Le style, sans avoir de prétention à une grande correction architecturale, se rapproche souvent de ce demi-moyen âge que les Anglais ont baptisé : « *Elisabethan* », en souvenir de leur reine du xvie siècle. Il y a autant de différence entre ceci et Wall Street qu'entre *Belgravia* ou *Westbournia* et la *City* de Londres. En somme, cette partie de New-York a fort grand air : il y a plus d'ampleur que dans les quartiers analogues de Londres, et on y ressent comme une impression puissante de confort généralisé et bien ordonné.

Le temps est de toute beauté, la température presque douce, et l'air d'une légèreté qui semble inconnue à l'Europe occidentale : c'est l'effet des brises de l'Ouest purifiées, ou plutôt dégagées d'humidité, par le parcours du vaste continent.

Le devoir religieux rempli, nous gagnons la station la plus proche de l'*Elevated Railway* qui nous fait parcourir au niveau du premier étage, tout le côté ouest de la vieille ville pour nous amener enfin au pont de Brooklyn que ma jeunesse n'avait pu visiter hier et où elle prit quelques instantanés.

Nous rentrons en hâte à l'hôtel à midi 10 minutes, mais pour avoir le désappointement d'apprendre qu'à cause du dimanche et sans doute pour ne pas écourter les devoirs religieux, la salle à manger n'ouvre qu'à 1 heure ! Nous avions malheureusement négligé de remarquer sur la couverture du menu de la veille la mention des heures établies pour les « *sundays* » : en voyage, et surtout quand les moments sont comptés, chaque détail a son importance.

Le bon Léon de Lab... vient déjeuner avec nous pour prendre congé. Muni de lettres de recommandation, il s'en va à l'Ecole Militaire de West-Point sur l'invitation d'un officier américain qui a fait ses études militaires à Saint-Cyr. De là, il prendra le train pour Montréal, d'où la grande ligne transcanadienne le conduira à Fort-Ellice, en Manitoba.

Pour mettre à profit cette seconde et dernière après-midi à New-York, nous entreprenons, mon fils et moi une courte excursion en mer. Tout à côté de la promenade « *the Battery* », se trouvent les embarcadères de plusieurs lignes de ces grands bateaux à fonds plats et à double étage connus vulgairement sous le nom de « *Ferry Boats* ». Ceux-ci conduisent soit à Staten Island, soit à la côte orientale de la baie formée par Long Island, continuation de Brooklyn. Nous trouvons à bord, sans doute pour fêter le dimanche, un orchestre composé de deux ou trois crin-crin, apparemment à l'usage des étudiants ou des commis en congé : car une fois en route, tous ces petits jeunes gens, en chapeau melon et dans la tenue incolore, indéfinissable qui caractérise le public américain, se mettent à valser entre eux, sur place, au son de cette musique lamentable !

Nous laissons, à droite, mais assez loin, l'île de Bedloe, où se dresse la grande statue de la Liberté offerte par la France aux États-Unis vers 1878. Le temps est beau quoique légèrement brumeux sur mer ; l'embarcation nous conduit le long de *Governor's Island*, îlot fortifié, où se trouve le quartier général de l'armée ; puis jusqu'à la côte de Long Island, où le temps nous manque pour débarquer ; le même bateau nous reconduit en ville, et cette promenade a tout au moins l'avantage de nous faire apercevoir New-York sous un nouvel aspect : les imposantes constructions du quartier commerçant, formées de nombreux étages et groupées l'une contre l'autre en dépit de leur hauteur inégale, semblent les tours d'une gigantesque forteresse du moyen âge !

Le tramway nous ramène au *Central Hôtel* par la longue ligne droite de Broadway. Nous laissons à gauche l'antique église dite *Trinity Church* qui, avec sa modeste construction gothique en pierres noircies par les années sinon les siècles, et son petit cimetière entouré d'un grillage, semble une paroisse de campagne de la vieille Angleterre. Puis, quelque pas plus loin, nous voici une fois de plus à *Printing House Square* (1), petite place antique aussi, centre en quelque sorte du vieux New-York, mais aujourd'hui transformée, car, autour de son étroit jardin public, se dressent les constructions monumentales qui abritent les bureaux de la *Tribune*, du *World* et d'autres grands organes de la presse américaine. Non loin de là, « *Saint Paul's Buidings* » sorte de tour colossale où se trouvent établies je ne sais plus quelle banque et beaucoup d'autres choses encore, nous offre le spectacle saisissant des innombrables fenêtres de ses vingt-cinq étages surmontés par un toit à riche ornementation.

Comme contraste, le conducteur du tramway nous signale de l'autre côté de la rue *Astor House* la maison américaine de vieux style, à deux étages à peine, à la large façade uniforme, sévère, en briques auxquelles le temps a donné une teinte sombre, aux fenêtres modestes, sans ornementation d'aucun genre. C'est là qu'a grandi, depuis près d'un siècle, la fortune depuis longtemps colossale de la famille Astor.

Mais le temps presse. Il est bien près de 3 heures. Rentrés à l'hôtel, il nous faut faire nos paquets, fermer notre correspondance, régler le compte de l'hôtel à l'aide des coupons Cook, et surtout nous assurer des moyens de transporter nos bagages à la gare. Mon fils se charge d'attendre le véhicule, de surveiller l'embarquement, et tout réglé ainsi, je m'en vais encore en promenade gagner par l'*Elevated Railway* le fameux *Central Park*, le Bois de Boulogne de New-York, qui se trouve dans le haut de l'interminable Broadway. Cette grande artère, en effet, après avoir traversé la vieille ville en ligne droite, s'incline vers l'Ouest, pour couper les nouveaux quartiers, et, tout en s'élargissant de plus en plus, atteint jusqu'à plus de 2000 numéros! Le *Central Park*, qu'elle laisse à droite, commence à peu près, ce me semble, à la hauteur du

(1) Mot à mot: la Place de la maison d'imprimerie.

numéro 1800, le long de 59th Street. On sait, en effet, qu'à New-York les rues des nouveaux quartiers se distinguent, non par des noms, comme il est d'usage partout ailleurs et même ici dans la vieille ville, mais par leur numération. Les voies, toutes parallèles, qui vont du Nord au Sud, dans la longueur de la péninsule, ont le titre d'*Avenues* ; il n'y en a qu'onze, la largeur de la ville étant limitée dans ce sens par les deux grands estuaires qui la bordent. Broadway fait exception et les coupe toutes obliquement. Les rues proprement dites, « *Streets* », sont toutes à angles droits avec les *Avenues* et leur nombre s'étend indéfiniment vers l'intérieur de la péninsule.

Le *Central Park* est un carré long, compris entre la 5ᵉ et la 8ᵉ Avenue, et dont la longueur commençant à la 59ᵉ rue s'étend jusqu'à la 100ᵉ. Bien tracée, ornée de quelques pièces d'eau, cette promenade est parcourue en en cette belle après-midi de dimanche d'automne, par quelques cavaliers et un certain nombre d'équipages élégants ; les plus remarquables sont ces voitures légères à deux places, appelées, je crois, *sulkies*, montées sur des roues de dimensions énormes qui leur assurent une rapidité exceptionnelle. Le parc toutefois ne saurait, ni comme pittoresque, ni comme dimensions, être comparé, même de loin, à notre Bois de Boulogne : les plantations encore récentes n'ont pu atteindre un grand développement et l'étendue de la promenade s'est trouvée forcément limitée par la nécessité de laisser place, de l'un et l'autre côté, aux avenues parcourues par les tramways ou l'*Elevated Railway* et à la grande ligne de chemin de fer qui fait communiquer la péninsule new-yorkaise avec le reste du Continent.

Il est 5 heures ; le soleil baisse rapidement, et c'est au pas de course qu'il me faut parcourir Central Park, pour retrouver à un des angles et escalader, non sans peine, le tramway encombré de passagers qui, la nuit déjà tombée, me conduit à la gare dite « *Grand Central Dépôt* ». (*Dépôt* est la désignation assez singulière donnée par les Américains aux stations de chemin de fer).

Aucune beauté, aucune grandeur ne distingue cette construction en planches mal jointes, qui constitue pourtant le point de départ du trafic d'un immense continent. Je finis non sans peine, à travers des espaces obstrués par la foule, des couloirs mal définis et des indications insuffisantes ou absentes, par retrouver mes jeunes gens occupés au guichet des bagages, tandis qu'à côté grouille un groupe nombreux de Chinois, tout de noir habillés, quoique ayant conservé la coupe de leur pays : premier et funèbre aspect de l'homme de peine asiatique. L'enregistrement des bagages est promptement fait : pour chaque colis, on vous remet sous le titre de « *cheque* » une sorte de volumineux jeton en bois, numéroté, dont la réunion forme, en main du voyageur, tout un gros paquet solidement attaché. C'est rustique et bizarre d'aspect, mais éminemment pratique : il n'y a, du moins, pas à craindre d'égarer un pareil « bulletin ». C'est là tout le fameux « *Cheque System*. »

Peu d'instants après, nous prenons possession de nos places dans le *Pullman-Car*, puis dans le wagon-restaurant. Excellent dîner dans le style américain, superbes et délicieux raisins.

Le Pullman-Car diffère essentiellement des wagons-lits européens. Pas de compartiments séparés : tous les passagers sont dans le même salon. Un couloir central sépare les sièges; chaque passager a droit à une de ces larges banquettes en velours, bien rembourrées, qui sont plutôt de luxueux sophas, et les deux banquettes qui se font face forment une sorte de petit salon où l'on peut avoir une table. Pour la nuit, tout ceci se transforme, et les nègres préposés au service dressent promptement dans le sens de la longueur des wagons deux excellents lits superposés, séparés des couloirs par des rideaux qu'on ferme et ouvre à volonté. Ces couchettes sont bien autrement larges et confortables que celles de nos wagons-

5. — « Elevated Railway » dans les rues de Chicago.

6. — Pont-ascenseur sur le chemin de fer, à Chicago.

7. — Les « Stock-yards », Chicago.

8. — Chicago : Vue prise de la Tour de l'Auditorium.

lits européens, et la commodité de cette installation compense, à mon avis, l'inconvénient de n'être séparés du passage public que par des rideaux facilement entr'ouverts. Les dames seulement... ne doivent guère se sentir chez elles ; et c'est encore un des cas où la fameuse « *propriety* » anglo-saxonne cède la place à des considérations plus pratiques.

Le confort du wagon est du reste complété par un petit salon, en général réservé à quelques dames, et par un vaste cabinet de toilette pour hommes où plusieurs personnes peuvent simultanément faire usage des cuvettes abondamment pourvues d'eau chaude. Malheureusement, il sert aussi de fumoir, et est dans ce but garni d'un sopha. On y est au large, on n'y manque de rien, on n'a pas comme dans nos wagons-lits à attendre son tour au bout du couloir ; mais on n'est pas chez soi. Heureusement le public n'est pas nombreux dans les *Pullman* de 1re classe, ce qui s'explique par la multiplicité des lignes de chemin de fer dont chacune a dans les vingt-quatre heures plus d'un train de luxe.

1er *Novembre*. — Nous ne vîmes donc rien du trajet de New-York au Niagara, sauf les flammes s'échappant des cheminées de quelques usines ou les formes mal définies d'embarcations amarrées au bord de l'Hudson. La nuit était obscure.

Le matin, on touche à la ville de Buffalo, grand centre de navigation sur le lac Erié ; et bientôt on approche du Niagara. Malheureusement, l'étude des indicateurs américains ni celle du livre fort intéressant : « *Journal of a Tour in the United States, Canada and Mexico, by Winifred, Lady Howard of Glossop* » et encore moins les conférences avec le nègre qui, suivant l'usage américain, circule dans les wagons pour s'offrir à prendre charge des bagages, ne nous avaient suffisamment éclairés sur la station où il fallait débarquer pour être à portée des cataractes, de sorte que laissant passer celle de « Niagara Falls », nous aboutissons à « Suspension Bridge » où nous trouvons, du reste, la voiture commandée par les soins judicieux du nègre du wagon.

Il se trouve donc que nous avons un long trajet à refaire en arrière, et nous voici parcourant de belles avenues bordées de « *cottages* » entourés de jardins ombragés qui doivent offrir une résidence charmante dans la belle saison.

On s'arrête à je ne sais quel bureau afin d'y prendre des billets recommandés pour la visite des rapides ; enfin on traverse le pont qui mène à la rive canadienne, et nous arrivons au couvent dit « *Loretto Academy* », ce qui veut dire tout bonnement en développant cette désignation à l'américaine, à la fois prétentieuse et laconique : « Pensionnat de Notre-Dame-de-Lorette ». J'avais trouvé l'indication de cette institution religieuse dans le livre ci-dessus cité de Lady Howard of Glossop et nous espérions y assister à la messe de la Toussaint. C'est un majestueux édifice où s'élèvent, paraît-il, 200 à 300 jeunes filles de la haute société, Canadiennes ou Américaines, et dont la plus grande partie sont, d'après Lady Howard, protestantes. Je parlemente avec une aimable religieuse que je surprends rentrant du jardin ; mais elle m'apprend, hélas ! que la messe a été dite à 8 heures et qu'elle est finie ; qu'il y en aura une plus tard seulement à la paroisse, petite chapelle voisine. Je vais m'informer chez l'ecclésiastique, que je finis par découvrir dans la modeste chambre de son triste presbytère : la messe paroissiale est à 10 heures et demie.

Il nous faut donc mettre le temps à profit pour visiter la cataracte du côté canadien avant de retourner sur l'autre bord. La voiture nous dépose devant une baraque où on nous invite à nous revêtir des pieds à la tête d'épaisses toiles cirées pour descendre au bas du gouffre par une sorte d'ascenseur contenu dans une tourelle en bois. De là on nous fait cheminer sur les rochers inondés jusqu'à la courbe formée par l'immense nappe d'eau. La seule sensation qu'on y éprouve est de se trouver enveloppé par l'embrun, et on a hâte d'échapper à cette situation peu agréable. Enfin, c'est un devoir accompli, et mon rhume, grâce à

Dieu, et à ma fourrure ne se trouve pas plus mal, tout au contraire, de cette hydrothérapie improvisée. Remontés au niveau supérieur, il faut, avant de reprendre forme humaine, subir les exigences du photographe, qui nous impose de commander quatre épreuves du groupe de nos quatre personnes en tenue de Niagara et nous offre d'y ajouter, comme cela se fait d'habitude, la cascade, un rocher ou tel trait de paysage destiné à donner au groupe des voyageurs un caractère plus pittoresque. Mais je décline avec indignation pareille hypocrisie : je tiens à la nature reproduite telle qu'elle nous entourait au sortir de la douche : la falaise perpendiculaire et ses fragments de pierre. Ce sera vrai du moins. Nous faisons inscrire notre adresse en France et l'on nous délivre un reçu des quatre dollars payés pour les quatre photographies, tout en gardant au fond de l'âme, et sur la foi des récits de certains voyageurs, quelques doutes sur la réalisation de la promesse d'envoyer les épreuves à destination (1).

Cependant, l'heure de la messe approche et il nous faut réserver une demi-heure pour remonter la côte et regagner l'église. Nous abrégeons donc l'examen des belles fourrures canadiennes et des minéraux de toutes sortes exposés dans le rudimentaire établissement, et renonçons à notre grand regret à aller jusqu'à « *Burning Spring* », fontaine d'eau sulfureuse qui s'enflamme, paraît-il, au contact d'une torche.

L'église paroissiale où nous allons entendre la messe n'est qu'un modeste et fort pauvre édifice : cette partie du Canada appartient à la province d'Ontario, ou Haut-Canada, où l'élément protestant domine. La messe, agrémentée d'un sermon en anglais, nous retient bien une heure, et voici donc qu'il est 11 heures et demie. Nous nous décidons à aller chercher notre repas sur la rive américaine, non sans nous arrêter d'abord à côté du pont pour jouir de la vue grandiose de la cataracte et en tirer quelques épreu-

(1) J'ai à cœur de rectifier ce soupçon injuste : les photographies ont été dûment expédiées et reçues en France.

ves. Malheureusement, le temps est défavorable, brumeux, pluvieux. La saison au Niagara, en effet, est passée. Les grands hôtels sont fermés, mais nous trouvons un abri et un déjeuner très confortable au modeste Kaltenbach-Hotel.

Après une promenade dans les larges rues de la petite ville, avec séance au bureau de poste pour faire recommander la volumineuse correspondance destinée à l'Europe qu'il avait été impossible d'expédier de New-York vu la fermeture des bureaux le samedi et le dimanche, la voiture nous conduit aux « *Whirlpool Rapids* », pour lesquels on nous avait imposé des billets le matin et qui se trouvent à quelque distance au-dessous des cataractes. On descend par un ascenseur jusqu'au bord du fleuve, que l'on voit se précipiter en bouillons écumants entre les rives escarpées. C'est là que le capitaine Webb périt dans la téméraire tentative de traverser à la nage ces ondes irrésistibles et que le français Blondin réussit à passer d'une falaise à l'autre sur la corde raide. On aperçoit à une hauteur vertigineuse le pont du chemin de fer construit il y a peu d'années en remplacement du « *Suspension Bridge* » disparu, mais dont le nom est resté à la localité.

Malgré la grandeur pittoresque de ce spectacle, nous avons hâte de regagner Niagara Falls afin de profiter de ce qui reste du jour pour explorer la cataracte sur la rive américaine. Au sortir du village, on franchit en voiture un bras des rapides supérieurs et nous voici dans « *Goat-Island* » : cette île qui sépare les deux bras de la cataracte américaine a été convertie en un admirable parc boisé. Il nous faut le parcourir en hâte jusqu'à l'extrémité qui, en face de la rive canadienne, domine la chute colossale et étourdissante appelée « *Horseshoe Fall* », parce que la roche, de laquelle se précipite la cataracte, affecte un tracé concave comme celui d'un fer à cheval. C'est là, à mon avis, le point de vue le plus grandiose de tous ces sites admirables : c'est ici que la masse énorme des eaux s'échappant de la nappe supérieure pour se concentrer en quelque sorte sur elle-même et se précipiter dans un espace relativement étroit, présente l'aspect le plus saisissant. La beauté du spectacle est complétée par le nuage de vapeur d'eau qui s'élève au-dessus de la cataracte et qu'embellissait une faible lueur de soleil couchant. On se fait une idée du charme que doit offrir ce point de vue incomparable dans une saison plus favorable, quand le parc de Goat Island n'est pas dépouillé de sa verdure ; et on garde l'impression d'avoir parcouru l'un des sites les plus remarquables par son ensemble de beautés naturelles, probablement uniques au monde. Ajoutons que l'État de New-York a garanti ces lieux enchanteurs contre de possibles profanations en s'assurant la propriété de Goat-Island et de la bande de terrain qui forme la rive droite des rapides et que l'on a nommée « Prospect Park ».

La nuit tombe : il nous faut gagner la station de Niagara Falls, retrouver nos bagages et attendre dans la gare en bois, mal fermée, le train de la ligne du « *Michigan Central* » qui va nous conduire à Chicago, en franchissant le Niagara et suivant la rive canadienne jusqu'à Détroit.

Nuit sombre ; « *Wagner Palace Sleeping-Car* » qui ne diffère en rien du « *Pullman* » de la nuit précédente ; « *Dining Car service* », tout comme au départ de New-York « *Meals, one dollar. The drinking water is from the celebrated Mount Clemens Pagoda Spring. Explicit criticisms of meals, service and demeanor of employés are invited and will receive prompt attention at the hands of superintendent of Dining Car service, Detroit, Michigan* ». Ainsi se termine la longue page du copieux menu dans lequel nous avons à faire notre choix, moyennant le simple débours de 5 fr. 25 par tête, y compris comme d'habitude, thé, café, chocolat. La cuisine américaine comporte beaucoup de mélanges bizarres. Les huîtres, surtout, y jouent un grand rôle ; on en a au choix, de frites, de bouillies, mais de dimensions tellement colossales qu'elles découragent l'appétit. On les met également dans la soupe au lait, ce qui n'est pas mauvais. Les moules, figurent autour du beefsteak. Puis, ce sont des mélanges, laiteux aussi, et assez fades, de blé en grains « *cracked wheat* » ou de semoule de maïs, appelée par les Américains « *hominy* »; les tranches de citron sont frites aussi dans la crème. Mais comme le menu est long, on peut se rattraper sur les côtelettes de mouton, les pommes de terre frites, ou les tranches de rosbif. La variété des biscuits, *muffins*, *toasts*, inscrits sur la liste, jette l'esprit dans la confusion, augmentée par le mystère de certains termes qui restent inaccessibles aux profanes « *Chow-Chow, Saratoga baked, stewed* ». Le lait, la crème sont excellents, ainsi que le fromage de fabrication locale : « *Club Cheese* » ou bien encore « *Canadian Paragon Cheese* », le beurre et les fruits; le service empressé, la propreté du linge blanc irréprochable chez le personnel de nègres ou mulâtres et jusque chez les cuisiniers !

2 Novembre. — Avant d'atteindre Chicago, on longe la vaste nappe d'eau du lac Michigan, mer intérieure, sillonnée de vapeurs, mais dont les rives plates n'offrent aucun caractère pittoresque. Aux approches de la grande métropole de l'Ouest, nous recevons, comme la veille, les offres du service des bagages, que nous nous empressons d'accepter. C'est le complément du *cheque-system*, et un spécimen de plus de l'esprit pratique qui conduit les Américains à de si grands résultats dans toutes les branches de l'activité humaine. On livre à l'employé qui parcourt les wagons les fiches reçues à la gare de départ et moyennant le paiement de 2 dollars (10 fr. 50) on a des billets d'omnibus pour quatre personnes et de nouvelles fiches métalliques qui vous permettent de retrouver vos bagages à la gare que vous aurez désignée pour quitter la ville.

Ainsi délivrés de tout souci de cet ordre, nous allons prendre un premier repas au restaurant de la gare qui, lui aussi, a fait distribuer sa réclame dans les wagons.

Je ne puis prétendre à offrir une description de Chicago après y avoir passé douze heures ; la rapidité forcée de ce récit ne me permet même pas d'y consigner tous les détails de cette intéressante journée.

Nous nous faisons tout d'abord conduire par l'omnibus à la gare de la ligne dite « *Burlington-Route* », qui se trouve indiquée sur nos coupons et est la plus rapide des trois ou quatre voies presque parallèles reliant Chicago à Omaha sur les bords du Missouri ; nous y retrouvons sans difficulté nos bagages, que nous y laissons en dépôt jusqu'au soir.

Puis il me faut rechercher le « *First National Bank of Chicago* » où m'adressait ma lettre de crédit, pour y demander les ressources que je n'avais pu me procurer à New-York ni le samedi ni le dimanche. Ayant pénétré dans ce palais monumental, et donné les signatures exigées pour me pourvoir de la somme nécessaire au reste de notre trajet à travers les États-Unis, je fus introduit dans le cabinet du vice-président qui, m'accueillant aimablement, me demande, sans me dire un autre mot : Comment vont les affaires au Brésil ? — Mal, lui dis-je, tout ébahi, stupéfait de voir les antécédents de mon nom aussi connus jusque dans Chicago ! La brève conversation se termine par d'obligeantes offres de service de la part de ces messieurs, auxquels j'indique la banque de San-Francisco où pourrait être dirigée notre correspondance s'il en arrivait ici.

Je cours ensuite à l'agence Cook pour prendre nos billets Pullman jusqu'à Denver : 24 dollars pour 36 heures, soit 6 dollars (31 fr. 50) par personne ; décidément la réputation de cherté fait au Nouveau Continent me paraît peu justifiée sur bien des points.

Le cocher de fiacre que j'ai pris pour cette tournée est Canadien et comme tel me manifeste sa satisfaction d'avoir à conduire un français, bien que lui-même ne parle qu'anglais !

Nous nous retrouvons tous à l'« *Auditorium Hotel* », où demandant une chambre pour la journée on nous met promptement en possession, comme à New-York, de tout un petit appartement auquel rien ne manque. L'Auditorium Hotel ainsi nommé du voisinage d'une sorte de grande salle de conférences et de concerts, est un superbe établissement situé sur la vaste promenade qui borde le lac et comprend deux immenses palais de forme cubique montés l'un sur l'« *European Plan* », c'est-à-dire à la carte, l'autre sur l'« *American Plan* ». Nous préférons celui-ci.

Puis il ne nous reste plus que quelques heures pour nous faire une idée forcément vague de cette célèbre métropole, plus immense encore, ce me semble, que New-York, dont les dimensions rencontrent une limite dans sa situation péninsulaire, et dont la partie commerciale remontant par ses origines jusqu'aux siècles passés a gardé certains traits distinctifs de cette antiquité relative, tels que le peu de largeur des rues les plus anciennes et le caractère assez mesquin de la plupart de leurs constructions. A Chicago rien de semblable. Tout est moderne, colossal, toutes les rues sont larges, toutes se coupent à angles droits, du moins dans la partie centrale. Toutes les constructions semblent des palais. On remarque avec stupéfaction, jusqu'au seizième étage des balcons et des façades dont l'ornementation dénote des appartements de luxe.

En dépit de l'accumulation des tramways et des chemins de fer aériens qui occupent le milieu des rues, leurs brillants magasins leur donnent beaucoup d'animation. Quant aux faubourgs, qui s'étendent dans toutes les directions, ils sont fort laids et passablement enfumés par l'abondance des usines.

Mais il ne faut pas laisser échapper le temps : nous décidons de consacrer notre matinée à la visite d'une des fameuses fabriques où les cochons entrent vivants, pour en sortir, en moins d'une demi-heure, convertis en saucisse.

Instruits par les renseignements obtenus à l'agence Cook, nous prenons le tramway indiqué ; on franchit les canaux qui relient, sans différence de niveau, le lac Michigan et par conséquent le bassin du Saint-Laurent à celui du Mississipi (communication découverte il y a quelque deux cents ans par le Père Marquette, missionnaire français), et après un long trajet à travers les affreux et immenses faubourgs on aboutit enfin aux « *Union Stockyards* ». C'est ainsi qu'on désigne l'ensemble des établissements destinés à l'abattage des bestiaux, immense accumulation de constructions en grande partie en bois, et de préaux sans herbages où attendent tristement les animaux destinés au sacrifice, et non loin d'eux les chevaux bizarrement sellés qui les ont amenés de la prairie.

Circulant à pied, le long des rails qui facilitent le trafic intérieur, nous aboutissons aux bureaux de l' « *Armour Company* » où, sans qu'il soit besoin de lettre d'introduction, on nous donne un guide pour nous faire parcourir l'établissement. C'est ainsi que nous voyons les cochons entrer dans le lieu du supplice, par un couloir étroit, être égorgés, chacun à son tour, puis aussitôt saisis, encore palpitants et hurlants, par des crochets suspendus à de puissantes chaînes, plongés dans l'eau bouillante et enfin dépecés en jambons et hachés en saucisses. Puis nous passons aux bœufs qui, poussés entre des planches, sont amenés à l'endroit précis où ils reçoivent silencieusement, sur la nuque, le coup de grâce. Cette compagnie consomme par jour, nous dit-on, 2,800 cochons et 7,000 bœufs, et il y en a à côté plusieurs autres dont l'importance n'est guère moindre.

La perfection du mécanisme, la précision des mouvements, n'arrivent pas à corriger ce qu'aux yeux des visiteurs ont de répugnant ces salles inondées de sang et ces longs couloirs en planches tout imprégnés de matières animales. Un dollar donné en pourboire à l'employé qui nous a guidé, nous avons hâte de sortir de ces abattoirs perfectionnés et de regagner notre tramway qui nous ramène dans les rues élégantes à quelques minutes de notre somptueux hôtel. Nous arrivons pour le repas de 1 heure, et l'ascenseur nous hisse aussitôt à la vaste salle à manger vitrée qui occupe ici le haut de l'édifice et a vue sur toute l'étendue du lac.

Réconfortés, nous redescendons, puis remontons, toujours par ascenseur, au sommet de l' « *Auditorium Tower* » qui s'élève à côté des deux immenses hôtels et les dépasse en hauteur. L'œil embrasse de là haut la colossale agglomération humaine qui a nom Chicago et la plaine sans limites qui l'entoure. La fumée des nombreuses usines domine malheureusement dans le paysage et trouble considérablement la limpidité habituelle de l'air américain.

Une promenade le long des constructions qui font face au lac nous conduit à la poste centrale, établissement, paraît-il, encore provisoire, quoique déjà grandement aménagé. Puis nous gagnons un « *Elevated Railway* » qui nous fait faire le tour de la partie Sud de la ville, nous offre un coup d'œil sur le parc boisé où s'élève le Musée Colombien, reste de la fameuse exposition universelle de 1895, et nous amène au « *Coliseum* », immense rotonde couverte en zinc, bien fermée et chauffée, et consacrée, en ce moment, à un « *Horse-Show* » que nous avait annoncé la presse locale. Nous y admirons des chevaux de toutes sortes et de toutes dimensions, des poneys d'une petitesse exceptionnelle à côté de coursiers élégants et de robustes chevaux de trait, puis des spécimens de voitures dans le goût américain, et assistons enfin à des sauts d'obstacles exécutés dans l'arène centrale par des dames montant à califourchon et portant chacune sur le dos leur numéro d'ordre tracé en gigantesques caractères noirs sur fond blanc ! L'effet, comme on peut le penser, en est peu élégant : mais certains détails de goût échappent encore à l'œil américain, du moins dans l'Ouest de ce pays colossal. Les loges du pourtour sont garnies de frais visages en voyantes toilettes. D'après les journaux achetés un peu plus tard, le « High-Life » de Chicago s'était, ce jour-là, donné rendez-vous dans les tribunes de ce concours hippique d'un nouveau genre.

La nuit est tombée quand les wagons du chemin de fer aérien, à banquettes disposées en long comme celles d'un tramway, nous ramènent au centre de la ville.

Il nous faut renoncer à atteindre le « Lincoln-Park » qui borde le lac Michigan dans la partie septentrionale de Chicago. Nous pensons nous dédommager par la visite des boutiques de « Wabash Avenue », la rue aux grands magasins étincelants d'électricité. Mais, ô désappointement ! à 6 heures, tout s'éteint à l'intérieur de ces brillantes devantures, les volets se ferment petit à petit, les heures de travail sont terminées !

Le train qui doit nous emmener dans l'Ouest ne part qu'à 10 heures 30. Voici donc quelques heures de repos sur lesquelles nous ne comptions plus. Nous regagnons notre appartement, où je mets à profit tous les conforts de la salle de bain, fort appréciables après deux nuits passées en chemin de fer, et consacrons à notre correspondance le reste du temps disponible. Nous rentrions de dîner quand on nous fait passer la carte d'un monsieur qui désire me voir. Je la néglige d'abord, le nom ne me disant rien ; on revient, on insiste. Flairant un reporter, je fais dire que nous sommes occupés à nos paquets et sur le moment de partir. Nous descendons, en effet, quelques instants après, et pendant que je règle le compte de l'hôtel au bureau du *Hall*, le monsieur en question trouve moyen de saisir notre compagnon La B... et de lui arracher quelques réponses sur le but de notre voyage et les noms titrés qu'il a vus sur le registre de l'hôtel.

Enfin... nous lui échappons : nous voici dans l'omnibus et bientôt à la gare de la « *Burlington-Route* » et dans le *Pullman-Car*.

3 Novembre. — Décidément, la literie du wagon de luxe américain ne laisse rien à désirer et on y dort fort bien. Au petit jour, j'ouvre les rideaux de mes fenêtres, et sans quitter ma couchette, j'assiste à un admirable lever de soleil sur l'immense plaine ondulée. Peu après, j'observe de même sans me déranger le passage du Mississipi que le chemin de fer franchit à *Burlington*, sur un pont interminable. Le fleuve colossal, le « Meschassébé », Père des Eux, dans le langage des Indiens de Cooper, forme ici la limite entre les Etats d'Illinois et d'Iowa.

Le pays que nous traversons semble peu peuplé : les villages donnent l'idée d'une civilisation encore à son début ; les maisonnettes ou baraques en bois sont de construction primitive et séparées par de larges rues en terre noire, sans pavage ou autre embellissement. Les champs de maïs, qui ne montrent plus que des tiges desséchées, alternent avec des boqueteaux assez mesquins, dont le feuillage est entièrement roussi ou parfois a disparu déjà par l'effet de quelque gelée précoce. Le ciel est sans nuages ; l'air, d'une limpidité admirable, ranime l'organisme, bien que la chaleur se fasse sentir dans les wagons à mesure que le soleil s'élève.

Les repas ici sont à la carte, ce qui a l'inconvénient d'augmenter considérablement la dépense. Le service, du reste, est toujours correctement fait, et la propreté du personnel de couleur irréprochable. La carte porte au bas de la page intitulée « *Wine List* », et à la suite d'une longue énumération de tous les vins imaginables européens et américains, ainsi que d'une grande variété de bières, whiskeys et liqueurs de toutes sortes, la mention hypocrite « *No wines or liquors sold in Iowa* » apparemment imposée par la législation locale, mais dont aucun compte n'est tenu dans le service du *dining-car*. La police n'est pas là pour vérifier si les lois de l'Etat sont observées pendant le transit et les boissons réconfortantes dont les voyageurs ne se privent pas sont censées réservées pour quelque territoire à législation moins austère !

Pour se conformer probablement aussi à quelque loi de tempérance, aucune des liqueurs annoncées n'est censée fabriquée en Amérique : le cognac et la crème de menthe sont de France, le gin de Hollande, et le whiskey, si indispensable aux Anglo-Saxons, est présenté sur la liste sous toutes les qualités possibles, mais toutes étrangères aux Etats-Unis : il est irlandais, écossais, canadien, voire même anglais du Westmoreland ; il y a même le Bourbon Whiskey,

9. — Wagon de luxe des chemins de fer américains.

10. — Gare dans les hauts plateaux des États-Unis.

11. — « Antlers Hotel », Colorado-Springs.

12. — Tranche de « Sequoya Gigantea », à Cliff-House.

dont l'origine est restée pour moi mystérieuse. Mais il n'est jamais américain !

La vitesse du train me semble inférieure à celle de nos grands express européens, ce qui me permet d'écrire assez commodément sur la petite table dressée entre les sofas ; de plus, on s'arrête assez souvent, tantôt dix minutes, tantôt même une demi-heure, dans des endroits sans importance, et mes jeunes gens en profitent pour prendre la photographie des wagons à défaut d'autres traits caractéristiques dans le paysage. Aussi sommes-nous dépassés par le train de la poste. qui ne conduit pas de passagers et a quitté Chicago quatre heures et demie après nous. C'est ainsi que nous trouvons à l'une des stations les derniers journaux de Chicago et pouvons voir dans la feuille appelée « *Daily Inter-Ocean* » les épanchements du reporter qui nous avait poursuivis la veille et les effets de la mauvaise humeur que lui avait apparemment laissée le refus de le recevoir dans notre appartement. Nous y lisons, en effet, que nous n'avons d'autre but que la chasse : on m'attribue d'avoir tué 200 tigres ! ! Puis on ajoute que nous avions l'air de tout autre chose que de *gentlemen* élevés à Paris « *Paris-bred* » et que notre tenue a fort amusé les hôtes de l'Auditorium ! Ce spécimen de la bonne foi du journalisme américain, sans nous surprendre autrement, nous fait prendre à part nous la résolution de manœuvrer à l'avenir plus habilement si une occasion semblable se présente.

Les journaux de Chicago datés de ce matin nous apprennent aussi que l'élection municipale de New-York a été gagnée hier par Robert Van-Wyck, le candidat de la grande clique financière dite « *Tammany-Hall* », à laquelle tant de malversations ont été reprochées lors de précédentes administrations : 82,000 voix de majorité à qui saura le mieux enrichir ses amis ! La démocratie est, comme on voit fidèle à ses traditions.

A 6 heures, on passe le Missouri à *Council Bluffs* et on quitte l'Iowa pour le Nebraska. La ligne traçant une longue courbe, on a le coup d'œil du pont qu'on vient de franchir : paysage grandiose, roussi, borné par des collines basses, jaunissantes également ; le fleuve se traîne entre des rives boueuses et plates.

Peu après, on atteint Omaha, qui fut longtemps le terme du chemin de fer avant que le Gouvernement Fédéral ne décidât la construction de la ligne destinée à relier les deux Océans et est devenu un des centres principaux de l'Ouest. C'est là, paraît-il, que demeure Bryan, qui fut le candidat des « *populistes* » et des « *silveristes* » à la dernière élection présidentielle, et dont le futur succès nous est pronostiqué par un ingénieur qui revient (comme le Monsignor recteur de l'Université de Québec) du Congrès géologique de Moscou et retourne à ses mines d'argent, dans le Colorado. Rien d'étonnant donc à ce qu'il soit du parti de celui qui inscrit dans son programme l'étalon d'argent et sa frappe illimitée et prétend donner une valeur fixe au métal blanc, fût-ce aux dépens de l'équilibre de la richesse publique.

Cet ingénieur fort aimable est la seule connaissance que nous ayons faite pendant ce trajet. En wagon de 1re classe les passagers ne sont pas nombreux et sont fournis, ce semble, à peu près exclusivement par le public du « *Far-West* », dont le dégré de culture intellectuelle paraît laisser encore à désirer.

Le soleil se couche sous des nuages rouges qui nous présagent un changement de temps.

4 Novembre. — Nous nous réveillons en effet, sous un ciel brumeux et cherchons, en vain hélas ! la ligne des Montagnes Rocheuses dont les livres de voyage nous ont vanté la beauté.

De ma couchette, je vois la prairie mouchetée de flaques de neige. A 7 heures nous arrivons à Denver par une véritable tourmente de neige fondante. Dans la nuit nous avons quitté à l'embranchement de Julesburg la ligne de San-Francisco, car nous voulons aller jeter un coup d'œil sur le district montagneux du Colorado

A Denver il nous faut abandonner le wagon qui nous a amenés de Chicago, nous sortons du domaine de la ligne « Union Pacific », dans lequel nous sommes entrés à Omaha. Nous avons une heure trois quarts devant nous.

Mais, il faut retirer nos bagages, les enregistrer à nouveau, nous lester un peu en prenant un premier repas, dans un buffet assez mesquin, mais toujours très proprement servi. De plus, mes jeunes gens trouvent brisée une de leurs boîtes de cartouches : il faut la séparer du reste et la prendre désormais avec nous. Quand toute cette besogne est terminée, que nous avons pris possession du du nouveau train, il ne nous reste guère plus d'une demi-heure. La neige et la boue nous empêchent de regretter de n'avoir vu de Denver que l'entrée des rues aboutissant à la gare : leur largeur, leurs belles constructions, confirment ce que nous savions de cette ville, aujourd'hui luxueuse capitale de Colorado, surgie du désert en moins de trente ans avec tous les compléments de la civilisation : théâtres, opéras, cathédrales, parcs, musées, palais majestueux de justice et de gouvernement, 174,000 habitants et des rues désignées par leurs numéros d'ordre comme à New-York.

Nous prenons la ligne « Denver and Rio grande » et nous avons échangé le *Pullman-Car* pour le wagon américain ordinaire, dont le passage central laisse de chaque côté des banquettes à dossier, assez confortables du reste. Les marchands de journaux y circulent en permanence, offrant outre la littérature de voyage, exclusivement en anglais comme de raison, de forts jolis albums de vues photographiques, reproduisant les sites pittoresques de la région.

CHAPITRE III

Les Montagnes Rocheuses. — La Cité des Mormons. — Le Grand Désert Américain. — La Californie. — San-Francisco.

La ligne monte graduellement, la température baisse, les flaques d'eau sont gelées. On s'arrête fréquemment, et à l'une des stations nous avons la diversion de voir entrer dans notre wagon de gracieuses *misses* en toilette de drap vert-bouteille avec des chapeaux à la Rubens de dimensions colossales, verts aussi, à grandes plumes noires, élégance inattendue qui jette une note gaie sur l'aspect désert de la contrée que nous traversons.

Guidés par les descriptions du livre de Lady Howard, nous avions pensé aller nous établir à Manitou, au pied de la montagne. Mais le chef de train nous apprend que la saison est passée et que les hôtels sont fermés. Nous nous arrêtons donc à 11 heures à « *Colorado-Springs* », localité dont la dénomination décevante ne correspond pas à la réalité, car les sources auxquelles ce nom est emprunté ne s'y trouvent pas, mais bien à Manitou et dans d'autres lieux de la montagne.

Tout est sous la neige. L'omnibus nous transporte en quelques instants à l'« *Antlers-Hôtel* », belle construction de style pittoresque, dans le goût Anglo-Normand, qu'on est tout surpris de rencontrer dans ce désert, à près de 1.850 mètres d'altitude. Nous trouvons avec plaisir la chaleur confortable du vaste *hall*, où nous commençons par compulser les fameuses petites brochures coloriées déposées, comme ailleurs, à la portée des voyageurs par les différentes compagnies de chemin de fer : car il s'agit de choisir parmi ce dédale de chemins de fer rivaux, dont chacun est représenté comme le plus riche en détails pittoresques, la voie la plus intéressante pour gagner Salt Lake City, à travers le district des montagnes.

Après une rapide étude de la question, nous nous décidons à nous accorder ici une nuit de repos et à prendre demain la petite ligne « *Colorado Midland* » qui contourne le « *Pike's Peak* ». Ce sommet, haut de plus de 4.400 mètres, nous est, pour le moment, caché par les nuages. A 1 heure, nous partons en promenade pour visiter Manitou et le « *Garden of the Gods* », beautés naturelles vantées par les livres de voyages et plus encore par les réclames locales. Un petit char à bancs à trois banquettes, ouvert à tout vent où le directeur nous demande d'admettre sur le banc de devant, à côté du cocher, un touriste isolé qu'il qualifie d'Allemand mais qui se trouve être un Suisse de Lucerne fort discret du reste, nous conduit d'abord aux sources minérales ferrugineuses de Manitou, non loin des hôtels aujourd'hui fermés, où le beau monde vient, paraît-il, chercher le frais pendant l'été, et nous examinons dans une des salles de ce petit établissement de fort belles collections de pierres et de minéraux des montagnes rocheuses. Non loin de là est la station de départ du chemin de fer à crémaillère qui s'élève jusqu'au sommet du « Pike's Peak ». Mais, hélas ! il a fait le 31 octobre son dernier trajet jusqu'à la saison prochaine. Décidément, nous avons entrepris notre voyage un mois trop tard.

Le cocher nous mène ensuite à son gré, à travers des sentiers plus faits pour les chèvres que pour les voitures, le long des ravins escarpés, à végétation rabougrie, jusqu'à une caverne dite « *Cave of the Winds* », où il faut nous soumettre au tarif de la visite (1 dollar par tête) et à un examen consciencieux de ce labyrinthe souterrain et de ses stalagmites. On remarque au fond de cette grotte des montagnes de cartes de visite déposées par les visiteurs, perfectionnement américain de l'usage si généralisé qui consiste à inscrire son nom sur la paroi au moyen d'un canif. J'aime bien mieux la carte de visite : c'est plus prompt et plus clair, partant bien plus pratique.

Le « *Garden of the Gods* » que la voiture nous fait parcourir ensuite, et qui se trouve à la base des montagnes, est un espace dénudé où la nature a formé, dans une pierre d'un beau rouge, une série de rochers des formes les plus fantastiques : obélisques ou tours affectant l'aspect de ruines. Le point le plus remarquable est le portique naturel formé par deux énormes rochers qui se dressent perpendiculairement et qui porte le nom de « *Gateway of the Gods* »; car les habitudes de réclame chères aux Américains veulent que chaque détail du paysage soit affublé d'un nom plus ou moins sonore et baroque. C'est ainsi que notre cocher nous désigne : « *The Cathedral Spires*», « *The Indian Maid* », « *The Balanced Rock.* » Celui-ci est un rocher fort curieux, car sa masse ne repose que sur un point d'appui d'une surface minime sur lequel il se balance, dit-on, légèrement.

Malheureusement le temps est sombre, il fait froid, le jour baisse rapidement, et nous ne pouvons guère apprécier dans toute leur beauté si vantée, ces curiosités naturelles. La nuit est venue quand nous traversons le bois appelé « Glen Eyrie » et arrivons dans un vallon enclos par la montagne, à la villa occupée, nous dit-on, par le fondateur et président de la ligne de chemin de fer qui nous a amenés de Denver. Les lumières qui y brillent complètent le charme mystérieux que l'obscurité prête à ce site sauvage ! Mais nous n'avons plus qu'un désir, c'est de regagner notre gîte et d'y retrouver quelque chaleur. En dépit des assurances du cocher qui nous guide à son gré, nous pressentons que nous en sommes encore fort loin : et je ne suis pas sans inquiétude sur l'itinéraire du retour. En effet, au sortir du bois, c'est une course folle dans la nuit à travers la prairie déserte d'un plateau qui a conservé la désignation espagnole de *The* « *Mesa* ». La seule forme vivante que nous voyons passer rapidement est celle de quelque « *coyotte* » ou chien de prairie, animal sauvage qui s'enfuit au bruit de notre voiture.

Enfin, quelques lumières isolées apparaissent au loin, et je les salue intérieurement comme l'aube d'un soulagement encore lointain. J'ai les pieds et les mains à moitié morts de froid et n'arrive pas à les réchauffer, même en montant à pied les petites côtes qui nous rapprochent de la ville. La température devait être de plusieurs degrés au-dessous de zéro ; car jamais, ce me semble, n'avais-je éprouvé d'une manière aussi intense les effets du froid ; et je m'en ressentis toute la soirée, en dépit du dîner copieux et de la musique de valse langoureuse dont un petit orchestre de violons égayait les hôtes de l'hôtel dans le *hall* bien chauffé, pendant que les nègres qui nous avaient servi à dîner défilaient devant nous, pour s'en aller en ville regagner leur logis, correctement habillés de noir en redingotes longues, après avoir terminé leur service et déposé les vestons blancs qui sont de règle dans la salle à manger, redevenus ainsi par une transformation amusante à observer, de parfaits « *colored gintlemen* ».

Je ne revins à moi que pour expédier du compartiment contigu au *Reading Room* deux télégrammes pour l'Europe, ce qui ne fut pas une petite besogne, les adresses de France ou d'Angleterre et les calculs de tarifs jetant dans un grand trouble la jeune et gracieuse télégraphiste blonde.

Nous trouvâmes nos chambres assez mal chauffées, ayant négligé d'y ouvrir les bouches de l'appareil calorifère. Mais nous n'en appréciâmes pas moins avec délices la jouissance de nous étendre dans les vastes lits à l'anglaise, préférables, somme toute, à ceux des *Pullman-Car* où nous avions été ballottés depuis New-York durant quatre nuits de suite !

Notons, en passant, une particularité du service de la plupart des hôtels américains du reste si soigneusement montés : le cirage des chaussures n'y est pas compris et est relativement fort cher : il nous coûte ici près de 80 centimes par personne, 15 centièmes de dollar ! C'est en ville, paraît-il, qu'on va habituellement se faire cirer dans des établissements *ad hoc* où le client, confortablement assis, lit son journal pendant l'opération.

5 Novembre. — Après le déjeuner de 8 heures, les jeunes gens, en quête de boutiques, parcoururent la ville à travers la neige fondante pendant que j'avançais mes notes et ma correspondance.

Mais voici le ciel qui s'éclaircit comme par miracle et le *Pike's Peak* qui apparaît dans toute la splendeur de sa masse neigeuse. Vers midi nous prenons le chemin de fer « *Colorado Midland* » qui s'élève dans la montagne : superbes bois de pins, torrents, cascades, gracieuses prairies. On contourne le *Pike's Peak* dont la jeunesse tente de prendre quelques clichés; puis on remonte presque jusqu'à sa source le « South Platte River » qui n'est, ici, qu'un torrent de montagne et qui, descendant vers Denver, va se réunir plus loin au « North Platte » pour former l'un des principaux affluents du Missouri.

Ce district alpestre, formé de prairies et de bois qu'encadrent quelques-uns des plus hauts sommets des Montagnes Rocheuses, ne pouvait manquer de porter quelque titre grandiose qui sonnât haut sur les couvertures des indicateurs de chemin de fer : c'est le « *South Park* » le parc du Sud ! le parc naturel. La ligne s'élève à Ute Pass jusqu'à l'altitude de 3,400 mètres, et quelques-uns d'entre nous sentent, en dépit de l'usage des pastilles de coca, leurs yeux légèrement congestionnés par la raréfaction de l'air. Après avoir suivi le South Platte le long de l' « *Eleven Miles Cañon* », on passe dans le bassin de l'Arkansas en rejoignant un de ses affluents dont la ligne suit le cours par une descente rapide à travers une gorge encore plus étroite et rocailleuse que les précédentes.

Comme ailleurs, les vendeurs de livres, de photographies et d'objets de toutes sortes continuent à importuner le voyageur et réussissent à partager l'attention avec les beautés du paysage, car les pierres de ces montagnes, qui montées en menus objets constituent une partie de leurs pacotilles, sont vraiment fort jolies, notamment la crocidolite et l'agathe mousseuse. Arrivé à la large vallée de l'Arkansas au fond de laquelle coule ce fleuve, le chemin de fer que nous avons pris se prolonge à mi-côte et grâce à la libre concurrence américaine, reste ainsi, jusqu'à Leadville, puis jusqu'à Glenwood, parallèle à l'embranchement de la ligne rivale, dite « Denver and Rio Grande », qui se déroule en bas. Mais nous n'avions, à Colorado Springs, pris nos billets supplémentaires que jusqu'à la station appelée Buena Vista (1). Il nous faut donc ici quitter le train du « *Colorado Midland* ». Le trajet d'une ligne à l'autre se fait en moins de vingt minutes, malgré la considérable différence de niveau, et gratis, pour personnes et bagages ! Il suffit de remettre ses « *cheques* » ou fiches au conducteur du train que l'on quitte, et tout est dit ! L'omnibus qui attend, charge, en quelques instants, les passagers et leurs malles, puis... fouette cocher : on détale par la pente escarpée avec une rapidité vertigineuse.

Nous avons presqu'une heure d'attente à la gare inférieure de Buena-Vista : localité commençante, à larges rues sablonneuses et déjà pourvue de modestes hôtels avec les infaillibles *bars*. Il fait nuit quand notre train arrive. Nous reprenons l'usage de nos billets Cook et montons dans un wagon fort encombré qui est un *Pullman* de 2º classe orné du titre de « *Pullman Tourist Sleeper* ». Il n'y a pas de wagon-restaurant dans le train. A Leadville il faut donc descendre pour courir au buffet, difficile à trouver, obscur, encombré, où un repas, cependant tolérable, attend les voyageurs. Leadville est une des villes les plus élevées, sinon peut-être la plus élevée au dessus de la mer : on est à 3.100 mètres d'altitude. C'est aussi un des centres les plus importants de mines d'or et de plomb

---

(1) Nom d'origine espagnole comme celui de beaucoup de localités de cette vaste région cédée aux États-Unis par le Mexique à la suite de la guerre de 1847

argentifère, d'où son nom (1). Malheureusement la rapidité de notre course ne nous permet pas d'en emporter aucune impression.

Non loin de là on aperçoit sur la gauche du chemin de fer le sommet dit de la Sainte-Croix « *Holy Cross Mountain* », parce que les fentes de rochers où la neige reste déposée, présentent la forme singulière d'une grande croix visible de fort loin.

A Leadville, nous avons retrouvé avec plaisir un confortable *Pullman* de 1re classe. Notre wagon étant le dernier du train, je restai jusqu'à plus de 11 heures sur la plate-forme pour jouir du paysage : un beau clair de lune éclairait admirablement, d'abord les sommets neigeux des grandes montagnes que nous laissions derrière nous, puis, plus loin, la gorge étroite que nous suivions le long du « Rio Grande » bouillonnant entre de hautes parois à pic affectant les formes les plus étranges. C'est d'après l'indicateur « *The Cañon of the Grand River* », le mot espagnol de « *Cañon* » ayant été conservé pour désigner toutes les gorges pittoresques par lesquelles coulent les rivières des Montagnes Rocheuses. Nous avons, en effet, franchi par un tunnel le col de montagnes connu sous le nom de Tennessee Pass (3,150 mètres d'altitude) ; et dit ainsi adieu aux eaux qui vont à l'Atlantique par l'Arkansas, le Mississipi et le golfe du Mexique : on descend désormais le « *Grand River* », ou « Rio Grande du Colorado », qui va au golfe de Californie.

A Glenwood Springs le train s'arrête devant un hôtel grandiose dont les globes de lumière électrique éclairant le jardin donnaient au paysage un aspect fantastique en se reflétant sur les eaux de la rivière devenues soudainement tranquilles dans la vallée élargie.

Devant l'hôtel s'élèvent de beaux jets d'eau, qui sont, paraît-il, d'eau sulfureuse chaude à environ trente degrés, s'il faut en croire le conducteur du train qui me tenait

---

(1) Lead : plomb.

compagnie sur la plate-forme et qui ne se lassait pas de me vanter un vaste bassin de natation « *The Mammoth Natatorium* » alimenté à raison de 2,000 gallons (1) par minute, par l'eau minérale.

L'installation de ce luxueux établissement au milieu d'une région relativement peu peuplée, a paraît-il, coûté un demi-million de dollars.

6 Novembre. — Je continue à écrire dans le train. Pendant notre sommeil, à la station appelée *Grand Junction*, on a passé du domaine du « Denver and Rio Grande Railroad ». (« *The scenic line of the World* » suivant la réclame consignée sur son indicateur), à celui du « Rio Grande Western », « *The Great Salt Lake Route, a splendidly equipped standard gauge railway through the Rocky Mountains and the most magnificent scenery in America* ». Quelque temps après la ligne abandonne le cours du Rio Grande pour couper perpendiculairement plusieurs des affluents de sa rive droite.

La journée débute par une violente tourmente de neige sur un plateau absolument aride, en sable durci, et ce sable, sans respect pour la beauté tant vantée du paysage parcouru, fait sentir son influence jusqu'au cabinet de toilette dont l'eau a pris une teinte de boue. On déjeune assez bien au buffet de « Castle Gate », localité ainsi nommée parce que le chemin de fer longeant l'affluent appelé Price River passe entre deux rochers qui forment comme des tours plus ou moins ruinées et pendant longtemps le paysage bizarre, sauvage, est constitué par des collines de roches rouges, stratifiées, se dressant à pic et simulant une série de ruines.

Enfin, on débouche, dans la plaine dont le centre est le « Grand Lac Salé », nappe d'eau sans issue, comme la mer Morte, et qui se trouve à 1,400 mètres au-dessus du niveau de l'Océan. Cette vaste étendue plane, admirablement cultivée et qui contraste avec la région sauvage traversée

(1) 9,000 litres.

jusque là, est le domaine des Mormons et le résultat de leur travail.

La neige a disparu et un peu de bleu se montre au ciel.

Vers midi, nous atteignons Salt Lake City et l'omnibus nous transporte, par les grandes rues larges, plantées d'arbres, sillonnées de tramways électriques, au « *Knutsford Hotel* ». C'est un fort bel et confortable édifice, bien qu'il soit au nombre de ceux où le tarif pour une chambre ou un repas n'est que de 80 cents (4 fr. 20). Le centre en est occupé par un vaste hall à toit vitré sur lequel s'ouvrent, au fond le grand escalier en marbre, puis tout au tour les différents bureaux, un spacieux « *lavatory* » ou salle de toilette, tapissée de faïence étincelante de blancheur, ornée de marbre et de métal nickelé, le « bar » complété par des billards, et quelques autres locaux y compris un beau magasin de fourrures.

Nous prenons une voiture pour parcourir la ville, toute en larges rues à angles droits et ornée de quelques beaux édifices, entre autres une cathédrale catholique. Le temps nous manque pour y entrer; car, il nous faut voir les édifices *Mormons* qui sont naturellement la principale curiosité du lieu. Les deux constructions principales de cette secte célèbre, le « Tabernacle » et le « Temple » se trouvent presque contigus dans un assez vaste terrain appelé « *Temple Block* » enclos d'une épaisse muraille de 5 mètres de haut. Le Tabernacle est l'édifice le plus ancien et ne saurait avoir la prétention de se rattacher à aucun genre d'architecture. Formé par une énorme coupole en fer et en bois, basse et oblongue, représentant en quelque sorte la moitié d'un œuf monstrueux, il est rempli par d'innombrables bancs disposés en amphithéâtre qui peuvent contenir plus de dix mille fidèles. Le fond ou plutôt le côté par où l'on entre, est occupé par une estrade pour les officiants et par un orgue colossal. C'est là que se célèbre le service habituel du dimanche ou « *sabbath* », service public où sont admis les gentils aussi bien que les fidèles. L'aspect de cette sorte de salle de concerts de dimensions énormes, mais de forme bizarre et dépourvue de toute ornementation est froid et sans intérêt, et ne nous retient pas longtemps en dépit de la loquacité assez confuse du gardien chargé d'y introduire les visiteurs.

Non loin de là se dresse le « Temple » de construction plus récente. Commencée en 1853 par Brigham Young et terminée seulement en 1893, cette structure a absorbé plus de 30 millions de francs, et est réservée aux rites les plus solennels de la secte. Aussi l'entrée en est-elle rigoureusement interdite aux « Gentils ». C'est une masse imposante en granit d'éclatante blancheur dont deux façades sont occupées par quatre rangs de fenêtres superposées, et les autres par six tours de forme gothique de plus de 70 mètres de hauteur : la plus élevée est terminée par l'image de l'ange Moroni qui aurait, soi-disant, révélé la nouvelle religion au prophète Joseph Smith.

L'entrée d'un troisième édifice qui, comme le « Temple », est, de style gothique, mais de moindres dimensions, sorte de chapelle destinée, paraît-il, à certaines consécrations et aux conciliabules des anciens de la secte, est de même interdite aux profanes.

Après l'examen rapide de ces singuliers monuments, nous nous livrons à notre cocher qui semble fort enthousiaste des Mormons. Il nous fait passer sous l'*Eagle Gate* arcade bizarre surmontée d'un grand aigle aux ailes déployées qui formait jadis l'entrée des propriétés particulières de Brigham Young ; puis, il tient absolument à nous montrer la tombe de Brigham Young, pierre fort simple, placée dans un petit enclos gazonné au bord d'une des rues ; et non loin de là, il nous oblige à visiter le « *Lion House* », la maison occupée par ce pseudo-patriarche qui, en 1847, amena les Mormons des bords du Mississipi à ceux du Grand Lac Salé et qui fut, pendant de longues années, leur chef et leur despote. C'est un logis de fort médiocres dimensions dont on ne laisse voir que la petite salle centrale. On n'est pas admis à pénétrer dans la maison contiguë intitulée « *The Bee Hive* », c'est-à-dire la ruche, qui fut l'habitation d'un certain nombre des 90 femmes du prophète. Les autres étaient logées dans des cottages environnants, et la femme préférée, « Amelia », occupait à elle seule une villa fort élégante que l'on montre dans la même rue. Bien que Brigham Young ait un successeur en la personne de « M. Wilford Woodruff » qui s'intitule, comme lui, Président des Mormons et qui, d'après les photographies exposées partout dans Salt Lake City, ne lui cède en rien quant à la dureté du regard d'acier et à l'expression égoïste de la physionomie, mais, n'ayant évidemment pu mettre aussi bien à profit sa situation dominante, n'a pas acquis pour le moment le même embonpoint plantureux, la secte a perdu ses privilèges depuis que le territoire d'Utah est devenu un des États de l'Union Américaine et que les lois fédérales ont interdit la polygamie. Celle-ci n'a donc plus de caractère officiel et ne peut se pratiquer qu'en secret. Aussi les « Gentils » ont-ils, depuis lors, afflué dans ce riche territoire et constituent-ils, aujourd'hui, au moins la moitié de la population de la ville. Celle-ci n'a gardé de ses fondateurs Mormons que le tracé fort intelligent en voies très larges, formées presque exclusivement, sauf dans quelques rues principales où s'est concentré le commerce, par des villas entourées de jardins bien cultivés. Les Mormons seuls lui donnent encore le titre de « *Zion* », orthographe particulière de l'antique nom de Sion, conservée invariablement dans les publications de la secte, aussi bien que celui de « *Jordan* » (Jourdain) attribué à la rivière voisine. On peut remarquer ces singularités dans le journal principal du soir où les « Saints » (c'est ainsi que les Mormons s'intitulent eux-mêmes) étalent à côté de la chronique locale et des télégrammes du reste du monde, les travaux de leurs missionnaires, et qui conserve le titre de « *The Deseret Evening News* »; le nom Deseret ou Desert étant l'appellation primitivement donnée par les fidèles de Brigham Young à la région qu'ils venaient peupler.

Il nous faut voir encore le Musée Mormon ou « *Hall of Relics* » situé au coin de « East Temple and South Temple Streets », et inauguré cette année pour y réunir tous les souvenirs du mormonisme, et notamment de la pérégrination pénible qui, il y a cinquante ans, amena en de longues files de chariots à bœuf, les saints dans ce pays encore inhabité, pérégrination entreprise après l'assassinat mystérieux de leur premier chef, Joseph Smith, appelé « *the Seer* », c'est-à-dire le Voyant, et tué à Nauwoo, dans l'état d'Illinois, sur la rive gauche du Mississipi. Ce prétendu prophète était paraît-il un Anglais, natif de la prosaïque Manchester, où l'ange Moroni lui avait révélé, disait-il, le « Livre de Mormon » destiné à remplacer la Bible, dont cet écrit est, suivant Lady Howard, à qui j'emprunte ces détails, une très pauvre imitation (« *A very poor sort of imitation* »).

Nous en avons fini, ce semble, avec les Mormons. Il nous reste à voir, à l'autre bout de la ville, et sur un espace encore dépeuplé, le « *City and County Building* » qui sert aussi provisoirement de palais de Gouvernement de l'État. Ce magnifique édifice gothique aux vastes locaux, aux bureaux bien aménagés, aux majestueux escaliers en marbre et en onyx du pays, est un beau specimen de la grandeur américaine, d'autant plus remarquable que l'Utah, dont l'organisation en tant qu'État de la Fédération ne remonte qu'à peu d'années, n'a encore dans l'Union Américaine qu'une importance relativement secondaire.

Des grains de neige fondante ont un peu nui au charme de la promenade. Nous aurions voulu aller jusqu'au Grand Lac Salé, contempler sa nappe d'eau qui, contenant jusqu'à 22 pour cent de sel et 5 pour cent d'autres matières, soutient d'elle-même le corps humain, puis visiter à Saltair son grand établissement de bains de style mauresque, établi sur une jetée qui s'avance à plus de 300 mètres dans le lac, et offre aux baigneurs, dit la réclame, jusqu'à mille cabines. Mais la distance de la ville au lac est de 15 kilomètres, et nous apprenons que la saison de bains étant close, il n'y a de trains que le matin. Force nous est donc de renoncer à cette excursion.

Nous nous bornons à profiter d'une éclaircie pour parcourir la rue principale et jeter un coup d'œil sur les beaux magasins de fourrures ou de pierres des Montagnes-Rocheuses. La nuit vient, et avant de dîner nous avançons notre correspondance dans le *Reading Room* de l'hôtel, après y avoir parcouru les feuilles publiques ; les journaux de cette localité centrale de l'Amérique du Nord nous apprennent l'assassinat tenté la veille, 5 novembre, à Rio-de-Janeiro contre le Président du Brésil et dont a été malheureusement victime son ministre de la guerre. Merveilleuse rapidité de communication !

Après l'excellent dîner du Knutsford Hôtel, il nous faut reprendre le train vers 9 heures pour gagner l'embranchement d'Ogden où nous allons retrouver la grande ligne de Chicago à San-Francisco. La lune brille et éclaire les hauteurs tapissées de neige qui entourent les rives du Grand Lac Salé.

A 10 heures, nous sommes en gare d'Ogden, et le train qui va nous conduire aux bords du Pacifique ne passe qu'à 1 heure 40. Nous tentons une promenade en dehors de l' « *Union Pacific Dépôt* ». Ogden est d'après les « *Guide-Books* » une ville de 22.000 âmes ; mais plantée au milieu du désert, comme tant d'autres de cette région, elle a encore gardé certains traits primitifs : les larges rues, que nous trouvons cependant brillamment éclairées par des globes électriques, ne sont pas pavées. Un *bar* resplendissant attire nos regards à la première intersection de ces voies solitaires. Mais voici que les rares magasins encore ouverts à cette heure tardive se ferment et malgré la beauté du clair de lune qui a dissipé le mauvais temps de la journée, nous renonçons bientôt au plaisir de cette excursion nocturne pour aller vérifier le sort de nos bagages, et chercher un peu de sommeil adossés aux banquettes en bois de l'unique salle de la gare en attendant que les guichets s'ouvrent pour nous délivrer de nouveaux « *chèques* » en bois ou en cuivre.

7 Novembre. — Cette attente dépourvue de charmes fut plus longue que nous n'avions pensé ; nous avions compté sans les différences d'heures. Les États-Unis occupant en longitude une étendue égale à celle de l'Europe, sont, comme de raison, partagés pour ce qui concerne l'heure en diverses sections, et Ogden est le point où l'on prend l'heure de San-Francisco, d'une heure plus tardive que celle de la section précédente. Il se trouve donc être à nos montres près de 3 heures du matin quand nous nous trouvons, non sans quelque satisfaction, installés dans le *Pullman Car* qui va nous mener jusqu'au grand océan. Nous suivons désormais la ligne centrale du Pacifique, aujourd'hui qualifiée de « *Southern Pacific* » depuis qu'elle appartient à la Compagnie de ce nom qui possède aussi la grande ligne du Sud joignant San-Francisco à la Nouvelle-Orléans le long des frontières du Mexique, « *The Sunset Route* ».

D'Omaha, ou plutôt de la petite station voisine intitulée « *Union Pacific Transfer* », jusqu'à Ogden la ligne appartient à la Compagnie « *Union Pacific* » : c'est « *The Overland Route, the Worl'ds Pictorial Line* » le chemin de fer construit à travers le désert avec le concours des pouvoirs publics de l'Union Américaine pour accomplir le grand but national de relier les rives des deux Océans. Justement, les journaux achetés en route nous apprennent que la ligne a été tout récemment vendue à un syndicat ou comité de réorganisation, et qu'ainsi le Gouvernement Fédéral rentre dans l'avance de 53.000.000 de dollars (plus de 300 millions de francs) pour lesquels il avait hypothèque sur ce chemin de fer. C'est à quelques kilomètres d'Ogden, à la petite station appelée Promontory, que fut donné, au mois de mai 1869, le dernier coup de bêche reliant les tracés des deux lignes, venues, l'une du Pacifique, par-dessus la crête de la

Sierra-Nevada, l'autre des rives lointaines du Missouri.

Mon sommeil ne fut pas long, et je pus, sans me déranger de ma couchette, jouir de l'apparition du jour éclairant de teintes rosées les montagnes rocailleuses qui se dressent isolées au milieu de la plaine.

La journée, du reste, s'écoule monotone à travers ce grand plateau couvert de neige. C'est d'abord le « Grand Désert Américain », voisin du Lac Salé dont nous apercevons, le matin, les derniers reflets. Cette région sablonneuse et imprégnée de sel ne produit qu'une plante spéciale dont les touffes épineuses sont impropres même à la nourriture du bétail ; pas un seul arbre n'en rompt l'aridité pendant de longues heures.

En entrant dans l'état de Nevada, dont les eaux cependant sont, aussi bien que les précédentes, sans écoulement vers l'Océan, le sol devient plus propice à l'élevage. On aperçoit des troupeaux et l'on rencontre parfois le long de la ligne les cavaliers qui les guident, dont le type bronzé et le manteau primitif dénotent l'origine indigène. Il en est de même des hommes ou des femmes réunis dans les gares assez pauvres où l'on fait halte.

Quant aux Indiens à l'état sauvage jadis chantés par Cooper, ils ne se rencontrent pas, bien entendu, le long des chemins de fer, bien que leurs images au teint brun et sans autres vêtements qu'un énorme bouclier et les plumes aux brillantes couleurs qui garnissent leurs coiffures et leur lance, servent de réclame sur la couverture des indicateurs du « Colorado Midland Railway ». Ce sont les Utes, tribu belliqueuse qui, refoulée des montagnes du Colorado, son ancienne demeure, occupe encore le sud de l'état de l'Utah et dont, aux dires des journaux, l'attitude était, récemment encore, menaçante.

Deux trains par jour relient la Californie au bassin de l'Atlantique. Celui que nous avions dû prendre pour atteindre San-Francisco le matin, est le moins rapide, et un autre désappointement nous y attend. Quand je m'enquiers du *dining-car* auprès du nègre de service, je n'obtiens qu'une réponse négative. « *This is a buffet-car* » ajoute-t-il d'un ton qui n'admet pas de réplique ; et, pour mettre la chose dans la pompeuse terminologie officielle, notre train est un « *Pullman Vestibuled Buffet Train* », c'est-à-dire que les mets, commandés à volonté, dans de certaines limites, et préparés au moyen de conserves, sont servis à la carte sur les petites tables des compartiments Pullman. Quand je dis : dans de certaines limites, c'est que la variété fait absolument défaut, et au repas du soir, nous commencions à en avoir assez des conserves de bœuf braisé et de poulet à la Marengo ou à l'Indienne, ou bien encore désossé (*unboned*), et aussi des figues conservées dans de la crème. A noter sur la carte la mention suivante : « *Wines and liquors will not be sold in Texas, Kansas, Arkansas, Georgia, Iowa, Tennessee, Ohio, Maine, South-Carolina, Mississipi, Alabama, Florida, Wyoming, Indian-Territory, New-Jersey, or New-York* ». Dieu merci, l'état de Nevada ne se trouve pas sur cette liste draconienne, de sorte que nous pouvons, cette fois sans scrupule, ajouter au repas le bordeaux de Californie : « *Linda Vista Zinfandel Mac-Iver* », à 2 francs, (ou 40 centièmes de dollar) la « *pint* ».

Le public des wagons se ressent du « *Far-West* ». Le volume des ceintures et des cous, la coupe de la toilette, dénotent le négociant en bestiaux : le fumoir, qui sert de cabinet de toilette commun, devient moins agréable à fréquenter. A noter pourtant que, même dans cette société du désert, rustique d'aspect, peu lettrée probablement, la redingote noire est générale et le col blanc de rigueur, du moins pour voyager en *Pullman-car* ; cet accessoire de la toilette est peut-être en papier, mais il y est toujours !

Dans le wagon, je lie conversation avec un jeune américain qui conduit sa jeune femme bien malade, deux enfants chétifs et une belle-mère, à sa plantation de café dans les îles Hawaï. Il n'est pas partisan de l'annexion aux États-

Unis ; il craint qu'elle ne rende plus difficile le travail asiatique qui fait la fortune de ces îles.

L'après-midi a été de nouveau marquée par quelques bourrasques de neige.

8 Novembre. — Pendant la nuit, on a passé par le sommet de la Sierra-Nevada (2,100 mètres d'altitude), d'où l'on est redescendu rapidement dans la plaine de Californie, à peu près au niveau de la mer. C'est vers le sommet, à quelque distance à gauche de la ligne, que se trouvent les fameuses mines d'argent de Virginia, qui ont créé de si colossales fortunes et donné naissance à la ville de Carson-City.

Beau lever de soleil sur un ciel tout doré. La plaine qu'on traverse est renommée par la richesse de sa végétation et de ses cultures, surtout d'arbres fruitiers. C'est un contraste complet avec le désert des hauts plateaux. On circule entre les majestueux eucalyptus, les thuyas, les vignes et les orangers, tandis que sur les côteaux s'étayent de grands arbres touffus qui rappellent les chênes verts et les caroubiers d'Espagne et de Portugal. Nous sommes, en effet, à la latitude de Lisbonne. C'est le climat du midi de l'Europe succédant brusquement aux frimas des grandes altitudes.

Notre train avait plus d'une heure de retard. Il est 10 heures, quand après avoir aperçu de loin la ville de Sacramento, capitale officielle de l'État de Californie, et la coupole de son Capitole, on atteint le passage de la rivière du même nom. Le train entre dans un vaste hangar, d'où il passe sans secousse aucune sur un immense bac. Une fois sur l'eau, nous quittons nos wagons par curiosité et vérifions avec étonnement qu'à côté du nôtre, quatre autres trains se trouvent embarqués à la fois. En moins d'un quart d'heure, on atteint l'autre bord, où on trouve sur un débarcadère flottant les rails auxquels ceux du bac viennent s'ajuster exactement. Nous regagnons nos places en hâte et aussitôt l'express reprend sa course sur terre, pas pour longtemps cependant. A Oakland, il nous faut le quitter définitivement pour le *Ferry-boat*, qui va nous transporter par delà la baie de San-Francisco. Cette grande ville maritime est située, en effet, dans une presqu'île qui limite la baie au Sud-Ouest et vient, avec la presqu'île correspondante du Nord, former un goulet assez étroit. C'est une situation un peu analogue à celle de Rio-de-Janeiro ; mais il y manque les rochers abrupts s'élevant presqu'à pic au-dessus des flots, et les sommets grandioses qui forment une si merveilleuse ceinture au paysage de la capitale brésilienne. Ici, la baie, fort belle cependant, s'étend à perte de vue en deux bras qui pénètrent au loin dans les terres, l'un au Sud, l'autre au Nord.

C'est notre dernière étape en Amérique, et pour la dernière fois donc, avant de quitter le Ferry-boat, nous mettons à profit le « *Cheque System* » qui, moyennant nos deux dollars, assure le transport de nos personnes et de nos bagages au « *Palace-Hôtel* ».

Tout à côté de ce majestueux édifice se trouve l'agence Cook où, par l'exhibition de nos tickets circulaires, je me procure les billets pour le vapeur qui va nous transporter au Japon, et me munis par la même occasion de quelques billets de banque japonais représentant la somme de 30 yen fournis moyennant 15 dollars. Le Palace-Hôtel situé dans « Market Street », la grande rue commerçante de San-Francisco, est digne de son nom. Les voitures pénètrent dans la cour centrale au dôme de verre autour de laquelle sont groupés les spacieux bureaux, le couloir conduisant à des boutiques annexes, voire même à un bureau de poste, et les deux salles à manger, celle intitulée « *Grill Room* » où l'on mange à l'européenne, c'est-à-dire à la carte, et l'autre plus importante où sont servis les trois somptueux repas à un dollar. Nous prenons possession de nos chambres, situées au haut de l'édifice d'où la vue n'embrasse guère qu'un horizon de toits et de fumée.

Bientôt nous entreprenons la tournée de la ville, dont les immenses artères droites et larges sont croisées dans tous les sens par des faisceaux innombrables de fils téléphoniques et sillonnées de tramways à câble souterrain. Ceux-ci franchissent même les collines qui forment comme le second plan de la ville et dont l'ascension escarpée se fait avec une vélocité presque effrayante. C'est ainsi qu'après avoir suivi « Kearney Street », nous escaladons la colline appelée « Noble Hill » parce que c'est le siège des résidences somptueuses, entourées de jardins, édifiées par les grandes fortunes de la Californie.

Au delà, le tramway nous conduit, à travers des régions plus désertes et des points de vue superbes sur le goulet de la baie, jusqu'à la falaise qui regarde la pleine mer, appelée « Point-Lobos », à cause des phoques ou loups de mer qui y sont réunis, et vulgairement « *Cliff House* ». C'est un lieu de divertissement, peu fréquenté en cette saison d'hiver. On y trouve une « Grande Roue », comme en ont déjà vu Londres et Vienne, un établissement de bains de mer comportant une piscine couverte de dimensions colossales, et un grand hôtel-restaurant aujourd'hui désert dont la galerie surplombe les eaux transparentes du Pacifique, mais dont l'architecture fantastique ne brille pas par la pureté de ses lignes. On y a le curieux spectacle d'innombrables phoques se roulant ou sommeillant, entassés les uns par dessus les autres, sur les pentes de quelques îlots rocailleux. Une rigoureuse interdiction de chasse préserve la vie de ces animaux qui sont la propriété de l'État de Californie.

Plus haut sur la falaise, nous parcourons le joli parc de M. Sutro, le riche propriétaire de mines de Nevada qui a fondé « Cliff House »; son jardin, planté de palmiers et autres végétaux du midi, est malheureusement enrichi de statues imitées de l'antique et d'autres sculptures d'un style déplorable. Du haut du toit d'un des pavillons la vue s'étend grandiose sur les rives de la côte, embrassant à droite les collines escarpées du côté nord du goulet; à gauche, une longue plage sablonneuse limitée par des pointes de rocher qui nous rappellent les points de vue de Copacabana aux environs de

Rio-de-Janeiro; puis c'est la campagne, en grande partie verdoyante et boisée, qui s'étend derrière San-Francisco jusqu'au sommet d'une autre ligne de collines. Là se trouve le village appelé encore aujourd'hui « *Mision* », où les missionnaires espagnols plantèrent, il y a trois siècles, les premiers jalons de la civilisation qui devait amener la vie dans ces contrées. L'annexion de cette région aux États-Unis ne remontant pas, comme on sait, à plus de 50 ans, on est assez étonné de ne plus y trouver aucun autre vestige de cette primitive occupation espagnole, ni même de son idiome si l'on excepte les réclames des magasins de tabac et les noms de quelques localités tels que celui de la capitale elle même que l'usage américain abrège du reste volontiers en en faisant tout bonnement « *Frisco* ». Les noms de rues eux-mêmes sont exclusivement d'origine anglo-saxonne.

Nous admirons encore à la station de Cliff-House une tranche de plusieurs mètres de diamètre du fameux arbre californien le « *Sequoya gigantea* », placé là à titre de spécimen végétal de la grandeur américaine. Puis une autre ligne de tramway nous ramène au parc dit « *Golden Gate* ». C'est le parc public de San-Francisco, immense parallélogramme où la végétation de cet heureux climat s'épanouit dans toute sa splendeur. Il est parsemé de quelques édifices, reste de l'Exposition Continentale qui s'y tînt il y a quelques années et comprend une colline boisée, agrémentée d'une cascade, baignée par un beau lac où nagent des cygnes de toute espèce, et couronnée, pour faire constraste apparemment, par un monument circulaire dont les arcades nous semblent de loin la réduction d'un amphithéâtre romain.

Nous ne pûmes que parcourir rapidement les principales avenues de ce beau site, complètement solitaires à cette heure. La nuit approchait, la ville était loin, et nous avions hâte de regagner le tramway, qui, à travers de nouveaux escarpements, nous ramène à l'interminable artère de Market Street en nous faisant passer devant le « *City*

Hall », l'hôtel de ville de San Francico, étrange monument à colonnades circulaires superposées à triple étage et surmontées d'une coupole.

Nous nous décidons à mettre à profit ce qui reste de la journée pour visiter le quartier chinois situé du côté du port et qui doit nous donner un avant-goût des pays asiatiques. Sur l'indication des cochers de tramways, une autre ligne nous y conduit, et bientôt un guide s'offre à nous piloter dans ces ruelles immondes éclairées uniquement à la chinoise, c'est-à-dire par des lanternes en papier, que chacun suspend à son gré sur sa devanture. Le rez-de-chaussée de ces taudis est en contre-bas de la rue, de sorte que le regard du passant y plonge facilement ; on peut voir les tristes « Célestes » attablés à leurs guéridons minuscules et se servant de leurs petits bâtons pour ingurgiter leurs répugnants potages, ou bien se faire tresser la chevelure et savonner la tête : la toilette capillaire joue évidemment un grand rôle dans l'emploi des heures de la soirée.

Le guide nous propose une visite au théâtre chinois, qui fonctionne, paraît-il, du moment qu'il a quelques spectateurs. Nous entrons moyennant un demi-dollar par tête. Les banquettes sont désertes, aussi bien que les loges en bois, de construction primitive. Nous nous plaçons près de la scène et attendons patiemment le spectacle. Enfin paraissent les personnages, vêtus des costumes les plus extraordinaires que complètent des masques la plupart fort laids. Les acteurs dont le jeu est pour nous parfaitement énigmatique et qui sont tous des hommes même dans les rôles de femmes, se livrent à toutes sortes de contorsions accompagnées d'une musique à déchirer les oreilles. Ce divertissement dont le sens nous reste inconnu, semble fasciner les quelques asiatiques qui petit à petit sont venus s'asseoir sur les bancs du parterre.

Quant à nous, nous ne tardons pas à nous arracher à l'obsession de ce singulier concert. Nous avons hâte de rentrer dans la vie réelle, et sans nous laisser tenter par

13. — Les voyageurs à Cliff-House près San Francisco.

14. Serviteur chinois annonçant l'heure du repas sur le vapeur *Perú*.

15. — Le commandant du paquebot *Perü* prenant le « point ».

16. — Chinois jouant aux cartes à l'arrière du vapeur *Perü*.

les nombreuses friandises à la chinoise qui garnissent les étalages de ce lamentable quartier, nous regagnons à pied Kearney Street et ses magasins resplendissants d'électricité, puis bientôt Market Street avec la grande tour à horloge qui surmonte les bureaux du « San-Francisco Chronicle » et ses autres édifices majestueux dont cependant le nombre d'étages, bien que fort respectable, n'atteint pas encore celui des constructions analogues de Chicago et de New-York.

Enfin nous voici de retour au Palace Hôtel et installés dans son *Dining Room* où le repas du soir a quelque chose de solennel : la brillante société des deux sexes est en grande toilette. Pour la première fois depuis que nous sommes aux États-Unis, le service n'est pas fait par des nègres ; et l'élégance des *gentlemen* corrects et pommadés qui le dirigent est très imposante.

Nous remontons ensuite à nos chambres sans prolonger davantage notre journée de touristes. Mes jeunes gens préfèrent à la recherche de quelque spectacle, le soin de refaire leurs bagages en répartissant à nouveau leurs munitions, et quant à moi, je me consacre à de nombreuses lettres pour l'Europe : il faut bien donner des nouvelles aux amis avec qui nos communications vont être interrompues pendant 17 jours !

Mais voici que nos occupations sont troublées : on me remet une carte, ou plutôt un morceau de papier ainsi conçu : « *Archie Rice — The Call* ». Reconnaissant dans cette dernière syllabe le titre d'une des principales feuilles de San-Francisco, je flaire aussitôt le reporter, et instruits par l'expérience de Chicago, nous faisons monter ces messieurs, (car ils se trouvent être deux), et les prions poliment de s'asseoir. Puis j'allègue ma surdité pour laisser à La B.., la tâche de l'*interview*. Ils ont dans l'exercice de leur profession, relevé sur le registre de l'hôtel des noms français et venaient, suivant l'usage du pays, s'éclairer sur le but de notre voyage et chercher quelques détails. Leurs regards acérés semblaient vouloir nous pénétrer. Ils souhaitaient surtout savoir si notre excursion se rattachait de plus ou moins à la politique ou au journalisme, question facilement répondue par la négative, puis voulurent aussi avoir notre opinion sur le cas du traître Dreyfus qui occupe la presse des deux mondes. La B... n'eut pas de peine à leur répondre comme il fallait sur ce point autant que sur les autres et l'entrevue clôturée par force *shake-hands*, nous laissa fort satisfaits d'en être quitte à si bon compte.

CHAPITRE IV

Dernier coup d'œil sur les États-Unis. — Le paquebot « Perù » — La traversée du Grand Océan. — L'arrivée au Japon.

9 Novembre. — Ma correspondance m'occupa tard dans la nuit.

Après le premier repas, nous nous mîmes en quête d'une église pour sanctifier cette matinée de l'embarquement, d'autant plus que le dimanche d'avant-hier nous avait trouvés en route à travers le Nevada. Le tramway nous dépose à 9 heures 5 minutes à Saint-Ignace, vaste église du style italien à laquelle est annexée un important collège ; mais l'affiche nous apprend qu'en semaine la dernière messe est à 8 heures. Nous dûmes nous contenter de dire notre chapelet tandis que de rares fidèles faisaient de leur côté leurs prières ou le chemin de la croix. La cathédrale Saint-Mary était trop loin pour que nous poussions jusque-là nos pérégrinations.

La besogne en effet ne manquait pas avant le départ : les jeunes gens avaient leurs emplettes, moi l'agence Cook, la volumineuse correspondance à recommander à la poste, la banque « Donohoe and Kelly » à visiter de nouveau pour demander en vain un supplément de monnaie japonaise, et chercher en vain aussi s'il n'était pas arrivé de lettres pour nous. Je n'eus que le plaisir de trouver un télégramme de France disant : « Bien », prompte réponse au mien de la veille, et un autre répondant à celui que j'avais, de Colorado-Springs, envoyé en Angleterre. Mais quant à la correspondance nous dûmes nous résigner à nous lancer sur un nouvel océan sans qu'aucune ligne de chez nous nous eût rejoints depuis la gare Saint-Lazare !

Je ne voulus pas quitter San-Francisco sans visiter rapidement ses trois musées minéralogiques mentionnés dans le *Guide Book*, et tous échelonnés le long de Market-Street. On y voit quelques curieux spécimens de la primitive civilisation californienne et de l'époque de la conquête américaine, notamment le drapeau portant l'image d'un ours « The Bear Flag » arboré par les Californiens lorsqu'ils se soulevèrent contre le Mexique avant de s'annexer aux États-Unis ; mais, au point de vue purement minéralogique, je m'attendais à trouver des collections plus importantes dans ce pays dont les mines ont fait la richesse.

En parcourant les 12 grandes pages de « *The Call* », puis celles du « *San-Francisco Chronicle* », je finis par y y découvrir les entrefilets reproduisant notre interview de la veille et eus du moins la satisfaction d'y voir déclarer que nous sommes tous « *prominent and well connected in the French Capital* », même Latapie ! Mais le cas Dreyfus y est passé sous silence : l'opinion de notre compagnon n'a pas été apparemment de nature à plaire au journalisme de céans !

Je laissai mes jeunes gens mettre en mouvement les bagages et prendre les devants pour gagner le navire, et les rejoignant par un petit tramway d'ordre secondaire qu'il faut bientôt quitter pour pérégriner à pied à travers les quartiers fort laids aboutissant au port, je découvris enfin notre vapeur le « *Perù* » accosté au bout d'un triste hangar en planches. Mais, quelle différence avec ce merveilleux palais flottant qu'était notre *Touraine!*

Malheureusement il n'y a pas de ligne de navigation française entre l'Amérique et l'Asie ; et le navire de la « *Pacific Mail Steamship Company* » qui nous échoit est, en longueur exactement, la moitié de la *Touraine*. C'est, pour notre male chance, le plus petit des vapeurs des deux compagnies américaines « *Pacific Mail* » et « *Occidental and Oriental* », qui se sont entendues pour faire alternativement, à 10 jours d'intervalle, le service entre San-

Francisco, le Japon, la Chine et Honolulu. Nous aurons le regret de ne pas toucher à ce dernier port qui est desservi tantôt à l'aller, tantôt au retour.

Nous n'avions pas le choix du jour de l'embarquement ni par conséquent, du navire : la date nous était imposée par la brièveté forcée de notre tournée, et tenant à parcourir, quoique trop rapidement, les États-Unis, nous n'avions pas l'option de la ligne canadienne dont les trois grands paquebots « *Empress of India* », « *Empress of Japan*, « *Empress of China* », sont, paraît-il, les plus beaux du Pacifique et constituent la communication la plus rapide entre l'Europe et le Japon : 28 jours de Paris à Tokio. Il avait donc fallu nous résigner au « *Perù*. »

Nous avons du moins la chance d'y rencontrer fort peu de compagnons de route, de sorte que tous tant que nous sommes de passagers de 1re classe trouvons à être casés dans les quelques cabines situées sur le pont ; et c'est vraiment une fameuse chance, car les autres cabines situées plus bas, le long d'un corridor qui conduit à la salle à manger, sont privées d'air extérieur : *horresco referens!* Les hublots qui les éclairent vaguement ouvrent sur un couloir extérieur, fermé, réservé aux passagers d'entre-pont.

La disposition intérieure du navire est bizarre, n'offrant pas la symétrie qu'on est habitué à rencontrer à bord : le corridor ne se trouve pas au centre du bâtiment, le côté de bâbord étant pris par la cuisine, l'office et d'autres dépôts ; et de même le petit rouf qui abrite les cabines du pont et l'escalier n'a de porte que d'un seul côté. Cet arrangement singulier, encore qu'il n'influe pas, je l'espère, du moins, dans la stabilité de la navigation, ne laisse pas que de produire une impression désagréable.

Au moins nous donne-t-on trois cabines : j'en prends une ; La B... une autre du côté opposé et nous mettons Latapie avec mon fils dans la troisième. Mais quelles cabines minuscules en comparaison de la *Touraine!* Quelles couchettes étroites où je ne sais même si mes longues jambes trouveront place suffisante ! Ma pensée se reporte au « *Sultan* », petit vapeur de la Compagnie « *Peninsular and Oriental* » où je fis, avec mon père, en 1859, ma première navigation de l'Atlantique, à travers les tempêtes du golfe de Gascogne ! Dieu nous préserve d'en rencontrer cette fois-ci de pareilles !

Enfin, nous voilà casés tant bien que mal ainsi que nos bagages de cabine; le reste des malles descend à la soute. Nous voyons un de nos compagnons de route, un blond adolescent américain, recevoir les tendres embrassements de son père qui reste à terre, et, à 1 heure 10, le paquebot s'ébranle. Le temps est beau, les points de vue sur la rade admirables.

Nous passons en revue les navires qui y stationnent, y compris quelques « Monitors » de la marine de guerre américaine; puis on s'engage dans le goulet en longeant l'île rocailleuse et fortifiée d'Alkatraz, et, en quelques tours d'hélice, nous sommes en pleine mer.

C'est avec regret que je vois s'éloigner l'Amérique du Nord après l'avoir à peine aperçue, en quelque sorte à vol d'oiseau. N'ayant eu de rapport qu'avec le personnel de service des hôtels et des chemins de fer, je ne saurais avoir la prétention de formuler aucun jugement sur les conditions morales de ce pays si brusquement arrivé à la vie civilisée, ni par conséquent contester tout ce qui en a été dit de défavorable. Je ne puis que rendre témoignage à la correction et à la ponctualité du service, aux soins dont les voyageurs sont entourés, à la bonne volonté avec laquelle tous les renseignements sont fournis. On a vu qu'en dépit de la prétendue cherté des pays transatlantiques, nous avons trouvé les prix d'hôtels et de wagons sensiblement inférieurs à ceux que nous connaissons en Europe et que les pourboires ne sont jamais exigés. Pour ne pas paraître exclure de mes éloges les classes supérieures de la société, que j'ai le regret de n'avoir pu fréquenter, je ne veux pas me dispenser d'ajouter que j'ai trouvé une courtoisie non moins empressée chez les banquiers auxquels m'adressait ma lettre de crédit.

La pureté et la légèreté de l'atmosphère, l'originalité de la nature même dans les régions les moins pittoresques, ces paysages à grandes lignes, où l'on ne ressent pas encore l'encombrement de la civilisation à outrance, une sorte de sentiment d'indépendance qui en résulte et qui se retrouve même dans la largeur des voies de communication des villes les plus actives, l'absence de badauds et d'inoccupés, chacun allant à sa besogne d'un pas léger; tout cela constitue autant de traits qui concourent à me laisser de mon passage à travers les États-Unis un souvenir charmant avec le désir, suivant toutes probabilités, hélas! irréalisable, de revenir étudier, plus à loisir, cet admirable pays.

Peu avant 2 heures, la cloche nous appelle au lunch servi dans la salle à manger, mal éclairée, qui occupe le centre du navire au bout du funèbre couloir de 1re classe heureusement inoccupé à ce voyage. C'est le cas de reconnaître les compagnons de route au côté desquels nous allons vivre pendant 17 jours. Ils sont faciles à compter et ne nous promettent guère de ressources de société: outre le jeune homme blond, timide d'aspect, voici un « jeune ménage » de type méridional que nous sommes surpris de retrouver, car nous l'avons aperçu sur la *Touraine* sans avoir alors discerné sa nationalité; et notre petit groupe est complété par une américaine, jeune et brillante, qui voyage avec son *baby* de trois ans environ, et une tante, jusqu'à présent recluse dans sa cabine. Comme le plus âgé de la société je me mets à la droite du commandant qui, silencieux, tient le bout de la table. Après nous se placent, non moins inabordables, les quelques officiers du bord, et, en face, la jeune dame américaine, puis le ménage mystérieux.

Le service est fait, silencieusement aussi, par des Chinois proprement habillés de blouses flottantes d'un bleu clair, sous lesquelles le pantalon laisse voir les bas blancs dans les souliers à semelles épaisses et légères particulières à leur race. Leurs tresses de cheveux tombent jusqu'à la cheville ; ainsi le veut apparemment l'étiquette, car cet appendice ornemental est évidemment allongé par des ficelles noires qui simulent un prolongement de la chevelure. Ce sont, en dépit de leur physique peu élégant, d'excellents serviteurs, attentifs, soigneux, prompts, quoique trop peu ferrés sur les langues étrangères à la leur.

Également attentifs et propres, les quelques chinois qui mettent en ordre nos cabines, et on se prendrait volontiers d'amitié pour eux, n'était l'impossibilité de communiquer avec cette race autrement que par signes et même de distinguer leurs visages, tous également jaunes, à tout petits yeux vifs, émergeant à peine au-dessus des pommettes toutes également saillantes. Un japonais d'un rang un peu plus élevé, pas plus grand de taille que ses subordonnés chinois, mais correctement habillé, de drap bleu foncé, en serviteur européen, surveille ce service. Japonais aussi, et comme l'autre attiffé à l'européenne, l'adolescent à visage baroque qui sert de bonne et de compagnon de jeu au bébé de la veuve américaine et égaie ainsi l'intérieur du rouf.

On a moins de satisfaction à constater que l'équipage du navire est également chinois : les aptitudes marines de cette race asiatique si différente des peuples formés par la civilisation européenne ne m'inspirent qu'une bien médiocre confiance.

La mer devient moutonneuse, tandis qu'on laisse à droite les îlots rocailleux appelés *Far Alones* (1). A cette hauteur aussi nous déposons le pilote qu'un voilier ramène au port. Le vent est debout et nous donne une impression peu favorable de l'accueil que nous réservent les solitudes du Pacifique.

Le mouvement du navire est prononcé surtout à l'arrière où se trouve, derrière le rouf de nos cabines, le petit salon-fumoir qui contient les deux tables à écrire.

Le soleil se couche dans une bande de nuages. Amariné par la précédente traversée, et par beaucoup d'autres, je

---

(1) En anglais : Seuls au loin.

tiens bon contre le mal de mer. Mais à la suite du lunch tardif aucun de nous ne se décide à descendre dîner.

Le soir, la pleine lune rayonnait sur la mer et je restai quelque temps avec La B... à l'arrière du navire à jouir de ce spectacle toujours attachant, jusqu'à ce que la brise trop fraîche nous décidât à nous mettre à l'abri.

Les dix-sept jours passés à bord du *Pacific Mail Company's Steamship « Perù »* compteront parmi les plus fâcheux non seulement de ce voyage, mais j'ose dire, de non existence par suite de leur monotonie, du manque de ressources de tout genre et de confort, et enfin de l'angoisse causée plus d'une fois par l'accueil peu aimable du Grand Océan traversé sur un navire de dimensions par trop exigües, construit jadis pour la navigation côtière de la Californie à l'Amérique du Sud, puis transféré par suite de l'insuccès de cette entreprise aux voyages de long cours auxquels il n'avait pas été destiné !

La pluie a été quotidienne, le vent à peu près constamment contraire.

La société de nos compagnons de passage, peu nombreux, comme on l'a vu et essentiellement disparates, ne pouvait guère nous offrir de ressources, non plus que celle du vieux loup de mer préposé au commandement du navire et habituellement renfermé ainsi que ses officiers dans le mutisme auquel les a habitués leur profession.

Aussi les trois repas réglementaires de 8 heures 1/2 du matin, 1 heure (le « *tiffin* » dans le langage colonial et maritime) et 6 heures 1/2 du soir, auxquels nous conviait le son du « *gong* » ou tam-tam, promené sur le pont d'un pas alerte et majestueux par un des serviteurs chinois, se passaient-ils en général dans un silence funèbre, sauf le zézaiement précipité, inaccessible à mon oreille, par lequel la jeune veuve dans la toilette de laquelle se mêlent toutes les nuances de la couleur rouge, arrivait à dérider le vieux Commandant. Cette personnalité essentiellement américaine, qui a nom Mrs Laughlin, semble livrée à une vie errante. Elle a séjourné au Caire où elle me dit, sans me connaître, avoir rencontré mon neveu Henri ; et maintenant, après une visite à sa famille en Virginie, elle va s'établir à Nagasaki. Nous déclinons, et pour cause, les propositions qu'elle nous fait dès le premier dîner, d'organiser des parties de whist, voir même des concerts musicaux.

A côté d'elle, le jeune ménage français garde un silence prudent. « M. et Mme Paul » dit la liste des passagers. Ce nom mystérieux cacherait-il aussi un incognito ?

Le jeune américain ne paraît guère ; il est malade dans sa cabine, et voilà close la liste de nos compagnons.

Le menu, purement anglo-saxon, n'offrait lui aussi qu'une monotonie décourageante. Je ne trouvai de nouveauté qu'à me conformer à l'usage américain qui fait débuter les repas par les fruits, et ce contraste avec nos habitudes européennes avait du moins l'avantage de faire diversion à l'insipidité du « *bill of fare* » : les tranches juteuses d'oranges ou d'ananas et même les quartiers de pommes constituent comme un apéritif. Pour le reste du repas, les plats de résistance, après le maquereau salé, ne sortaient pas des « *beefsteaks* », « *mutton chops* » et « *irish stew* » (ragoût de fragments de mouton nageant dans une sauce aux pommes de terre), assistés du « *porridge* » ou bien du « *cracked wheatmush* », pâtées épaisses et sans saveur faites de semoule ou autres farineux qui semblent indispensables aux officiers du bord, mais devant laquelle mon estomac ne tarda pas à reculer.

Ajoutons-y la difficulté de déchiffrer les intitulés baroques du menu, puis de les faire comprendre aux chinois qui nous servent, empressés, mais très insuffisamment versés dans la langue anglaise. On est réduit à leur indiquer au doigt ce dont on fait choix sur le *bill of fare* qu'ils emportent alors consciencieusement à la cuisine sans écarter leur regard du nom indiqué. Aussi le succès ne répond-il pas toujours à ces soins compliqués. Notre système si simple de passer les plats tout autour n'est pas dans les usages américains.

CHAPITRE IV

Tous ces charmes sont complétés par les violons garnissant la table pendant tout le temps de la traversée et les mouvements violents du roulis agitant l'assiette à potage.

La température cependant se maintint printanière variant de 16 à 20 degrés, et quand un rayon de soleil se montrait on se reprenait un peu à vivre. Mais le roulis n'arrêtait guère. Même dans les jours où la mer semblait de l'huile, une sorte de longue houle amenée du Nord-Ouest, de l'extrémité de l'Océan, venait faire pencher de sa cadence régulière notre frêle et mobile abri. C'est ce mouvement que les anglais désignent du nom caractéristique d' « *Ocean swell* » et avec lequel nous avons souvent fait connaissance dans l'Atlantique méridional.

Notre traversée suit cette fois-ci une ligne droite descendant légèrement vers le Sud : il y a à peine 2 degrés de différence de latitude entre San-Francisco qui est à 37 degrés, et Yokohama. C'est là l'itinéraire d'hiver au moyen duquel on tâche d'éviter les frimas et les tempêtes. Pendant la belle saison, au contraire, les paquebots font une courbe vers le nord pour chercher, comme ceux de l'Atlantique, les parallèles réduits en longueur par suite de la rotondité de notre globe.

Et, dans ces dix-sept jours nous n'avons pas rencontré un seul navire ! Aucune côte non plus, ni aucun être vivant à apercevoir sauf une cinquantaine de grandes mouettes ou cormorans à plumage brun foncé et longues ailes teintées d'un peu de blanc, qui sans doute en quête de nourriture, suivent constamment le sillage du navire, planant longuement, puis se reposant parfois sur la mer en cercle, comme pour tenir conseil.

Pas même de bibliothèque à bord : le fumoir, situé à l'arrière du navire, ne contient, outre un album de l'Exposition Californienne de l'an passé qui nous donne une idée des richesses végétales aussi bien que minérales de cette région, que la collection des journaux d'Honolulu : « *Hawaiian Gazette* » et « *Pacific Commercial Advertiser.* » Je puis y suivre du moins les idées du parti qui souhaite annexer ces îles aux Etats-Unis et y réussira bientôt, encouragé dernièrement par la visite d'une grande commission de sénateurs et députés américains.

Nous sommes donc réduits à notre provision de livres de voyage : pour nous préparer aux impressions du Japon, nous avons « *Madame Chrysanthème* » et comme lecture plus sérieuse et moins amusante « *The Mikado's Empire* » par l'américain Griffis, dont La B... s'est prudemment muni : sorte de cours d'histoire du Japon entremêlé des curieuses impressions d'un professeur de Boston, engagé vers 1870 (au début de la grande transformation japonaise) pour professer à Fu-Kui, chef-lieu de la province lointaine d'Echizen. Puis nous avons aussi un très joli petit volume illustré, édité, il y a peu d'années, à Boston et que j'avais eu la chance de rencontrer à San-Francisco « *Japan as we saw it, by Robert L. Gardiner* »; et enfin le livre fort documenté du vice-amiral Layrle « La restauration impériale au Japon » (1), et ainsi tâchons-nous, non sans efforts, d'acquérir quelques notions de l'histoire japonaise et de graver dans notre mémoire quelques-uns des hauts faits des « Mikados » et des « Shoguns » en arrivant à ne pas confondre les « Minamotos » avec les « Hojo » ni les « Ashikagas » avec les « Tokugawas ». Le plus souvent il faut nous contenter de recourir à ce genre de délassements dans le fumoir ou dans nos cabines et y supporter 22 degrés de chaleur (la température de l'Amazones), le vent et la pluie ne permettant guère de prendre l'air : les chaises de bord sont attachées sur le pont où on ne peut se tenir debout, encore moins se promener. Les nuits alors ne semblent pas moins longues que les journées, le manque d'exercice ne disposant guère au sommeil.

Si les passagers de 1re classe font défaut, le navire du moins est rempli d'autre façon. Il y a près de 350 passagers d'entrepont : trois ou quatre tristes européens qui vont chercher je ne sais quelle fortune; trois cents

---

(1) Paris, Armand Collin et Cie, 1893.

chinois et trente japonais ! Je ne sais où tout ce monde couche ; pour prendre l'air, ils disposent de la galerie fermée qui entoure l'étage inférieur du bâtiment, puis d'un escalier qui leur permet de venir s'établir, quand il fait beau, sur le pont à l'arrière de nos cabines. On voit alors les fils de l'Empire du Milieu accroupis, jouer aux dés ou manier leurs cartes, fort différentes des nôtres. Parfois l'un d'eux, plus fortuné, se promène sur le pont en veston de soie garni de fourrures. Mais les règlements de bord interdisent rigoureusement aux asiatiques, quelle que soit leur position sociale, l'entrée des locaux de 1re classe.

Tous ces passagers, sans doute, retournent dans leur pays jouir de quelque mince gain accumulé en Californie à force de labeur pénible et de sobriété. Ils ne pourront revenir en Amérique car, comme on le sait, la loi des États-Unis interdit désormais l'immigration des Asiatiques.

Le jeune américain qui manquait à la société du bord finit cependant de temps à autre par surmonter son mal de mer : il se trouve qu'il est musicien, voir même compositeur en herbe. Voici donc un compagnon de musique pour Mrs Laughlin ; ils passent leur temps au piano du « *Social Hall* » (sorte de salon qui se trouve sur le pont, à l'avant du navire, et auquel on accède par un escalier montant de la salle à manger). Leur musique préférée est essentiellement Anglo-Saxonne. Nous les entendons chanter en duo d'un bout à l'autre les deux opérettes en vogue à Londres : *The Shop Girl* et *The Gheishah* (celle-ci se passe au Japon) ; puis force chansonnettes américaines. C'est une musique assez monotone, à cadence précipitée dont on aurait bientôt assez, n'était le manque de toute autre occupation, mais qui paraît amuser follement les deux exécutants, à en juger par les rires bruyants qui leur échappent.

Mais que faire dans cette galère, si ce n'est profiter des moindres diversions ? Cependant ce jeune californien a beaucoup d'érudition musicale : il nous joue de mémoire, des pots-pourris entiers de *Faust, Aïda, Carmen*, que sais-je encore ? des « *tangos* » mexicains et le « sestetto » de *Lucia*. Il n'a cependant jamais quitté l'Amérique, mais a fait le voyage obligé de New-York. Il nous apprend qu'on est fort amateur de musique à San-Francisco. L'opéra anglais y fonctionne toute l'année, et il vient aussi tous les ans des compagnies italiennes, françaises ou allemandes qui leur ont donné : *Tannhaeuser, Lohengrin, Othello, Traviata, Somnambula, Sigurd, Mignon, Samson et Dalila*. Mais, ajoute-t-il avec douleur, nous n'avons pu avoir encore la Melba ni les Reszké, accaparés exclusivement par New-York.

Le vent tourne au Sud, au Sud-Ouest, au Nord, au Nord-Est, en général faible, Dieu merci ! Mais, quelle que soit la direction du vent, la mer est toujours plus ou moins agitée et le navire balance toujours ! Parfois le temps est beau le matin, puis dès avant midi la pluie reprend et devient torrentielle vers le soir. Tout le monde se réfugie au « *Social-Hall* » et le petit compositeur nous joue l'opéra-féerie de sa composition intitulé « *Bo-Peep* » ou, le Chaperon rouge !

A partir du 18, nous eûmes à regretter même ces tristes journées, tant le mouvement du navire devint violent. Il fallut fermer jusqu'aux hublots de nos cabines, situées cependant sur le pont, fort au dessus du niveau de la mer. L'embrun des vagues venant du Sud inondait tout, éclaboussant nos fenêtres et impressionnant d'une manière peu agréable notre réclusion forcée.

Puis, une certaine amélioration se produit, on entr'ouvre les fenêtres. On s'aventure un peu sur le pont ; et aussitôt... les casquettes s'envolent. En voilà deux déjà de perdues. Si cela continue, nous allons arriver au Japon sans couvre-chef. Pour le moment ceux qui en ont de rechange trouvent à en prêter aux autres.

Le silence règne de nouveau à bord : le pauvre jeune pianiste ne peut résister au mauvais temps, et est condamné aux souffrances de la couchette. La veuve américaine cause à voix basse dans quelque coin avec le commissaire du bord.

Je tâche de me réconforter en pensant que nous avons passé la moitié de cette pénible traversée et qu'en avançant vers l'Ouest, nous nous rapprochons de l'abri que doivent nous donner, ce semble, les côtes asiatiques. Mais, dans mon for intérieur, je me doute que cet espoir peut fort bien n'être qu'illusion : c'est de ce côté-là, en effet, que nous vient le vent : et c'est en soufflant de quelque profondeur encore éloignée, du voisinage du Kamschatka probablement, qu'il met en mouvement et pousse dans notre direction les ondes dont le poids redoutable vient ébranler notre frêle embarcation.

Puis, le lendemain, la matinée est belle, l'air pur et délicieux.

Mais ce spectacle réconfortant n'est hélas ! qu'une jouissance passagère. Les nues ne tardent pas à reprendre possession du ciel. Le vent est maintenant plein Ouest, par conséquent directement contraire, poussant contre nous d'énormes et profondes ondulations où notre navire semble vouloir disparaître, mais que bientôt il remonte et franchit avec de grands mouvements de tangage, préférables cependant à mon gré à l'épouvantable roulis des jours précédents.

Cette journée nous offre toutefois une distraction piquante pour les voyageurs novices, bien que prévue. Tandis que les menus du *Breakfast* et du *Tiffin*, marquaient bien le vendredi 19 novembre, jour consacré à la chère Sainte Elisabeth de Hongrie ! « *die liebe heilige Elisabeth* », comme disent les Allemands, (qui n'en ont pas moins profané et détruit sa sépulture lors de la Réforme et sous l'autorité des princes apostats cependant descendants de la Sainte), le bulletin du « point » affiché, comme d'habitude, peu après midi, et objet de notre visite quotidienne, nous annonçait soudain que nous étions au samedi 20, ce que ne manqua pas de constater aussi le menu du dîner. Nous avions donc sauté un jour de l'année ! Cette anomalie vient tout bonnement, comme nous le savions d'avance de ce que ce jour-là on avait passé le 180° degré de longitude qui représente la moitié de notre tour du monde, et est pour les Anglo-Saxons, le complément circulaire de leur méridien de Greenwich. On rentre dès lors dans l'hémisphère Est ; et comme les gens venus dans ces parages, c'est-à-dire au Japon ou en Chine, par l'Est, tandis que nous y venons par l'Ouest, ont dû continuellement avancer leur heure et que nous avons par contre retardé la nôtre, ils se trouveraient, quand nous nous rencontrerons, en avance sur nous de 24 heures. Afin de nous éviter cette complication désagréable à notre arrivée sur les côtes d'Asie, on a choisi ce 180ᵉ degré pour se mettre à l'unisson, et de cette façon, nous avons regagné les douze heures dont nous avons retardé depuis notre départ de France, plus les autres douze heures dont ont dû avancer les voyageurs venus de France par l'Est. Ce changement se pratique à cette même longitude sur tous les navires dans un sens ou dans l'autre : ceux qui naviguent vers l'Est au lieu de supprimer un jour comme nous venons de le faire en ajoutent un, et comptent la même date deux jours de suite. Et voilà toute l'explication d'un phénomène naturel qui préoccupe parfois les voyageurs peu versés dans la cosmographie : les uns sont désolés d'avoir, leur semble-t-il, laissé échapper un jour de leur existence ; les autres, ceux qui viennent de l'Est, enchantés d'en compter un en double. Latapie est, comme de raison, fort impressionné par ce dérangement dans le calendrier : il nous demande d'un ton inquiet si on est arrivé aux « Antilopes » voulant dire : antipodes.

Cependant, voici de nouveau du ciel bleu, la brise n'est pas forte, et rappelle le printemps du midi de l'Espagne : nous sommes, en effet, à peu près à la latitude de Gibraltar. Mais la houle de collines mouvantes qui vient du Nord-Ouest ne fait que croître ce semble. Impossible de se sentir à son aise dans ce mouvement continuel et violent.

Aussi dans la nuit du 20 au 21, malgré mon bon sommeil habituel, je ne pus fermer l'œil, il me fallut abandonner mon lit pour rester cramponné à la banquette, le visage collé à la vitre du hublot qu'il me semblait voir toucher la surface des flots, le roulis étant venu s'ajouter au tangage. Je me demandais, à chaque oscillation plus violente, si le navire se relèverait, et je songeais aux deux plus fâcheuses traversées desquelles il m'a été donné d'échapper : celle du golfe de Gascogne, du 27 décembre 1859 au 6 janvier 1860, où allant à Lisbonne avec mon père, sur le vieux petit paquebot « Sultan », par deux fois nous dûmes mettre à la cape pour fuir les côtes de Galice contre les rochers desquelles l'ouragan menaçait d'entraîner et de briser notre navire, et celle où ramenant ma femme et mes enfants de l'extrémité Sud du Brésil, sur le paquebot côtier « Rio Pardo » nous fûmes 72 heures à doubler le cap « Santa Martha », en mars 1885. Celles-là, c'étaient de vraies tempêtes, mais j'étais jeune et y souffris moins, ce me semble, que sur ces abîmes solitaires de l'Océan Pacifique. Ici, pour toute diversion de ces longues heures de nuit, on a le va-et-vient devant la fenêtre des chinois de l'équipage tout inondés d'embrun ou de pluie sur leurs complets en toile cirée, et l'on se sent, quand même, pris de reconnaissance pour ces pauvres asiatiques de la bonne volonté desquels dépend notre sort, mais dont l'aspect hideux et la tenue en guenilles, produisent un effet si lamentable quand ils se rangent sur le pont à l'appel de la sonnerie d'incendie.

Nous avons, en effet, à certains jours, le spectacle de ce simulacre que le commandant, suivant l'usage de tous les navires, ordonne de temps à autre, pour habituer chacun à savoir prendre son poste en cas de danger, mais qui, sur ce navire-ci, ne saurait guère rassurer les passagers. Ces malheureux matelots chinois ne sont que neuf, et chaque fois que je les vois réunis, mon cœur se serre en silence à la pensée que la manœuvre du navire dépend de ce triste personnel, insuffisant comme nombre et appartenant à une race qui n'a pas conquis une grande réputation de courage

Seul le personnel d'ordre un peu supérieur, tel que mécaniciens et autres, est Américain.

Mes compagnons, eux aussi, n'ont, paraît-il, guère dormi cette nuit-là. Le jour dissipe en partie les pénibles impressions développées par l'obscurité. Mais une autre souffrance se présente, celle de descendre aux salles de bain, qui se trouvent à l'arrière du navire et qu'il faut gagner à pas chancelants par un couloir dallé de tuiles glissantes pour arriver à des réduits tellement exigus que la porte fermée, la température y est suffoquante et on a hâte de s'en échapper.

Le vent et la houle étant contraires, pas moyen de mettre des voiles. Aussi en consultant comme chaque jour le « point », vérifions-nous avec douleur que la distance parcourue dans les 24 heures n'est que de 235 milles, c'est-à-dire que suivant le langage classique des marins, on a filé moins de 10 nœuds par heure ! Triste contraste avec les 19 milles que laissait derrière elle la *Touraine* à travers les flots cependant agités de l'Atlantique du Nord.

La diversion bien monotone et surtout peu encourageante de l'examen du « point » est complétée par la visite à la chambre du docteur du bord, jeune catholique de San-Francisco qui veut bien tenir à notre disposition ses belles cartes marines ; et nous pouvons ainsi vérifier nos trop lents progrès sur les vastes espaces du Pacifique.

Puis viennent, surtout pour les jeunes gens, les séances chez le commissaire « *the Purser* » : plus accessible que les autres officiers du bord, il offre parfois dans sa cabine un « *Five o'clock tea* » et y fait les honneurs de sa belle collection philathélique que j'ai la chance d'enrichir de quelques timbres exotiques retrouvés dans mes malles sur d'anciens journaux. Mentionnons encore, pour compléter les distractions de la fastidieuse traversée. les visites à la cale d'où le personnel de bord, toujours complaisant, extrait nos bagages pour nous permettre de renouveler notre matériel de lecture.

L'après-midi, la houle semble baisser, le temps est clair.

Mais vers 4 heures, tandis que, suivant notre habitude, nous sommes mélancoliquement groupés autour de la petite table du fumoir, il me semble tout à coup que la machine ne marche plus ! Ce n'est que trop vrai. Je me hâte d'aller aux informations, car c'était une perspective assez peu agréable que de savoir notre coquille de noix livrée aux balancements des ondes sans machine pour réagir.

Je trouve notre commandant lisant impassible dans sa cabine et il veut bien m'informer sans se déranger, qu'on bouche simplement une petite fente « *a leaking* » dans le condensateur de la machine ! Son indifférence me rassure plus que son explication. Quant à la jeunesse, elle prend la chose en plaisanterie, enchantée de voir les cormorans, dont le nombre, chose étrange, va toujours en augmentant, tellement qu'ils sont bien maintenant une centaine, s'abattre tous en même temps sur la mer autour du navire arrêté. Aussitôt surgit l'idée de reprendre avec plus de succès la pêche de ces volatiles parfois essayée en vain les jours précédents dans le sillage du navire. On court à la cabine pour préparer cordes et hameçons ; mais on n'a pas tout de suite sous la main ce qu'il faut et avant que les préparatifs soient terminés, voici le navire qui repart soudain, l'avarie réparée en moins d'un quart d'heure ; et les cormorans de reprendre aussitôt leur vol pour planer autour de nous comme en dérision. Je n'ai aucune envie de regretter la pêche manquée.

Dans la soirée, le vent a passé du Nord-Ouest au Sud-Ouest : le ciel s'est couvert, il a plu, mais nous n'en sommes pas pour cela moins secoués.

Pas de musique, bien entendu : le petit pianiste, toujours très souffrant, ne quitte guère son lit. Pauvre petit jeune homme isolé et de faible santé ! nous nous intéressons à lui. Sa porte ouvre en face de celle de mon fils et nous allons tour à tour compatir à ses souffrances et l'entendre gémir : « *I wish we were at Yokohama!* » sans pouvoir même jouir de la collection du « *Musical Courier* » de New-York qui encombre sa banquette. Il se nomme Ellis : il a laissé à San Francisco ses parents qui l'envoient pour quelques années se perfectionner à l'étranger dans la vie commerciale, je pense, plutôt que dans la musique : il doit rester un an à Yokohama, chez un oncle qui y est établi négociant, puis séjourner de même à Paris, à Berlin et à Londres.

Le vent est toujours trop contraire pour qu'on mette des voiles : Température, 20 degrés sur le pont !

Un autre jour il y a une acalmie : le pianiste est sur pied, et, comme chez la jeunesse la gaieté succède promptement à la souffrance, il esquisse des pas de valse pour accompagner ses chansonnettes ; puis le voici déguisé en jeune femme décolletée, ce qui ne lui va guère, car il est fort maigre. Il s'amuse tout de même une bonne partie de l'après-midi à ce déguisement et descend dîner avec des fleurs artificielles et des peignes dans ses cheveux blonds. Le vieux commandant qui n'a paru goûter que médiocrement cette farce se borne à me dire d'un ton sentencieux : « *Boys must do something* » (1).

Du reste, la gaieté n'a pu être longue, car le roulis s'est mis à augmenter, soudain, non pas qu'il eût jamais cessé : nous sommes résignés depuis longtemps à la table garnie de « violons » et à l'obligation de tenir notre assiette en mains pour absorber quelques cuillerées de la soupe maussade que nous sert la *Pacific Steamship Navigation Company*. Mais ce soir les coups deviennent soudain plus violents encore que de coutume. Il est impossible de rester assis sur le sofa du *Social Hall* où je me réfugie après dîner, et je m'en vais à pas branlants à travers le couloir du navire rejoindre à l'autre bout ma jeunesse qui faisait son bésigue au fumoir. Là aussi, pas moyen de trouver quelque stabilité : la petite table sur laquelle j'écris habituellement est arrachée du plancher où elle était pourtant vissée ; mais cela n'arrive pas à troubler l'insouciance, ni le silence du bon commandant,

---

(1) « Il faut que les jeunes gens fassent quelque chose. »

et des deux officiers qui, avec lui, fument nonchalamment à côté de nous. C'est à peine si l'un d'eux se soulève pour toucher le bouton électrique et appeler le charpentier chargé de réparer le désastre. Il y a peu de vent, en effet, et pas même beaucoup de mer : ce sont seulement les alternatives de la grande houle du Nord-Ouest qui ébranlent si violemment notre frêle coquille !

Le 25, après une nuit pas trop mauvaise cependant, les vagues contraires qui se dressaient devant nous sont, vers midi, devenues tellement hautes que notre jeune Latapie en avait les larmes aux yeux, tant elles semblaient menaçantes pour notre triste navire qui tient bon heureusement contre mer et mauvais temps : son vieux commandant, toujours impénétrable dans son sang-froid, sait le diriger comme il convient.

Puis, comme d'habitude, sont venus de gros grains de pluie qui ont un peu calmé la mer, et ensuite un arc-en-ciel qui a réjoui nos cœurs, comme jadis, aux temps bibliques, celui du bon patriarche Noé : un arc-en-ciel complet d'un bout à l'autre, d'une beauté, d'un éclat tel que j'en ai rarement vu.

Le vent était presque debout, on a pu laisser ouvertes quelques portes et fenêtres. Mais le séjour ou la promenade sur le pont ont été impossibles à cause de l'inondation de l'embrun.

Pour varier nos sensations, nous voyons soudain, en plein jour, s'allumer les lampes électriques. Informations prises, c'était une manière de célébrer le « *Thanksgiving Day* », le dernier jeudi de novembre, jour destiné par les Américains à aller dans les églises rendre grâces à Dieu des bienfaits de l'année. !

Au dîner, on inscrit en tête du menu le mot solennel : « *Thanksgiving* ». Cela n'a pas suffi pour rehausser le charme de ces repas peu variés, auxquels nous dirons adieu avec joie, en dépit de la bonne volonté des Chinois qui s'évertuent à deviner nos préférences, dans le choix à faire sur le monotone *bill of fare*. Nous ne regretterons ni le potage « *Mock Turtle* », ni l' « *English Split Pea Soup* », et encore moins le « *Clam Chowder* » ou potage aux coquillages, qui revient par trop souvent. (Le « *Clam* » est une sorte de mollusque correspondant, ce me semble, aux clovisses et « *Chowder* » est un mot américain pour potage). Nous ne pleurerons non plus la suite des rôtis ou bouillis, chauds ou froids, aux sauces fades, ni même la salade de crabes ou de poulets « *Chicken Salad* », si chère aux Américains, ou le « *Farina Pudding Cinnamon Sauce* », ni les « *Mince and Apple Pies* », ni enfin le cochon de lait à la sauce aux pommes, et encore moins les morceaux de gingembre en conserves et le « *Maple Syrup* », sirop de feuilles d'érable, destiné à arroser les *muffins* ou les biscuits à noms énigmatiques. Voilà une énumération culinaire qui peut donner une idée du caractère de cette cuisine anglosaxonne peu faite pour corriger l'ennui d'une si fâcheuse traversée.

L'inscription du « *Thanksgiving* » n'a, du reste, pas porté bonheur. La soirée n'a pas été plus gaie que les précédentes, et quand la jeunesse se fut retirée vers 9 heures, voici que j'ai cru remarquer une odeur de brûlé se répandant partout. Je l'avais bien sentie parfois monter passagèrement de l'entrepont, où sont entassés les passagers chinois, jusque dans notre fumoir, mais cette fois-ci, elle était plus intense, et l'idée d'un incendie à bord empruntait au lieu où nous nous trouvions, un caractère particulièrement troublant. Que devenir, en effet, sur ces immenses solitudes, s'il nous fallait abandonner le vapeur et franchir dans des embarcations à la rame les ondes démontées qui nous séparaient encore des ports asiatiques? La perspective n'avait rien d'encourageant. Aussi crus-je bien faire de donner l'éveil sur cette odeur fâcheuse. Descendant l'escalier, je rencontrai heureusement, au bout du long corridor solitaire, la « *Stewardess* », forte matronne américaine, aux cheveux de filasse jaune, qui bien encapuchonnée affronte le pont par tous les temps. Sur mon avis, elle se met aussitôt à la recherche du « *Night Watchman* », et après avoir parcouru l'étage où nous nous trouvions, ils me déclarèrent bientôt que l'odeur inquiétante n'était autre que celle des petits papiers brûlés habituellement par les Chinois de l'entrepont, et qu'il n'y avait aucun danger parce qu'ils avaient soin de les jeter à la mer à mesure qu'ils les allumaient! C'est, je suppose, pour cette race si attachée à ses traditions, l'accomplissement de quelque rite religieux; et bien que cette pratique me semble assez fâcheuse dans pareil voyage, il faut en prendre notre parti.

26 Novembre. — Nuit mauvaise : le manque d'activité imposé par la monotonie du voyage chasse le sommeil, et l'oreille devient attentive au grincement des planches, au bruit du vent dans les cordages, aux coups de la mer contre le navire.

La nuit cependant était belle et étoilée et, au lever du soleil, le ciel a pris des tons dorés superbes. Voici aussi les fenêtres ouvertes de l'un et de l'autre côté du navire et l'on peut marcher sur le pont. Cependant, le vent est toujours contraire ; la mer, quoique meilleure, inonde encore de temps à autre l'avant du navire, et le tangage violent n'a pas cessé. Mais nous en avons vu bien d'autres et sommes amarinés.

A 11 heures, Latapie, tout joyeux, m'annonce qu'on met des voiles, le vent ayant un peu tourné au Nord; et depuis lors, le temps devient superbe. Un beau soleil répand la joie et la mer se calme graduellement : même la fameuse houle du Nord-Ouest, qui donnait encore de temps en temps des coups de roulis, finit par s'apaiser ; et il semble vraiment que nous voici enfin sous la protection tant désirée des côtes asiatiques. Il en est temps, car le calcul du « point » montre que dans ces dernières vingt-quatre heures on n'a fait en moyenne que 6 nœuds et demi!

Mais quel changement depuis hier, depuis le moment où les hautes vagues semblaient prêtes à nous engloutir!

Et comment ne pas penser « à celui qui met un frein à la fureur des flots » ? Le cœur s'élève plein de reconnaissance vers le Tout-Puissant.

Pour mettre à profit le calme de cette dernière journée de la traversée, je demande au vieux et impassible « *Chief Engineer* » de nous faire visiter ses machines, ce à quoi il se prête de bonne grâce, sans cependant quitter son éternel cigare. Nous voilà bientôt par des escaliers impossibles, au fond des machines et chaudières, d'où nous sortons tout enduits de noir, après avoir contemplé des machines comme toutes les autres, et la « dynamo » qui, par sa rotation, produit l'électricité pour l'éclairage, puis la pompe à glace qui comprime l'air à 240 livres : cet air ainsi comprimé amène par sa dilatation un prompt abaissement de la température, et se répand par des conduits tout autour de l'espace obscur dit : « *Chill Room* », ou chambre à glace, sur les parois intérieures de laquelle se dépose une couche épaisse de neige ; là sont conservés tous les quartiers de viande destinés à notre alimentation.

Il n'y a rien de bien nouveau à tout cela : la démonstration d'un appareil semblable nous fut faite il y a tantôt onze ans déjà à un de nos derniers retours de l'Amérique du Sud ! Mais on ne perd rien à se rafraîchir la mémoire.

Par la même occasion, on nous fait traverser l'entrepont où sont logés les passagers chinois, au nombre de 298, plus une vingtaine de Japonais. Ils n'y sont pas trop mal vraiment, ayant tout le long du navire un promenoir qui s'aère les jours de beau temps et, à chaque extrémité, une vaste chambre où ils s'étendent par terre sur leurs nattes ou leurs matelas, ou bien sur les couchettes superposées tout autour. C'est là aussi qu'ils ingurgitent, au moyen de leurs petits bâtons, leurs médiocres aliments. Chacun sait que le Chinois est sobre, et par suite les émanations de leurs repas ne sont pas de nature à incommoder beaucoup. On nous ouvre enfin l' « *Opium room* », chambrette obscure où deux ou trois amateurs de cette drogue pernicieuse

17. — Statue de guerrier japonais devant l'Hôtel Impérial, à Tokio.

18. — Avenue de lanternes conduisant aux temples de Shiba.

19. — Shiba.

20. — Palais des ministères et administrations publiques, à Tokio.

peuvent s'enfermer à la fois pour mieux en imbiber la fumée narcotique.

Soirée étoilée et calme : il me semblait être transporté soudain dans un autre monde, en sentant, pour la première fois depuis plus de deux semaines, le bâtiment glisser sans mouvements sensibles !

27 *Novembre*. — Le beau temps continue, et le paquebot avance, Dieu merci, sans oscillations ; la brise cependant soulève quelques « moutons » dont le blanc miroitant au soleil, varie la couleur bleu foncé de la mer. Nous avons atteint, en effet, le courant noir qui vient du Sud, comme le « *Gulf Stream* » de l'Atlantique, mais se contente de longer les côtes du Japon ; en japonais, c'est le « *Kuru Shivo* ».

Température toujours printanière : 18 degrés.

Cependant le peu de vent qui ride la mer est toujours directement contraire, de sorte que dès hier il a fallu plier de nouveau les voiles. Nous ne pouvons donc espérer d'arriver à Yokohama que ce soir dans la nuit. Ce sont douze bonnes heures de retard sur le temps de navigation prévu, et comme demain c'est dimanche, nous songeons avec regret que ce retard va peut-être encore écourter d'une manière sensible le temps dont nous disposons pour visiter le Japon.

Le bon Ellis est, comme de raison, tout ragaillardi par le beau temps, et ce matin, après déjeuner, il nous a servi et les *Meistersaenger* de Wagner, et un *piano concerto*, comme il dit, de Saint-Saëns, et même des compositions de lui même qui ne sont pas mal du tout : une « *Slavonic Dance* », et une romance avec paroles qu'il a composée pendant la traversée à l'intention de sa mère restée à San-Francisco.

Mais voici qu'enfin nous approchons des côtes du Japon tant désirées : le commandant nous les annonce pour 5 heures du soir !

Nous sommes tous à l'avant du bateau pour en découvrir

la première apparition. En effet, après un admirable coucher de soleil, remplacé bientôt par la brume qui se lève à l'horizon et s'assombrit graduellement, les officiers annoncent qu'ils distinguent le « *Fuji-Yama* »! C'est la montagne sainte du Japon, pareille à nulle autre en ce monde par la régularité admirable de son tronc de cône. Chacun ouvre les yeux, et nous distinguons fort bien ce cône tant souhaité émergeant de la brume.

L'apparition n'est pas longue, car la nuit tombe rapidement, mais elle nous a suffi : nous nous sentons presque déjà à terre. Notre jeune mélomane, plein d'allégresse, nous promet un nouveau morceau de sa composition: « *The first sight of the Fuji* »; nous sommes tous à la joie de voir terminée cette navigation de 17 jours qui nous laisse si peu de souvenirs agréables, et de sentir enfin derrière nous les espaces du Pacifique qui n'a guère justifié à nos yeux le nom donné, on ne sait pourquoi, par Nunez Balboa lorsque, des bords de l'isthme de Darien ou Panama, il aperçut ce nouvel océan.

Le dernier dîner du bord n'offre aucune particularité : les souffrances et les inquiétudes communes n'ont pas suffi à créer l'intimité entre les éléments disparates réunis à la table du « *Perù* ».

Je me promenai assez tard sur le pont et pus apercevoir les lumières du Cap Suzaki, puis celles de l'îlot de Yogashima qui marquent à droite et à gauche l'entrée de la baie de Tokio ; mais enfin il me fallut chercher le repos nécessaire pour être sur pied demain à la première heure.

28 Novembre. — Nous sommes levés bien avant le jour, qui commence à paraître vers 6 heures. Le bâtiment est à l'ancre ! Douce sensation, après les épreuves que nous venons de traverser!

Nous voici donc au Japon. La première impression, perçue au milieu de cette vaste baie, n'a rien de caractéristique. Des navires de différentes nationalités sont à l'ancre comme nous. La brume matinale estompe les côtes encore éloignées ; la mer présente des reflets vénitiens. Le temps est beau, mais la température a baissé d'une dizaine de degrés par rapport à celle à laquelle nous avait habitués la traversée. Ce n'est plus le climat océanien. Une rosée abondante a trempé le pont et rappelle les matinées d'hiver à Séville.

Les petits hommes à teint jaune de la police japonaise, en casquettes à visière ornées du chrysanthème à 16 pétales en métal jaune, et correctement sanglés dans leurs tuniques en drap foncé, viennent prendre les noms des passagers, et je vois notre mystérieux compagnon de voyage s'inscrire sous le nom de «M. Peter Paul » : il va prendre aujourd'hui même l'*Ernest-Simons*, beau paquebot des Messageries maritimes qui se trouve justement en rade, et gagnera ainsi Shanghaï, d'où des vapeurs côtiers le conduiront à Tientsin, le port voisin de Pékin.

Nous faisons donc des adieux rapides à tous ces compagnons de route que nous ne reverrons sans doute pas, et tenons à serrer cordialement la main au vieux commandant, captain Freele, dont le sang-froid bourru et maussade nous a enfin amenés à bon port, à travers les ondes agitées du plus vaste des Océans. Le jeune Ellis, qui s'est pris d'affection pour nous, espère nous revoir soit chez son oncle, à Yokohama, soit même plus tard à Paris ! Aimable espoir dont nous n'entrevoyons pas bien la réalisation !

CHAPITRE V

Yokohama. — Premier aperçu de Tokio. — Les parcs. — Shiba et Ueno. — Nikko et sa montagne consacrée.

Bientôt le premier trait de mœurs japonaises se révèle par l'apparition d'une quantité de barques qui s'avancent à toute vitesse vers nous, montées par des escouades d'hommes à tête nue, se tenant debout, maniant leurs longues rames d'un mouvement énergique et bien cadencé : on dirait l'assaut d'une flottille d'attaque. Ils viennent évidemment offrir leur service de transport à la clientèle du navire nouvellement arrivé.

Nous préférons une chaloupe à vapeur qui, en quelques minutes, nous dépose avec nos bagages à l'appontement en pierres de taille formant un des côtés d'une sorte de petit port d'abri et précédant les hangars de la douane : c'est le « *haloba* », suivant l'expression japonaise. J'abandonne à la jeunesse le soin de se dépêtrer avec les fonctionnaires de cet établissement, qui, plus rigoureux qu'à New-York, ne laissent passer ni fusils ni munitions, et j'avise promptement les fameux « *jinrikshahs* », qui guettent les clients. C'est, comme on sait, le pousse-pousse à deux roues traîné à bras d'hommes courant à toute vitesse ; ce genre de transport, incompatible avec les mœurs des races européennes, donne incontinent aux voyageurs l'impression d'un monde nouveau. On longe le quai appelé « *Bund* » où se trouvent les principaux établissements étrangers, et en peu de minutes me voilà au Grand-Hôtel, pourvu de tous les conforts européens, où j'arrête des chambres bien aérées, et comme c'est dimanche je commence par m'informer des heures de service religieux :

je les trouve, en effet, affichées dans le vestibule, à l'usage des fidèles catholiques ou protestants.

La messe est à 9 heures et demie; et il n'est guère que 8 heures. Mes jeunes gens ne tardent pas à arriver et je les charge de s'enquérir de l'emplacement de l'église pendant que je me fais conduire à la banque « *The Chartered Bank of India, Australia and China* », dans le vague espoir d'y trouver nos lettres d'Europe. Hélas ! le dimanche, les bureaux sont fermés : pour transformer en « *yen* » ce qui me reste de dollars américains, on m'adresse à un des bureaux de change tenus par des chinois. Ces asiatiques désignés par le titre de « *Shroffs* », et gravement assis derrière leurs comptoirs, font leurs comptes au moyen d'un bizarre et incompréhensible appareil de petites boules sur fils de fer appelé « *Soraban* ». Résultat, yen 152,83 contre 77 dollars 20 cents, ce qui met le yen à Fr. 2.65.

Le *yen* est une belle pièce d'argent ornée sur un des côtés d'une sorte de dragon roulé sur lui-même et entouré de caractères japonais, sur l'autre de deux gracieuses branches de chrysanthèmes entre les extrémités desquelles se place le moins gracieux chrysanthème héraldique, tout rond, aux 16 pétales à peine marquées. Ses dimensions ne sont guère moindres que celles du dollar, bien qu'il ne vale que moitié, ce qui est en somme à peu près la valeur courante de l'argent non monnayé. On a de même, sur un modèle analogue un peu différent, mais toujours orné du chrysanthème, en branches d'un côté, de l'autre en fleur héraldique, le demi yen, le quart de yen ou 25 *sens*, et même la petite pièce d'argent de 10 sens ou 26 centimes de notre monnaie. La pièce de 5 sens (de 12 à 13 centimes de franc) est en nickel, mais fort gracieuse aussi. A partir de deux yens et au-dessus, on a du papier monnaie, et ils sont également fort jolis les billets de banque japonais, ornés des portraits finement dessinés et majestueux en même temps, de quelque antique illustration du pays, ou bien encore de quelque scène historique ou légendaire se rattachant de préférence à l'âge héroïque des guerres civiles soutenues au xive siècle, pour revendiquer l'autorité sacrée des « Mikados » contre l'usurpation du pouvoir par l'audacieuse famille des Hojos. C'est ainsi qu'on voit représenté « Nitta Yoshisada », un guerrier fidèle jetant son sabre dans les flots pour les faire reculer, ou l'un des dévoués serviteurs du Mikado Godaigo, écrivant sur l'écorce d'un cerisier la sentence tirée de l'histoire de Chine, qui doit donner confiance à son empereur emmené prisonnier par les troupes factieuses de Hojo. Puis c'est aussi l'impératrice Jingo à cheval au milieu de son armée, cette princesse qui dans les temps légendaires (l'an 200 environ de notre ère), conquit la Corée, tout en portant dans son sein le futur empereur Ojin, dont la naissance fut retardée jusqu'à la fin de la campagne par la pierre miraculeuse fixée sous la ceinture de sa vaillante mère !

Pour en finir avec la monnaie japonaise, il me reste à dire que dernièrement on a commencé la frappe de l'or, en réduisant en même temps environ à moitié c'est-à-dire au taux courant actuel, la valeur nominale du yen, déjà dépréciée en fait. Reste à voir si le métal précieux ne trouvera pas son intérêt à fuir le Japon, comme il arrive en d'autres pays dont le papier n'inspire encore qu'une confiance insuffisante aux transactions internationales.

Je passe à l'agence des « Messageries » pour m'informer de la date exacte où il faudra nous embarquer à Kobé pour quitter le Japon, et en retrouvant à l'hôtel mes compagnons, j'apprends d'eux qu'ils ont trouvé l'église en voie de reconstruction et que le culte catholique est transféré provisoirement au couvent des religieuses dites de Saint-Maur situé sur le « *Bluff* », colline qui domine du côté sud la ville de Yokohama de l'autre côté d'un canal.

Il faut nous hâter. Heureusement les « *Jinrikshahs* » ne manquent pas. Le petit jardin derrière l'hôtel en est encombré : les conducteurs circonviennent le client de leurs clameurs, s'efforçant de lui mettre en mains le petit papier qui porte et leur numéro d'ordre, et leur nom en caractères japonais avec une abréviation en lettres européennes. Jambes nues jusqu'au dessus du genou, ils sont chaussés de fortes semelles faites de paille ou de fibres d'une cucurbitacée appelée « hechima » (la même qui fournit, paraît-il, aussi une éponge végétale en filaments durcis), et retenues par une courroie qui passe entre les deux premiers doigts ; pour tout vêtement ils portent une blouse qui laisse à découvert le haut de la poitrine, complétée par une sorte de ceinture passant entre les jambes. Les uns sont coiffés du fameux chapeau de paille japonais en forme de cloche à melon, d'autres tout simplement nu-tête. Leur chaussure ne leur coûte, paraît-il, que deux centimes de notre monnaie chaque paire, ce qui leur permet de la renouveler souvent sans se ruiner, et de l'abandonner sur la route ou dans les rues à mesure qu'usée elle ne rend plus à leurs pieds infatigables le service voulu.

Par delà le canal, franchi sur un large pont, appelé Yato Bashi, et passant par devant l'édifice imposant du Consulat de France, ils nous font promptement gravir la côte. On se trouve alors dans des routes sinueuses garnies d'arbres et de jardins appartenant aux élégants *cottages* des résidents européens.

Arrivés au couvent, après avoir parlementé avec une des Sœurs françaises de la Congrégation de l'Enfant Jésus, nous apprenons que la messe n'est qu'à 10 heures et en profitons pour faire une tournée dans le « Bluff ».

Nos conducteurs nous déposent à un charmant jardin public d'où la vue s'étend sur la mer et où nous avons la première impression du goût japonais pour cette branche de l'art : ce sont des pelouses bien tenues, en pente douce et des arbrisseaux d'espèce bizarre, mais tous de petite taille, réduits soit par la nature ou plus souvent par l'art à ne guère dépasser hauteur d'homme. Quelques enfants européens jouent sous l'œil de leurs bonnes dans ce cadre gracieux.

A la messe, l'évangile et le prône sont dits successivement en français et en anglais, une bonne partie des fidèles appartenant à ce dernier idiome ; dans l'assistance recueillie se trouvait aussi un officier de marine autrichien à grande barbe, avec ses enfants, et nous retrouvons là notre amusante compagne de navigation Mrs Laughlin, qui est catholique, et nous édifie par son soin à remplir les devoirs de sa religion avant de continuer sur le « *Perù* » sa route pour Nagasaki.

En descendant du Bluff, notre compagnon La B... s'arrête au Consulat et y apprend que le nom singulier de « Peter Paul » qui nous avait tant intrigué chez le mystérieux passager du «*Perù*» n'était aussi qu'un nom de guerre, et que ce monsieur fort aimable (1) va en Chine pour y remplir une mission confidentielle, on ne sait trop laquelle, du gouvernement français. Pourquoi tout ce mystère?

« *Tiffin* »dans la belle salle à manger de l'hôtel : service à l'américaine, varié par de magnifiques et délicieux fruits japonais : le « *kaki* » rouge et juteux, à peau lisse, de la même famille, ce me semble, que l'*abio* brésilien.

Je parcours en hâte le « *Japan Daily Mail* » pour y saisir quelques nouvelles du monde civilisé dont nous sommes sevrés depuis dix-huit jours : la principale est l'occupation du port chinois de Kiao-tcheou par les forces navales allemandes à la suite du massacre de deux missionnaires catholiques appartenant à cette nationalité puissante. Puis, après avoir pris connaissance de l'horaire du chemin de fer, imprimé en anglais, nous nous décidons à gagner aujourd'hui même Tokio, capitale de l'Empire et centre naturel des informations nécessaires à notre court séjour en ce pays.

La gare est assez loin, tout à l'autre bout de la ville japonaise qui, comme il arrive habituellement dans les « *Treaty Ports* » (2), est distincte de la section habitée par les Européens. Nos *jinrikshahs* nous font traverser d'un trot

---

(1) M. Le Pl....., paraît-il.

(2) Ports à traités : on désigne ainsi les villes où les gouvernements asiatiques ont, par traité diplomatique, concédé l'établissement des européens.

rapide les larges rues garnies de boutiques japonaises tandis que notre bagage assez lourd suit en charrette à bras. En une vingtaine de minutes, nous atteignons la gare située de l'autre côté du canal que traverse le pont dit Benten-Bashi : gare médiocre d'aspect, encombrée de public japonais.

Nous arrivons assez facilement à nous faire donner nos billets, tout semblables à ceux d'Europe. Mais l'enregistrement des bagages, dont se charge la jeunesse, fut, paraît-il, une bien autre affaire. Le manque d'interprète se fit cruellement sentir, et ce ne fut qu'au pas de course que mes jeunes gens arrivèrent à me rejoindre au wagon déjà presque en partance : ils n'ont que le temps de sauter sur le marche-pied heureusement fort bas de l'extrémité du wagon. Il est 1 heure 35.

Deux dames étrangères se trouvent avec nous dans le compartiment sans luxe, allongé dans le sens du train à la manière des tramways américains. Le nombreux public japonais s'entasse en 2me ou 3me classe.

Trajet de quarante-cinq minutes, le plus souvent en vue de la mer, et en grande partie à travers les rizières inondées. Tout le pays paraît soigneusement cultivé. Haltes à plusieurs stations insignifiantes et presque sans abri, mais peuplées d'une foule bariolée qui semblait prendre part à quelque fête, armée de parapluies en papier ou de longs bambous portant toutes sortes de pendeloques en papier de couleur.

Les femmes sont souvent gracieuses, bien coiffées, bien drapées dans leurs étoffes de coton ou de soie avec de larges ceintures formant en arrière d'énormes nœuds de couleurs voyantes. Elles portent drôlement leurs enfants attachés dans le dos et dont la petite tête émerge de toute cette étoffe.

Les hommes en général, ne sont pas beaux. Ils ont la tête nue, les cheveux taillés courts et portent presque uniformément une longue houppelande d'étoffe de coton trayé gris et noir en forme de robe de chambre.

A tout cela se mêlent les petits soldats qui, rigoureusement attifés à la prussienne, sans le casque pourtant que remplace une casquette à bande jaune ou rouge, tranchent d'une manière désagréable sur ce fond bigarré. Sauf les militaires, toute cette foule porte les petits sabots reposant sur deux planchettes perpendiculaires et qui, n'étant attachés aux pieds que par des cordes mal serrées, produisent en marchant un tac-tac tout particulier et des plus fastidieux.

En gare de Tokio, la foule qu'amenait notre train inonde les larges plateformes et le claquement des sabots en est assourdissant.

A travers les larges rues disgracieusement sillonnées par les rails des tramways et dominées par les fils télégraphiques et téléphoniques, se croisant, presque aussi nombreux qu'à San-Francisco, je me hâte de gagner, en *jinrikshah* le bel « Hôtel Impérial », (en japonais « *Teikoko* »), devant lequel se dresse, hideuse et menaçante, une statue colossale en bronze, que je juge au premier abord être « Hachiman », le dieu de la guerre, mais qu'on me dit représenter simplement un type de guerrier japonais des anciens temps ; il est couvert d'une armure monstrueuse et brandit un sabre énorme. On se demande pourquoi on a placé justement là cette bizarre effigie. L'art japonais, en général si gracieux, aurait pu, ce me semble, choisir un emblème plus attrayant pour faire accueil aux étrangers qui abordent au principal hôtel de la capitale impériale.

Les jeunes gens ne tardent pas à me rejoindre avec les bagages.

En dehors des ports à traité et de la capitale, il faut, pour voyager au Japon, être muni de passe-ports (1). Nous

(1) Cet état de choses est changé depuis le mois de juillet 1899, époque de la mise en vigueur de nouveaux traités conclus par le Japon avec la plupart des puissances européennes. L'étranger peut désormais parcourir le Japon sans passeport. En revanche, et en échange de quelques avantages, incomplets cependant, quant au droit de propriété, il est maintenant soumis, au criminel comme au civil, à la justice des tribunaux Japonais. La juridiction consulaire est abolie, au grand regret des étrangers résidant au Japon.

députons notre ami La B... à la légation pour savoir comment nous devons nous y prendre, et s'il y a lieu de tirer parti de la lettre de recommandation que la légation du Japon à Paris lui avait aimablement donnée pour le ministère des affaires étrangères à Tokio.

Pendant qu'il est en courses, nous sortons à pied, mon fils et moi, pour reconnaître les alentours. Le premier aspect de cette ville est triste : elle s'étend dans une vaste plaine sur une surface considérable. La population atteint, dit-on, deux millions; les logis sont bas, et il reste d'énormes espaces vides augmentés encore par plusieurs ceintures de larges canaux communiquant avec la baie et avec la large rivière « Sumida-Gava ». Dans le centre de la ville, autour de notre hôtel, ces canaux sont bordés d'antiques et massives fortifications en pierre, laissant de loin en loin, pour la circulation, de larges échancrures. La grande masse des constructions est en planches grises et n'a que le rez-de-chaussée. Puis, çà et là, dominant les espaces vides, se dressent de vastes édifices en briques rouges, récemment construits; ce sont les établissements publics : ministères et bureaux de toutes sortes.

Nous errons, au hasard, dans ces régions presque désertes. Bientôt tombe la brume du soir, dont l'humidité donne comme un petit frisson, et il est nuit quand nous rejoignons notre hôtel, non sans avoir dû répéter un long circuit pour ne pas manquer les passages de muraille assez difficiles à retrouver.

La B... reparaît enfin de son côté : les distances sont énormes dans cette capitale en voie de transformation. Le chargé d'affaires, l'empressement même, l'a conduit au ministère, et les passe-ports seront bientôt expédiés, avec caractère diplomatique, par les soins de M. Kato, le directeur préposé à cette partie du service. Il est convenu aussi qu'ordre sera envoyé à la douane de Yokohama de faire délivrer les fusils et munitions retenus.

Dans la soirée nous avons le grand plaisir de recevoir l'attaché militaire, comte de Pimodan, que nous connaissons de longue date et que La B... était allé également prévenir. Nous voilà donc en pays de connaissance et bien guidés pour notre tournée au Japon. Mais... c'en est fait de notre incognito.

Le service de l'hôtel ne laisse rien à désirer. Le menu servi dans la grande salle à manger qui occupe le fond du rez-de-chaussée est à la française, et à la fin de la carte de vins et liqueurs, on trouve même de la bière japonaise ! Oui, on fait de la bière au Japon et de diverses qualités qui ne sont pas mauvaises du tout : « *Kirin Beer* », dont la fabrique se trouve sur le Bluff de Yokohama ; « *Yebizu Muenchnerbier* », c'est-à-dire, bière de Munich faite au Japon, et d'autres encore.

Le personnel exclusivement japonais, mais parfaitement stylé et correctement vêtu de linge blanc, se sert de la langue anglaise. Tout est spacieux : vestibule, salons, escaliers, corridors, chambres bien chauffées par des cheminées brûlant du charbon de terre ; la lumière électrique est partout. Au bureau de l'entrée de l'hôtel, on peut acheter pour un demi-yen une élégante et portative carte du Japon ; « *Map of Japan for Tourists, published by The Welcome Society of Japan* ».

Comme on voit, la civilisation occidentale a pénétré ici à grands flots.

29 Novembre. — Notre ami Pimodan, vient nous prendre de bonne heure avec sa voiture pour commencer la visite des principales curiosités de Tokio. Il est accompagné d'un des deux interprètes indispensables qu'il a attachés à sa personne, M. Tavada, qui doit parlementer avec les bonzes et nous transmettre toutes les explications.

Nous commençons par le quartier de « Shiba », sorte de grand parc sous les ombrages duquel sont réunis beaucoup d'édifices divers. Là se trouvent, dans une enceinte fermée, d'innombrables temples qui, apparemment, ne sont ouverts aux fidèles que dans les jours solennels. On y accède par de grands portiques en bois sculpté, laqué de

21. — Temples de Shiba.

22. — Entrée des temples d'Ueno.

23. — Gare d'Utsonomiya.

24. — Conscrits à la gare d'Utsonomiya.

rouge et d'or, suivis de files de lanternes colossales en pierre ou en bronze dont chacune est comme un petit monument.

On nous introduit d'abord dans l'appartement du bonze, petit homme vêtu de mousseline jaunâtre et la tête rasée, qui se prosterne pour nous accueillir, suivant l'ancien usage japonais aujourd'hui abandonné partout ailleurs; puis nous fait asseoir pour nous offrir du thé avec les fameux petits gâteaux appelés « *fokan* », dans lesquels entre de la pâte de haricots, au sucre : ce n'est pas mauvais, quoique assez fade. Le thé japonais, toujours servi dans des tasses minuscules, dépourvues d'anses, a une couleur jaune et un goût moins prononcé que celui auquel nous sommes habitués, les feuilles, du moins pour le thé qui ne se destine pas à l'exportation, ne subissant pas une torréfaction aussi complète que celles du thé chinois.

Je ne décrirai pas minutieusement après tant d'autres voyageurs, les détails artistiques accumulés dans cette enceinte sacrée. Les temples principaux, qui ici sont du rite bouddhique, comportent une grande salle nattée, dont la moitié est occupée par des sortes d'autels encombrés d'images en bronze de Bouddha ou d'Amida, de chandeliers affectant souvent la forme de cigognes colossales ou de feuilles de lotus, et de nombreux objets, tous généralement en bronze, quelques-uns fort beaux, mais réunis sans ordre ni système apparent. L'ensemble en est fort singulier, mais donne l'impression d'un art dépourvu d'harmonie : on ne saisit pas pourquoi tous ces objets disparates sont accumulés-là. Puis on se demande quelle pensée bizarre préside à la conservation de ces sanctuaires religieux gardés comme des trésors dont les fidèles sont exclus.

Ce qui nous semble le plus remarquable comme goût artistique, ce sont les grandes portes intérieures en laque, où la patience des artistes des siècles passés a accumulé, au moyen de poudre d'or que la laque a recouvert, les dessins les plus fantastiques et les plus charmants.

On circule à travers beaucoup de marches à descendre

et à monter, de couloirs découverts qui séparent les différents édifices accumulés les uns contre les autres, d'interminables portiques et files de lanternes, et l'on arrive enfin aux tombes de quelques-uns des derniers membres de la famille des « Shoguns Tokugava. » Cette dynastie, fondée par les victoires du grand Yesasu vers la fin du xvie siècle a, sous l'autorité nominale des « Mikados », gouverné le Japon jusqu'au commencement de 1868, époque où les conseillers du jeune empereur Mutsuhito, appuyés sur le sentiment populaire qu'avaient surexcité les négociations avec les étrangers, réussirent à lui faire ressaisir l'autorité et supprimer l'institution du Shogunat.

C'est la transformation politique qu'on désigne ordinairement sous le nom de « Restauration Impériale. » En effet, malgré toute la splendeur souveraine dont ils s'entouraient à Yeddo (aujourd'hui Tokio) et l'autorité absolue qu'ils exerçaient, ces « Shoguns » que les étrangers considéraient comme les empereurs temporels du Japon et auxquels les premiers négociateurs donnèrent à tort le titre de « Taïcoun » ou souverain, tandis que celui de « Shogun » signifiait tout bonnement « généralissime », n'étaient, théoriquement, que des maires du palais confirmés à chaque génération par le Mikado, l'Empereur légitime, enfermé dans Kioto et réduit au rôle de roi fainéant.

Celui-ci dont la race remontant aux siècles fabuleux antérieurs à notre ère, est censée issue directement d'Ameterasu, déesse du soleil, par son petit-fils Ninigi-no-Mikoto, (« né d'un père engendré lui-même par le collier de la déesse (1) ») n'avait jamais cessé de représenter aux yeux du peuple la souveraineté traditionnelle et sacrée. On comprend dès lors la facilité avec laquelle son autorité jusque-là nominale, se substitua à celle des derniers Shoguns, lorsque le mécontentement général accumulé de longue date par leur despotisme et la crise amenée par les concessions faites aux étrangers, eurent sapé ce pouvoir abusif,

---

(1) *Essai sur l'Histoire du Japon,* par le marquis de la Mazelière, Paris, librairie Plon, 1899.

bien que consacré en quelque sorte, lui aussi, par 250 ans d'autorité absolue.

Shiba donc est l'œuvre des plus récents Shoguns, et c'est là qu'on visite leurs tombes, recouvertes en général de tables en marbre riche, parfois surmontées d'une sculpture pyramidale en bronze, dont le dessin rappelle la fleur de lotus. La plus remarquable est celle d'une princesse, sœur du défunt Mikado et mariée à Iemochi, avant-dernier Shogun. (1)

Non loin de là, on visite des salles dont les parois et les frises sont merveilleusement ornées de sculptures en bois colorié, d'une telle délicatesse qu'on les prendrait pour de la porcelaine. Ce sont surtout des oiseaux des formes les plus gracieuses, et des couleurs les plus vives, entremêlés de branchages et de fleurs rappelant la pivoine. On ne rencontre point ici le Chrysanthème ni la fleur du Paulowna, emblèmes réservés à la Dynastie Impériale, tandis que celui des Shoguns était la feuille de trèfle souvent reproduite dans l'ornementation des édifices consacrés à leur mémoire.

Derrière l'amoncellement des temples, on monte à une colline ombragée par ces beaux conifères à aiguilles perpétuellement vertes qui sont une des spécialités du Japon, et d'où l'on découvre un étang solitaire parsemé de feuilles de lotus fleurissant au printemps : il n'y a ici ni gazon, ni feuillage sous bois, ce qui fait ressortir le caractère mystérieux et original de cette belle végétation. C'est un contraste saisissant avec la confusion artistique qui est en somme le caractère de toute cette architecture soi-disant religieuse, intéressante, merveilleuse, charmante même dans les détails, mais dépourvue de tout effet d'ensemble.

Enfin, nous disons adieu, pour ce matin, aux lanternes monstrueuses et aux portiques à toits recourbés. Mais il est près de midi : il nous faut renoncer à visiter le grand bazar, en japonais « *Kwankoba* » qui est une des attractions du parc de Shiba.

---

(1) Mort en 1866.

Nous en retrouverons d'autres ailleurs et notamment à Ueno, où nous courons l'après-midi, à l'autre extrémité de l'immense capitale. Cet autre parc situé sur une colline offre de beaux points de vue, d'un côté sur la ville et la baie, de l'autre sur un lac charmant appelé « Shinobazu » dont les bords forment une promenade délicieuse accessible aux voitures. Sur la colline se trouve la fameuse avenue de cerisiers dont la floraison couleur de rose, si souvent reproduite dans les peintures japonaises, a tant de charmes, paraît-il, au mois d'avril. A l'époque où nous sommes, ces beaux arbres ont perdu leur feuillage. Le bazar, le *Kwankoba* est tout bonnement une immense baraque remplie d'innombrables bibelots japonais de tout ordre et de tout prix, mais en général de qualité inférieure.

Non loin de là, à demi cachée par les massifs de verdure se dresse un « *Dai-butsu* » image demi-colossale de Bouddha, un bronze presque gracieux par l'expression douce et majestueuse du visage. Un peu plus loin, sous les beaux conifères perpétuellement verts, il y a aussi des tombeaux de « Shoguns » ; mais l'entrée en est interdite aujourd'hui.

Il faut nous contenter du temple principal dont l'ornementation est fort belle en fait de sculpture dorée. Les images en sont absentes et remplacées par un miroir rond suspendu, et de minces et longues banderoles en papier blanc, également suspendues par des baguettes appelées « *Gohei* », et destinées, paraît-il à être touchées par les dévots qui désirent obtenir l'extase.

Cette simplicité qui contraste avec la complication de l'ornementation boudhiste indique que nous sommes dans un temple « Shinto ».

Le miroir rappelle celui qui, avec une épée et un globe en cristal naturel fut, suivant la légende remis, à Ninigino-Mikoto, le fondateur de la dynastie impériale, par Suzanoo, le Typhon ou Dieu de la Tempête, vainqueur du dragon à huit têtes et né du contact d'une goutte d'eau de mer avec les narines d'Izanagi, le Dieu créateur. Ces objets sacrés, cachés aux yeux des profanes, sont, paraît-il, conservés dans le temple d' « Izé » le plus ancien du Japon, situé non loin de la côte méridionale de Nippon.

Le miroir est donc l'emblème principal de la religion primitive du Japon, appelée on ne sait pourquoi religion Shinto, à laquelle succéda le Bouddhisme introduit par des missionnaires coréens ou chinois vers le commencement du vi^e siècle de notre ère. Les formes plus variées, et surtout la morale plus précise, de cette nouvelle doctrine la firent adopter rapidement et d'autant plus facilement qu'elle ne prétendit point bannir la religion nationale et s'associa en quelque sorte à elle, s'introduisant dans les temples déjà existants. La déesse Amaterasu elle-même devint un « avatar » de Bouddhah, et l'an 621 de notre ère, l'Impératrice Suiko déclara par décret, le Bouddhisme religion d'état au Japon.

Depuis la « Restauration » de 1868, une réaction s'est produite contre le bouddhisme, réaction prêchée dès le siècle passé dans la littérature nationale, mais dont il faut peut-être chercher le but et le succès relatif dans la confiscation des grands biens appartenant aux établissements religieux, aujourd'hui réduits à la pauvreté. Par suite de ce mouvement de réforme religieuse, nombre d'objets d'art furent détruits; on affecta de bannir des temples les images pour les rendre à la simplicité primitive du « Shintoïsme ». Mais si la confiscation des biens religieux et la suppression des traitements ecclésiastiques eurent un caractère général, il n'en put être de même de la destruction des images qui heureusement pour l'art ne fut pas généralisée : le Bouddhisme, renié officiellement, n'a pu être déraciné de l'âme populaire et conserve ses innombrables temples : 35,000, je crois, suivant les statistiques des érudits, plus ou moins bien entretenus suivant les ressources que fournit la piété des fidèles.

Les temples d'Ueno sont précédés d'une série de ces portiques bizarres en pierre non travaillée formant comme un double « T » à branches légèrement recourbées que l'on nomme « *Torii* ». Les recherches des savants n'ont pu fixer l'origine ni le sens de cette ornementation dont la simplicité originale s'impose à l'œil du voyageur et fait diversion au caractère compliqué de l'art asiatique. On pense que ces sortes de petits arcs de triomphe en pierre brute, d'un effet si saisissant, étaient dans l'origine tout bonnement des perchoirs destinés aux volatiles sacrés! Telle est du moins la seule explication qui en ait été donnée.

Il nous faut quitter rapidement Ueno, et retrouver notre voiture au bas des marches qui donnent accès à un des côtés de la colline. Nous allons faire des visites à l'autre extrémité de la ville et d'abord rendre nos devoirs à l'archevêque catholique Monseigneur Osouf: ce vénérable prélat qui nous reçoit fort aimablement, appartient, comme tout son clergé, à la congrégation des Missions Étrangères de la rue du Bac ; il est natif de la Normandie.

Puis nous courons saluer la comtesse de Pourtalès-Gorgier à la légation de France dont l'élégante installation est complétée par un joli jardin à la japonaise. C'est jour de réception et nous nous rencontrons avec plusieurs membres du corps diplomatique et de la colonie française. Il nous faut ensuite aller rendre des cartes à d'autres diplomates venus s'inscrire à l'hôtel. La nuit est venue, et comme l'éclairage public ne compte pas encore parmi les progrès que la civilisation a introduits au Japon, l'obscurité semble doubler les distances qui séparent les différents quartiers de Tokio. Rentrés à l'hôtel, avant de pouvoir prendre un repos bien gagné, faire nos arrangements de voyage avec l'excellent Pimodan et enfin écrire nos impressions, il nous faut encore recevoir les représentants d'Autriche et de Belgique. La vie d'incognito décidément avait du bon : les quelques loisirs qu'elle laissait, n'étaient pas de trop.

30 Décembre. — Le repos de la nuit ne fut pas long. Nous avions appris, en effet, que l'audience de rigueur demandée par nous à l'Empereur du Japon ne pourrait probablement avoir lieu avant quelques jours, Sa Majesté ayant été récemment indisposée, et nous avions décidé, en conséquence, de mettre le temps à profit pour notre excursion à Nikko, où se trouvent, dans un recoin des montagnes les temples les plus beaux du Japon, consacrés à la mémoire des grands « Shoguns » du xviie siècle.

L'horaire japonais ou plutôt l' « *Imperial Railway Time Tables* », (car l'anglais est la langue adoptée au Japon pour éclairer les étrangers) indique pour 7 heures du matin le départ du train de la gare d'Ueno, réservée aux chemins de fer qui vont dans le Nord du pays.

Il faut prendre un premier déjeuner à 5 heures 3/4, et à 6 heures, le bon comte de Pimodan vient nous donner le signal du départ : il veut bien nous accompagner à Nikko.

Plus de soucis pour nous de billets ni de bagages : M. Tavada, l'interprète, se charge de tout, ce qui a l'inconvénient de nous interdire tout progrès dans la langue japonaise qui reste pour nous lettre close. Arrivés à la gare je me borne donc à faire visite à la boutique de journaux, négligeant, et pour cause, les nombreux in-folios en langue du pays qui témoignent du moins de la généralisation de la culture littéraire parmi le peuple japonais, je me borne à acquérir le « *Japan Times* », belle feuille quotidienne qui renseigne les étrangers sur les affaires japonaises et leur fournit aussi parfois les télégrammes du monde extérieur.

Nous traversons une plaine de culture dont le paysage rappelle celui de bien des parties de l'Europe. Le train s'arrête à toutes les stations, amusantes toujours par le mouvement du public japonais, gai, bruyant, qui se démène et s'empresse pour envahir les wagons. Ce petit peuple, toujours actif, semble avoir la passion de la locomotion : les wagons de 2e et 3e classe sont pleins ; et puis souvent beaucoup de monde vient à la gare pour voir partir les amis.

Le trajet toutefois est monotone jusqu'à la jonction d'Utsonomiya, où il nous faut changer de wagons, bien que le bon comte de Pimodan eut pris soin de nous procurer un compartiment réservé : le train qui nous a amenés de Tokio s'en va dans une autre direction. Cette station était en fête à cause du départ des conscrits du district : le japonais trouve volontiers prétexte à se réjouir. En l'honneur de ces futurs militaires, la palissade de la station était ornementée de longs bambous portant soit de grosses boules en carton, rouges et dorées, soit d'énormes banderoles à inscriptions ou d'autres pendeloques de toutes formes, en papier, formant un ensemble gai, amusant.

Pimodan reconnaît une connaissance dans l'officier de recrutement, un petit lieutenant grisonnant, correct dans sa capote d'infanterie, et nous le présente. Suivant l'usage japonais moderne, on échange des « *shake-hands* », et des cartes, bien que les nôtres restent probablement aussi mystérieuses pour l'officier japonais que la sienne l'est pour nous : mais n'importe, c'est une attention qui le flatte, et puis le bon interprète, toujours à nos côtés, se charge sans doute d'éclaircir la situation. Nous dûmes borner là l'entretien, jugeant non moins indiscret que difficile, de demander, par interprète, des détails sur le service du recrutement japonais. Il fallut nous contenter de l'amusement de voir, à un moment donné, tous les conscrits se précipiter par-dessus les rails pour passer d'un côté de la station à l'autre en gambadant avec leurs habillements flottants, leurs bruyants sabots et leurs têtes rasées : braves gens, dociles et joyeux, et qui ne semblent pas se douter qu'ils vont dans peu d'heures échanger cette liberté de mouvements et de costumes contre les uniformes étriqués et pesants et les casquettes à la prussienne !

Nous laissons donc l'officier de recrutement à sa besogne, et pour faire passer le long temps d'arrêt, on achète un déjeuner japonais, toujours prêt pour les nombreux voyageurs, et renfermé dans deux petites boîtes de bois plates contenant, l'une du riz très blanc et les deux petits bâtons pour le manger, l'autre de la pâte de poisson, des algues marines cuites, de petites portions de gingembre et de raifort, une pâte brune faite de farine et enfin de gros morceaux d'une sorte d'omelette dure, le tout immangeable. C'est le « *bento* », mot japonais, qui veut dire tout simplement provisions.

Le train reparti, nous nous rabattons avec enthouisiasme sur notre vrai « *bento* », c'est-à-dire les viandes froides à l'européenne fournies dans un panier à provisions par l'hôtel de Tokio, mais arrangées aussi dans les fameuses petites boîtes en bois. En fait d'alimentation japonaise nous nous contentons volontiers de l'eau minérale « *Harima water* », des excellents « *kakis* » et du thé jaune acheté à la gare dans les petites théières de faïence.

Mais voici que le train a commencé à s'élever dans le premier vallon de la montagne, parallèlement à l'antique chaussée impériale qui conduisait les Shoguns en pèlerinage aux tombeaux de leurs aïeux et forme une longue et superbe avenue plantée des majestueux « *Cryptomeria Japonica* » le conifère particulier au Japon.

Il est près d'1 heure quand le train nous dépose à Nikko, localité pittoresque à 600 mètres au-dessus de la mer, garnie d'hôtels pour séjour d'été. Les *jinrikshahs* nous saisissent bientôt et nous entraînent à travers la longue rue de maisons à la japonaise jusqu'à l'entrée du « Kanaya Hôtel » où l'on monte par quelques marches à travers un jardinet bien tenu.

Nous prenons possession de chambres très propres, bien nattées, munies d'éclairage électrique et de petits poêles tout allumés : au dehors il n'y a que 8 degrés et on aperçoit quelque neige sur les sommets voisins, dont le dessin pittoresque se détache sur la beauté du ciel.

Puis nous voici aussitôt en route.

Le propriétaire de l'hôtel est d'origine indienne, et il nous donne pour guide son fils, le jeune Kanaya, gentil garçon, né probablement au Japon, fort intelligent, qui sait l'anglais comme le japonais et peut me faire suivre dans le *guide book* les monuments indiqués, tandis que pour le bon M. Tavada toute cette antiquité est à peu près lettre close.

Sur un torrent bruyant serpentant entre les collines boisées sont jetés deux ponts presque côte à côte: le pont de tout le monde que nous franchissons et à gauche le fameux pont « Mihashi », pont sacré laqué de rouge réservé aux seuls Empereurs. En quelques minutes, nous atteignons l'enceinte vénérée renfermant les innombrables temples bouddhiques ou shintoïques qui servent en quelque sorte de garde aux sépultures de Yeyasu, le grand Shogun dont les victoires fondèrent, vers l'an 1600, la dynastie des Tokugawa, et de Yemitsu son petit-fils.

La jeunesse a le désappointement de devoir malheureusement déposer à l'entrée ses appareils photographiques et renoncer à reproduire les merveilles que nous allons voir ; car les règlements interdisent cette satisfaction aux touristes.

Cette série prodigieuse de monuments sans unité d'architecture forme deux groupes distincts, l'un consacré à Yeyasu et l'autre à Yemitsu, situés l'un et l'autre dans des recoins de la montagne, enveloppés par la plus merveilleuse forêt de colossals *Cryptomerias* de hauteurs incommensurables et parfois de plus d'un mètre de diamètre, conifères au feuillage abondant qui rappellent de loin nos mélèzes, sans pourtant en avoir la gracieuse élégance.

Dans ces sites solitaires, d'une originalité grandiose et saisissante, se trouvent au sommet de plusieurs centaines de marches en pierre, les tombes renfermant les restes des deux héros, d'une part Yeyasu, de l'autre Yemitsu, sarcophages fort simples en granit, surmontés de cylindres en bronze bizarrement travaillés que protège d'une manière encore plus bizarre un large chapiteau de forme pyramidale quadrangulaire terminé lui-même par l'ornementation en bronze qui doit rappeler la floraison du lotus.

Aucune beauté ne distingue ces singuliers monuments funèbres cachés sur les hauteurs mystérieuses des collines boisées, tandis qu'au-dessous, abritée en quelque sorte dans le fond des deux vallons, se trouve la suite interminable de temples et de portiques où on a accumulé les richesses les plus extraordinaires pour honorer la mémoire de ces grands hommes.

Il serait puéril de prétendre donner une idée complète de l'impression que laisse ce mélange de richesses et d'horreurs, dépeinte par tant de voyageurs et notamment en traits si saisissants par Pierre Loti : ces boiseries sculptées, ces plafonds coloriés, ces merveilleux panneaux en laque dorée, ces cabinets dont les murs reproduisent d'élégants branchages et des oiseaux à plumages ondoyants sculptés en bois avec la plus merveilleuse perfection, l'art le plus exquis, ces vastes sanctuaires ornés de vases, de lanternes et d'objets de toutes sortes en bronze mat ou doré, de petites tables incrustées et de coffrets élégants. Sur le côté gauche du sanctuaire se dresse en général le tamtam, doré également, et ornementé de dessins en couleur, suspendu à un piédestal à cercle vertical délicieusement travaillé, et destiné, sans doute, à appeler les fidèles à la prière. Les frises présentent des sculptures délicieuses ornées des couleurs les plus délicates, où s'entremêlent des plantes, des oiseaux, des singes : un petit chat endormi représenté au-dessus d'une porte est une merveille de vérité et de finesse.

Qu'il me suffise de dire comme le proverbe japonais, cité par l'auteur des « Japoneries d'Automne » : « Qui n'a pas vu Nikko n'a pas le droit d'employer le mot splendide » !

Puis, à côté de tous ces chefs-d'œuvre de l'art asiatique apparaissent, surtout dans la série « Yemitsu », des monstres grimaçants, d'horribles démons, peinturlurés de rouge ou de bleu : ce sont, paraît-il, « Raiden » et « Futen », les dieux du tonnerre et du vent, préposés en quelque sorte à la garde de l'entrée de l'enceinte sacrée. Puis c'est le « Daikoku », le dieu de la richesse chargé d'un énorme sac de riz (le « *koku* », ou mesure d'environ 180 litres de riz, servait au Japon à évaluer les revenus de chacun !). Plus loin

est l'image non moins monstrueuse du dieu préféré des
« *curumayas* » conducteurs de *jinrikshahs*, celui qui
est censé donner de la vigueur aux jambes ; à côté de sa
statue on voit accrochées de colossales sandales en bronze,
offrande des pèlerins de l'ancien temps.

A noter, en avant des temples consacrés à Yeyasu et suspendue sous un élégant abri que soutiennent quatre colonnes, la plus grande et la plus belle des nombreuses lanternes de ces lieux sacrés, haute de trois mètres : elle fut offerte en présent au xviie siècle, aux sanctuaires du Japon par les Hollandais protestants soigneux de conserver à leur profit le monopole des relations commerciales avec cet empire alors fermé au reste du monde.

On nous montre aussi l'âne blanc sacré, nourri dans l'enceinte du temple, dont l'écurie est ornée à l'extérieur de délicieuses sculptures en bois représentant des singes, mais des singes qui portent tous leurs pattes appliquées sur leurs bouches ou leurs oreilles pour recommander le silence dans l'enceinte consacrée.

Puis il nous faut voir encore, et moyennant finance, les danses des prêtresses aux longues tuniques flottantes, blanches ou écarlates, aux visages hideux, dissimulés par une couche de plâtre en poudre : nous en avons bientôt assez de la monotonie de leurs mouvements compassés que le jeu de leurs grands éventails n'arrive pas à rendre pittoresque.

Les temples de Nikko, bien que l'entrée de leur enceinte soit surveillée, sont plus accessibles que ceux de Shiba. Nous y rencontrons des groupes de fidèles, surtout de femmes, qui pérégrinent de sanctuaire en sanctuaire pour s'y prosterner et jeter quelque menue monnaie dans les grandes caisses à barreaux disposées à cet effet. A l'intérieur de certains temples se tient accroupi dans un coin le bonze dans son vêtement assez sale d'étoffe légère, vendant sur un petit bureau des bouts de papier contenant des prières. C'est une des formes du culte japonais de coller ces invocations sur les colonnes extérieures du temple, ou

25. — Gare d'Utsonomiya : Soldats, employé de police : lavabo public.

26. — Hôtel Kanaya, à Nikko.

27. — Pont sacré, à Nikko

28. — Rue principale de Nikko.

bien encore de suspendre au haut des portes des serpentins de papier blancs réunis en forme de balais destinés, paraît-il, à attirer l'attention du dieu sur les prières qui lui sont adressées.

Enfin, il est 4 heures quand, charmés jusqu'à satiété par l'examen pourtant hâtif de ces merveilles sans doute uniques au monde, nous regagnons nos *jinrikshahs* laissés non loin du pont.

En vingt minutes de trajet cahotant remontant la vallée, ils nous conduisent voir les « 100 Bouddhas ». C'est tout bonnement une rangée d'une centaine de bustes en pierre, sculptures grossières, hideuses, mutilées, souillées par la mousse et les végétations nées de l'abandon où gisent ces emblêmes soi-disant divins. La multiplication indéfinie d'images identiques ou semblables est un des traits pour moi inexpliqués du culte bouddhique.

Non loin de là, on nous fait contempler le rétrécissement du torrent bouillonnant en cascades et la singularité de caractères tracés sur un rocher aujourd'hui inacessible par suite des eaux qu'il surplombe. On ignore leur origine, et leur interprétation reste douteuse.

Il nous faut renoncer à aller admirer les cascades appelées dans les guides anglais : « *Vermicelli White Thread, Mist falling Cascade.* » Il fait froid dans les *jinrikshas* la nuit approche et quoique enveloppé dans ma fourrure, il me tarde de regagner la tiédeur de l'hôtel, Enfin, nous y sommes, bientôt réconfortés par un bon dîner à la française, et aussi un bon télégramme des nôtres de France, transmis par le « *Chartered Bank* » de Yokohama à Tokio, puis de là, par les soins de l'excellent chargé d'affaires.

La soirée est agrémentée par la visite des marchands de bibelots de tout genre, en bronze, en ivoire, en bois travaillé, qui, pénétrant dans nos chambres nous circonviennent de leurs profondes salutations et nous imposent l'examen de leurs marchandises entassées sur la table.

1er *Décembre*. — Nuit froide : 1 degré au dessous de zéro.

La servante japonaise, qui est venue à 6 heures frapper aux portes pour allumer le poêle, n'a pu troubler mon sommeil, de sorte qu'à mon réveil je n'avais dans la chambre que 4 degrés et demi! Les hautes montagnes qui forment le fond de la vallée, s'étaient couvertes de neige.

Nous avions pensé d'abord pousser notre excursion au delà de Nikko, par dessus la montagne, jusqu'au lac pittoresque de Chuzenji, dont les chalets sont le refuge d'été du corps diplomatique. Mais c'est un long trajet de plusieurs heures en *jinrikshas* ; et l'expérience de la froidure de la veille nous fait abandonner cette partie de plaisir douteuse.

Nous descendons donc à pied la longue rue de Nikko, jetant parfois un coup d'œil sur les nombreuses boutiques où se voient, entre les produits habituels de l'industrie japonaise, les peaux d'ours et d'autres animaux que nourrit la montagne, puis de la poterie, des comestibles bizarres, tel qu'un légume à immenses racines blanches. Nous croisons aussi une troupe de lutteurs qui vont donner spectacle quelque part et qui se distinguent du commun du peuple japonais par leur puissante musculature aussi bien que par la grande touffe de cheveux conservés longs suivant l'ancienne mode des guerriers.

Nous voici enfin de nouveau installés dans le train, et à 3 h. 10 en gare de Tokio ; puis une demi-heure plus tard à l'Hôtel Impérial, rapidement reconduits par la voiture commandée par télégraphe.

Les landaus de louage dont Tokio est pourvu aussi bien que toute autre grande ville du monde civilisé offrent la particularité d'être toujours accompagnées d'un domestique japonais intitulé « *betto* » qui, orné du grand couvre-chef semi-sphérique en paille, siège à côté du cocher, et avec une agilité analogue à celle des « *zagales* » des anciennes diligences espagnoles, saute à bas rapidement dès qu'il s'agit d'écarter un encombrement ou quelque autre difficulté; et bien que les rues de Tokio soient larges en

29. — Bazar d'Asakusa.

30. — Temple d'Asakusa.

31. — Boutiques à Tokio.

32. — Marchand de comestibles ambulant.

général, ce cas n'est pas rare dans les quartiers populeux où le mouvement du petit peuple et de ses charettes à bras est considérable et compliqué encore par les rails des innombrables lignes de tramways.

L'excellent Pimodan nous quitte pour vaquer à de nouveaux arrangements ; il n'y a pas de programme pour le reste de la journée, et nous en profitons pour aller à confesse à l'archevêché : Monseigneur Osouf veut bien nous adresser à son secrétaire, le P. Evrard, qui séjourne au Japon depuis de longues années, et est aussi interprète de la légation.

L'archevêché et la cathédrale qui l'avoisine sont situés dans « Tsukiji », quartier qui, comme d'autres portions de Tokio, constitue une île formée par la rivière « Sumida » et les canaux. Tsukiji est la seule partie de la capitale où, d'après les traités, les étrangers puissent posséder des immeubles et même fixer leurs résidences ; il n'y a d'exception à cette dernière règle que pour les membres du corps diplomatique ou les individus qui, pour obtenir l'autorisation de résidence, doivent alléguer quelque profession d'utilité publique, telles que celles de professeur ou autre analogue : c'est le cas des missionnaires qui sont tous plus ou moins professeurs.

Après dîner, nous allons remplir l'agréable devoir de rendre visite à la comtesse de Pimodan et la remercier de tout le temps que l'excellent capitaine veut bien consacrer à faciliter et embellir notre trop court séjour au Japon. A côté des collections japonaises qui ornent ses élégants salons, nous nous trouvons là au milieu de bien des photographies de notre connaissance.

CHAPITRE VI

Séjour à Tokio. — Les rues, les boutiques. — Le Musée d'Ueno. — Le Théâtre Japonais. — Les fonctionnaires de la Cour Impériale. — Le quartier d'Asakusa. — L'arsenal, les casernes des trois armes. — Diner japonais au restaurant « Koyokan ». — Les 47 ronins. — Grand diner diplomatique.

Matinée fraîche : 5 degrés seulement au-dessus de zéro, quand, à 7 heures, nous sommes allés communier à la cathédrale. L'église archi-épiscopale mérite mal par ses dimensions très exiguës son titre de cathédrale ; elle est, du reste, bien tenue et d'un style élégant demi-gothique.

La journée a été prise, en grande partie, par les visites aux boutiques de Tokio.

La plus grande rue commerçante a nom « Ginja » ; on y trouve quelques magasins à l'européenne à côté des innombrables boutiques basses à la japonaise, où l'on s'attarde volontiers à l'examen de tous les charmants objets de l'industrie locale, la plupart en cloisonné : il n'est pas jusqu'aux manches d'ombrelles et aux ronds de serviettes sur lesquels on ne retrouve les dessins les plus artistiques. Les malles de voyage même, en paille et bambous, sont presque des objets d'art. Les stations dans les boutiques japonaises s'allongent facilement par suite de l'amabilité inaltérable des vendeurs. On a beau ne rien leur acheter, ils sont toujours souriants, empressés, saluants ; puis si on se décide, les moindres objets sont empaquetés chacun boîte spéciale avec les soins les plus minutieux.

Comme l'usage japonais est de se déchausser pour ne pas salir les nattes fines qui garnissent la moindre échoppe, on laisse en général dans le plancher du rez-de-chaussée, une échancrure carrée qui permet aux clients de rester bottés sur la terre nue tout en marchandant. Mais, le plus souvent, le marchand désireux de complaire au visiteur étranger, nous invite à enfreindre la règle, à monter sur la natte pour nous installer sur des sièges dans sa boutique.

Nous retournons à Ueno, et ma jeunesse se livre à une étude complète du grand bazar « *kwankoba* » pendant que je vais visiter le musée voisin, dans les vastes salles duquel on a réuni avec beaucoup d'intelligence tous les objets d'art et ustensiles de l'ancienne vie japonaise : coffrets en laque, armures complètes avec leurs casques et leurs poitrails bardés de pointes, lances incrustées de nacre, palanquins de toute beauté où voyageaient jadis les grands du pays, accroupis dans une sorte de cage cubique, d'où ils dominaient les épaules des hommes soutenant les brancards ; costumes de soie. On y voit même, sous un dais à quatre colonnes, le long habillement flottant tout en soie blanche que revêtaient les « Mikados » pour donner leurs audiences, assis immobiles sur leurs nattes de luxe.

A côté de tous ces restes pittoresques d'une civilisation toute païenne, mais qui avait sa grandeur et qu'on peut regretter de voir aujourd'hui disparue par suite de l'adoption trop complète des usages européens, on est tout surpris de découvrir quelques objets rappelant la première introduction de la religion chrétienne au Japon.

Dans une des innombrables vitrines qui garnissent les galeries du rez-de-chaussée, voici quelques crucifix et chapelets provenant de l'ancienne chrétienté japonaise fondée au xvie siècle par saint François Xavier et qui s'éleva au chiffre de 600.000 âmes. On voit aussi une copie en latin de la missive remise en 1489 entre les mains du pape Grégoire XVI, par quatre jeunes nobles japonais, et le portrait d'un de ces seigneurs dans le costume espagnol de l'époque, qu'il endossa en Europe. Ces beaux commencements furent malheureusement anéantis vers le milieu du xviie siècle par la cruelle persécution des Shoguns de la maison Tokugava. Les chrétiens furent massacrés par milliers, les femmes et les enfants, liés dos à dos, précipités du haut d'un rocher de la presqu'île de Shinabasa qui porte le nom hollandais de Pappenburg. L'accès des ports de l'Empire fut dès lors rigoureusement interdit aux étrangers, interdiction maintenue avec la plus grande énergie jusqu'à l'apparition inattendue de l'escadre américaine du Commodore Perry, dans la baie de Yokohama, en 1853, qui fut le prélude de la transformation politique et sociale du Japon effectuée à grands pas à partir de la suppression du Shogunat en 1868.

Aussi, à côté des souvenirs édifiants de la primitive piété japonaise, voit-on dans la même vitrine les emblêmes de la persécution : ce sont des plaques en cuivre représentant un crucifix en relief assez grossier, destinées à être foulées aux pieds devant les magistrats par les chrétiens assez lâches pour se soumettre à l'apostasie. La tradition accuse les Hollandais protestants qui, du reste, avaient prêté main-forte aux Japonais pour le massacre des autres chrétiens, de s'être soumis à cette pratique déshonorante.

Cette nation, en effet, obtint seule la concession d'établir une factorerie sur les côtes du Japon, dans l'îlot artificiel de Deshima, au milieu de la baie de Nagasaki, et s'assura ainsi le privilège de maintenir le seul point de contact que, pendant plus de deux siècles le Japon conserva avec le reste du monde.

Quelques chrétientés persistèrent cependant en secret, dans l'île de Kiushiu, partie la plus méridionale de l'archipel japonais, et avec une tenacité courageuse qui tient du prodige, maintinrent, sans le secours d'aucun ecclésiastique, la tradition du baptême et de nos dogmes principaux, comme le vérifièrent avec joie et surprise les missionnaires venus au Japon après la conclusion des premiers traités avec les puissances européennes et l'ouverture des ports.

Toutefois, la religion chrétienne restait interdite, et l'on vit de nos jours cette chrétienté séculaire d'environ

15.000 âmes chassée sommairement de son domicile et transportée par mesure de châtiment, dans les régions septentrionales et encore barbares de l'Empire. Les protestations de la diplomatie européenne et les progrès de la transformation de l'antique organisation japonaise finirent par obtenir la liberté de religion, qui aujourd'hui est complète, avec la restriction seulement de l'autorisation spéciale de domicile, nécessaire dans chaque cas particulier pour les missionnaires, comme pour les autres étrangers.[1].

A 1 heure, nous recevons la visite du bon archevêque qui a l'obligeance de nous apporter la statistique religieuse du pays : la chrétienté japonaise comprend aujourd'hui : 1 archevêché et 3 évêchés ; 98 missionnaires français et 24 prêtres japonais récemment ordonnés ; 52,796 catholiques indigènes, dont 34,749 dans le seul diocèse de Nagasaki (île de Kiushiu), 61 séminaristes, 145 catéchistes pour les infidèles, 150 pour baptiser les enfants de familles chrétiennes, 10 baptiseuses ambulantes, 115 religieuses des ordres de Saint-Maur, Chauffailles (du diocèse d'Autun) et Saint-Paul de Chartres, parmi lesquelles 27 Japonaises ; 98 églises ou chapelles, 110 oratoires improvisés, 3 pensionnats de filles, 41 écoles primaires comptant 1,075 garçons et 2,261 filles ; 1,867 orphelins dans 18 orphelinats, 875 enfants dans 32 ateliers, fermes ou ouvroirs ; 3 hôpitaux dont 1 de lépreux, 14 pharmacies, 33 gardes-malades et, dans le diocèse de Nagasaki, 180 membres de communautés religieuses indigènes.

Comme on voit, les progrès du Christianisme au Japon ne sont pas considérables et restent bien loin des succès miraculeux obtenus au XVIe siècle par le Grand Apôtre des Indes et ses disciples. La superstition bouddhique, appuyée sur une tradition dix fois séculaire et sur un culte universellement généralisé, garde tout son empire sur la masse de la population, bien que les classes supérieures ou du

[1]. Cette restriction a disparu depuis la mise en vigueur des nouveaux traités avec les nations européennes en juillet 1899.

moins tout ce qui se rattache au monde officiel, soient devenues absolument sceptiques en adoptant le vernis de la civilisation européenne.

Pour employer le reste de l'après-midi, M. Tavada, notre guide constant et indispensable, nous conduit dans les magasins d'un quartier éloigné où on nous montre les petits chiens japonais aux gros yeux ronds, au poil soyeux et original, puis les sabres et les coutelas, objets pour lesquels l'industrie japonaise est renommée.

Au retour, nous entrons dans un théâtre : le spectacle japonais fonctionne de 10 heures du matin à 8 heures du soir. La pièce se déroule lentement par une série de scènes dramatiques, dont nous ne pûmes voir que quelques-unes. Les théâtres de premier ordre ne sont pas ouverts, nous dit-on, en ce moment. Celui que nous avons visité, nous a cependant intéressés. Tout y est différent de ce que nous nous sommes habitués à voir dans les nôtres ; le changement fréquent de décors assez primitifs s'effectue sans interrompre le spectacle et d'une manière fort originale : c'est la scène entière qui pivote. Le jeu des acteurs ou actrices est très lent, les scènes tragiques interminables : il y a combats à coups de bâtons ou de sabres, assassinat ou agonie sur la scène. Mais la mimique des actrices n'est pas sans charmes quand elles se lamentent sur le cadavre d'une compagne traîtreusement mise à mort, ou dans leurs longues robes flottantes se retirent tout en pleurant ce malheur, à pas lents, par un des bas-côtés de la scène qui se prolonge le long de la salle en embrassant une partie du parterre. On nous dit ensuite que le plus souvent ces actrices sont des hommes, les acteurs japonais ayant une aptitude particulière pour s'approprier la voix et les manières féminines. Le tout est accompagné de la musique langoureuse des guitares japonaises. Le public, peu nombreux, paraît hypnotisé par l'intérêt de la représentation. Les banquettes où nous nous sommes installés sont dans les galeries qui entourent la salle à peu près comme les loges de nos théâtres. On y passe les tasses minuscules de thé avec des gâteaux encore plus minuscules. A l'encontre de nos usages, les loges ici se trouvent au parterre, partagé en petits compartiments carrés où les membres d'une famille ou bien quatre ou cinq amis s'installent pour passer la journée ensemble, se faisant face autour d'une petite table où ils consomment leurs rafraîchissements pendant la longue durée du spectacle.

Dans les dépendances de cet établissement aussi bien que dans les gares de chemins de fer, on retrouve le goût japonais pour les ablutions fréquentes et publiques symbolisé par une série de réceptacles en fer blanc fixés sur du bois et accompagnés chacun d'une sorte de petite marmite à long manche destinée à puiser de l'eau dans un tonneau voisin et à purifier ainsi les mains à la suite de certaines opérations commandées par la nature.

Mais il faut nous arracher au spectacle pour être de retour à l'hôtel à 5 heures, y passer nos redingotes et recevoir dans le grand salon du rez-de-chaussée le baron Sannomiya, grand maître des cérémonies de la Cour Impériale et M. Kumura, vice-ministre des Affaires Étrangères (le ministre, M. Nishi, étant malade) venus par ordre Impérial pour nous faire les offres les plus aimables. Le baron Sannomiya, ayant fait une partie de ses études en Angleterre, parle fort bien l'anglais, et le vice-ministre s'exprime également en cette langue, ce qui, en nous dispensant de recourir à l'intermédiaire de l'interprète, ajoute un charme de plus à l'entrevue.

Nous allons ensuite à la légation de Portugal, rendre visite à Mme de Batalha Freitas, femme de l'aimable chargé d'affaires. Ce sont encore de grandes distances à parcourir, aggravées par la prompte obscurité des jours d'hiver et le manque d'éclairage public. Il est étonnant que les Japonais, en apparence si passionnés pour tous les progrès, n'aient pas encore abordé celui-là. Dans les voies les plus commerçantes, chacun éclaire sa devanture comme bon lui semble, au quinquet, au gaz, voire même au globe électrique, ou bien tout simplement au moyen des lanternes en papier. Mais là ou le négoce n'exige pas ce luxe, les immenses espaces de Tokio sont plongés dans l'obscurité.

La voirie est de même laissée à la fantaisie de chacun et les conséquences en sont d'autant plus défectueuses que les eaux des nombreux canaux sont à peu près stagnantes, par suite du peu d'inclinaison de ce terrain d'alluvion avoisinant la baie.

Nous dînons à notre petite table de l'hôtel avec Pimodan qui nous dit avoir vu aujourd'hui, dans le *Gaulois* l'annonce de notre départ de Paris! Nous espérons donc bientôt des lettres. Jusqu'à présent la rapidité de notre voyage avait battu toutes les communications postales.

3 Décembre. — Continuation du beau temps froid, légèrement brumeux, mais cependant réchauffé l'après-midi par le soleil.

Notre course de ce matin nous a conduits au quartier d'Asakusa (prononcer « *Asaksa* », car en japonais l'*u* est à peu près muet). Là se trouvent les temples populaires, ouverts constamment à la vénération des fidèles. Aussi leurs peintures et images sont-elles fort détériorées.

Le temple principal majestueux et tout en bois offre un contraste frappant avec les richesses renfermées dans les enceintes de Shiba et de Nikko. Dans la cour qui l'entoure et où se trouve nombre d'autres temples secondaires, on nourrit des pigeons apprivoisés qui font penser à ceux de la place Saint-Marc à Venise, devenus récemment plus fameux pour avoir servi à constater la rencontre d'Arton avec le policier Dumas.

Pour arriver jusque-là, notre voiture nous dépose à l'entrée d'une longue et étroite ruelle dallée, garnie de petites boutiques. Tout ce quartier forme comme une sorte de foire permanente, très fréquentée, paraît-il, les jours de fête. On y voit des baignoires où le badaud japonais se livre à l'amusement de la pêche au poisson rouge, des tirs à l'arc où l'arme meurtrière semble par ses dimensions minuscules, faite à l'usage d'enfants en bas âge, mais n'en sert pas moins au divertissement des adultes, et, au milieu d'un petit jardin, des cages renfermant un grand tigre, des renards, des singes ; puis des statues en bois habillées de verdure ou bien encore de fleurs de chrysanthèmes : c'est ce qu'on appelle en japonais un « *kikunengijo* », le nom peu harmonieux de « *kiku* » désignant, paraît-il, en son pays natal cette merveilleuse florescence qu'est la chrysanthème. Tout cela est baroque, mesquin, naïf : c'est bien l'image de ce bon peuple, encore enfant dans sa grande généralité, en dépit des efforts de l'élément officiel, mais bon enfant, aimable, toujours disposé à rire.

Nous aboutissons à la fameuse tour d'Asakusa, construction moderne datant de 1890, dont nous montons consciencieusement les 230 marches pour avoir une vue générale de Tokio en soufflant quelques instants aux différents étages, garnis de vues en stéréoscopes et d'autres éléments de distraction pour les visiteurs. Malheureusement l'horizon était brumeux et la grande ville étendue à nos pieds ne nous offrit qu'un aspect banal.

Au retour, après avoir repassé les ponts de plusieurs des larges canaux dont les rives encombrées de jonques de commerce présentent un coup d'œil des plus pittoresques, nous nous faisons conduire chez le photographe Ogawa,[1] où la jeunesse voulait faire développer ses plaques. On nous y montre de fort belles collections de photographies et photo-gravures, représentant les paysages de ce délicieux pays.

A 1 heure 1/4 deux landaus de la cour nous attendaient pour nous conduire à l'arsenal, avec un maître des cérémonies en tenue de ville, parlant français. C'est M. Matsui qui a séjourné longtemps en France en compagnie du prince Kotohito Kan-In, et notamment à Versailles, pendant que ce jeune prince de la maison impériale était à notre école militaire de Saint-Cyr.

[1] N° 13 Hiyoshi cho, quartier Shimbashi.

L'arsenal militaire japonais est un établissement superbe, parfaitement outillé de machines innombrables, qui fabriquent, avec un personnel purement japonais, des fusils à répétition de plusieurs modèles, tous inventés par un officier japonais nommé Murata. On reste stupéfait de voir que ce peuple qui, il y a quarante ans encore, n'avait aucun rapport direct avec le monde civilisé, le despotisme des Shoguns interdisant même l'étude des langues étrangères, ait pu si promptement se mettre au niveau de tous les perfectionnements modernes.

Quoique la fonderie de canons soit située à Osaka, il y a aussi, en cet arsenal, une fonderie pour des pièces de machines, et on va y couler la statue équestre d'un ancien chevalier japonais, dont le style n'est pas mauvais du tout.

A côté de l'arsenal se trouve le parc fermé dit « Koraku-En ». C'est un spécimen du goût japonais, différent de ce qu'on observe en général dans les jardins du pays où les arbres sont, comme nous l'avons dit, artificiellement réduits à de petites dimensions. Celui-ci qui fut autrefois la propriété du prince de Mito, seigneur féodal du xvii° siècle, renommé pour ses écrits politiques précurseurs de la transformation du Japon, est artificiellement accidenté, avec pièces d'eau, ponts pittoresques, rocailles, petits temples vermoulus. On y trouve réunis une grande variété de végétaux qui gardent leur verdure tout l'hiver : conifères, palmiers du genre chamérops, bambous, lianes grimpantes à larges feuilles ; quelques-uns des arbres étonnent par leur énormité.

Dans une coquette « maison de thé » dominant une des pièces d'eau et munie de tables et chaises à l'européenne, on nous offre, comme précédemment dans un des bureaux dépendant de l'arsenal, outre des cigares, le thé japonais classique, versé comme de coutume dans les petites tasses sans anses, soucoupes ni cuillers, et agrémenté de tranches d'une espèce de gâteau spongieux semblable au « *pão-de-ló* » brésilien, et dont l'introduction au

33. — Les voyageurs et l'interprète Tawada dans les rues de Tokio.

34. — « Jinrikshah » dans les rues de Tokio.

35. — Observatoire pour annoncer les incendies.

36. — Murailles extérieures du Palais impérial de Tokio.

Japon remonte paraît-il, aux rapports avec les Portugais au xviᵉ siècle !

Rentrés à 4 heures 1/2, nous congédions l'aimable maître des cérémonies, pour reprendre notre flânerie incognito. Mais la nuit abrège la promenade et nous nous bornons à acheter quelques-uns des fameux chapeaux de paille japonais qui sont, comme on sait, en forme de cloche à melon, montés sur des cercles en osier fin enserrant la tête tout en laissant circuler l'air. On les recouvre à volonté d'une étoffe de linge blanc, et cela forme une coiffure des plus légères, parfaitement appropriée à la chaleur, mais de conservation difficile par suite de sa construction fragile. Aussi les Japonais de toutes les classes préfèrent-ils le plus souvent aller nu-tête, s'armant d'un parasol, si les rayons du soleil rendent nécessaire cet ustensile.

Nous terminons l'après-midi, en allant encore à Tsukiji, chez Mᵐᵉ de Cárcer, née Lassance, que nous n'avions pas eu le plaisir de trouver à notre première visite ; elle et son mari, secrétaire de la légation d'Espagne, qui se sont mariés jadis au Brésil, se complaisent dans les souvenirs de ce pays, et nous trouvons nos images sur leur cheminée, en une photographie qui nous est bien connue.

Nous avons à dîner à 7 heures et demie l'excellent Pimodan et le chargé d'affaires d'Autriche, M. de Grubissich Keresztur, qui demeure dans l'hôtel et est des plus empressés pour nous. La soirée se passe agréablement dans son appartement à voir la curieuse collection de photographies qu'il a rapportée de son long voyage à travers les deux Amériques, de Buenos-Ayres à San-Francisco.

4 décembre. — Matinée moins brumeuse que les précédentes. Visites aux petites boutiques, où on travaille la laque et l'ivoire : il y a de fort jolies choses, notamment des figures de singes délicieuses, tracées sur de petits étuis d'ivoire, avec une patience et une délicatesse charmantes. La laque est, comme on sait, la résine d'un arbuste particulier, mais qu'on n'a pas pu nous montrer dans cette région du Japon : on la colore parfois en rouge, et au moyen de poudre d'or ou d'argent, on trace avec de fins bâtonnets, avant d'achever le vernissage, ces dessins délicats que nous sommes habitués à admirer sur tant de menus objets.

Pour cette tournée matinale, nous avions abandonné le landau de l'hôtel, habituellement nécessaire pour franchir plus rapidement les grandes distances de Tokio, et nous avons circulé en partie à pied, partie dans les *jinrikshahs* », qui tiennent ici lieu de voitures de place et ont entr'autres mérites celui d'être plus économiques. Mais aussi on est à peu près à la merci des braves gens qui les traînent, l'étranger ignorant de leur langue n'ayant aucun moyen de les arrêter dans leur course. L'interprète indique à ces vaillants coureurs la destination qu'on veut gagner, et les voilà aussitôt partis à leur pas de charge, presque aussi vite qu'une voiture, esquivant avec une adresse admirable la rencontre des nombreuses charrettes à bras et des tramways. Mentionnons en passant que ceux-ci sont toujours pleins, encombrés de public japonais, appartenant aux classes inférieures, ce qui ne nous encouragea pas à essayer au Japon de ce mode de locomotion, civilisé, économique sans doute, mais peu rapide ici encore moins qu'ailleurs.

Bien qu'une personne seulement puisse être à l'aise dans le *jinrikshah*, les Japonais s'y casent souvent deux ensemble et il est amusant de voir parfois deux petits soldats correctement attifés à la prussienne avec leurs casquettes à bande jaune, se prélasser côte à côte, serrés l'un contre l'autre dans ce véhicule, qu'entraîne un robuste coureur.

Du reste, les rues de Tokio abondent en traits de mœurs curieux qui fournissent aux voyageurs un inépuisable champ d'observation. Rien de plus amusant, par exemple, que la manière dont les Japonais, dans ce temps de froidure, ramènent leurs mains dans l'intérieur de leurs manches, tenant par une faculté particulière, qu'on pourrait appeler une grâce d'état, leurs coudes constamment repliés de façon à n'en présenter à l'issue de la manche que la partie arrondie. Ils paraissaient tous alors n'avoir plus que des moignons de bras : ce semblant d'infirmité, vient s'ajouter à la démarche étriquée que leur imposent les sabots, mal fixés aux pieds pour être facilement déposés à l'entrée des habitations.

Les femmes qui ne sont plus jeunes et font dès lors le sacrifice de l'élégance de leurs coiffures, ne sortent pas dans cette saison froide, sans s'envelopper toute la tête d'une épaisse mante de laine : sans bras, sans cou, presque sans jambes, vu la difficulté de leur allure, on dirait des momies ambulantes.

En dehors des militaires, l'habillement européen n'est guère porté que par quelques employés publics. Dans la salle à manger de notre hôtel, nous voyons dîner ensemble, faisant société commune, des messieurs japonais en redingote avec d'autres seigneurs qui ont encore fort grand air dans leur habillement national à larges manches en pagodes et à jupes serrées à la ceinture, portant en noir dans le dos et sur leurs manches, au milieu d'un cercle blanc de petites dimensions, l'emblème héraldique de leur famille : une fleur, une tête d'animal, une figure géométrique. Ce vêtement désigné pour les deux sexes sous le nom de « *kimono* » et qui, pour les hommes, est toujours de couleur sombre, en général gris rayé de noir, est complété par le pantalon appelé « *hakama* », serré à hauteur de la cheville par dessus une sorte de chaussettes en toile de blancheur immaculée où le pouce est, comme dans nos gants, séparé des autres doigts, de façon à saisir l'attache en paille du sabot-planchette déposé au seuil des appartements.

Les formules extérieures de courtoisie ont gardé une grande importance pour ceux des Japonais que n'a pas encore atteints le virus de la civilisation étrangère. Il est charmant de voir, surtout dans les rues étroites, deux personnages, têtes nues comme tous leurs congénères, et les mains toujours rentrées dans leurs vastes manches, se rencontrer, s'arrêter alors pour se saluer profondément à plusieurs reprises au point de se choquer presque les têtes avant de s'adresser la parole. Le prosternement appelé « kow-tow » et qui, du reste, ne se pratiquait que d'inférieur à supérieur, est aujourd'hui généralement abandonné.

Disons ici en passant que le *jinrikshah* n'entrait pas dans les mœurs de l'ancien Japon. Les grands personnages voyageaient sur les épaules de leurs porteurs dans de pesants palanquins appelés « Norimons » et le commun des mortels... allaient à pied, l'usage des chevaux étant limité aux guerriers. C'est l'apparition des européens, il y a à peine quarante ans, qui a donné au prolétaire japonais, toujours ingénieux, l'idée d'utiliser ses bras en promenant l'étranger dans ce véhicule d'un nouveau genre, dont l'invention est réclamée par un américain, mais dont aujourd'hui des milliers sont fabriqués annuellement dans le pays : on en comptait à la fin de 1893, dans Tokio seul, 38.451 !

Le mot « jinrikshah » est d'ailleurs d'origine chinoise, le radical « *rik* » qui s'y trouve veut dire roue et le préfixe « *djin* » signifie un être humain. Le nom populaire usité au Japon et qui a la même signification est « *Curuma* », d'où l'appellation de « *Curumaya* », habituellement donnée aux hommes qui se consacrent à ce service.

L'habillement qu'on leur voit à Tokio est en général plus complet que celui de leurs confrères de Yokohama, la blouse est montante jusqu'au cou et complétée par de larges manches, et les jambes emprisonnées jusqu'à la cheville par un pantalon collant. On prétend qu'un règlement de police a composé ce costume pour satisfaire aux pudiques exigences de quelques dames anglaises du corps diplomatique, et que les pauvres gens en souffrent beaucoup, la surabondance de transpiration qui en résulte dans le violent exercice de leur profession amenant rapidement la phtisie.

Comme pour la plupart des hommes du peuple japonais, la blouse porte dans le dos en grands caractères blancs l'indication de leur métier et probablement quelque numéro d'ordre qui nous échappe. Ainsi tel autre portera superposés quatre ou cinq grands hiéroglyphes qui peuvent signifier, charpentier, ferblantier, maraîcher, portefaix et ainsi de suite. Rien de plus baroque que l'aspect qui en résulte pour cette population de travailleurs. [1]

Ne quittons pas les rues de Tokio sans mentionner les curieux observatoires d'une dizaine de mètres de haut, construits en poutres légères au haut desquels des veilleurs ont, nuit et jour, mission de découvrir et d'annoncer au moyen d'une cloche les incendies, trop fréquents dans cette ville en bois : dans la courte période de 1876 à 1892, quatre grands incendies détruisirent 38,500 maisons, sans compter les désastres de moindre extension ! Dans nos pays, ce chiffre qui semble fabuleux comporterait la destruction d'une cité entière : mais il faut se rappeler qu'au Japon, une maison est, sauf rares exceptions, une construction de fort mince importance, un rez-de-

[1] Comme on sait, les caractères japonais sont analogues aux chinois et s'écrivent comme ceux-ci de haut en bas, l'écriture ayant été importée au Japon, dit-on, pour la première fois au IIIe siècle de notre ère par le lettré Coréen Wani qui présenta à la Cour du Mikado les *Entretiens de Confucius* et le livre des *Mille caractères*, puis généralisée quelques siècles plus tard par les missionnaires bouddhistes. Mais là s'arrête la ressemblance des deux langues : au milieu du VIIIe siècle, en effet, un lettré japonais, Kibi, choisit parmi les caractères chinois un nombre égal aux sons de la langue japonaise, en simplifia considérablement le tracé, et créa ainsi un syllabaire de 50 lignes, dont 5 correspondent aux voyelles et chacune des 45 autres à une articulation complète, consonne et voyelle : c'est ce qu'on appelle l'écriture « Katakana », (de « na » noms, « ka » empruntés, « kata » fragmentaires). Plus tard, au IXe siècle, on inventa une autre espèce d'écriture le « Hiragana » qui ne diffère, paraît-il du « Katakana » que par ses formes plus élégantes, plus souples, se prêtant aux ligatures de façon à former une cursive préférée des femmes et employée aujourd'hui pour la littérature légère, les romans, les pièces de théâtre. Toutefois le Katakana et le Hiragana n'excluent pas le maintien et l'usage d'un certain nombre de caractères chinois qui ont l'avantage, comme on sait, d'exprimer en un seul signe des mots entiers.

Ces renseignements sont tirés du numéro du 20 novembre 1897 de l'intéressante revue mensuelle « *The Far East, an exponent of Japanese thoughts and affairs* », publiée en anglais à Tokio, n° 4, Hiyoshi-cho.

chaussée à peine surmonté d'un second étage en soupente très basse; chaque domicile ne comprend que deux ou trois chambres au plus et occupe par conséquent fort peu d'espace.

L'après-midi il nous faut rentrer dans la vie officielle.

A 1 heure 1/2, M. Matsui nous amène le colonel Mouraki, directeur de l'artillerie, qui est chargé de nous faire voir les casernes des trois armes : infanterie, cavalerie, artillerie. Cet officier très distingué a passé quatre années en France, dont trois à l'École d'artillerie à Fontainebleau et une en service au régiment d'artillerie en garnison à Versailles (vers 1879 ou 1880). Il parle donc très bien le français, sans avoir perdu toutefois l'accent un peu rauque indélébile chez presque tous les japonais.

Le général Oki, commandant la division de la Garde, nous attendait à l'entrée des casernes avec tous les officiers chamarrés de décorations et de médailles de guerre sur des uniformes très analogues à ceux de nos officiers français. Les soldats seuls ont la vilaine casquette prussienne.

Les casernes d'infanterie sont magnifiques et proprement entretenues; les exercices d'infanterie qu'on a fait faire en notre présence nous ont paru fort bien exécutés, et la tenue des militaires de tout rang des plus correctes. Le matériel de l'artillerie de campagne est entièrement fabriqué au Japon, et le mécanisme des pièces à chargement par la culasse nous est fort bien démontré en français par un lieutenant tout frais émoulu de Polytechnique et de Fontainebleau : c'est M. Shikimi Soga, de l'artillerie de la garde.

On pense cependant à remplacer le bronze japonais par des canons en acier qu'il s'agit de faire venir d'Europe et les efforts de notre zélé attaché militaire, ainsi que de ses collègues diplomatiques de la légation, tendent à assurer que pour cette importante commande l'usine Krupp ne soit pas préférée à celles du Creusot, qui sont du reste, représentées au Japon par deux agents des plus distingués, MM. le capitaine Patart et Degui.

Des trois armes, la cavalerie est celle qui laisserait plutôt à désirer, le Japon ne produisant que de petits chevaux trapus et poilus qui rappellent en plus fort les poneys écossais. On s'occupe d'améliorer cet état de choses par la fondation de haras dans les provinces septentrionales de l'Empire, où la culture n'a pas encore absorbé tout terrain disponible : des étalons vont être achetés à l'étranger. Les cavaliers ont du reste sous nos yeux très bien exécuté la voltige et sauté les barrières.

Le goût prononcé des Japonais pour les ablutions d'eau chaude n'a pas été oublié dans l'organisation des installations militaires, et on nous montre les baignoires chauffées dans chacune desquelles se plongent quotidiennement tous les hommes d'une même compagnie. Grâce à la fréquence régulière de ces bains il n'y a pas nécessité d'un renouvellement constant de l'eau pour chaque homme.[1]

Rentrés à l'hôtel, nous avons mis à profit les quelques heures obscures de la journée pour la correspondance et pour maints arrangements nécessaires en vue des jours suivants, puis, avons fait demi-toilette en redingote pour le dîner à la Japonaise que notre ami Pimodan avait l'obligeance de nous offrir au restaurant dit « *Koyokan* » situé au fond du parc de Shiba ; repas original qui a été des plus amusants.

On s'est déchaussé d'abord, suivant l'usage japonais, pour entrer dans les appartements garnis de nattes. On vous attache par dessus les chaussettes des sortes de chaussons en toile blanche légère ; puis, après avoir gravi un petit escalier en bois à marches hautes, on se trouve dans une pièce à carré long, à plafond bas, sans chaises, ni table, ni autres meubles. On s'assied autour sur des

---

[1] D'après les récits des voyageurs, cette pratique qui choque tant soit peu nos usages raffinés, existe aussi dans la vie civile. Nous n'avons pu en juger par nous mêmes, les ordonnances de police ayant interdit, il n'y a pas longtemps, l'usage de tenir à la porte de la maison une cuve étroite pleine d'eau chaude dans laquelle les habitants de l'un et de l'autre sexe venaient se plonger, à tour de rôle, sous les yeux des passants habitués à ce spectacle.

coussins assez minces, et bientôt de petites jeunes filles japonaises, gentiment coiffées et habillées, viennent en s'agenouillant, mettre devant chaque convive de petites tables ou plutôt tabourets sur lesquels sont placés les aliments, et successivement d'autres jeunes filles apportent les différents services.

Ces « *mousmès* » pour nous servir de la désignation popularisée par « *Madame Chrysanthème* », et qui veut dire simplement « jeune fille » sont en ce cas ci des « *gheishas* ». Or qu'est-ce que la « *gheisha* » ? C'est la jeune fille qui fait profession d'égayer les repas, les réunions d'amis, les séances de thé, si importantes, paraît-il dans la vie japonaise, en servant les mets, en causant pour amuser les convives, enfin en chantant et en dansant. Les plus jeunes souvent vivent chez une ancienne qui les style et perçoit en échange de ses soins la plus forte partie de leurs gains, mais qui pour satisfaire aux règlements de la police, passe pour leur tante ou leur mère adoptive. La « *gheisha* », qui est une sorte d'artiste, n'a rien de commun avec le fameux « *Yoshiwara* », le quartier mal famé de Tokio, renommé par son luxe d'un caractère particulier, et qui est limité par une enceinte spéciale le long des bords du Sumida-gawa.

Notre aimable amphytrion avait réuni une quinzaine de convives : outre mon fils, La B... et moi, le personnel de la légation avec les deux interprètes qui y sont attachés; le chargé d'affaires d'Autriche; M. de Cárcer, de la légation d'Espagne; les deux représentants du Creusot; l'agent des Messageries Maritimes ; et, enfin, ses deux interprètes particuliers MM. Mutsumachi et Tavada, qui avaient revêtu pour l'occasion leur charmant costume japonais, et dont le premier s'est prêté de très bonne grâce et avec beaucoup d'élégance à exécuter pour nous des pas de danses caractéristiques de son pays.

Le goût français ne se fait point à la cuisine japonaise, qui se compose principalement de tranches visqueuses de poissons crus et de différentes pâtes immangeables dans lesquelles entre aussi du poisson, accompagnées du fameux petit paquet d'algues marines que je réussis toutefois à avaler sans sourciller. L'assaisonnement, à mon avis, fort insuffisant pour rendre tolérables de pareils aliments, est formé par le « *soy* » sauce assez aigre, mais que les Anglais ont adoptée comme ingrédient de certains de leurs condiments : elle est faite, paraît-il, de haricots rouges à moitié fermentés, et est présentée dans de petites coupes où l'on trempe les morceaux des autres comestibles.

Heureusement, on avait ajouté quelques mets européens : un bouillon, de petits oiseaux sauvages rôtis, un hachis de viande et un aspic de foie gras, le tout arrosé de bordeaux et de champagne que les « *mousmès* » ont dégusté avec grand plaisir et toutes sortes de petites mines de gaieté. Ces boissons françaises ont fait diversion aux petites tasses de « *saké* », vin de riz chaud, assez agréable, qui est la boisson habituelle du Japonais.

Les couteaux et fourchettes sont venus aussi en aide aux petits bâtons avec lesquels il est de rigueur de manger à la japonaise et auxquels on se fait d'ailleurs très bien.

Pour ne pas manquer à la couleur locale, notre amphytrion s'est au milieu du repas prosterné devant ses hôtes en leur tendant sa tasse de « *saké* ». L'étiquette veut qu'alors on échange les tasses et que chacun boive dans la coupe de celui à qui il veut faire honneur. Ce cérémonial japonais fut bientôt imité par quelques-uns des autres convives mis en verve.

Vers le milieu du repas, on a ouvert un prolongement de la salle et les *gheishas*, dans leurs jolis costumes bleu turquoise et d'autres nuances tendres, ont reparu sur cette scène, pour exécuter une série de danses variées accompagnées par la musique très douce de leurs chants et de leurs « *samisen* », cette charmante guitare japonaise dont la caisse est quadrangulaire à faces légèrement convexes.

Les danses japonaises, très gracieuses, consistent surtout en mouvements peu caractérisés et on ne saurait trouver à y reprendre quant à la décence, puisque le costume est toujours à jupe traînante et longues manches pendantes, ne laissant guère à découvert que la tête. Quelques artistes du sexe masculin, vêtus avec non moins d'élégance à la japonaise, vinrent compléter la pantomime en donnant aux « *gheishas* » la réplique, si tant que ce mot puisse s'appliquer à des scènes mimées dont je ne pus saisir que les mouvements d'une grâce langoureuse : le sens, malheureusement, m'échappa.

Ce charmant spectacle dura jusque vers 11 heures, nous laissant un précieux souvenir de cette séance si originale et si bien ordonnée par notre excellent ami.

Les « *gheishas* » portent cette gracieuse coiffure des dames japonaises que tout le monde connaît, artistiquement relevée sur le front en forme d'éventail et formant à l'arrière une coque fixée par de longues épingles horizontales plus ou moins riches. Mais ce qu'on ne sait peut-être pas c'est que l'arrangement de cette ornementation est assez compliqué pour que seules les dames ayant quelques prétentions se fassent coiffer tous les jours. Le bon Tavada nous avoue que Mme Tavada ne fait retoucher sa coiffure que de cinq en cinq jours. De là la nécessité, pour conserver intacte la construction capillaire, du petit oreiller en bois garni de cuir tant décrit dans *Madame Chrysanthème* dont l'échancrure immobilise la nuque des gracieuses japonaises pendant leur sommeil !

Ajoutons que, à en croire le curieux ouvrage « *Sketches of Tokio Life, by Jukichi Inouye* »,[1] la coiffure des Japonaises élégantes comprend six variétés dont la description serait probablement aussi difficile à saisir pour mes lecteurs que pour moi, mais qui ont nom : « *Shimada, tenjimage, marumage, initsuwa, tojinmache* et *ichogayeshi* ». Ouff!

5 Décembre. — Repos relatif le matin. A 9 h. 1/4, nous nous rendons à la cathédrale pour assister à la grand' messe, dite avec les ornements des grandes fêtes, à cause

[1] (Edité à Yohohama chez Z. P. Maruya and Cie n° 15. Sakuragi-cho, Shichome.)

de l'octave de Saint-François-Xavier, premier évangélisateur et apôtre du Japon. Le Père Evrard officiait seul et il n'y a pas eu de sermon : l'archevêque avait dû s'absenter pour aller confirmer dans une autre paroisse. Le milieu de l'église, occupé par une natte réservée aux Japonais, était presque entièrement remplie par des orphelines, la tête couverte d'un voile blanc : ce sont les élèves des religieuses de la Congrégation de Saint-Maur. Les bancs des bas côtés étaient occupés derrière nous par quelques dames et messieurs, presque exclusivement des Français.

A la sortie de la messe, la voiture nous conduit en une petite demi-heure, un peu en dehors de la ville, au delà de Shiba, voir les images et les sépultures des « 47 *Ronins* ». Ce nom japonais de « *ronin* » correspond en quelque sorte à l' « *outlaw* » des Anglais ; il était donné, en effet, aux guerriers reniés par leurs clans à la suite de quelque méfait et ainsi mis pour ainsi dire hors la loi. Les prétendus héros dont il s'agit ici ayant, pour venger leur chef massacré, à leur tour assassiné son ennemi, après l'avoir longtemps guetté, ont été tous condamnés à s'ouvrir le ventre, en l'an 1703 : supplice volontaire connu sous le nom de « *Harakiri.* » Or le peuple tient jusqu'aujourd'hui leur mémoire en telle vénération que nous y avons trouvé plusieurs personnes brûlant sur chacune des tombes de petits bâtonnets d'encens, et la sépulture du chef, abritée par une sorte de petite chapelle en bois, est toute couverte de cartes de visite japonaises !

Dans une baraque non loin de là se trouve une série d'effigies grossières en bois colorié représentant ces martyrs du dévouement usuel dans les anciens temps japonais ; et quelques marches plus bas on montre la piscine où ils lavèrent la tête de leur victime.

Il est intéressant de remarquer ici quel culte le peuple japonais conserve pour les souvenirs chevaleresques de l'ancien temps où l'organisation sociale, aujourd'hui nivelée par l'adoption du droit moderne imité de l'Europe, mettait au premier rang des classes populaires les « *Samurai* » ces guerriers souvent en même temps cultivateurs, toujours prêts à prendre leur lance et leur armure pour servir les intérêts de leur prince ou de leur chef local, et même à sacrifier leur vie par le « *harakiri* » pour peu que leur sentiment exagéré de l'honneur leur semblât atteint par quelque incident, parfois assez insignifiant d'après nos idées.[1] Ainsi, il y a peu de jours encore, a-t-on pu entendre dans une distribution de prix scolaire[2] l'orateur qui présidait, le Prince Konoye, recommander à la jeune noblesse japonaise de s'appliquer aussi à relever et à entretenir les sentiments d'honneur et de dignité des antiques « *Samurai* », « the *Samurai spirit* » dit le compte-rendu anglais du « *Japan Times* ». Espérons pour l'humanité qu'on n'y comprendra plus le « *harakiri* ».

Retour par le quartier d'Akasaka où nous avons grimpé encore 170 marches, dont la moitié en pierres énormes, pour arriver au sommet de la tour d'*Atago-yama*. Ce monument étant situé sur une belle colline, offre une vue plus intéressante que celle d'Asakusa. La beauté du ciel y aidait aussi, ciel absolument sans nuages, s'étendant de la mer à la ligne des montagnes, au-dessus desquelles se détache le fameux tronc de cône neigeux du Fugi (à 3.700 mètres d'altitude).

A 1 heure, M. Matsui était de nouveau à nos ordres et nous a conduits d'abord fort loin, non au Jardin Botanique où nous pensions aller, mais à un autre jardin d'essai d'horticulture où, vu la saison avancée, nous n'avons pu voir de curieux qu'un énorme pied de chrysanthème portant 800 fleurs à la fois. Le directeur de l'établissement qui est très fier de ce produit et fort aimable, nous en offre des photographies, et nous promet aussi une collection d'oi-

[1] On se tuait pour n'avoir pas été salué par un collègue dans un escalier! Un ami alors vous rendait le service de vous trancher la tête d'un coup quand vos entrailles commençaient à s'échapper. Des enfants de 14 ans eux-mêmes pour le moindre méfait faisaient vaillamment « *harakiri* » sur l'ordre de leur père !

[2] A l'École des fils de Pairs (Peers' Boys Scool).

37. — Le « Dai-Butsu » de Kamakur.

38. — Château de Nagoya

39 — Canal à Nagoya.

40. — Devant la gare de Kioto.

gnons de lys du Japon (1) : il se nomme M. Fukuba, et a étudié l'horticulture à Versailles.

La saison des chrysanthèmes est malheureusement passée, et il ne nous est pas donné d'apprécier au Japon dans toute sa splendeur ce produit dont notre floriculture s'est emparée avec tant de succès et dont la floraison, au mois de novembre, est à Tokio l'occasion d'une fête officielle. Les plates-bandes voisines du musée d'Ueno ne montraient plus que quelques-unes de ces belles fleurs pendant tristement sur leurs tiges, à moitié fanées déjà par les premiers froids.

A l'autre extrémité de la ville, sur la colline de « Kudan », on nous fait visiter un fort beau musée d'armes anciennes, où se trouvent également les canons et les trophées d'armes conquis sur les chinois dans la guerre de ces dernières années.

Non loin de là s'élève l'imposante statue en costume japonais d'un des hommes d'Etat qui ont le plus contribué au succès de la Restauration impériale, M. Okubo, assassiné en 1878, à la suite de la répression de la révolte féodale de l'île de Kiushiu ; puis, au fond d'une belle avenue de Torii et de lanternes, le temple « Shôkonsha », érigé spécialement pour remettre en pratique le culte Shinto dans toute sa pureté.

Nous revenons le long des larges fossés dominés par les murailles cyclopéennes que couronnent aux angles de jolis petits châteaux, dans l'ancien style japonais de forme pyramidale : ces fossés qui complètent l'enceinte de la résidence impériale sont peuplés d'innombrables canards à peu près sauvages. Les pentes gazonnées qui descendent vers l'eau, en partie ombragées de beaux arbres, présentent des points de vue gracieux et pleins d'originalité.

Visites hâtives à Mme de Pourtalès et à Mme de Pimodan : celle-ci avait aimablement fait venir un prestidigitateur

(1) Ces lys ont donné à Boulogne-sur-Seine, en 1898, de fort belles fleurs mouchetées de différentes nuances, mais n'ont hélas ! plus fleuri les années suivantes.

japonais fort adroit, dont les tours, accompagnés de musique, nous ont beaucoup amusés. Mais le temps pressait, a fallu à 5 heures et demie abréger cette séance attrayante pour répondre à l'invitation que nous avait adressée le « Tokio-Club ».

M. de Cárcer, qui est un des directeurs, nous attendait à l'hôtel pour nous y conduire. C'est un établissement très bien monté dans le genre des clubs européens, contenant à l'étage supérieur un salle de restaurant pour les membres. Nous n'avons pu, malheureusement, qu'y vider une coupe de champagne et remercier de leur amabilité l'Honorable Lowther, président du Club, chargé d'affaires d'Angleterre et les autres membres présents.

Rentrés chez nous, nous eûmes tout juste le temps de nous mettre en grande tenue pour le dîner diplomatique qu'avait tenu à nous offrir l'aimable chargé d'affaires d'Autriche, et qui eut lieu dans un des grands salons du rez-de-chaussée de l'hôtel, avec tout le luxe qu'on aurait pu rencontrer dans une capitale européenne. L'excellent menu à la française ne rappelait le Japon que par la « glace au thé à la Fujiyama », entremêts d'un goût exquis, digne d'être introduit dans le programme de nos dîners européens. Les quarante convives, dont onze dames en grande toilette décolletée, comprenaient les membres principaux des différentes légations et quelques personnages de la cour du Japon. Il m'échut de conduire à table et d'avoir pour voisine la comtesse Hijikata, femme du ministre de la Maison Impériale et dame d'un certain âge. Correctement habillée de noir, à cause du deuil de cour porté depuis le décès de la mère de l'Empereur, avec un simple fil de perles au cou, mais les dents noircies comme toute japonaise mariée qui se respecte, elle a le malheur de ne comprendre aucune langue étrangère, ce qui rendit la conversation plutôt difficile. Les dames placées en face de nous, ainsi que le baron Sannomiya, s'efforcèrent sans grand succès de servir de truchement. A côté de moi, mon fils était mieux partagé, ayant pour voisine la baronne Sannomiya, femme du grand maître des cérémonies, anglaise de naissance et fort aimable. En face de nous, l'archevêque de Tokio jouissait de la conversation de la baronne Rosen et de Mme de Treutler, femmes du ministre de Russie et du chargé d'affaires d'Allemagne, l'amphytrion s'étant placé modestement à l'un des bouts de la table.

Dans la soirée, la société fut complétée par ceux des membres du corps diplomatique qui n'avaient pu prendre part au dîner, tels que quelques secrétaires et attachés, parmi lesquels les attachés militaires de la légation espagnole en grande tenue, puis la légation de Chine au grand complet, superbe dans ses robes de brocard cramoisi. Le vieux ministre à lunettes, qui a nom Yu-Keng et est vulgairement appelé Lord You, ne parle que le Chinois, mais il a un interprète presque aussi imposant que lui, et ses fils sont des jeunes gens rompus à tous les usages de la société européenne, en dépit de leur costume chinois, et parlant l'anglais..., quoique un peu à leur manière : leur mère, Lady You, qui n'a pu paraître, craignant le froid, est paraît-il, d'une famille croisée d'Américains et de Portugais de Macao.

De toute la diplomatie présente à Tokio, il ne manquait à cette brillante réunion que la légation du pays où j'ai le plus vécu et dont le représentant, bien que je l'aie beaucoup vu il y a quelque quinze ans et que sa famille soit liée avec la mienne depuis plus de cinquante ans, a jugé, aussi bien que ses secrétaires, préférable de ne pas nous reconnaître quand nous nous croisons en voiture dans les rues de Tokio ou bien, par un hasard assez singulier, dans le jardin des « 47 *ronins* », ou la salle à manger de l'hôtel.

CHAPITRE VII

Excursion à Kamakura. — La Cour Impériale. — Départ pour l'Ouest du Japon. — Nagoya. — Kioto.

6 Décembre. — Nous n'avons plus qu'un jour à notre disposition avant de partir pour l'Ouest du Japon, et il nous faut aller à Kamakura contempler le *Daï-Butsu :* le Bouddhah colossal.

A 8 heures, nous reprenons à la gare de Shimbashi par laquelle nous étions arrivés huit jours auparavant, jours trop rapidement passés, le train pour Yokohama, où M. Conil, le très obligeant agent des Messageries Maritimes nous avait conviés ainsi que MM. de Pourtalès et de Pimodan à déjeuner dans sa belle résidence située sur le « Bund », dominant la baie.

Nous avions aussi à repasser au « *Chartered Bank* » dans l'espoir toujours déçu d'y trouver des lettres de chez nous, puis à reprendre les quelques objets, laissés au Grand-Hôtel lors de notre débarquement, pour les faire conduire à bord du paquebot le « *Salazie* » sur lequel nous devons nous embarquer à Kobé le 14. Pendant que la jeunesse s'occupe de ces soins, je fais à mon tour un peu de « *shopping* » dans les belles rues du quartier européen d'Yokohama : les magasins sont installés dans le goût d'Europe et contiennent de fort beaux spécimens de l'art japonais, mais de prix généralement inabordables.

Le quartier japonais situé du côté de la gare, occupé par d'innombrables boutiques en pleine activité, est très commerçant ; mais ses principales rues, parallèles les unes aux autres et désignées par les noms de « *Cho* » et de « *Dori* » : *Honcho-Dori, Benten-Dori, Tokiva-Cho,* et autres, qui font suite au « *Main-Street* » et au « *Water-Street* » du quartier européen, n'offrent rien de remarquable que nous n'ayons vu à Tokio. Entre les deux quartiers, s'élèvent la Douane et le « *Kencho* » ou Préfecture, important édifice de construction moderne auxquels sont annexés les bureaux de la poste et de la police. En face, au bout de la large rue Nippon-Dori, se trouve le jardin public décoré du nom de « *Cricket-Ground* » assez tristement planté de quelques arbres auxquels, sans doute, le terrain sablonneux rapporté, et le voisinage de la mer, n'offrent pas des conditions de développement favorables.

Nous nous arrachons avec regret à la cordiale hospitalité de M. Conil et les *jinrikshahs* nous transportent rapidement à la gare où nous prenons le train pour Kamakura A Ofuma, changement de wagon : on quitte la ligne principale de Tokio à Kioto, pour prendre un petit embranchement qui s'avance dans la péninsule fermant à l'Ouest la baie de Yokohama. C'est là que se trouve le grand arsenal maritime de Yokosuka établi par les soins d'ingénieurs de marine français, dont le gouvernement du Shogun avait obtenu les services dès 1865 et où les Japonais construisent aujourd'hui la plus grande partie des navires de leur flotte. Cependant, ils ont encore recours aux chantiers de France, d'Allemagne et d'Angleterre pour la construction de leurs principaux cuirassés, et c'est de ce dernier pays qu'est arrivé, il y a quelques mois le *Fugi*, fort de 12.649 tonneaux et de 13.687 chevaux-vapeur, donnant une vitesse de 18 nœuds et demi, qui est, paraît-il, l'un des plus redoutables navires des marines de guerre du monde entier. A côté de lui vient de prendre place ces jours-ci le *Yashima*, non moins puissant, dit-on, et venu aussi d'Angleterre. Il nous faut malheureusement renoncer à visiter cet important élément de puissance militaire que le Japon doit à la capacité de nos compatriotes, car nous tenons à aller à Kamakura pour y voir le Bouddhah colossal, haut de 14 mètres et demi.

Ce monument, tout en bronze, qui fut terminé, dit-on

l'an 1252, est, en effet, un des plus remarquables ouvrages de l'art japonais : la colossale figure, quoique déparée par le bouton symbolique, qui se trouve au milieu du front, a une expression frappante de douceur et de majesté qui contraste avec l'insignifiance et la laideur habituelles aux idoles bouddhiques.

On y arrive à travers une campagne embroussaillée, par des chemins sablonneux et des ponts défoncés où nos *curumas* ne passent pas sans d'inquiétantes oscillations. Après la visite au Bouddhah (appelé en japonais *Daibutsu*, le mot *dai* signifiant grand) ils nous déposent non loin de là, au bas des escaliers vermoulus qui conduisent au temple de Kwannon, la déesse, paraît-il, de la miséricorde. On y voit, dans une baraque tellement obscure qu'il faut s'y servir de bougies, une hideuse image de cette divinité, en bois doré et haute de 9 mètres. Mais on s'arrête volontiers sur cette hauteur pour jouir de la vue de la mer baignant une plage de sable entre les collines verdoyantes qui entourent l'ancien emplacement de Kamakura.

Cette localité fut, en effet, jadis une ville importante et luxueuse, résidence des premiers Shoguns de la race des Minamoto, de la fin du xiie siècle jusqu'au milieu du xve. Endommagée par les luttes civiles qui marquèrent l'usurpation de la famille Hojo, puis abandonnée par les Shoguns Ashikaga qui se fixèrent à Kioto, elle fut finalement détruite en 1595, par l'invasion d'une vague colossale, effet probablement d'un tremblement de terre sous-marin, dont les ondes s'étendant jusqu'aux flancs des coteaux, emportèrent le même temple qui abritait le *Dai-butsu*. La ruine et l'abandon de Kamakura inspirent encore aujourd'hui la poésie japonaise.

A l'autre extrémité de la vallée, du côté de la gare et au bout d'une avenue d'antiques *Cryptomerias*, on nous fait visiter rapidement le temple d'Hachiman, dieu de la guerre, construction pittoresque peinte en rouge, où sont conservées dans une galerie nombre de vieilles armes et d'autres souvenirs remontant au premier des Shoguns, le grand

Yoritomo, de la race des Minamoto et à ses successeurs.

C'est là que Pierre Loti, disposant de plus de temps que ne nous en laissait notre course hâtive, put contempler la « toilette d'impératrice » conservée prétend-on, depuis plus de mille ans et décrite avec tant de charme poétique dans les « Japoneries d'Automne. »

Nous regagnons la petite gare tout juste à temps pour le train de 3 heures qui, s'arrêtant comme d'usage, à toutes les stations, nous dépose à 5 heures et demie au terminus de Shimbashi.

7 Décembre. — Cette journée, la dernière de notre séjour dans la capitale du Japon, a été consacrée à la Cour Impériale.

En effet, après avoir fait demander à notre arrivée à Tokio, les passeports nécessaires pour circuler dans l'intérieur, passeports immédiatement expédiés avec caractère diplomatique, j'avais demandé aussi à être reçu par l'Empereur pour le remercier. Ayant su qu'il était indisposé, nous étions partis pour Nikko, puis, les jours suivants s'étant trouvés pris par d'autres devoirs officiels incombant à Sa Majesté, l'audience avait été fixée à aujourd'hui.

Donc, après nous être fait excuser de n'avoir emporté en voyage ni décorations, ni uniforme, nous nous sommes mis en habits noirs et cravates blanches avec des crêpes au bras que l'étiquette japonaise imposait à cause du deuil de la cour, et à 10 heures du matin, M. Matsui est venu nous chercher avec les landaus de la maison impériale à serviteurs galonnés à l'européenne, en chapeaux haute forme.

Le Palais Impérial qui occupe l'intérieur de l'ancien « *Shiro* » ou forteresse des Shoguns Tokugawa, ne se voit pas de loin, étant protégé par les colossales murailles en pierre et la série de larges fossés dont j'ai déjà fait mention. L'enceinte intérieure est franchie sur un pont en pierre à balustrade de fer, de construction fort simple ; on passe devant un premier corps de garde et on se trouve dans le vaste espace où s'élevaient jadis les résidences des *Daimios* ou princes vassaux gouvernant les différentes provinces, tenus par la politique des Shoguns de venir passer la moitié de l'année à Tokio. Ces constructions appelées « *Yashikis* » ont disparu avec l'organisation féodale abolie après la chute du Shogunat et supprimée définitivement, sans résistance, le 29 août 1871.

Traversant rapidement cette sorte de vaste esplanade correctement sablée, nous recevons les honneurs rendus par les postes militaires de service, en shakos rouges, couleur qui est le distinctif de la division de la Garde, et sommes reçus au bas de l'escalier, puis à l'entrée des somptueux salons, par les nombreux chambellans, dits maîtres des cérémonies, parfaitement courtois, même élégants dans leurs beaux fracs bleu foncé, avec revers en velours. Après quelques instants, on nous introduit dans une salle de moindre dimension, ouverte sur le devant, un peu profonde et éclairée seulement en avant, où l'Empereur entre par le fond en même temps que nous, et nous tend la main gantée de blanc.

L'Empereur Mutsuhito a un type japonais bien prononcé, les lèvres très développées ; il est bel homme, grand, corpulent ; il portait un uniforme qui lui sied très bien, orné de décorations, parmi lesquelles la plaque de la Légion d'honneur, et presque entièrement semblable à celui de nos généraux français en petite tenue. Bien qu'il y eut deux grands fauteuils au milieu du salon, il ne fait pas asseoir. Il n'entend aucune langue étrangère, de sorte qu'un chambellan sert d'interprète. Il a fait quelques questions sur notre voyage et à demandé à mon fils comment il avait trouvé la cavalerie japonaise. Il a paru sensible aux éloges que j'ai faits de ce que nous avons vu de beau et d'intéressant au Japon, a souri plusieurs fois, finissant par dire qu'il regrettait la brièveté de notre séjour et espérait nous revoir au Japon ; et après s'être fait présenter notre compagnon, il nous a congédiés.

L'avènement de l'Empereur Mutsuhito, arrivé au trône

à l'âge de 15 ans, en 1867, par la mort de son père l'Empereur « Komei » fut le signal des réformes qui ont transformé l'organisation politique du Japon, réformes inaugurées principalement sous l'inspiration de deux hommes d'un esprit audacieux et d'une grande énergie, appartenant l'un et l'autre à la classe des « *Kugès* » ou petite noblesse de cour, Iwakura et Sanjo, qui avaient été tous deux exilés temporairement dans leurs provinces, par la politique méfiante des Shoguns.

Dès les premiers jours de 1868, un décret supprima le Shogunat, dont le dernier titulaire, le faible Keiki, avait, du reste, précédemment offert sa démission. Ce fut en vain qu'il tenta de revenir à main armée sur cette décision. Ses troupes furent repoussées le 27 janvier, aux portes de Kioto, et au mois de juillet suivant durent abandonner Tokio, après un combat sur la hauteur d'Ueno où l'un des plus beaux temples du Japon fut, dit-on, réduit en cendres. Quelque temps après, le Mikado transféra sa résidence à Yeddo, jusque-là le siège du pouvoir des Shoguns et qui reçut alors le nom de Tokio, c'est-à-dire capitale de l'Est.

Depuis l'an 800 de notre ère, ses pères, sauf de courtes interruptions amenées principalement par les guerres civiles du XIVe siècle, n'avaient pas quitté l'enceinte du palais de Kioto; et si c'est au règne déjà long de Mutsuhito qu'il faut rapporter tout l'honneur des immenses progrès faits par le Japon dans toutes les branches de la civilisation: s'il a su comprendre qu'à moins de s'assimiler les conquêtes de la civilisation occidentale et surtout les moyens de défense qu'elles fournissent, le Japon était condamné comme l'Inde, l'Annam et peut-être bientôt la Chine à tomber sous le joug d'une des grandes puissances d'outre-mer; s'il a su, sous cette inspiration, faire violence aux traditions séculaires de sa race pour se laisser aborder plus facilement et se montrer à ses peuples dans des revues militaires ou dans des visites à divers établissements publics, il n'y a pas lieu toutefois de s'étonner qu'il lui soit resté de son atavisme et de sa jeunesse isolée quelque difficulté à entrer en contact avec les étrangers. Ne connaissant pas leurs langues, il est forcément gêné dans ses rapports avec eux. Pour ceux-ci, les audiences impériales sont donc limitées à ce qu'imposent les convenances internationales, et les colloques auxquels elles donnent lieu forcément de courte durée.

Nous ne vîmes point l'Impératrice Haruko. Son nom veut dire *Printemps*, et elle est issue de la maison Ichizo, l'une des cinq familles princières de la noblesse japonaise parmi lesquelles la tradition voulait que fût choisie l'épouse du souverain, privilège étendu par un décret de ces derniers temps à cinq autres maisons parmi lesquelles la race Shogunale des Tokugawa. Sa Majesté avait souffert récemment de l'influenza, et obligée de se ménager encore, elle ne pouvait recevoir. On la dit bienfaisante pour son peuple et gracieuse envers les étrangers : elle aurait, dit-on, aimé à apprendre quelque langue qui lui permît de communiquer plus facilement avec eux, lorsqu'elle parcourt les rangs des invités, à la fête des Chrysanthèmes ou à celle des Cerisiers; mais l'Empereur ne l'a point souhaité. Elle se montre de temps à autre dans les hôpitaux.

Pour paraître en public, l'Impératrice ainsi que toutes les dames de la Cour portent aujourd'hui la toilette européenne : une circulaire de Cour l'a ordonné ainsi en 1886.

On a le droit de le regretter au point de vue du pittoresque, cette mesure ayant privé les réceptions données pour la floraison des chrysanthèmes et des cerisiers, de la splendeur orientale qu'elles présentaient quand l'Impératrice traversait les jardins impériaux vêtue, ainsi que toutes ses dames, de longs « *kimonos* » traînants, en soie brochée d'or et de broderies merveilleuses représentant les plus brillantes fleurs du Japon, et la tête ornée d'un phénix en or qui fixait ses cheveux ramenés en arrière et descendant jusqu'à la taille. Hélas, il y a douze ans que tout cet éclat, si plein, au dire des voyageurs de cette époque, de majesté et de grâce souveraine a disparu pour faire place à la banalité de nos pays!

L'Impératrice n'a point donné d'enfants à l'Empereur ; mais elle traite comme siens ceux d'une des dames de la cour appelée Mme Sonno dont le portrait, complétant ainsi celui des membres de la Famille Impériale, figure souvent dans les images populaires à côté de ceux de ses enfants assis sur les genoux de l'Impératrice.

L'héritier du trône est donc le jeune fils de l'Empereur et de Mme Sonno aujourd'hui âgé de dix-neuf ans: n'ayant pas atteint ses vingt-un ans, il ne reçoit pas encore les étrangers. Comme il n'a que des sœurs, le droit à la souveraineté du Japon serait, à son défaut, reporté sur le prince Arisugawa, premier prince du sang de la maison impériale. Ce prince, âgé aujourd'hui de trente-cinq ans, a voyagé en Europe, ayant notamment représenté le Japon au jubilé de la reine Victoria ; et il paraît qu'assisté de la princesse son épouse, il reçoit volontiers les étrangers dans sa résidence de Tokio ; il est en ce moment absent, en tournée dans les provinces.

Sur les conseils du bon Pimodan, nous fîmes porter nos cartes chez les autres princes japonais présents à Tokio ; et ils nous les rendirent, correctement imprimées en caractères européens ; ce sont : le prince Sadanaru, le prince Kotohito Kan-In et le prince Yorihito Komatsu. Ces deux derniers, encore jeunes, sont frères, mais ils ont été adoptés dans des branches différentes de la dynastie impériale qui, menacées de s'éteindre, vont être ainsi perpétuées par l'adoption, et c'est pourquoi l'un a pris le nom de Kan-In et l'autre celui de Komatsu.

A la sortie de l'audience impériale, les chambellans, toujours aimables, nous ont fait parcourir toutes les salles du palais, où il y a des merveilles de meubles en laque, d'objets d'art en bronze et en cloisonné, de tentures et de plafonds brodés, notamment le plafond d'un des grands salons dont les compartiments reproduisent une admirable variété de fleurs de toutes sortes. Heureusement, à l'exception de certains meubles que ne comportaient pas les mœurs japonaises, tels que tables, chaises, sophas, patis, tout le reste de l'ornementation, parois, tentures, plafonds, armoiries, tout est exclusivement japonais : il n'y a pas un seul objet d'art européen. Cet exclusivisme m'a paru de fort bon goût et tout-à-fait à sa place, dans un pays qui a un art à lui, exquis, original et merveilleusement varié. La construction, quoique grandiose et élégante, est toute en bois et en rez-de-chaussée par crainte des tremblements de terre : elle fut achevée en 1888, sur l'emplacement de l'ancien château des Shoguns, détruit par un incendie en 1873. Dans l'intervalle, la cour impériale séjourna dans l'ancien *yaskiki* d'un Daimio situé sur la hauteur d'Akasaka.

La tournée finie, on nous a offert, dans une annexe, une très intéressante séance d'escrime à la japonaise, présidée par le préfet de police, avec armes de toutes sortes, sabres, lances, fourches, boules s'enroulant au moyen de cordes au cou de l'adversaire. De curieux masques en bois protégeaient les lutteurs, dont l'agilité et la hardiesse nous montrèrent, une fois de plus, ce qu'il y a de courage et d'esprit militaire dans ce peuple que quelques-uns ont taxé de mièvre, à cause de la délicatesse de son industrie et de son art, et de la grâce parfois un peu excessive mais toujours charmante de ses manières.

Après avoir touché à l'hôtel pour nous remettre en tenue de ville, on nous a conduits au palais appelé Shiba-Rikiu, situé dans un ravissant jardin à la japonaise, donnant sur la baie où on voit passer les jonques manœuvrant lentement avec leurs belles voiles de couleur dorée. Dans cette délicieuse résidence toute en bois élégamment travaillé, où même les chaises brodées sont, nous dit-on, de fabrication locale, on nous a conviés à un excellent lunch ou plutôt déjeuner dinatoire complet, d'une vingtaine de couverts, parfaitement servi à l'européenne et présidé par le Comte Hijikata, ministre de la maison impériale et la Comtesse, sa femme, de sorte que j'ai eu de nouveau pour voisine cette respectable et silencieuse dame. De mon autre côté, heureusement, j'avais le bon baron Sannomiya, fort élégant dans son uniforme de grand chambellan paré d'un grand cordon et dont l'excellent anglais a fourni abondamment à la conversation : il a bien voulu me dire que c'est le deuil profond de l'Empereur qui l'a empêché de nous donner lui-même à dîner, et déploré que son souverain ne possédât aucune langue étrangère.

A la suite du repas, on est descendu au jardin, et un photographe a soumis à son objectif tous les convives parmi lesquels nous avions retrouvé nos amis des légations de France et d'Autriche avec plusieurs fonctionnaires japonais. Puis, on a traversé le jardin pour aller à la tribune d'une sorte de petit manège découvert où on nous a donné le charmant spectacle d'une partie de polo à la japonaise : les costumes des cavaliers étaient ravissants, en soie brochée d'or et de couleur blanche pour une des parties, rouge pour l'autre, complétés par des chapeaux en paille dorée et des bottes en soie de forme fantastique. Les luttes, pleines d'entrain, consistent à jeter les boules dans des entonnoirs en paille placés en avant du mur qui clôture le manège et nous ont fort intéressés. Le jeune M. Ito, l'un des maîtres des cérémonies de la cour, dont le père, le marquis Ito, est un des plus illustres hommes d'Etat du Japon et qui, ayant été élevé à Berlin, parle parfaitement l'allemand, s'est amusé à revêtir le costume des joueurs professionnels pour se faire valoir dans cet exercice, et même notre ami, le chargé d'affaires d'Autriche, a suivi un moment son exemple au grand amusement de la société.

Pour comble d'amabilité, on nous a fait assister, dans une des pièces de ce palais, au travail merveilleusement léger d'artistes japonaises qui, accroupies sur le plancher, de quelques coups de leurs larges pinceaux, décorent un éventail ou une petite toile, et on nous a priés d'emporter comme souvenir une vue du « Fuji » et l'aquarelle d'une branche de cerisier que nous avions eu le plaisir de voir ainsi exécutées sous nos yeux.

A peine étions-nous rentrés à l'hôtel, qu'on nous a annoncé le baron Sannomiya, venu pour nous apporter, de la part de l'Empereur, en de très jolies boîtes en laque, le grand cordon et les insignes de l'ordre du Soleil-Levant.

Puis, nous sommes allés, dans l'obscurité habituelle de Tokio, rendre sa visite au ministre d'Angleterre, Sir Ernest Satow, l'un des Européens les plus versés dans la littérature et les mœurs japonaises et qui, rentré ces jours-ci seulement à son poste, avait bien voulu se charger d'annoncer au gouverneur de Ceylan notre prochaine arrivée et de lui envoyer d'avance la lettre de recommandation dont nous nous étions munis en vue de pouvoir chasser dans cette île.

Nous avons eu à dîner le comte de Pourtalès et ensuite fait nos adieux à Mmes de Pimodan, de Cárcer et de Batalha-Freitas, qui avaient eu l'extrême amabilité de venir nous saluer à l'hôtel ainsi que quelques autres membres du corps diplomatique.

Il faut enfin terminer nos paquets et prendre quelque repos, non sans trouver trop courts les huit jours passés à Tokio, et regretter de n'avoir pu qu'en effleurer les curiosités ainsi que les détails de la vie japonaise si pleine d'originalité et d'un accueil si gracieux pour les étrangers... munis d'un interprète.

8 Décembre. — Six heures du matin, nuit noire. L'excellent Pimodan et le si aimable chargé d'affaires d'Autriche tiennent cependant à se trouver à la gare de Shimbashi et à nous conduire au wagon ; et bientôt nous voici en route, livrés à nos propres ressources. Mais Pimodan nous a confiés à M. Tavada. Nous sommes dans le wagon japonais usuel avec les banquettes en longueur comme celles d'un omnibus, du reste assez large et confortable. On pourrait même, à la rigueur, s'étendre sur les coussins en cuir pour y sommeiller.

Dans le même compartiment s'installent trois messieurs japonais vêtus à l'européenne, mais qui durant le trajet se sont alimentés à la japonaise, dévorant à l'aide de leurs petits bâtons la masse coagulée de riz blanc, puis les pâtes de poisson et autres ingrédients de la cuisine locale contenus dans les fameuses petites boîtes en bois blanc, et buvant à petites gorgées le *saké* dans leurs petites tasses. Quant à nous, nous nous étions fait approvisionner par l'hôtel de viandes froides, œufs durs et fruits, car les chemins de fer japonais et leurs stations ne comportent, outre les aliments à la japonaise, que le thé fourni dans dans les petites théières avec les petites tasses, et des oranges médiocres.

Sauf un grain de pluie momentané, le temps a été, en général, fort beau. Cependant la masse neigeuse du Fugi, dont le chemin de fer contourne la base, ne s'est montrée que par moments, au-dessus des nuages, et c'est en vain que mes jeunes gens ont tâché de la fixer dans leurs appareils à instantanés. Du reste, ils avaient à compenser un arriéré de sommeil qui les a rendus tant soit peu insensibles aux charmes du paysage, pourtant fort joli, quoique un peu dénudé en cette saison. On traverse tantôt de gracieuses forêts de pins, d'un vert tendre ; puis des rizières toujours bien cultivées, parfois aussi des plantations de thé, de mûriers à branches flexibles, voire même de chétives cannes à sucre, ou quelques plants d'orangers, assez chétifs aussi. On circule lentement entre les montagnes qu'on laisse à droite et la mer qu'on aperçoit souvent à gauche, calme entre des plages de sable et des promontoires à profils variés.

Vers le soir, à l'approche du coucher du soleil qui a été superbe, le ciel, la mer et la vaste lagune d'Hamazako ont pris des teintes d'un bleu pâle féerique se mariant admirablement au rose des mamelons sablonneux et des broussailles roussies par l'automne. On comprend bien que ces paysages au coloris si harmonieux aient inspiré les nuances douces particulières à la peinture japonaise.

A 5 heures, à la nuit tombante, nous arrivons à la gare de Nagoya, d'où les *curumayas*, toujours empressés et rapides, nous transportent dans un petit quart d'heure au Shinachu-Hôtel. Cet établissement, médiocre d'apparence et qui porte aussi le titre d'Hôtel du Progrès, en français (par une exception à l'usage de la langue anglaise, devenue malheureusement en quelque sorte la langue franque de cet Extrême-Orient), est situé au centre de la ville. Nous voici loin, du reste, des splendeurs de l'Hôtel Impérial de Tokio. Autant que l'obscurité nous permet d'en juger, nous sommes dans une ruelle étroite. Un escalier, rude à gravir, nous conduit à quatre petites chambres basses et garnies de poêles fumants qui, dans cet étroit espace, me portent à ouvrir une fenêtre par crainte d'asphyxie. Mais on y a de bons et larges lits à l'européenne.

Comme on avait bien voulu prévenir de notre voyage les autorités locales, nous eûmes bientôt la visite des agents de police, dont les traits japonais font un singulier effet dans l'accoutrement européen du type le plus vulgaire : chapeau melon et petit paletot mastic défraîchi. Fort discrets, du reste, ils se bornèrent à présenter leurs cartes qui, étant en caractères japonais, nous furent interprétées par Tavada; et comme il restait du temps avant l'heure du dîner, je le mis à profit pour entreprendre une exploration en ville avec notre fidèle interprète et l'un des policiers muni de la lanterne indispensable. Rien de bien intéressant, du reste, dans ces rues non éclairées, non pavées et leurs innombrables bazars au petit pied, garnis de toute la pacotille imaginable japonaise et européenne : on peut s'y fournir aussi bien que chez nous de tous les ustensiles possibles, nécessaires à la vie humaine.

De retour à l'hôtel, il faut songer à dîner. La salle à manger est située en haut d'un autre escalier, dans un corps de logis séparé, et le dîner ne payait pas de mine ; mais sauf le beurre qui infectait (le Japon étant obligé, comme nombre de pays d'outre-mer, d'importer ce produit,) ce repas fut bon et servi à l'européenne. Pendant ce temps, Latapie dînait à côté en compagnie de M. Tavada avec qui il fait très bon ménage.

Le dîner touchait à sa fin, quand nous fûmes envahis, comme à Nikko, par les nombreux marchands de bibelots avec toutes leurs collections de bric-à-brac à vendre : leurs sabres énormes, leurs coutelas, leurs potiches en cloisonné, leurs boîtes, leurs figurines de tout genre, en bronze, en ivoire. Bientôt la table est couverte de tout cet échafaudage, accumulé de telle façon qu'on n'ose pas y toucher : on est hébété par cette variété de produits dissemblables et pourtant tous intéressants et artistiques, chacun dans son genre. Aussi, au bout d'une demi-heure, me suis-je réfugié dans ma chambre, où je me suis décidé à fermer la fenêtre, la température ayant beaucoup fraîchi, et en dépit du poêle, ai pu écrire en paix ces impressions sans éprouver d'asphyxie.

9 Décembre. — Les constructions japonaises sont mal protégées contre le froid, les fenêtres étant remplacées par d'énormes châssis à carreaux en papier, de sorte qu'à mon réveil, il n'y avait dans la chambre que 8 degrés, bientôt élevés à 15, quand la petite bonne japonaise eut fait flamber le bois dans le poêle.

A 7 heures 35, nous voici en route. Il fait très froid en *curuma :* il a gelé, et le thermomètre, pour le moment ne s'élève pas à 1 degré au-dessus de zéro.

On nous conduit hors de la ville au château qui est al principale curiosité de Nagoya, imposante et pittoresque construction pyramidale en pierre, dans le vieux style japonais avec une série de toits recourbés qui vont se rétrécissant jusqu'au sommet. C'était autrefois une redoutable forteresse, qui est encore protégée par une enceinte de murailles extérieures avec fossés. Elle date d'Ota Nobunaga, le féroce dictateur, et protecteur cependant du christianisme, qui, d'abord *Daimio* de la province d'Ovari, réussit, par son talent militaire, à imposer sa domination au Japon, supprima en 1573 le Shogunat des Ashikaga, mais périt en 1582 dans Kioto, victime du soulèvement d'Akechi, l'un de ses favoris qu'il avait frappé au front, de son éventail.

A l'entrée, les agents de police qu'on a très aimablement mis à notre disposition, parlementent pour la visite de l'édifice. Une affiche, en anglais, spécifie les formalités à remplir, notamment le dépouillement des chaussures, dont on nous dispense, et la toilette exigée des Japonais, c'est-à-dire l'usage du *hakama*, sorte de large pantalon ou jupe dédoublée qui, pour les deux sexes recouvre les jambes pour le cas où le *kimono*, dont la forme est analogue à une robe de chambre, viendrait à s'ouvrir.

Enfin, on peut pénétrer, et nous nous hâtons d'escalader les 145 marches (et les marches japonaises peuvent compter pour doubles) pour jouir de la vue du balcon supérieur, admirable, bien qu'un peu embrumée du côté du soleil levant, embrassant la vaste plaine bornée par des chaînes de montagnes dont les sommets étincelaient sous la neige, tandis qu'à nos pieds s'étendait la ville toute en constructions de bois à la japonaise, au-dessus desquelles s'élevaient de légers flocons de brume.

A l'intérieur, les différents étages de ce château monumental sont en bois et sans ornementation : on ne laisse pas voir les anciens appartements des Shoguns, délabrés aujourd'hui, dit-on.

Du château, nos *curumas* nous ramènent en ville pour l'inévitable *shopping* : séances dans diverses boutiques où après quelques acquisitions de vases en cloisonné et de manches à ombrelles en laque, nous avons vu les doigts agiles et soigneux des artisans décorer la porcelaine avec leurs petits pinceaux et saisi dans tous leurs mystères les divers degrés de la fabrication du cloisonné ou « *Shippo-Yaki* », inventée, paraît-il, dans cette ville en 1850 par le fameux artiste Tsunikechi, mort en 1883.

Nagoya est un grand centre industriel. On voit, dans les alentours fumer les usines où se tissent la soie et le coton. Mais, à notre grand regret, ces établissements étaient trop éloignés pour que notre programme, toujours hâtif, nous permît de les visiter, de sorte que nous nous sommes rabattus sur un grand temple dit « *Hiwashi Hongwanshi* ». Son enceinte spacieuse comprend aussi une série d'appartements gracieusement décorés où le Mikado vient parfois séjourner à l'occasion des manœuvres militaires. Dans la cour se trouve une des fameuses bibliothèques tournantes : le mouvement qu'on leur imprime est censé remplacer la lecture des nombreux volumes qui y sont rangés et renferment les textes sacrés de la religion bouddhique. De cette façon, le fidèle même illettré s'élève facilement à un plus haut degré de sainteté. Telle est, du moins, assure le *guide book*, la doctrine courante.

Nous ne faisons plus que toucher barre à notre hôtel, puis nous allons gagner la gare à pied, en suivant la grande rue, où se rencontrent de fort beaux magasins.

La ville, en elle-même, n'a pas d'édifices de construction importante, et cependant le trafic y est considérable : sur la place, devant la gare, je comptai jusqu'à 200 curumas alignés à attendre les clients ; et des embarcations innombrables stationnent dans le canal qui traverse la ville et la relie au golfe voisin.

Le train part à 11 heures 9, et dans notre compartiment, réservé par les soins de la police, nous déjeunons des provisions commandées à l'hôtel.

Comme dans tous les chemins de fer japonais, le mouvement des passagers des classes inférieures est extraordinaire et les wagons de 2ᵉ et 3ᵉ classe toujours encombrés.

Trajet intéressant. La plaine encadrée par les montagnes aux sommets neigeux, est coupée par un admirable système de canaux, en partie navigables pour les jonques, en partie destinés à l'irrigation, et qui, absorbant l'élément liquide, laissent à sec les lits pierreux des rivières. Une partie de ce terrain a été bouleversé par le grand tremblement de terre du 18 octobre 1891 qui ensevelit, dit-on, 6.000 habitants sous leurs demeures effondrées, souleva la voie ferrée et interrompit le trafic sur une étendue d'une vingtaine de kilomètres. Aujourd'hui, il ne reste plus de traces de ce désastre.

Plus loin, la ligne s'élève dans de jolis vallons plantés de pins dont la verdure de nuance tendre charme l'œil du voyageur. Les wagons serpentent doucement à travers ces paysages charmants que nous avons tout le loisir d'apprécier : car au Japon, la voie étroite, d'un mètre de largeur ayant été, par un fort judicieux calcul économique, adoptée pour les chemins de fer, les trains les plus rapides ne le sont guère et celui qui nous est échu met 5 heures 25 minutes à franchir les six stations qui séparent Nagoya de Kioto, ou 160 kilomètres environ.

Bientôt se mêlent aux bois de pins de superbes massifs de bambous encadrant de coquets hameaux à toits de chaume ou de bois artistement recourbé, ou bien de petits temples rustiques, situés sur la hauteur au fond d'une avenue de *torii*.

On passe à Seti-Gahara, défilé où la victoire de Yeyasu assura, en l'an 1601, le pouvoir à la race des Tokugawa ; les historiens rapportent que son armée comptait 50.000 hommes, celle de ses adversaires jusqu'à 80.000.

Puis on a des points de vue sur la vaste et claire surface du lac Biwa, navigable pour de petits vapeurs et sur la rive duquel on aperçoit le pittoresque petit château-fort de Hikone dont le dernier *daimio*, Ii-Kammon, signa en 1858 au nom du Shogun Yesada les premiers traités avec les puissances étrangères, et fut assassiné en 1860 à Yeddo, victime de l'indignation populaire qui arma contre lui le bras de dix-huit *Samurai*.

En plaine, en approchant de Kioto, on remarque parfois à côté de quelques-unes de ces chaumières pittoresques qui embellissent le paysage, un coin de champ d'aspect et de couleur bizarres ; il est tout bonnement couvert par une centaine de parapluies rangés là en files régulières à sécher au soleil : ce sont de ces parapluies japonais en papier ciré étendu sur des baleines faites de minces fragments de tiges de bambous, pas trop grands, bons à la fois pour le soleil et pour la pluie, un peu lourds d'aspect, mais amusants par leur forme baroque et leurs couleurs vives.

A 4 heures 35 nous sommes à Kioto, ou *Saikio*, c'est-à-dire capitale de l'Ouest, appellation qui donnée officiellement à l'antique cité impériale des Mikados, en même temps que celle de *Tokio* à la résidence des Shoguns, n'a pas comme celle-ci prévalu dans l'usage courant.

Ici, comme à Nagoya, la gare est en dehors de la ville et les *curumas* mettent un bon quart d'heure à nous conduire au Kyoto-Hôtel, où l'installation est excellente. Les chambres, énormes, ont de grandes cheminées où flambaient de bons feux de charbon ; l'ameublement est complété par d'immenses et merveilleux paravents où l'art japonais se déploie en broderies ou en peintures délicieuses.

A côté de l'hôtel à l'européenne un autre corps de logis renferme une section montée à la japonaise, où les seigneurs du pays trouvent un accueil conforme à leurs habitudes, c'est-à-dire de larges compartiments bien nattés, à cloisons mobiles, et dépourvus de meubles : le voyageur japonais couche sur la natte du plancher et s'assied sur de minces coussins.

Il reste du temps avant dîner ; nous voulons faire connaissance avec la ville et partons à pied avec l'indispensable M. Tavada. Nous parcourons les rues encombrées du public japonais toujours en mouvement, mais assez mal éclairées par les lanternes en papier, dont cependant nous commandons une provision pour rapporter chez nous. Nous arrivons ainsi jusqu'au pont de l'une des deux rivières qui embrassent Kyoto, le Katsuragawa et le Kamagawa. De l'autre côté, c'est l'obscurité complète et nous nous hâtons de rentrer.

Du haut du balcon de l'hôtel, la vue s'étend sur les montagnes et le lit de la rivière, admirablement éclairée par un beau clair de lune. Mais l'humidité du climat se fait tellement sentir qu'après le copieux dîner dont le « *bill of fare* » en anglais recélait une excellente cuisine française, nous n'avons eu aucune envie d'affronter une seconde promenade dans l'obscurité. Tandis que je restais à la salle de lecture pour chercher dans le *Japan Times*, le *Japan Daily Mail* de Yokohama, le *Hiogo News*, et le

Kobé Chronicle, des nouvelles d'Europe et y trouver même celles du Brésil du 14 novembre, les jeunes gens sont remontés dans leurs chambres et tout en fumant, ont reçu l'inévitable visite des marchands de bibelots. La B... s'est donné un charmant modèle de maison japonaise pour pouvoir montrer en Europe, comment vit ce bon peuple dans deux petits étages peu élevés, sans autres meubles que la natte, mais toujours proprement tenus, et dans des chambres séparées ou réunies à volonté par les grands châssis en papier, glissant facilement dans leurs rainures.

10 décembre. — En *curuma*, à 7 heures 40. Il fait froid.

Kioto, qui fut pendant plus de mille ans (800 à 1870) la résidence des Mikados et par conséquent la capitale officielle de l'empire, est, dit-on, la ville aux 5.000 temples. Mais après les splendeurs de Shiba et de Nikko, ces nombreux édifices religieux ne sauraient offrir qu'un intérêt secondaire.

Aussi, consacrons-nous notre première tournée aux deux palais impériaux qui sont un peu en dehors de la ville, isolés et soustraits aux yeux du commun des mortels par les vastes enceintes murées.

Dans le premier, le « *Gosho* », qui est encore parfois habité passagèrement par l'Empereur actuel, ont vécu, renfermés, les Mikados, jusque vers l'an 1870, époque où la résidence impériale a été transférée à Tokio. L'autre palais, dit *Nijo*, était celui des Shoguns, quand ils venaient à Kioto.

L'un et l'autre de ces grands édifices sont fort intéressants : installés à la japonaise, c'est-à-dire sans meubles ni cheminées, formés de pièces en carré long à plafonds bas assez mal éclairés au moyen de larges baies s'ouvrant comme toujours en coulisses, et toutes invariablement garnies des fameuses nattes qui étant rigoureusement de dimensions égales, un mètre de long sur deux de large, constituent une mesure d'usage courant au Japon.

L'un et l'autre sont en rez-de-chaussée exhaussés de quelques marches, isolés de toute vue extérieure, mais complétés par de petits jardins ornementés à la japonaise, avec de minuscules pièces d'eau, de petits ponts, de petites rocailles et des conifères artificiellement réduits à des dimensions d'accord avec cet entourage mesquin.

C'était là tout le divertissement de ces souverains emmurés, varié seulement de loin en loin par quelque maigre représentation théâtrale sur une scène formant le fond d'une des cours du palais : représentations désignées sous le nom mystérieux de « danses de Nô ».

Dans le palais du Mikado, on remarque surtout de vastes salles ornées de peintures murales anciennes, dans le goût chinois. On y voit l'emplacement où le souverain donnait ses audiences dans le costume de soie blanche conservé au musée d'Ueno, et dans un des appartements de moindre dimension, un espace carré d'où la natte est enlevée de façon à laisser à nu la terre ou plutôt le ciment, espace destiné à permettre au souverain de rendre ses hommages à la divinité.

Le palais Nijo, qui était celui du Shogun, se trouve à une certaine distance de l'autre ; les murailles extérieures qui le protègent rappellent beaucoup celles du palais de Tokio, séjour autrefois des Shoguns. Comme celles-ci, elles ont un caractère de fortifications et sont surmontées aux angles par ces charmants petits châteaux japonais de formes pyramidales, diminutifs de celui de Nagoya. L'intérieur de ce palais des Shoguns est malheureusement dans un état déplorable de délabrement: on s'était avisé, en effet, il y a une vingtaine d'années, d'y loger les bureaux de la préfecture. On s'est décidé, heureusement, à les transférer ailleurs et à empêcher ainsi la ruine totale d'admirables spécimens de l'art japonais des siècles passés.

Dans ce palais, la profusion des dorures atteint des proportions incroyables. On voit que les Shoguns ayant réduit le Mikado à la réclusion dans une demeure relativement modeste et disposant en fait, quoique sous son nom, de l'autorité suprême, avaient réservé pour eux-mêmes le plus grand déploiement de luxe et toute la pompe orientale. La salle où ils recevaient les hommages des *Daimios* et autres chefs subordonnés est une merveille de splendeur.

Dans tout le palais les peintures murales sont sur fond doré : quelques-unes représentent des tigres, des oiseaux peints avec une admirable finesse. Les dessus des portes ou des panneaux et notamment celui du portique d'entrée sont formés par des sculptures à jour d'un travail merveilleux où les oiseaux s'entremêlent gracieusement au feuillage et aux fleurs ; le faisan et la pivoine y jouent un rôle principal. Les serrures et autres ornementations en métal délicatement travaillé présentent partout la feuille de trèfle, emblême des Tokugava.

Pour ces visites on devrait strictement se déchausser, et l'obligation en est affichée, à l'entrée en anglais. Mais pour la commodité des visiteurs de distinction, il y a sur les marches extérieures des séries de pantoufles qu'on vous passe par dessus les chaussures. Il en est de même dans la plupart des temples, et il semble que cet usage de se déchausser avait surtout pour but d'éviter de salir les nattes fixes qui couvrent les planchers.

L'examen des palais nous avait pris bien près de deux heures, sans compter les distances pour y arriver, et nous aurions été inclinés à nous reposer. Mais nos zélés *curumayas* ne l'entendaient pas ainsi, et à peine ont-ils repris possession de nos personnes qu'ils nous entraînent, sans nous consulter, à un autre côté de la ville. On court, on court, sans qu'il nous soit possible de mettre le holà, puisque nous n'avons aucun moyen de communiquer avec nos conducteurs, un idiome commun faisant totalement défaut. M. Tavada est en arrière et ne peut nous être d'aucun secours. De plus, il ne connaît pas Kioto plus que nous, et il ne paraît pas avoir poussé bien loin l'étude des

41. — Maison de campagne en face d'Hodzu, sur le Katsuragawa.

42. — Navigation sur les rapides du Katsuragawa.

43. — Bonzes en marche dans la campagne près de Kioto.

44. — Kioto : Une rue en fête.

antiquités de son pays ou des innombrables sanctuaires de sa religion.

On arrive enfin dans le voisinage de « *Kitta-no-tendji* » le grand temple « shintoïste » du bœuf. C'est tout un village d'emblèmes religieux : lanternes colossales en pierre et en bronze, petits temples de toutes les formes ; *torii*, puis statues de bœufs en bronze, en beau marbre noir ou veiné de nuances curieuses, le tout entouré d'arbres verts se balançant gracieusement. Le temps pressant, nous ne demandons pas à mettre pied à terre et passons, sans y entrer, devant le temple principal qui constitue le centre de toute cette sorte de foire religieuse.

On court donc toujours plus loin et on aboutit à « *Kinkakuji* », où de petits temples en bois, peu décorés et formant comme des chalets à plusieurs étages, sont groupés autour d'un charmant petit lac, dominé par la montagne boisée de conifères toujours verdoyants. Les arbres des petits jardins qui relient les temples, sont taillés, tordus à la mode japonaise de façon à leur donner les formes les plus bizarres, telles que celles de bateaux, de cloches.

Là aussi se trouvent, dans un édifice en bois rustique, les appartements minuscules où s'était retiré, pour passer le reste de sa vie dans les pratiques monastiques, le shogun Yeshomitsu, de la dynastie des Ashikaga. On y conserve religieusement les souvenirs de ce potentat dont l'abdication, ainsi qu'il est arrivé souvent pour d'autres personnages de l'histoire japonaise, n'était, suivant la chronique, qu'une feinte : ces puissants seigneurs continuaient, de leurs retraites, à diriger les affaires au nom de leurs successeurs inexpérimentés. Mais, malgré tout, Yeshomitsu et tous les petits autels qu'il avait installés dans ses cellules ne nous intéressaient que médiocrement. On était bien près de midi et les estomacs se faisaient entendre : aussi supplions-nous M. Tavada d'obtenir de nos cornacs qu'ils nous ramènent en ligne droite au Kyoto Hôtel pour y refaire nos forces épuisées.

L'après-midi il a fallu pourtant obéir au *guide book* et

continuer la série des temples. Ce sont d'abord les deux temples de la secte bouddhiste Hongwanshi appelée aussi d'après certains voyageurs Shin ou Monto : le *Nishi* et l'*Higashi*, c'est-à-dire temples de l'Ouest et de l'Est, les plus vastes du Japon, d'autant plus imposants que les préceptes de cette secte qui semble avoir été une réforme du bouddhisme, n'admet qu'une ornementation limitée. Les statues de Bouddha et de ses deux acolytes trônent seules dans des niches faisant face au vaste parvis destiné aux adorations des fidèles et qui forme comme une grande nef peu éclairée, et toute en troncs de bois à peine façonnés. Il est curieux de savoir que la construction du plus grand de ces sanctuaires qui a été fort coûteuse, ne date que de peu d'années et est due uniquement à la générosité des fidèles, dont beaucoup n'ayant d'autre offrande à leur disposition que celle de leurs bras, ont travaillé gratuitement à scier, à apporter, à joindre les planches et les troncs de cette immense construction. Le même sentiment a présidé à la confection de gros câbles qui pendent du plafond : ils sont formés, en effet, par les cheveux de pauvres femmes trop misérables pour pouvoir traduire autrement leur dévotion !

Ces faits fournissent un aperçu inattendu sur la vitalité conservée au Japon par le bouddhisme que l'abandon de la protection officielle et l'état délabré de bon nombre de ses monuments pourrait faire croire destiné à une prompte et irrémédiable décadence. Mais il n'en est pas ainsi, du moins actuellement : tandis que les couches officielles et soi-disant éclairées de la société japonaise sont devenues sceptiques, le peuple est resté attaché à sa religion.

On traverse, sur un pont en bois, le Kamagawa, pour aller sur la colline en face, visiter le temple *San-ju-san-gen-do*, étroite baraque qui abrite, sur une série de gradins, les mille et une statues, en bois doré, de Kwannon, chacune armée d'une centaine de bras, chacune couronnée d'une auréole, toutes semblables par conséquent en apparence, mais toutes différentes dans les détails de la pose et de l'expression, hideuses dans leur ensemble.

Non loin de là, dans une autre baraque plus grande, est un *Dai-Butsu*, colossale et encore plus horrible tête de Bouddha, en bois mi-doré, mi-peint, de dix-sept mètres de haut. Cette tête énorme remplit tout le temple, mal éclairé, et n'a rien de l'expression si profondément artistique et religieuse du colosse de Kamakura. Il faut pourtant que quelque souvenir mystique de grande importance se rattache à cette monstrueuse image, car elle a été refaite quatre fois, après avoir été détruite par deux tremblements de terre et par deux incendies, dont le dernier eut lieu en 1798. L'image primitive, érigée en 1588 par Hideyoshi, le grand génie militaire qui, sans prendre le titre de Shogun, domina le Japon après Nobunaga et dont la mort (1698) laissa la première place à Yeyasu, avait, dit-on, jusqu'à cinquante mètres de haut.

En face de ce temple se trouve, sous un abri qui est un charmant petit monument, l'une des plus grandes cloches du Japon, de quatre mètres de hauteur, accompagnée de la grosse poutre horizontale reposant entre deux supports fixés en terre, qui est destinée à venir frapper l'extérieur du bronze monumental; celui-ci, en effet, comme d'autres belles cloches japonaises, n'a pas de battant à l'intérieur.

Tout à côté de ce monument sonore, on voit un tertre gazonné surmonté d'un petit monument en pierre, imitant la forme des sépultures des grands Shoguns, dans les bois de Nikko : c'est le « mont des oreilles », ou « *Mimozaka*. » C'est là que furent enfouis les oreilles et le nez des ennemis tués en Corée, au nombre, dit-on, de 35,700, dans les expéditions entreprises par l'ordre d'Hideyoshi : ces trophées d'un genre particulier furent rapportés au Japon dans des barriques de sel.

Mais... assez de monuments et d'histoire : il faut bien consacrer quelques heures aux magasins de Kioto, puisque c'est ici, au cœur de l'antique Japon, que l'on doit trouver les produits les plus authentiques et les plus variés des charmantes industries de ce pays.

Les soieries nous appellent d'abord et on nous indique le grand établissement de « S. Iida Takashimaya, D^r, » rue Karasumaru, quartier Takatsiyi. Après avoir parcouru les nombreuses salles où se trouvent classés les différents genres d'étoffes et de travaux en soie, on nous installe fort commodément sur des chaises dans une des pièces du rez-de-chaussée et les employés, toujours empressés, font défiler devant nous une série interminable des plus riches et des plus délicieuses broderies : couvertures de lits, panneaux de paravents et d'écrans. Quelques-unes de ces pièces atteignent les prix de plusieurs centaines de francs, et la moindre est d'une vingtaine de yen, soit de cinquante francs. Séduits, émerveillés, nous restons plus d'une heure à voir se dérouler ce chatoiement de satin des nuances les plus tendres, jaune pâle, lilas, bleu pâle ou rose, où des mains douées des facultés artistiques les plus charmantes, ont tracé la reproduction de branchages et fleurs de toutes sortes et d'oiseaux de toute dimension et de tout plumage.

Encore une visite à un magasin de vases en cloisonné, puis à un autre de menus objets en bronze de prix plus abordables : et entre temps, la nuit noire est arrivée.

A peine rentrés à l'hôtel, on nous annonce la visite du Gouverneur de la Province, *gentleman* correct en redingote à rosette, toujours souriant, comme les Japonais en général, mais ne parlant que sa langue natale. Il a cependant voyagé, il y a vingt-cinq ans, a passé un an à Londres et une semaine à Paris ; il se souvient vaguement de « Kensington Park » et d'avoir été deux fois aux courses de chevaux pendant les huit jours passés à Paris. M. Tavada, comme toujours, servait de truchement pour cette conversation forcément brève.

CHAPITRE VIII

**Les rapides du Katsuragawa. — Nara. — Osaka. — Kobé.
Le paquebot « Salazie ». — Adieux au Japon.**

11 Décembre. — Il était plus de 10 heures du soir, et en voyageurs fatigués, nous reposions déjà quand on m'apporte une lettre. C'est enfin celle de Boulogne-sur-Seine envoyée de Yokohama par la « *Chartered Bank.* » On a collé sur l'enveloppe toute une série de baroques petits papiers de soie portant, pour l'usage de la poste japonaise, la traduction de l'adresse en caractères du pays, tracés comme d'habitude en gros traits de pinceaux, l'écriture japonaise, non plus que la chinoise, ne se prêtant à l'usage de la plume. Peu importe : c'est une grande joie de recevoir enfin des nouvelles de chez nous autrement que par le laconisme du télégraphe, à dix francs ou plus le mot. Mais, hélas ! ces détails ne vont que jusqu'au 25 octobre, deux jours seulement après notre départ de Paris : 46 jours de date, tandis que nous n'en avons mis que 36 pour aller au Japon ! Décidément, nous avons dépassé la poste en vitesse.

Aujourd'hui, la plus grande partie de notre journée a été employée à une excursion aux rapides du Katsuragawa, fort intéressante, mais qui aurait été plus agréable par une température plus clémente. De toute la matinée, le thermomètre n'est pas monté au-dessus de 5 degrés et par un moment, il y a eu quelques flocons de neige. On est gelé, pieds et mains, dans l'immobilité du trajet en ces *curumas* que traînent les deux mêmes hommes, courant, toujours pleins d'entrain, pendant 3 heures 20 minutes, sans autre temps d'arrêt qu'un petit quart d'heure à une « *chayà* «

ou auberge de campagne, où on nous fait absorber autour d'une sorte de *brasero* à l'espagnole, les minuscules tasses de thé et les gâteaux aux haricots. Depuis que nous sommes à Kioto, chaque *curuma* est toujours traîné par deux hommes l'un derrière l'autre.

Une bonne partie de la route, fort bonne route carrossable du reste, étant en montée pour atteindre le col qui nous conduit à la partie supérieure du cours du Katsuragawa, nous avons fait à pied une petite demi-heure ce qui, outre le but personnel et très appréciable de réchauffer un peu nos membres gelés, nous procurait aussi la satisfaction charitable de soulager nos coureurs. Mais ceux-ci ne l'entendaient pas ainsi, et comme choqués dans leur orgueil professionnel par ce que qu'ils pouvaient prendre pour une condescendance de notre part, ils ne cessaient de nous inviter par signes à reprendre nos places dans leurs véhicules!

La route franchit le sommet de la montagne sous un tunnel. Puis on redescend, on traverse le village d'Hodzu, et on atteint, non loin de là, la partie supérieure des rapides.

En face de nous se trouve une charmante maison de campagne de style japonais, adossée à la montagne boisée et dominant la rivière. Mais transpercés de froid et d'humidité, nous ne sommes guère en veine d'admirer le paysage, si pittoresque qu'il soit, et je ne songe qu'à secouer mes pieds congelés en battant la semelle sur les planches à demi sèches d'un dépôt de bois, pendant les vingt-cinq minutes employées à descendre les *curumas* dans le « *sampan* », ou bateau à fond plat qui nous attend.

Enfin, nous voilà tous embarqués. Vers 11 heures un quart, on se met en marche, le bateau guidé seulement par trois rameurs dont deux du même côté, et un troisième, debout comme eux, maniant du côté opposé la perche qui écarte des rochers : trajet charmant, original, entre des collines boisées, escarpées, sinueuses, et sur les eaux, d'un vert transparent, de la rivière toute encombrée de roches saillantes.

On aperçoit, et non sans quelque tristesse, tout le long de la colline les travaux du chemin de fer qui reposent encore sur les échafaudages à pic, mais qui, d'ici à quelques mois, livreront hélas, ce pittoresque vallon à la banalité de la civilisation !

On descend, en glissant, par dessus les rapides qui parfois sont de véritables petites cascades. Mais, quoiqu'on sente le choc du fond du bateau sur les pierres ou qu'on en voie les flancs raser les angles des rochers, l'adresse imperturbable des bateliers à guider notre embarcation à travers tous ces écueils inspire tant de confiance que la sensation n'a rien que d'agréable. Puis c'est la rencontre d'autres bateaux de même genre remontant péniblement, halés par leurs mariniers, qui vont sautant de rocher en rocher ; et ce n'est pas sans difficultés, que notre embarcation réussit à dépasser les longs radeaux serpentants, d'au moins 20 mètres de long. Au bout d'une heure 25 minutes de navigation, on atteint la fin de la gorge et des rapides, où s'élève le petit village pittoresque et propret d'Arishi-yama, ainsi nommé d'après la montagne voisine. Sautant à terre, nous nous hâtons de pénétrer dans une coquette auberge à la japonaise, toute en bois et d'une propreté irréprochable, où une atmosphère plus douce et la chaleur émanant du « *hibashi* », ou *brasero* à la japonaise, réchauffe nos pieds congelés par l'humidité du bateau. C'est de grand appétit que nous faisons honneur aux provisions apportées avec nous de Kioto, auxquelles l'auberge n'a ajouté que les petites tasses de thé habituelles et un plat fumant de riz à la japonaise, c'est-à-dire agglutiné à l'eau, sans assaisonnement, et blanc comme neige.

Puis nos vaillants *curumayas* nous ont emportés vers Kioto, dévorant l'espace de leurs pieds agiles et franchissant rapidement la plaine bien cultivée. Les rayons de soleil se font jour à travers la pluie, par un phénomène qui n'est pas inconnu dans nos contrées, mais qui y est assez rare, tandis qu'au Japon il fait partie du climat local et se prolonge pendant une grande partie de notre trajet, ajoutant une originalité de plus à toutes celles qui distinguent ce délicieux pays.

Nous croisons des bonzes abritant leur tête nue sous un vaste parasol. Dans les rues de Kioto, la ville religieuse par excellence, les rencontres de ce genre ne sont pas rares. On voit ces singuliers individus, parfois deux à deux, vêtus de robes de mousseline jaunâtre et coiffés le plus souvent d'un vaste chapeau-cloche qui protège leur crâne rasé, faire appel à la générosité des fidèles par le tintement de leur clochette.

Dans la campagne, au bord de la route, on aperçoit aussi parfois un campagnard qui inspecte ses champs, protégé contre l'inclémence de la saison par une sorte de cloche, toute en longues pailles qui lui tombent jusqu'aux pieds en guise de manteau. Puis ce sont les simples laboureurs, la tête enveloppée d'un capuchon en étoffe de coton, à peu près comme les vieilles femmes de Tokio, le corps serré dans un vêtement court et les jambes prises jusqu'aux chevilles par un pantalon collant.

Les femmes de la campagne qu'on voit occupées aux cultures avoisinant leurs demeures ou aux soins du ménage, portent souvent un simple bonnet blanc retombant des deux côtés du visage qui ressemble à celui de quelques-unes de nos paysannes et ne rappelle en rien les élégantes coiffures de leurs compatriotes des grandes villes.

Une heure de course nous ramène à l'hôtel. Dans les rues que nous traversons, il y a fête, comme souvent au Japon. Nous passons sous un arc de triomphe en bambous surmonté d'un colossal oiseau en carton dont les énormes ailes oscillent au souffle du vent. Tout autour se balancent les grosses boules blanches ou rouges, les banderoles et les drapeaux blancs de toutes sortes.

Les rues de Kioto sont toujours encombrées, encore plus que celles de Tokio ; car elles sont beaucoup plus étroites, la ville étant enserrée entre les deux cours d'eau parallèles, puis par la montagne qui se trouve à l'Est, sur la rive gauche du Kamagawa. Aussi la course effrénée des *curumas* ne laisse-t-elle pas d'être assez émouvante. Tantôt ils semblent vouloir nous jeter sous les roues du tramway électrique qui nous rase de près ; tantôt ils sont sur le point d'écraser un enfant, ou de caramboler un des innombrables chars du même genre qui viennent en sens opposé ; et tout cela en dépit des cris rauques poussés par les coureurs dès qu'ils aperçoivent risque de choc. La nuit venue, comme il nous est arrivé en rentrant de notre tournée d'hier, le tintamarre augmente proportionnellement aux chances d'abordage ; mais nous passons partout sans accrocs grâce à l'adresse toujours vigilante des braves *curumayas* auxquels notre sort est confié.

Aujourd'hui, la jeunesse a encore à faire dans les boutiques : mon fils voulait un habillement japonais, mais a dû y renoncer pour le moment, n'en trouvant pas à sa mesure, car les Japonais sont en général de petite taille (1).

De mon côté, je repars en touriste pour des parties de la ville que nous n'avons pas encore visitées. Mais il m'a fallu laisser M. Tavada à mes jeunes gens, et je ne suis plus escorté que par les deux employés de police, en bourgeois et chapeaux melons qui, comme à Nagoya, sont venus se mettre à notre disposition. Leur compagnie n'est pas de refus : car malgré l'accueil toujours aimable que l'étranger est, en général, assuré de trouver chez les Japonais de toutes classes, même les plus humbles, il se rencontre, paraît-il, parfois un reste de fanatisme dans certains bas-fonds de la société, et il pourrait se trouver au milieu de ces grouillantes agglomérations populaires, quelque déclassé qui jugeât plaisant de jouer un mauvais tour à un étranger de passage et isolé. Malheureusement, les dignes et aimables fonctionnaires auxquels je suis confié ne connaissent de l'idiome anglais que quelques mots écorchés, tout à fait insuffisants pour leur rôle momentané de cicerone. Je ne puis guère que leur

(1) 1^{m}40 en moyenne, dit-on.

indiquer les noms des temples qui m'attirent sur la longue liste du *guide book* : Chion-in, Kyomizu-dera, Yasaka, Gion. Ces monuments sont tous situés sur le flanc de la montagne Maruyama, qui domine Kioto : leur ornementation est intéressante par leur architecture toute en bois, sans peintures. Le plus charmant est Kyomizu-dera, construit en partie sur une sorte de pilotis en poutres qui se croisant à angles droits, forment comme un treillis entouré à sa base par le feuillage gracieux des vignes vierges et des érables croissant en liberté tout autour. De ces pentes verdoyantes on a des points de vue superbes sur la ville et la vaste vallée ; malheureusement, les sommets en face de nous étaient dans les nuages.

Non loin de là, adossé de même à la montagne, est l'hôtel Yaami, monté à l'anglaise en dépit de son nom japonais, et précédé d'un jardin auquel on accède par des escaliers tortueux à travers des rocailles, dans le goût local. Mais malgré cette situation pittoresque, son éloignement de la ville doit en faire une résidence peu désirable dans cette saison de froidure. Devant le temple de Chion-in, se trouve encore une cloche monumentale de plus de 3 mètres de haut. La belle pagode d'Yasaka, toute en bois, ornée à ses divers étages de clochettes qui ne tintent plus, était malheureusement déjà fermée à cause de l'heure un peu tardive.

Je redescendis à pied une bonne partie de la côte vers le pont du Kamagawa pour regarder la longue série des petites boutiques à bon marché, où je fis, moyennant 1 yen 75, (1) l'acquisition d'une redoutable canne à épée pour ajouter à celle que j'avais trouvée à Nagoya. La grande rue qui aboutit au pont est également très commerçante, et contient des magasins plus importants ; mais la nuit approchait, et la froidure et la pluie fine essuyées toute la journée invitaient à retrouver les bonnes cheminées de l'hôtel. J'entrai pourtant encore dans une librairie où, malgré l'exiguité du local, on trouve accumulés nombre

(1) 4 fr. 50 environ.

de livres anglais, et parmi eux quelques-uns aussi en français. Pour compléter ma littérature de voyage j'y achetai l'intéressant volume d'une voyageuse américaine, « *Jinrikisha days* » (1), et le roman de mœurs japonaises anciennes « Belles de nuit », publié en français par M. Yoshida, jeune diplomate japonais.

12 Décembre. — C'est dimanche, et dès l'avant-veille, je m'étais enquis de l'heure de la messe auprès du père missionnaire à barbe grise que je trouvai dans son petit jardin à rocailles à la japonaise, et qui me dit être natif de Montauban. Aussi, à 7 heures, étions-nous à l'église, jolie construction gothique de 1890, presque plus grande et plus belle que celle de Tokio, mais à peu près entièrement vide : il n'y avait pour entendre la messe que quatre religieuses françaises de l'ordre de Chauffailles, du diocèse d'Autun, qui ont fait la sainte communion, puis trois ou quatre japonaises et deux hommes japonais aussi, absorbés dans leurs livres.

Il nous faut retourner à l'hôtel pour un premier déjeûner ainsi que pour le règlement du compte, besogne d'autant moins agréable que tout le détail en est développé en grands caractères japonais, sur de longues et gracieuses feuilles de papier de soie parfaitement inintelligibles pour des voyageurs ignorants tels que nous. J'obtins à grand peine que quelques explications insuffisantes en langue anglaise, fussent intercalées dans cette série d'hiéroglyphes, et il fallut bien en passer par les 236 yen 92 sen qui représentent toutes les dépenses de nos deux journées à Kioto, y compris télégramme pour France, longues journées de *curumayas* et autres menus frais, sauf nos modestes acquisitions.

En revanche, les pourboires ne se montèrent qu'à 6 yen (15 francs) environ. Oh ! les braves gens que ces travailleurs asiatiques, modestes, actifs et contents de peu !

(1) « Jinrikisha days in Japan » by Eliza Rumilah Sudmore, Harper and brothers, publishers, New-York.

Puis nous nous en allons prendre à 9 heures et demie, le train pour Nara, l'un des plus anciens sanctuaires religieux du Japon, antérieur à l'époque où le siège du gouvernement fut transporté à Kioto, et encore aujourd'hui l'un des plus vénérés.

Il faisait de nouveau très froid, 1 degré seulement au-dessus de zéro, pendant les vingt minutes de trajet en *curuma* de l'hôtel à la gare.

Aussi, bien qu'il y eût un beau soleil, nous n'arrivons pas à nous dégeler en chemin de fer : les wagons japonais ne comportent pas d'appareil de chauffage.

Paysages du reste toujours intéressants. De grandes rivières sont franchies par de longs ponts malgré leur peu d'eau ; c'est le Kamagava qui passe dans Kioto, puis l'Ujigawa, qui forme avec lui l'Udogawa. On contourne de jolies collines sur lesquelles s'étendent de grandes plantations de thé, tandis que plus bas on aperçoit les rizières, arrosées par la canalisation qui découle des rivières mises à sec. Il n'y a pas un mètre de terre cultivable qui ne soit mis à profit d'une manière intelligente ; et ce sont partout de charmants villages où on retrouve l'architecture japonaise si gracieuse avec ses toits surplombants en bois recourbé, et les beaux groupes de bambous à longs panaches ondoyants. Par suite de la généralisation de la culture, il reste peu de grands arbres ; les *Cryptomerias* et autres conifères ne sont respectés que pour former les bosquets sacrés qui, par ci par là, entourent les moindres temples.

On peut se faire une idée de la densité de la population du Japon dans les parties cultivables en se rappelant que le nombre total des habitants de cette monarchie est évalué à 47 millions, chiffre de beaucoup supérieur à celui de la population de France, tandis que la surface totale de l'archipel est inférieure à celle de notre pays et que certaines régions, notamment la grande île septentrionale d'Hokkaido et les parties montagneuses de celle de Nippon sont encore presque entièrement inhabitées.

45. — Soldats japonais devant la gare de Kioto.

43. — Parc des temples de Nara : Cerf sacré.

47. — Prêtre-chef du temple Shinto, à Nara.

48. — Bonze en chef des temples bouddhiques, à Nara.

CHAPITRE VIII

A 11 heures 20, nous sommes à Nara ; nous trouvons, comme ailleurs, les employés de police prévenus d'avance par les soins diligents de l'autorité, nous montons dans les *curumas* encombrant, comme d'habitude, les approches de la gare, et en moins de dix minutes, une large rue nous mène à une jolie auberge « *semi-foreign* », suivant l'expression ingénieuse des livres de voyage de langue anglaise. On ne nous dit pas le nom de cette gracieuse hôtellerie, et peut-être n'en a-t-elle pas ; mais nous y fîmes tout de même un déjeûner excellent, à l'européenne, servi sur une table ronde dans une charmante pièce à la japonaise, par de petites japonaises qui avaient eu soin de nous passer des chaussons en toile par dessus nos bottines avant de nous laisser monter dans leur escalier en bois bien luisant : on n'avait apporté de Kioto que le vin, le pain et le fromage, ingrédients inconnus dans la vie japonaise.

Les jeunes gens tentèrent, sans grand succès, de saisir dans leurs appareils instantanés les gracieuses servantes, en les plaçant sur le balcon et de face et de dos, puisque c'est en arrière qu'est le grand nœud en soie qui forme l'ornement classique de leur toilette.

Puis nous partons pour la visite des grands temples de Nara, bâtis au flanc de la montagne au fond d'un vallon où un superbe bois de *Cryptomerias* forme un des plus beaux sites du Japon.

C'est dans ce même trajet en *curumas* que le Czarewitch, aujourd'hui l'empereur de Russie Nicolas II, reçut un coup de bâton sur la tête des mains d'un sergent de police fanatique, et ne dut son salut qu'à l'agilité et à la vigueur de son cousin, le prince Georges de Grèce qui le suivait et sauta à bas de son *jinriksha* pour désarmer l'assassin. Les Japonais sont très fiers de rappeler que leur Empereur recevant dans son palais de Tokio la nouvelle de cet attentat surprenant ne perdit pas un moment pour faire chauffer un train spécial, affronter contre toutes ses habitudes le trajet de 12 heures en chemin de fer et venir à Nara laver le nom de l'hospitalité japonaise en témoignant en personne sa sollicitude à l'héritier du puissant empire voisin qui se trouvait à ce moment l'hôte du Japon.

A l'entrée du bois errent en liberté une quantité de jolis petits cerfs, consacrés à la divinité, dont les cornes sont sciées par précaution, et qui viennent d'eux-mêmes manger dans la main des voyageurs les biscuits achetés aux boutiques voisines.

Puis l'on monte, avant d'arriver aux temples, une immense avenue sinueuse garnie d'une série innombrable de ces lanternes qu'on trouve, au Japon, à l'entrée de tous les monuments religieux et qui, ici, s'élèvent au nombre, dit-on, de 2.900! On pénètre ensuite dans une cour par un escalier garni d'un grand nombre de lanternes métalliques suspendues, du plus joli effet.

Ces lieux sacrés comportent, outre une quantité de portiques et d'édifices secondaires, deux temples principaux consacrés, le premier au culte shinto, l'autre au culte bouddhique. Dans l'un et dans l'autre, nous sommes reçus avec respect par le bonze ou chef du temple, dans son habillement fantastique.

La robe du grand-prêtre bouddhiste d'étoffe légère est de couleur vert foncé et complétée par une sorte de turban d'où un voile de même couleur vient rejoindre sur les épaules l'ample manteau enveloppant les bras. Au contraire, l'habillement que portait le prêtre shinto est blanc, formant par dessus la jupe une sorte de dalmatique à larges manches pendantes, et sa coiffure consiste en un bonnet pointu en paille noire d'une forme caractéristique.

Ces vénérables personnages se prêtèrent très volontiers à poser un instant devant nos appareils, poussant la déférence jusqu'à nous remercier de pareil honneur par de profondes salutations.

Puis il nous faut voir, dans une galerie, les danses ou plutôt balancements religieux de pauvres petites jeunes filles en robes blanches et couronnées de fleurs dont une épaisse couche de blanc de céruse défigure les traits et rend hideux le visage.

Entre les deux temples, on suit une allée d'interminables petites boutiques apparemment à l'usage des pèlerins : on y vend surtout des jouets, ustensiles, ou figurines à bon marché, tous fort laids, et dont beaucoup représentent, en bois ou en terre cuite, les cerfs sacrés : ce sont sans doute des souvenirs de pèlerinage à emporter pour les fidèles. Puis voici encore les fameuses cannes à épée dont nous ne manquons pas d'enrichir notre collection de voyage. Mais elles sont plus chères qu'à Kioto ; 3 yen (7 fr. 50) pièce, et ce n'est que juste, la coutellerie de Nara étant renommée pour la trempe de ses aciers.

Le temple bouddhique précédé d'une cour majestueuse abrite encore un *Daï-butsu,* ou image colossale de Bouddha ; celui-ci a 16 mètres de haut (deux de plus que le bronze de Kamakura), mais il est loin d'en avoir la beauté. Ici Bouddha, autant qu'on en peut juger dans la demi-obscurité de l'édifice, a la figure noire et un type africain. Comme celui de Kioto, il est en bois, moins hideux cependant, et comme l'autre il a été aussi trois fois brûlé depuis la construction primitive du sanctuaire qui remonte au viiie siècle de notre ère : l'image actuelle serait de 1370, ce qui nous semble déjà une antiquité respectable.

A quelque distance de là, on nous fait parcourir, trop à la hâte, un musée récemment construit et fort bien installé, où on a réuni un grand nombre de remarquables antiquités.

Depuis quelques années, en effet et à la suite de la période iconoclaste des premiers temps de la « Restauration Impériale », le Gouvernement Japonais, mieux éclairé, a porté sa sollicitude sur les monuments de l'art des siècles passés, et une commission instituée à cet effet parcourt tour à tour les provinces pour y signaler les objets d'art qui méritent d'être mis à l'abri de la destruction graduelle.

Nous redescendons à pied vers la gare par un contrefort de la colline où se trouve une jolie pagode et plusieurs autres édifices secondaires. On y a de charmants points de vue sur la gracieuse petite ville de Nara et la campagne environnante.

Un peu avant 4 heures, après avoir échangé des politesses avec les officiers de la localité venus pour nous saluer, nous reprenons le train. Mais la nuit tombe et est sombre. Nous ne voyons donc plus rien jusqu'à Osaka.

Cette grande ville a été de tous temps une des plus commerçantes du Japon : c'est aujourd'hui le centre de l'industrie et de l'exportation du coton. La municipalité, entreprenante, s'est fait autoriser pour le dragage de ses canaux, l'amélioration de son port et la fourniture d'eau potable, à émettre en emprunts jusqu'à près de 20 millions de yen (1), dont seulement 2.400.000 yen (2), sont jusqu'à présent réalisés. Comme ailleurs au Japon, la victoire sur la Chine, la perspective du paiement de la colossale indemnité de guerre (3), puis celle de l'adoption de l'étalon d'or qui devait, pensait-on, élever la valeur du yen, ont encouragé un grand développement d'entreprises industrielles dont le succès n'a pas toujours répondu à ce qu'on attendait. Dernièrement l'exportation du coton dont la Chine est le principal client a souffert une diminution par suite d'un change défavorable, et il en résulte qu'Osaka se paie en ce moment une crise économique : la suspension de paiements de la banque Tamutsukuri a produit une panique hors de proportion avec les pertes de cet établissement qui se bornent à 145.000 yen (380.000 francs). Voilà ce que m'apprend le *Japan Times*, dans ses longues colonnes très documentées en matières financières. On est en plein, comme on voit, dans les mœurs économiques de l'Occident.

Il ne faut pas croire, en effet, que l'administration publique du Japon soit conduite à la légère ou sans contrôle comme celle de maints pays orientaux. Les

---

(1) Plus de 50 millions de francs.
(2) Environ 6.350.000 francs.
(3) 200 millions de « taëls » (environ 650 millions de francs).

budgets sont publiés et discutés dans la presse, et non seulement celui de l'État, mais encore ceux des principales municipalités, telles que le « *Tokyo-Fu* » par exemple. (Le mot *Fu* désigne la circonscription municipale.) (1)

Osaka, comme toute grande ville qui se respecte compte plusieurs gares où aboutissent, dans ses faubourgs, diverses lignes de chemin de fer secondaires reliés entre elles. C'est à celle d'Umeda que nous débarquons.

Un monsieur de la préfecture a l'obligeance de venir nous chercher dans un confortable landau. Il parle fort bien anglais et se montre fort édifié de ce qu'instruit par le *guide book*, je reconnaisse au passage le monument en bronze érigé à la mémoire des militaires qui périrent dans la guerre civile provoquée par le soulèvement des chefs féodaux de l'île de Kiushiu, en 1877.

Il nous laisse à l'Osaka-Hôtel, vaste édifice assez mal organisé : les larges corridors, en partie dallés, sont glacials et humides, les chambres chauffées à l'excès par des conduits d'eau chaude.

Après dîner, la jeunesse ayant à s'occuper de changer ses plaques photographiques, je suis sorti seul avec Tavada, et les *curumas* nous ont conduits fort loin, par dessus les ponts des nombreux canaux qui ont fait donner à Osaka le titre assez fantaisiste de Venise japonaise. Cette ville est coupée, en effet, par les divers bras de la rivière Udogawa, dont on a dérivé plusieurs canaux navigables formant angles droits et allant rejoindre, à travers des terrains d'alluvion les différentes embouchures de ce cours d'eau, qui constituent une sorte de delta et recueillent toutes les eaux de la vallée de Kioto et des régions envi-

---

(1) Le Japon comptait en 1897, 311 journaux quotidiens et 464 revues : parmi les premiers, les plus importants sont le *Nippon*, conservateur intransigeant, le *Kokumin*, progressiste, le *Nichi-Nichi*, (officieux), le *Jiji-Shimpo*, (affaires). Ces données sont tirées de l'intéressant ouvrage du Marquis de La Mazelière : « Essai sur l'Histoire du Japon », (Librairie Plon, 1899) auquel je me suis permis d'emprunter également la plupart des détails sur la mythologie et l'histoire du Japon qui ont complété mes notes de voyage.

ronnantes. L'hôtel lui-même est situé en dehors de la ville commerçante, dans une île étroite formée par deux des bras principaux du fleuve qui, comme les autres canaux de la ville, présentent le spectacle toujours pittoresque de la réunion de nombreuses jonques de commerce. Nous gagnons ainsi la principale rue commerçante « *Shinsai-Bashi-Suji* », où nous mettons pied à terre pour parcourir cette voie étroite, amusante par la foule qui y grouille, et par les interminables boutiques de toutes sortes, dont les lanternes en papier forment un éclairage plus brillant qu'on n'en trouve habituellement au Japon.

On a peine à se figurer que cette ville si vivante aujourd'hui et peuplée, dit-on, de plus de 360.000 âmes ait été, en 1885, entièrement détruite par la colossale inondation qui ravagea toute la plaine environnante et enleva jusqu'à 146 des ponts jetés sur les canaux !

13 décembre. — Pour paresser un peu, après cette longue série de réveils matinals, nous avions ajourné à 8 heures et demie, le monsieur de la préfecture qui tenait fort aimablement à nous montrer le château, ou forteresse d'Osaka, et l'hôtel des Monnaies établi dans cette ville.

Mais nous eûmes lieu de nous repentir de cette indolence inaccoutumée : car il fallait prendre le train pour Kobé à midi et demie, et le temps se trouva insuffisant pour tout ce que nous aurions pu voir à Osaka, où les distances sont grandes.

Le château se trouve au Nord et en dehors de la ville. C'est une immense enceinte de murs cyclopéens, formée de pierres colossales, telles qu'il est rare d'en voir, de formes irrégulières et réunies presque sans ciment. On nous en montre ainsi enchâssées dans les murailles, qui présentent d'un seul bloc, jusqu'à quinze mètres de long sur trois ou même plus de hauteur !

Cette construction colossale qui, primitivement entourait un couvent bouddhique fortifié, fut terminée vers la fin du XVIe siècle sous Hideyoshi, ce despote de génie que l'on a surnommé, sans que l'analogie par trop incomplète justifie ce titre, le « Napoléon du Japon » parce qu'issu d'une famille obscure il s'éleva par ses talents militaires à la plus haute puissance (1). Il ne réussit cependant pas à obtenir le titre de Shogun, ayant en vain sollicité l'honneur d'être adopté par Yoshiaki, le dernier des Ashikagas alors retiré dans une bonzerie, et dut se contenter de celui de Kuambaku ou Régent ; puis après une abdication fictive, il prit celui de Taïko ou Conseiller, et est connu dans l'histoire japonaise sous le nom de Taïko-Sama (le Seigneur Taïko). Après sa mort le Mikado lui accorda les honneurs divins en le mettant au rang des *Kami*, dieux primitifs du Japon.

Nous montons sur les murailles pour embrasser l'ensemble du grand polygone fortifié dont les angles soutiennent huit jolis châteaux, dans le style pyramidal.

Les habitations qui occupaient l'intérieur de cette enceinte ont été brûlées pendant la guerre civile de 1868, lorsqu'un soulèvement tenta de s'emparer de Kioto pour soustraire le Mikado aux influences qui avaient fait supprimer le Shogunat et préparaient la disparition de l'organisation féodale ; les rebelles furent battus à Fushimi, aux portes de Kioto, et poursuivis jusqu'à Osaka.

Les nouvelles constructions qu'on voit aujourd'hui sont en bois et renferment des casernes et des bureaux d'administration militaire dans les élégants salons desquels l'amabilité japonaise nous a obligés à plusieurs séances, sous prétexte d'absorber les minuscules tasses de thé jaune, mais en réalité, je pense, pour donner le temps d'arriver au chef d'état-major, colonel Mourata, officier des plus aimables qui a fait un stage de quatre ans en France, et notamment au 3ᵉ régiment d'artillerie au Mans et était naturellement bien aise de nous montrer toute sa connaissance du français.

Il nous faut abréger la visite ; car on veut encore nous

(1) Il avait été garçon d'écurie au château de Nagoya sous Nobunaga, dont il devint soldat, officier, et enfin 1ᵉʳ général, et successeur.

faire voir la Monnaie, qui se tr uve assez loin de là sur la rive droite de l'Udogawa.

Cet établissement est fort bien monté. Nous y voyons une belle collection de pièces japonaises anciennes, affectant toutes sortes de formes les plus bizarres, et l'on nous y fait assiste aussi à la frappe de fort jolies monnaies d'argent et d'or qui vont être mises en circulation.

Malgré l'empressement des employés, qui voudraient nous retenir plus longtemps, c'est toujours en courant qu'il nous faut prendre connaissance de ces intéressants détails. L'heure avance : je veux encore retourner par delà les canaux au « *Shinsai-bashi-suji* » et les jeunes gens aussi, car ils n'ont pas encore visité ce quartier commerçant. Il nous faut pour cela recourir aux *curumas;* dans la partie de la ville qu'enserrent les canaux, les rues à boutiques sont trop étroites pour admettre les voitures. Je me donne moyennant 6 yens une superbe paire de « *himbashi* »; ces réceptacles en bronze, élégamment travaillés, servent aux Japonais à contenir les charbons en parcelles au moyen desquels ils se réchauffent les doigts ou maintiennent quelque tiédeur dans leurs appartements. Ce sont de vrais objets d'art qui feront merveille en Europe pour y déposer des cartes de visite ou orner les salons en les garnissant de mousse et de fleurs.

Déjeuner en hâte à l'hôtel à 11 heures et demie, et avant midi et demie nous sommes à la gare d'Umeda pour y reprendre le train. Il nous a fallu renoncer non seulement à voir la fonderie de canons qui se trouve dans le delta des embouchures du fleuve, mais aussi à visiter l'église catholique également située trop loin.

Cinquante minutes de pays plat, mais toujours admirablement cultivé, nous mettent à la station de Sannomiya, qui est celle du quartier européen de Kobé. Le temps s'est gâté tout à fait; il pleut, et c'est à peine si l'on entrevoit, sur la droite, la ligne pittoresque des collines.

J'avais tenu à arriver de bonne heure à ce port d'embarquement pour être sûr de trouver les banques encore ouvertes, ayant l'espoir d'y rencontrer lettres ou télégrammes d'Europe.

À peine le train arrêté, j'abandonne à mes jeunes gens les autres soins et je saute en *curuma*. Mais j'ai beau frapper aux deux maisons de banque : « *Chartered Bank* » et « *Bowden* », il n'y a rien, hélas ! Nous en restons donc encore à la lettre du 25 octobre, tandis qu'on doit avoir, nous dit-on, à Kobé, des journaux français jusqu'au 6 novembre.

À l'« *Oriental Hotel limited* », tenu malgré son titre anglais, par un bon Français des Basses-Pyrénées, M. Béguex, je trouve l'excellent Pimodan, venu pour nous donner la conduite à notre embarquement.

Nous allons avec lui visiter la petite église catholique et faire visite au vénérable évêque d'Asaka, qui se trouvait de passage à Kobé. Mgr Chatron est du diocèse de Belley et a été vicaire à Culoz, localité située entre Genève et Lyon, dont le nom nous rappelle le souvenir de nombreux passages dans nos voyages ou villégiatures. Il porte sa longue barbe entière, comme tous ses collègues, prêtres des Missions, et est depuis trente ans au Japon, sans être jamais retourné en France, heureusement, dit-il, sur un ton légèrement mélancolique. En effet, quand on se trouve par devoir assujetti à l'expatriation, on redoute parfois de revoir le pays natal par crainte de n'avoir pas le courage de s'y arracher à nouveau : pensée naturelle chez un missionnaire qui a fait au service de la conquête des âmes le sacrifice de toute sa vie !

Nous suivons ensuite, abrités sous nos parapluies, la rue commerçante Moto-Mashi, pour faire nos adieux à l'industrie japonaise et nous laissons tenter par maintes petites potiches, tandis que mon fils trouve moyen de se faire tailler, en ce peu d'heures qui nous restent, son *kimono*, ou robe de chambre japonaise.

La boue, la pluie, et la nuit qui arrivait, abrègent la tournée. Nous entrons au consulat de Belgique, pour faire visite au ministre baron d'Anethan et à la baronne qui arrivaient d'Europe et que nous avions connus jadis au Brésil. Mais la baronne née Haggard, auteur d'un charmant roman écrit en anglais dont elle a placé la scène au Brésil (1), était restée à bord du paquebot qui va les conduire à Yokohama. Il en était de même du comte Wydenbruck, ministre d'Autriche, qui rejoint également son poste.

Nous avons eu à dîner à l'hôtel, le consul de France, M. de L... F... dont le père, paraît-il, avait été camarade de mon père et d'un de mes oncles au collège, puis M. Paul, le commandant du paquebot des « Messageries » qui va nous emporter vers d'autres rives, et dont nous avions eu précédemment le plaisir de faire la connaissance chez M. Conil, à Yokohama. L'Agent de cette excellente compagnie, aux bons soins de laquelle je suis de longue date habitué, se trouvait empêché par la besogne du départ du paquebot de répondre à notre invitation.

Puis, après avoir expédié un télégramme au grand maître des cérémonies de la cour impériale en le priant de présenter à Sa Majesté l'Empereur l'expression de notre reconnaissance pour toutes les attentions dont nous avions été l'objet de la part des employés de son gouvernement, et un autre télégramme encore à Yokohama, au bon M. Conil, nous gagnons à pied, en quelques minutes, la jetée en bois où se trouvait notre paquebot, et à 9 heures du soir, nous prenons possession de nos cabines, dont on nous a laissé aimablement le choix. Je me case d'un côté, mes jeunes gens de l'autre. Ce navire, le *Salazie*, n'est pas un des plus nouveaux des Messageries, et a été dépassé par d'autres plus récents, quant au luxe de l'installation. Cependant il ne nous en paraît pas moins bien spacieux et bien beau, en comparaison du triste américain qui nous a amenés de San-Francisco, et nous nous installons avec plaisir dans ses larges et confortables cabines.

14 Décembre. — C'est le triste moment des adieux aux
(1) « His Chief's wife ».

amis du Japon du « *sayonara!* » définitif, suivant la sonore et gracieuse expression si fréquemment répétée par le peuple japonais. Inutile de dire avec quels regrets nous nous séparons de notre excellent ami et conseiller, le capitaine de Pimodan ; quant à son fidèle interprète, M. Tavada, je lui délivre comme il n'est que juste, le plus honorable des certificats : j'aurais choqué, paraît-il, sa délicatesse, en tentant de rémunérer autrement les longues journées qu'il nous a consacrées.

Le vénérable Evêque aussi est venu à bord et nous a fait faire connaissance avec un vieux Père procureur des missions qui retourne à sa résidence de Shanghaï.

M. de Pimodan nous présente un autre de nos compagnons de navigation, M. Hayet, jeune botaniste en mission du Muséum avec lequel il a lié connaissance dans un voyage à Yeso, l'île encore presque sauvage qui est la plus septentrionale de l'archipel japonais et que l'on nomme aussi Hokkaïdo, ou Ile Septentrionale.

Enfin, au moment où le navire va lever l'ancre, se présente un attaché de légation japonais qui va rejoindre son poste à Paris, et qui est chargé de remettre à La B... une très jolie croix de commandeur de l'ordre du Trésor Sacré, suspendue à son ruban vert et bleu et portant au centre de l'émail une réduction microscopique du fameux miroir qui est l'emblême de la religion antique et nationale du Japon. Le tout est accompagné d'une fort belle lettre du ministre des Affaires Étrangères en double, texte français et texte japonais, et d'une aimable missive de l'excellent chargé d'affaires. Nous sommes enchantés de cette bienveillante surprise.

A 8 heures, le navire s'ébranle, et nous voyons avec « *saudade* » (1) fuir les montagnes du Japon, pays aimable, laborieux, pittoresque, dont l'originalité survit à l'adoption rapide et intelligente des progrès matériels les plus utiles.

(1) Terme brésilien difficile à traduire, qui exprime le sentiment d'affectueux souvenir laissé par une séparation.

Il est permis de trouver que l'impulsion donnée depuis trente ans à la réorganisation politique sacrifie un peu trop au désir d'imiter la civilisation des puissances européennes. Je regrette, par exemple, l'abandon de l'habillement japonais par les classes officielles, habillement pourtant encore porté avec élégance par nombre de *gentlemen* favorisés de la fortune, et tous les gens de goût déploreront, je pense, avec moi le style maussade et banal des grandes constructions rougeâtres qui, jugées nécessaires apparemment pour abriter les organes compliqués d'un gouvernement civilisé et représentatif, commencent à défigurer les grands espaces de Tokio. Toutefois l'ensemble de la civilisation japonaise reste encore plein de charme et fournit à l'étranger une mine inépuisable d'études.

Mon passage y a été trop court pour que je me permette de prévoir les destinées que réserve au Japon l'adoption d'un parlementarisme copié sur l'Europe et déjà orné du luxueux appendice des fréquentes crises ministérielles, bien que ses effets soient heureusement encore limités par le grand prestige qui s'attache à la volonté impériale ; ni le sort que doit réserver aux finances d'un pays de territoire relativement restreint le développement merveilleux, mais peut-être exagéré, de sa puissance militaire.

Mentionnons, avant de quitter ce pays, que nous n'en rapportons aucune impression des tremblements de terre qui y sont, dit-on, si fréquents. Nos amis nous ont bien dit que quelques légères secousses se sont, comme d'habitude, fait ressentir pendant notre séjour à Tokio. Mais sans doute notre profond sommeil de voyageurs toujours affairés nous a empêchés d'en rien percevoir. Les journaux nous rendent compte de commotions plus importantes qui, ces jours-ci même ont causé des désastres et renversé des habitations dans certaines localités du Nord du Japon.

Pour aujourd'hui nous naviguons dans la mer intérieure qui sépare les trois grandes îles japonaises : Hondo (vulgairement appelée Nippon), la seule que nous ayons parcourue, Shinkoku, et enfin Kiushiu, où se trouve Nagasaki. Cette sorte de grand lac maritime est en outre semé d'un nombre infini d'îlots. Aussi le paysage est-il varié et charmant : tantôt la mer semble large, tantôt le passage entre les îlots se resserre beaucoup et on voit alors, presque à portée de fusil, de jolis phares blancs plantés sur les promontoires et de nombreux villages pittoresquement semés sur la plage ou sur le flanc des vallons, puis en quantité les jolies jonques à voiles, toujours pittoresques, et d'autres menues embarcations, voire même de petits vapeurs côtiers, portant le pavillon japonais à fond blanc orné d'une boule rouge.

Disons à ce propos que le Japon possède une compagnie nationale de navigation à vapeur très importante : c'est la « *Nippon Yushen Kaisha* » (en anglais, *Japan Mail Steamship Company*), dont les prospectus énumérant les lignes desservies et les noms sonores des paquebots et de leurs commandants japonais ou anglo-saxons, frappent partout les yeux. En outre du service de navigation côtière de toutes les parties de la monarchie japonaise, elle envoie ses paquebots pourvus de tous les conforts de de la civilisation occidentale, d'une part jusqu'à Marseille et à Anvers, en touchant à toutes les escales dès pays intermédiaires, de l'autre à Wladivostock en Sibérie, puis encore à Seattle, au fond du Puget Sound dans la région la plus septentrionale des États-Unis d'Amérique, enfin à Sidney et à Melbourne. Mais il semble que ce grand développement est hors de proportions avec le trafic sur lequel peuvent compter les navires japonais. En effet, à l'Assemblée générale, tenue le 29 novembre dernier, le Président, M. Kondo, a dû avouer que le service des lignes allant en pays étrangers laissait un déficit de plus de 400.000 yen (environ un million de francs), déficit tendant à augmenter par suite de la hausse du prix du charbon et autres fournitures : il a proposé en conséquence, et fait accepter la suspension du dividende semestriel, manifestant l'espoir d'obtenir du Parlement, dans le semestre prochain une subvention pour les lignes susdites, de manière à remédier ainsi au mal existant. La situation de la Compagnie serait, paraît-il, prospère si l'on ne tenait compte que du service côtier : elle possède 27 vapeurs, et l'ensemble de ses recettes annuelles s'élève à près de 6 millions de yen (15 millions de francs), dans lesquels entrent, il est vrai, plus de 800.000 yen de subventions payées par le Gouvernement à différents titres et notamment pour l'introduction dans le pays de navires construits à l'étranger.

Mais revenons au paysage après cette trop longue digression sur un côté des conditions économiques du Japon, qui met en relief l'esprit actif et entreprenant de ce peuple.

Hélas ! le soleil, qui embellit tout, ne s'est montré qu'après-midi et par moments seulement et n'a pu enlever aux collines pittoresques que nous côtoyons, l'aspect sablonneux et aride que leur donnent les frimas de l'hiver. Il paraît, cependant, qu'elles sont cultivées et que verdoyant au printemps, elles donnent alors au paysage toute sa beauté tant vantée.

De plus, il a soufflé constamment un vent contraire glacial qui rend gênant un séjour prolongé sur le pont ; le thermomètre ne marque que 9 degrés ; et ce sont là des conditions qui ne permettent pas de ressentir très vivement le charme du paysage.

Le froid et la nuit sombre m'ont détourné de monter sur le pont après dîner et je suis resté au salon à lire le *Petit Marseillais* dont la collection va jusqu'au 5 novembre : c'est avec le *Monde Illustré* le seul journal qu'on ait à bord.

CHAPITRE IX

**La mer du Japon. — Le Yang-Tse Kiang. — Shanghaï. —
Le paquebot l' « Ernest-Simons ». — Hong-Kong.**

15 décembre. — Entre 2 et 3 heures du matin, nous avons quitté la mer intérieure en franchissant le détroit de Shimonosaki où se rapprochent les côtes de Nippon et de Kiushiu.

Cette passe bombardée une première fois en 1863 par l'amiral Jaurès, fut forcée en 1864 par les escadres française, anglaise, hollandaise et américaine réduisant au silence les batteries du Daimio de Nagato, chef du clan féodal de Choshiu, qui avait pris à la lettre une proclamation du Mikado, tendant à interdire aux étrangers l'approche du Japon.

Il est assez curieux de savoir que le gouvernement des États-Unis saisi, 25 ans plus tard, d'un scrupule que l'on n'était guère en droit d'attendre de l'âpreté américaine, restitua au Japon la quote-part qui lui était revenue de l'indemnité de guerre imposée alors à l'Empire du Soleil-Levant.

Un peu avant 3 heures, le mouvement du navire, en m'éveillant, m'avertit que nous étions en pleine mer.

Cependant, quand le jour vint, vers 7 heures du matin, on voyait encore des deux côtés quelques îles japonaises : du côté du Nord, c'est celle de Menezaki que je cherchai en vain sur mes cartes de touriste. Mais bientôt nous les perdons de vue, et le mouvement du navire devient alors assez prononcé pour qu'on préparât, hélas! les cordes et les planchettes vulgairement appelées violons qui constituent « la table à roulis », impression toujours désagréable, surtout après les souvenirs que nous ont laissés l'Atlantique et le Pacifique. Nous commençons à en avoir assez de rouler sur les océans agités.

Le vent, sans être très fort, est, comme toujours, contraire (Ouest-Nord-Ouest). C'est le lot de ceux qui, comme nous, font le tour du monde de l'Est à l'Ouest, les vents d'Ouest étant, sur la sphère terrestre, comme on sait, beaucoup plus habituels que ceux du côté opposé: effet, disent les savants, de la rotation de notre globe sur son axe.

Il continue à faire très froid ; le thermomètre ne marque que 4 à 5 degrés. Nous sommes, cependant, à la latitude du Maroc. Mais les vents d'Ouest nous apportent sans doute les frimas des steppes de la Mongolie, tandis que les côtes de l'Europe et de l'Afrique occidentale reçoivent les brises plus tempérées de l'Océan.

Bien que ce navire, étant de style plus ancien, soit moins haut, relativement à sa largeur que la *Touraine*, par exemple, et roule moins, la jeunesse s'est trouvée à bas de sorte que j'ai déjeuné seul sur les 10 heures et demie.

L'heure du déjeuner est sur cette ligne facultative : chacun peut se faire servir ce qui se trouve sur le menu, de 9 heures jusqu'à 11, puis de nouveau vers 1 heure pour ceux qui préfèrent les heures tardives. On ne fait table solennelle que pour le dîner à 6 heures et demie et l'on est obligé alors à une certaine toilette : « smoking » ou tout au moins redingote noire.

Les passagers sont peu nombreux : parmi eux quelques dames, anglaises apparemment. Cuisine excellente, comme on y est habitué sur les « Messageries » : vin de France à discrétion, plus un verre de vin de Xérès et le cognac traditionnel avec le café : ce luxe fort appréciable est pour beaucoup dans la préférence que messieurs les Anglais donnent à nos paquebots sur les leurs où l'on n'a sans débourser, ni vin, ni bière, ni spiritueux aucun.

A noter, comme détail d'étiquette, l'affiche qui se trouve

sur les navires de cette ligne, en français et en anglais, enjoignant aux passagers de ne se montrer qu'en tenue de ville de 8 heures du matin à 8 heures du soir. Ce n'est qu'en dehors de ces heures que seront tolérés sur le pont, dit le texte, les « Pyjama, Mauresques », et autres négligés. Ce règlement est motivé par le long trajet dans la zone tropicale, de Hong-Kong à la Mer Rouge, région où la chaleur constante porte trop facilement à simplifier la toilette.

Journée sombre, de pâles rayons de soleil se sont montrés de temps en temps dans la matinée ; mais l'après-midi a été tellement nuageuse qu'à 3 heures et demie on n'y voyait plus clair : on a allumé l'électricité dès 4 heures. Le froid vient compléter l'agrément : dans les salons et cabines il n'y a que 10 à 12 degrés, en dépit des deux poêles allumés dans la salle à manger, et on a vu des flocons de neige. Mais le baromètre est haut et la mer pas trop forte. Nous n'avons donc pas à nous plaindre. La jeunesse, pour se rétablir, s'est livrée au sommeil une partie de la journée, puis on a mis le temps à profit pour écrire et lire. Le *Petit Marseillais* nous apprend qu'il a fait très froid à Paris dès le 5 novembre. Le manque des lettres qui peuvent seules nous donner des nouvelles des nôtres se fait beaucoup sentir. Et voici aussi plus de quinze jours écoulés depuis le laconique télégramme reçu à Nikko le 30 novembre !

16 décembre. — Temps sombre et froid encore ; la mer s'est un peu calmée, et d'ailleurs ce bâtiment est décidément bien plus stable que les précédents.

Bientôt du reste on a aperçu la terre : d'abord quelques îles rocailleuses sur la gauche et, vers midi ou peu après, on est entré dans le large estuaire du Yang-Tsé-Kiang, immense masse d'eau d'un jaune de boue couleur ocre (et cependant appelé en géographie, on ne sait pourquoi, Fleuve Bleu), borné par des rives plates, presque invisibles d'abord, et qui, plus tard, montrent quelques arbres sans caractère ;

paysage où l'eau semble vouloir absorber la terre et qui m'a beaucoup rappelé le Rio-de-la-Plata au-dessus de Buenos-Aires.

Le ciel continue à être nuageux, et le vent, quoique pas très fort, d'un froid perçant : thermomètre au-dessous de 5 degrés.

A 2 heures et demie, le *Salazie* s'est arrêté non loin de l'*Ernest-Simons*, paquebot de la même Compagnie, qui a quitté Yokohama le 28 novembre et sur lequel nous devons être transférés, chacun des vapeurs des Messageries s'arrêtant quinze jours ici pour y prendre le chargement chinois.

Le transbordement se fait par un petit vapeur et ce n'est qu'à 4 heures, après la longue et fastidieuse opération du transfert des bagages que les passagers ont pu à leur tour y descendre pour le court trajet d'un paquebot à l'autre. Nous nous faisons présenter par le commandant Paul au commandant de l'*Ernest-Simons*, M. de Maubeuge, prenons possession des cabines qu'on nous indique, et redescendons dans le petit vapeur qui, à 5 heures précises se met en route pour nous conduire à Shanghaï.

On dépasse quelques autres grands vapeurs, puis un semblant de fortifications chinoises. Mais bientôt la nuit tombe, nuit sans lune ni étoiles, et ce trajet nocturne sur cette petite embarcation (appelée le *Wangpooh* du nom de la rivière, affluent du Yang-Tsé-Kiang, sur laquelle est situé Shanghaï) n'a rien d'agréable. J'ai pensé au Guadalquivir descendu jadis, aussi sur un vapeur insuffisant, par un vent froid à travers des eaux jaunâtres, et il me fallut abriter un commencement de rhume en me réfugiant dans la petite cabine encombrée de passagers des deux sexes européens et chinois. Heureusement, au bout d'une heure ou un peu plus, on aperçoit le brillant éclairage des filatures qui avoisinent Shanghaï, puis la ville elle-même. Enfin, nous accostons au quai, et en peu de minutes les *jinrikshahs* nous déposaient à l'hôtel des Colonies, établissement français où nous trouvons de bonnes chambres bien chauffées par cheminées ou poêles.

CHAPITRE IX

Redescendus à la salle à manger, bientôt un bon dîner achevait de nous réconforter. Mais après cette journée de froidure, personne ne s'est plus soucié de sortir, en dépit des globes électriques, qui sur nos fenêtres étincelaient au coin des rues éclairant de leur lumière blanchâtre le voisinage de l'hôtel. J'ai parcouru au salon les journaux locaux : « *Echo de Chine* » et « *North China Daily News* », et aussi le *Temps* et l'*Indépendance Belge*, jusqu'au 6 novembre, puis chacun s'est retiré et j'étais sur le point de me mettre au lit quand, à 9 heures et demie, on me passe une lettre du rédacteur de l'*Echo de Chine*, M. Guillemin, qui me demande un moment d'entretien à titre de représentant du seul organe français en Extrême-Orient. Je l'ai reçu avec plaisir, en m'excusant de mon négligé, et nous avons causé de voyages, de la politique internationale de la Chine, menacée en ce moment par l'occupation allemande à Kiao-Tcheou. Puis il m'a donné quelques détails sur l'organisation municipale de Shanghaï. La ville qui porte ce nom est partagée en plusieurs zones par les cours d'eau plus ou moins importants affluents de la rive gauche du Wangpooh et qualifiés dans le langage local, d'« Arroyos » (terme espagnol). Le plus en amont, se trouve la ville chinoise, que nous visiterons demain ; puis, entre deux « arroyos », la concession française où nous sommes ; puis la concession anglaise, dont le territoire est beaucoup plus vaste ; puis enfin, sur la rive gauche d'un cours d'eau plus important, des concessions qui avaient été accordées aux Américains et aux Japonais, mais ont fusionné avec la concession anglaise et forment aujourd'hui toutes ensemble une concession internationale. La France seule a gardé sur ce point son indépendance.

La concession française est administrée par une municipalité dont les ressources, tirées principalement des patentes de commerce, se montent, si je ne me trompe, à 500.000 francs par an, et subviennent aux frais de la voirie et de l'éclairage ainsi qu'à l'entretien d'un corps de sergents de ville composé principalement d'indigènes. Une compagnie de volontaires français s'est formée depuis six mois et doit constituer une sorte de garde nationale destinée à tenir tête en cas de besoin à la population chinoise locale en attendant que puissent débarquer nos forces navales.

Après avoir remercié M. Guillemin de son aimable visite, je pris du quinine pour combattre les effets des brises humides du Wangpooh et m'étendis avec plaisir sur le grand lit à l'anglaise en y ajoutant toutes les couvertures que je pus trouver sous la main.

17 décembre. — D'après les avis donnés par le propriétaire de l'hôtel, nous avions commandé, dès la veille, une voiture pour nous conduire à Zi-Ka-Wei, le grand établissement d'instruction appartenant aux Jésuites.

On n'est apparemment pas matinal à Shanghaï; il était près de 8 heures et nous attendions encore ce véhicule. Je me décidai à entrer dans la grande église voisine dont je voyais le clocher de ma fenêtre. C'est l'église Saint-Joseph, qui dépend aussi, je crois des Jésuites, car un grand bâtiment scolaire s'y trouve annexé. La messe s'achevait : outre une dame et un monsieur européen, il y avait un certain nombre de chinois et chinoises en prières portant leur habillement national, original, mais décidément peu gracieux, surtout pour les femmes vêtues d'une sorte de blouse s'arrêtant aux genoux et d'un large pantalon le plus souvent noir ou d'autre couleur peu voyante. Le prêtre, en descendant de l'autel, portait sur la tête le bonnet classique qu'on voit dans les images de la Sainte Enfance. Cette coiffure en forme de pyramide tronquée invertie, s'élargissant vers le haut, fut adoptée par les missionnaires jésuites au XVIe siècle et correspondait sans doute aux usages de l'époque, mais n'est plus, aujourd'hui, portée par personne en Chine.

De là, un assez piètre landau ouvert, à deux chevaux, nous a menés à Zi-Ka-Wei. Ce village qui tire son nom de la famille Zi, ses anciens possesseurs dont on montre encore les tombes, appartient aujourd'hui entièrement aux Jésuites français.

Trajet glacial de 35 minutes à travers les sales faubourgs chinois de la ville, puis le paysage le plus plat et laid qu'on puisse imaginer : la campagne, très bien cultivée du reste en riz, coton, légumes, est semée de quelques arbres mesquins, sans feuillage actuellement, sauf les tristes saules du bord de la route, et sillonnée de canaux boueux que des jonques, formant l'habitation de familles misérables, remontent péniblement au moyen de perches. Un ciel d'un gris uniforme complétait la monotonie de l'ensemble.

Le portier de la maison où nous arrête la voiture demande les cartes des visiteurs, et bientôt apparaît, enchanté, le père Paris, qui remplace le recteur malade : de la calotte aux chaussures, il est habillé strictement à la chinoise, porte la moustache et la mouche au menton, et la queue, descendant aux reins. La maison, peu luxueuse, est celle où demeure habituellement le Vicaire Apostolique, Mgr Garnier, en ce moment malheureusement en tournée.

Elle est en partie livrée aux ouvriers : on va l'agrandir et la consolider ; elle se lézardait par suite du peu de solidité du terrain d'alluvion sur lequel elle est construite.

Le Père nous fait voir sa modeste chambre, la chapelle, quelques corridors, puis il nous conduit aux établissements voisins, et d'abord au Musée, énorme collection de crânes et de peaux de cerfs, de sangliers et autres animaux de toutes les parties de l'Asie. Les honneurs nous en sont faits par le savant et vénérable père Eudes qui, depuis trente ans, se consacre à l'étude de cette spécialité et a réussi à réunir, à l'aide de ses correspondants, ces innombrables spécimens ; il voudrait bien que mon neveu Henri lui en fît parvenir aussi d'Abyssinie, et je me charge de ce message. Puis nous parcourons rapidement l'Observatoire météorologique et magnétique dirigé par un autre savant Père dont le nom m'a malheureusement échappé : cet établissement envoie régulièrement à Paris le résultat de ses observations; et tous les jours par fil électrique il donne l'heure de midi au port de Shanghaï, par le signal d'une boule tombant le long d'un mât, et lui fournit aussi le calcul des marées.

Nous repassons la route pour visiter le grand orphelinat des garçons, dont nous parcourons les dortoirs et tous les ateliers de charpentiers, menuisiers, fabricants d'images religieuses, peintres, cordonniers, tailleurs, relieurs, imprimeurs en chinois et en français, dessinateurs, et que sais-je encore; enfin à l'autre bout du village, l'orphelinat tenu par les Religieuses Auxiliatrices. La supérieure, Mme de Maupas, ne peut nous recevoir par suite d'indisposition : la religieuse qui nous conduit est ici depuis 25 ans. Ces bonnes dames entretiennent, outre 290 orphelines, un pensionnat de 200 jeunes filles chinoises de familles aisées, qui sont fort intéressantes à voir, écoutant dans l'immobilité d'un recueillement attentif la leçon de catéchisme que leur fait l'un des pères, en chinois, bien entendu. Il y a aussi quelques petites sourdes-muettes assez avancées pour percevoir sans hésiter les ordres qui leur sont donnés : elles nous rendent leurs hommages par des prosternements à la chinoise.

En causant dans les trajets d'un établissement à l'autre, nous recueillons du bon père Paris bien des renseignements intéressants : il nous apprend que Zi-Ka-Wei renferme encore un Carmel, où nombre de jeunes Chinoises se sont consacrées à la règle de sainte Thérèse.

Il est préoccupé, comme tous ici, de ce qu'il appelle le démembrement imminent de la Chine. « Nous serons, dit-il, non sans une certaine mélancolie, dans la « zone anglaise. » On espère, en effet, que la France aura le sud de l'Empire qui attenant à l'Indo-Chine viendra au moins doubler nos possessions dans cette partie du continent asiatique, pourvu que nos gouvernants ne manquent pas de la vigilance et de l'opportunité d'action qui font le succès des affaires internationales, comme des autres.

Toujours pressés par la rapidité de notre voyage, nous nous retirons émus, émerveillés par les admirables résultats de ce dévouement apostolique qui contribue à propager la langue et des idées françaises dans ce vaste Empire, à peine ouvert à un commencement de civilisation. On sait combien plus qu'en tout autre pays est importante, en Chine, l'œuvre des orphelinats par suite de la déplorable habitude d'abandonner d'une façon ou d'une autre les enfants que les familles trop nombreuses jugent impossibles à nourrir. Ces malheureux petits êtres, quand ils ne sont pas rencontrés au bord des routes, sont souvent apportés aux onphelinats par leurs parents eux-mêmes qui commencent à apprécier les bienfaits de pareilles œuvres.

A midi, nous étions de retour à notre hôtel. Après déjeuner nous partons à pied et, franchissant l'« arroyo » qui nous sépare de la concession anglaise, nous suivons le beau quai, appelé, comme à Yokohama, le Bund, planté d'arbres actuellement sans feuilles et où se suivent les constructions imposantes des diverses banques ou autres grands établissements commerciaux.

Le ciel est gris, le temps brumeux, on pourrait se croire dans un port de l'Angleterre à la fin de l'automne, n'étaient les *jinrikshahs* et parfois les palanquins qui sillonnent au pas de course la large voie.

J'ai le bonheur de trouver au *Chartered Bank* un bon télégramme de France. Mais... toujours pas de lettres : Nous en restons à celles du 25 octobre reçues à Kioto !

Visite au luxueux magasin de la maison *Kelly and Walsh* qui de Yokohama jusqu'à Singapore, a en quelque sorte le monopole du commerce de librairie pour Européens ou plutôt surtout pour Anglais. C'est en vain du reste que j'y cherche un plan de Shanghaï ; l'édition s'en renouvelle, paraît-il, d'année en année, et comme nous voici fin décembre, elle est épuisée.

Station au « *Telegraph Office* » pour les réponses.

Tout cela nous retient jusqu'à 2 heures 3/4 et alors nous partons enfin pour la visite de la ville chinoise, guidé par un vieil interprète chinois qui était venu à l'hôtel nous offrir ses services. Ce bonhomme parle anglais fort mal, mais il est très intelligent, et désirant apparemment épargner son temps, afin d'en réserver pour d'autres clients, il nous fait marcher constamment au pas de course : il n'y a, en effet, place ni pour voitures ni même pour *jinrikshahs* dans cette ville chinoise qu'enserrent d'épaisses murailles, à portes étroites et voûtées.

Tout à côté de la ville française, on se trouve donc, après avoir franchi l'« arroyo », sur un pont non moins étroit que le reste et la massive muraille, subitement dans un monde nouveau, hideux dans son ensemble, sale dans bien des détails, mais fascinant par son originalité. Les ruelles tortueuses, et quoique dallées, tellement immondes qu'on glisse facilement sur la mince couche de boue liquide, sont presque entièrement formées de boutiques signalées par d'énormes enseignes à lettres dorées qui, suspendues transversalement, complètent l'encombrement.

Là circule sans interruption une foule bizarre, misérable, purement chinoise, bousculée soudain par le passage de personnages de l'un et de l'autre sexe portés en palanquin sur les épaules de porteurs dont les clameurs préviennent les promeneurs et les obligent à serrer les murs des boutiques pour n'être pas renversés par ces cortèges assez mesquins.

Au milieu de la ville, on nous fait visiter une maison de thé au bord d'un petit lac sale entouré de rocailles d'un aspect fort vilain, puis la prison, dont on ne nous laisse voir que l'extérieur, et un temple bouddhiste vulgairement appelé « *Joss House* », obscur et sans beauté, contrastant tristement avec la richesse artistique admirée dans les temples du Japon.

Non loin de là, nous sommes tout surpris de nous trouver, tout à coup, dans une modeste église catholique

49. — Le quai de Shanghaï.

50. — Porte de la ville chinoise, à Shanghaï.

51. — « Sampan » à voiles à l'entrée de la rade de Hong-Kong

52. — Hôtels sur les hauteurs du « Peak », à Hong-Kong.

en bois, dont les portes sont grandes ouvertes à tout venant. Personne cependant ne s'y trouvait. A côté, est le jardinet du curé, que nous n'avons pas rencontré, et n'aurions, du reste, pas distingué, car le guide prend soin de nous dire qu'il s'habille en Chinois, comme les autres. On ne peut s'empêcher de penser avec respect au dévouement de cet homme que sa mission condamne à vivre isolé et comme emprisonné dans ce milieu repoussant et non sans danger dans le cas où la populace chinoise, toujours malveillante, ne se sentirait plus contenue par l'action des puissances européennes.

Nous visitons l'un des repaires de fumeurs d'opium, où nous voyons ces malheureux couchés côte à côte, dans la jouissance hébétée de leur narcotique. On nous fait palper la pâte opiacée, noirâtre, qui, séparée en petites boules, se brûle dans le godet placé au centre de la pipe aux deux extrémités de longueur égale.

Avant de sortir de tout ce cloaque, nous faisons dans une des rues les moins immondes, pour la somme relativement modique de trois piastres et demie (environ 9 francs), l'acquisition d'un « *gong* » ou « tam-tam », authentique puis celle d'une pipe à eau, appareil au moyen duquel les chinois font passer à travers l'eau la fumée du tabac. Les autres produits de l'industrie chinoise, objets travaillés en ivoire ou en jade, ne nous séduisent pas.

Une fois hors de la porte cintrée de ce simulacre de de forteresse, il semble que nous nous reprenons à respirer librement. Les rapides *jinrikshahs* nous transportent au bout de la concession anglaise pour jeter un coup d'œil sur les riches magasins de soieries, porcelaines ou bronzes du *Nankin Road*, arpentés par les majestueux *policemen*, dont l'uniforme bleu foncé, à la mode de Londres, est relevé par un colossal turban rouge ; l'un de ces respectables fonctionnaires voyant nos conducteurs de *jinrikshahs*, hindous à moitié nus, au teint presque noir, se permettre de nous réclamer un supplément de paiement, ne perd pas un instant à arrêter le débat au moyen d'une bonne volée de coups, administrée par sa longue canne !

Cependant, la plupart de ces redoutables hommes de police, eux aussi, sont asiatiques, de teint foncé, mais d'un beau type, souvent complété par une barbe noire.

Quant au chinois du cru, il porte les palanquins, mais ne traîne pas les jinrikshahs ! Ce sont métiers différents.

La nuit tombant, nous regagnons notre hôtel à pied, vers 5 heures et demie ; à la suite de la course à travers la ville chinoise, chacun sentait un peu rentrer les jambes sous soi, et nous renonçons à aller au delà de l' « arroyo » principal, faire connaissance avec la concession américaine où se trouve Astor-House, bel édifice, nous dit-on, « *The most elegant and confortable Family Hotel in Shanghaï* », dit la réclame insérée dans les journaux. Nous lui avons préféré la situation plus centrale et la bonne hospitalité française de notre tranquille Hôtel des Colonies.

Nous fûmes tous d'accord pour négliger aussi le théâtre chinois, l'impression que nous avions eue à San Francisco de l'aptitude de ce peuple pour l'art dramatique et la musique nous paraissant suffisante.

Après dîner, je hélai un des guides qui stationnent à la porte de l'hôtel pour pouvoir parcourir sans risque de m'égarer les rues voisines jusqu'au quai du Wangpooh, du côté où s'élève le consulat de France. Mais tout est désert à cette heure trop tardive pour les habitudes de céans, il n'y a plus de boutiques ouvertes et les globes électriques sont limités à un certain nombre de points dans le centre de la concession.

A 10 heures et demie, il nous fallut quitter l'hôtel. Quelques minutes nous conduisirent au quai ; le petit vapeur *Wangpooh* nous attendait où il nous avait déposés la veille et ayant suffisamment fait l'expérience de cette navigation peu confortable, je me blottis immédiatement dans la cabine, où je sommeillai contre l'épaule d'un respectable seigneur chinois, vêtu de brocard bleu, doublé de peau de mouton.

CHAPITRE IX

Le trajet de descente ne prit pas, comme je l'avais espéré, moins de temps que celui de l'arrivée; la marée, qui se fait sentir très fort dans les rivières de ces pays plats et remonte leurs moindres affluents, retardait sans doute notre marche.

18 Décembre. — La manœuvre nécessaire pour accoster au paquebot fut longue aussi, et il était 1 heure moins 1/4 quand nous nous trouvons à bord de l'*Ernest-Simons*.

Nous connaissions déjà nos cabines, je n'eus donc d'autre souci que de me mettre au lit et de me livrer promptement aux douceurs du sommeil.

Ce navire, qui est installé avec le plus grand luxe, est très long. Il a 147 mètres; ce n'est cependant pas autant que *la Touraine*, qui en a 165 et est aussi sensiblement plus large. On dit que le type de construction de l'*Ernest-Simons* n'est pas à préférer; n'étant pas assez large pour sa longueur et sa hauteur, il est particulièrement sensible au roulis, bien que ce défaut, reconnu grave dans ses premiers essais, ait été en partie corrigé par l'adjonction de quilles supplémentaires. Les fâcheux ajoutent même qu'il ne serait pas facile à manier s'il venait à rencontrer un de ces cyclones appelés « typhons », qui sont la terreur des mers du Japon et de Chine, mais, heureusement pour nous, n'y surgissent, dit-on, que pendant la saison d'été.

Ici aussi, il y a, comme sur la *Touraine*, au-dessus des cabines de 1re classe, encore deux ou même trois étages : au premier, la vaste et brillante salle à manger, entourée d'un promenoir couvert; au second, le pont découvert sur lequel sont établis, au centre, un salon de musique, à l'arrière, un grand fumoir, à l'avant, un salon de lecture. Plus haut encore, il y a à l'avant comme un troisième pont, d'où les passagers sont habituellement exclus, et où est situé l'appartement du commandant; plus haut encore, la passerelle !

Navigation d'abord agréable à travers une série d'archipels contigus, formés d'innombrables îles d'aspect montagneux et stérile : ce sont, paraît-il, les îles dites d'Elliot, Fisherman, Chiusan et autres, qui toutes appartiennent à la Chine. Puis on les perd de vue, et la mer, demeurée jusque-là d'un ton jaune, revient soudainement à une teinte foncée et grossit un peu. Elle nous prend de flanc, le vent étant à l'Est, sans que, cependant, le mouvement soit pas jusqu'à présent très sensible. Le ciel est resté nuageux toute la journée et il a plu beaucoup l'après-midi, ce qui est toujours ennuyeux à bord. En revanche, comme nous marchons vers le Sud, la température est très radoucie, et je quitte ma fourrure pour la première fois depuis mon arrivée au Japon, et probablement pour jusqu'en Europe.

19 Décembre. — Journée sans incident. La nuit a été un peu plus agitée, mais pas assez pour empêcher mon sommeil : je commence à croire qu'on a calomnié ce beau navire.

La jeunesse joue aux palets (jeu classique des paquebots qui consiste à lancer des disques sur une planche partagée en carrés que distinguent de plus ou moins gros numéros), Puis, dans le fumoir, on joue aux échecs, tandis que je me réfugie pour ma correspondance dans le salon de lecture, évitant les exercices de piano qui ont lieu au salon de musique.

La société venue du Japon sur le *Salazie*, se trouve accrue de quelques passagers pris à Shanghaï : d'abord des Anglais comme toujours, puis trois ou quatre fonctionnaires russes, militaires ou civils, qui, venant de Wladivostock en Sibérie s'en retournent en Europe, en faisant le tour de l'Asie par mer : l'un d'eux accompagne une dame suédoise fort élégante, d'une situation mal définie.

On a embarqué beaucoup de passagers dits d'entrepont qui prennent l'air à l'avant du navire, et, du haut de la passerelle, nous pouvons contempler cette réunion bigarrée, de Chinois, de Malais, d'Indiens à turban, qui, acculés dans cet étroit espace trouvent cependant moyen de s'y installer côte à côte sur leurs nattes suivant l'usage de chacun.

L'après-midi une bonne brise du Nord, qui nous pousse un peu, a nettoyé le ciel, et nous avons pu admirer un beau coucher de soleil.

On n'est pas loin de terre : on a croisé beaucoup de vapeurs et vu les points saillants de la côte chinoise avec leurs phares.

20 décembre. — Ce matin nous avons franchi le Tropique du Cancer, vieille connaissance que je me sens tout surpris de retrouver après lui avoir dit adieu, dans des circonstances inattendues, il y a un peu plus de huit ans. Nous voilà donc, en peu d'heures, déjà transportés bien loin des frimas du Japon et de Chine : cependant il fait encore frais, 16 degrés. La mer est calme, d'un joli vert clair, mouchetée de petites ondes blanches, et sillonnée de jonques à voiles enflées, d'un beau jaune doré : navigation charmante en somme.

On longe la côte montagneuse et pittoresque. Puis, pendant que nous déjeunons en hâte, vers 10 heures, on se trouve soudain dans la rade de Hong-Kong ouverte au nord-est par l'étroit goulot que nous venons de franchir. Situation admirable que celle de cette ville s'allongeant sur les quais et s'étageant sur la montagne escarpée au milieu des bosquets de verdure. Impossible en se trouvant dans cette belle rade, de ne pas penser à celle de Rio-de-Janeiro, quoique la ressemblance ne consiste guère que dans la douce température d'un beau jour d'hiver tropical, et la nuance azurée du ciel et de la mer. Ici, en effet, on ne retrouve ni l'ampleur de la baie, ni l'étendue de la ville, ni surtout la luxuriante végétation du Brésil. Les contours de la rade où nous nous trouvons ne sont pas sans grandeur, mais ils demeurent arides, la verdure qui embellit les alentours de la ville, n'ayant été plantée que depuis l'annexion anglaise qui remonte à 1841. Du reste le soin intelligent, que le goût britannique apporte partout à ce genre d'embellissement, a été couronné de succès : les araucarias et même les pins voisinent avec les palmiers, les bananiers de diverses espèces, les fougères arborescentes et tous les arbustes tropicaux.

Aussitôt que possible nous nous faisons conduire au quai par un « sampan »(1), puis gagnons à pied la masure à nombreux étages qui s'intitule : *The Hong-Kong Hotel*. Elle est comble, paraît-il, et pour 6 piastres ou dollars chinois nous n'avons qu'une seule chambre mal éclairée par un semblant de cour obscure. Mais il nous faut cet asile momentané pour déposer notre petit bagage et nous entendre avec le blanchisseur, industrie inconnue, en général, à bord des paquebots.

Laissant la jeunesse vaquer à ces détails, je cours à la *Chartered Bank* où j'ai le bonheur de trouver enfin toute une série de lettres d'Europe du 26 octobre au 11 novembre : 55 jours de date ! Mais peu importe la date pourvu que nous ayons enfin des nouvelles des nôtres !

On se rejoint pour aller à l'agence de la « *Hong-Kong, Canton and Macao Steam-Boat Company Limited* », retenir des places sur le bateau qui doit nous conduire l'après-midi à Canton. C'est M. Sch.., une connaissance du Brésil, rencontré inopinément à l'hôtel, qui, très aimablement, tient à nous servir un moment de cicerone. Nous le quittons bientôt, car il nous faut entreprendre l'ascension du Victoria-Peak, sommet le plus élevé de l'île de Hong-Kong, qui atteint 550 mètres d'altitude.

Nous prenons, pour gagner la station du chemin de fer funiculaire, des chaises à porteur, ou plutôt palanquins, qui stationnent dans les rues et sont portées chacune sur les épaules de deux Chinois. Nous croyons avoir fait comprendre à ces indigènes agiles que nous voulons aller au « *Peak railway* », et les voilà aussitôt partis de leurs pieds légers.

On escalade de charmantes allées verdoyantes bordées de grandes fougères, qui font penser à la montée de Laranjeiras au Corcovado. Mais nos porteurs montent, montent

(1) Nom usité sur les côtes de Chine pour désigner toutes les menues embarcations, à rames ou à voiles.

toujours : impossible de les arrêter, puisqu'ils ne comprennent autre chose que le chinois. Enfin, l'air entièrement satisfait du service qu'ils croyaient nous avoir rendu, ils nous déposent à l'entrée d'une terrasse d'où l'on a une fort jolie vue sur le port mais qui est évidemment loin et fort au-dessus de la station que nous cherchons!

Impossible de nous faire entendre, ni de ces braves gens ni des autres individus qui passent et repassent sur la route! Même le beau *policeman* d'origine malaise, en uniforme bleu foncé et turban rouge, ne comprend que fort mal l'anglais! Nous ne savions plus à quel secours en appeler, lorsqu'un passant plus instruit a consenti à nous servir de truchement avec nos porteurs; et nous voilà enfin repartis sur leurs épaules à travers les bambous, redescendant jusqu'à une des stations du chemin de fer. Cette ligne funiculaire qui couvre plus de la moitié de la hauteur de la montagne, nous dépose en quelques instants au terminus de *Peak's Hotel*.

De là, laissant derrière nous plusieurs immenses hôtels-sanatorium, en grande partie déserts, ou même fermés en cette saison d'hiver, puis flânant le long des pentes gazonnées et faisant halte à différentes terrasses, nous atteignons à pied le sommet, où s'élève un mât à girouette et c'est sur ce plus haut point de l'île, qu'en nous abritant tant bien que mal du vent nous achevons de dévorer la correspondance de France, tant attendue!

Puis nous jouissons de cette admirable situation : air délicieux, merveilleux panorama sur l'île de Hong-Kong tout entière, avec ses montagnes, ses vallons parfois boisés, descendant jusqu'à la mer; ses alentours, semés d'îlots, et au delà du port rempli de navires, la zone du continent chinois bornée par les montagnes, où les Anglais occupent, en face de Hong-Kong, la péninsule de Kowloon et ont établi leurs docks, arsenaux, dépôts. Ici encore, les nombreux îlots semés en groupes pittoresques dans la mer bleue et certains contours des montagnes reportent la pensée aux approches de la baie de Rio!

Du sommet au chemin de fer, nous redescendons en un quart d'heure, puis en quelques minutes de wagon, au niveau de la ville, où sur l'aimable recommandation du directeur du *Chartered Bank*, je vais visiter le *Hong-Kong-Club*.

C'est un superbe édifice situé non loin de la pelouse de *cricket* et de *tennis* et contenant lui-même une galerie à jeu de quilles et de boules et toutes les autres ressources d'un établissement de ce genre. Au premier étage, se trouvent le restaurant et les confortables salons de lecture où les *gentlemen* du haut commerce de Hong-Kong se donnent l'illusion de l'hiver en étendant les pieds sur les chenets d'une cheminée brûlant un charbon de terre très superflu à mon avis pour la température locale, et dégustent leur thé sur le guéridon voisin. A l'étage supérieur, il y a une importante bibliothèque, puis des chambres à louer aux membres du Club.

Pendant ce temps mes jeunes gens vaquaient à leurs affaires : il fallait, cette fois, se munir du classique casque colonial en liège recouvert de blanc, puis de chaussures et vêtements pour les tropiques.

Je les rejoins en passant devant la statue de la Reine-Impératrice qui orne un *square* encore non achevé, et suivant ensuite la rue dite *Queen's road*, aux constructions imposantes : palais pour les diverses banques, hôtels, grands magasins de librairie ou de bibelots de luxe.

Fort amusant aussi le public bizarre qui y circule : aux *gentlemen* corrects, aux uniformes militaires anglais, à l'élément chinois qui y forme le gros de la population se mêlent des types à costumes étranges, venus de la Malaisie ou de l'Inde : à noter surtout des personnages imposants vêtus de longues redingotes en drap foncé, rigoureusement boutonnées et coiffés d'un bizarre bonnet de haute forme en paille noire, incliné en arrière, et sans visière qui garantisse les yeux contre le soleil. Information prise, ce sont des *Parsis*, cette race singulière qui, transportée, pense-t-on, de la Perse dans l'Inde, y a élevé, en

CHAPITRE IX

se livrant exclusivement au commerce et aux opérations de banque, de si colossales fortunes.

Cette grande artère, qui constitue à elle seule presque toute la ville, nommée Victoria, se termine à l'extrémité sud par le quartier chinois dont nous avons dû négliger la visite. Après avoir erré jusqu'à près de 5 heures pour trouver les boutiques de divers tailleurs à noms chinois, dont on nous avait recommandé les aptitudes, il nous a fallu en hâte regagner l'hôtel pour y reprendre notre bagage et le faire porter le long du quai de commerce, au vapeur qui devait, à 5 heures et demie, nous emmener à Canton.

Le *Fatshan*, est un vapeur de rivière, à fond plat, plus large que haut, mais grand et bien installé. Nous y avons chacun une cabine ; l'arrière est occupé par un grand salon servant aussi de salle à manger, d'où on peut monter sur le pont pour jouir du paysage. Navigation charmante à travers les îles qui forment l'issue de la rade du côté du sud-ouest : coucher de soleil admirable, dorant un ciel sans nuage, puis nuit étoilée. Pendant le dîner tardif, vers 8 heures, on a jeté l'ancre pour attendre la marée favorable.

21 décembre. — On se réveille accosté à une jetée en bois qui aboutit au quai de Canton, au pied duquel fourmillent les embarcations chinoises guettant les clients.

Bientôt les guides-interprètes se présentent à bord et nous engageons celui dont la carte porte : *Ah Cum 3rd son*, (sans doute le 3me fils du père de famille Ah Cum).

Ce Chinois parle assez mal son « *Pigeon-English* » (1), mais nous est indispensable tout de même, et vers 7 heures et demie, nous voilà partis sous sa conduite en cinq chaises à porteurs, car lui-même en prend une, fermée, formant palanquin, tandis que nous préférons celles qui, étant découvertes, nous laissent jouir plus complètement de la

---

(1) *Pigeon* (ou *Pidgen-English*), anglais estropié et mélangé de mots chinois, usité sur les côtes de Chine.

vue. Chacun de ces véhicules emploie trois hommes : c'est nécessaire, paraît-il, pour la tournée assez longue de la ville.

Nous sommes comme à Hong-Kong, à leur merci : une fois qu'ils ont reçu les instructions du guide, rien ne saurait arrêter leur marche précipitée.

La matinée est fraîche, presque froide. Ne nous en plaignons pas : nous sommes sous le tropique.

53. — La pagode à cinq étages sur les murs de Canton.

54. — Murailles de Canton.

55. — Canton : Rangées de cellules pour candidats au baccalauréat.

56. — Canal Shameen, à Canton.

CHAPITRE X

Canton. — Saïgon. — Singapore

Nous faisons ainsi, au pas de charge, une tournée à peu près complète de cette fameuse ville chinoise, qui passe pour avoir près de deux millions d'habitants, mais, par suite de l'extrême entassement de la population, ne présente pas une surface aussi étendue qu'on pourrait penser, de plus, à en croire le *Guide book*, 300,000 personnes vivent sur l'eau, dans les innombrables embarcations.

C'est, en somme, en beaucoup plus grand, ce que nous avons vu à Shanghaï : ce sont les mêmes ruelles encombrées, rétrécies par les grandes enseignes pendant transversalement, en planches noires à caractères dorés. Ici pourtant, elles semblent un peu moins immondes, surtout dans la partie la plus voisine du port, dite nouvelle ville, bien que son enceinte remonte à l'an 1568 de notre ère !

Notre guide nous fait commencer par la visite de certaines industries spéciales : peintures sur papier, dit de riz, suivant la désignation vulgaire quoiqu'en réalité il soit fabriqué de la moelle d'un arbre croissant sous l'eau ; broches et autres ornements en plumes bleues de martins-pêcheurs, que la patience chinoise adapte les unes aux autres en les collant au moyen de pinces. Le maniement de ces petites plumes d'un bleu tendre dont chacune ne dépasse pas, en longueur, un quart de centimètre, exige un tel effort de la vue que suivant notre guide, les artistes qui se consacrent à cette spécialité d'assez mauvais goût, ne tardent pas à devenir aveugles.

Les ivoires, sculptés avec un art également minutieux, les

éventails, les soieries, tout cela nous semble fort inférieur à ce que nous avons vu au Japon : on est loin de la grâce élégante qui distingue en tout genre les travaux des Japonais. Nous faisons pourtant acquisition d'un joli jeu d'échecs portatif, puis d'un étui contenant le couteau et les bâtonnets dont les Chinois du monde élégant font usage pour s'alimenter.

Mais bientôt nous en avons assez de toute cette industrie d'un caractère mesquin.

On nous conduit au temple des « Cinq cents Génies », cinq cents statues dorées des disciples de Bouddha, apparemment semblables dans leur attitude, mais toutes différentes dans leurs traits et leur expression. La première à l'entrée, à gauche, est celle du sage empereur Kien-Lung, dont le règne bienfaisant qui s'est prolongé pendant 60 années du xviiie siècle a laissé un grand souvenir dans l'imagination du peuple chinois; on y voit aussi celle de son prédécesseur Kang-Si qui régna de 1654 à 1723 et, dans le fond, parmi les autres, on nous fait remarquer celle du grand voyageur italien Marco Polo, dont le chapeau et le type européen le font aisément distinguer de tous ces asiatiques. Ces bons Chinois ont voulu en faire comme un boudhiste posthume en l'enrôlant parmi les saints de leur religion. Les constructions en bois dans l'une des salles desquelles sont rangées ces statues, n'offrent aucune beauté, et le souvenir des richesses de l'art japonais ramène constamment à l'esprit une comparaison désastreuse pour la Chine.

On nous arrête un moment parmi les beaux arbres de l'enclos où fut jadis le consulat britannique détruit par un incendie et d'où l'on aperçoit une majestueuse pagode de grande hauteur, puis traversant toute la ville, nous aboutissons à la pagode à cinq étages, qui n'a de pagode que le nom et non la forme, car ses divers étages comportent des salles allongées, ouvertes sur leur grand côté où furent cantonnés, paraît-il, les soldats anglais et français lors de l'occupation de 1857. Cet édifice occupe, en effet, dans Canton, une position dominante à l'extrémité la plus élevée de la ville, et est construit sur le haut des remparts qui entourent encore aujourd'hui la cité proprement dite. De l'étage supérieur, on embrasse un vaste panorama de la ville entière et de la campagne environnante bordée par les montagnes.

Sur divers points, nous remarquons un certain nombre de tours peintes en noir, d'une forme carrée, inusitée dans ce pays, et dominant le reste des constructions qui, comme ailleurs en Asie ne comportent guère que des rez-de-chaussée : informations prises auprès de notre guide, nous finissons par comprendre que ce sont des « *pawn-shops* », c'est-à-dire des Monts-de-piété où s'entassent les vêtements, les étoffes de soie et autres richesses dont les propriétaires se trouvent dans la gêne.

Le jeu est, en effet, une des passions des Chinois et contribue sans doute beaucoup au succès de ce genre d'établissements. Il en est de même au Japon où cependant l'on n'a pas adopté ces singulières tours destinées à mettre en sûreté les trésors accumulés par l'usure, mais où les *curumayas* eux-mêmes, paraît-il, engagent pour quelque fraction de *yen* leurs rudimentaires vêtements.

Du haut des murailles nous redescendons en ville à la clepsydre ou horloge à eau, où le liquide tombant goutte à goutte dans un récipient, fait monter un flotteur muni d'une règle graduée. Ce mécanisme primitif, dont l'unique mérite est de remonter à plus de mille ans, ne nous retient pas longtemps, non plus que le terrain des exécutions qui, Dieu merci, ne fonctionne pas en ce moment, et se borne à un espace sablonneux limité par des palissades.

Plus curieuse est l'enceinte consacrée aux examens qui, étant le premier pas pour arriver au mandarinat, constituent, comme on sait, l'aspiration de tout jeune chinois doté de quelque aisance. C'est, en quelque sorte, le pendant de notre baccalauréat, mais le mécanisme en est différent. Ce local, ouvert à tout vent, comporte, en effet, une série innombrable de cellules, 12.000, dit-on, ouvertes chacune sur une des faces, que barre une grosse chaîne. Le candidat est obligé d'y passer trois nuits et deux jours pendant lesquels il doit préparer le sujet qu'on lui a donné comme texte d'examen écrit. Des sentinelles se promènent dans les ruelles où sont rangées les cellules, et l'élève qui tenterait de communiquer avec l'extérieur est puni du supplice de la cangue.

Nous ne pouvons qu'entrer un moment au tribunal judiciaire, où des tables assez primitives attendent les juges sous un hangar ouvert. Mais nous avons la chance d'y assister à l'entrée bruyante d'un mandarin en palanquin suivi de son escorte de cavalerie habillée de rouge, qui, montée sur des poneys minuscules, nous laisse une impression des plus ridicules ; les chevaux chinois pourraient rendre des points, en fait de taille insuffisante, même à ceux du Japon.

En revanche, les habillements de ces personnages officiels, dont nous avons croisé plusieurs dans notre tournée par la ville, sont fort beaux, en satin de couleur foncée, le plus souvent d'un beau bleu, et richement brodés d'un emblême doré, une sorte de dragon contourné qui occupe le milieu de la poitrine. C'est du moins ce que nous pouvons apercevoir dans le passage rapide des palanquins. D'après ce que nous apprenons en interrogeant notre guide, ces beaux messieurs ne sont cependant pour la plupart que des officiers d'ordre inférieur, des commissaires de police, peut-être. La richesse de ce fonctionnalisme fait un singulier contraste avec la misère en haillons du reste de la population.

Nous jetons à contre gré un coup d'œil sur l'enclos qui sert de prison et contre la grille duquel se pressent les figures hâves des malheureux détenus chargés de chaînes.

« Le Temple de l'Empereur » ou des « dix milles ans », qui est, paraît-il, le plus riche de la ville, n'est pas visible aujourd'hui. On nous dédommage par le « Temple des horreurs », où on voit tout autour, dans des recoins formant des chapelles, des figures en bois peint représentant au naturel les différents supplices usités dans la justice chinoise.

Enfin, nous aboutissons à la nouvelle cathédrale catholique, majestueux édifice gothique en pierre blanche dont les deux tours s'aperçoivent de tous les points de la ville, et dont la beauté grandiose repose l'œil et l'esprit fatigués de toutes les misères et horreurs de la civilisation chinoise. Cette église, dont la construction est due aux Missions Étrangères de France, est le plus bel édifice religieux que nous ayons rencontré depuis l'Amérique. Elle n'est pas encore livrée au culte, et les ouvriers travaillaient à l'intérieur, de sorte qu'il fallut appeler un jardinier chinois pour nous ouvrir. Cependant, le maître-autel semble prêt; les bancs pour les fidèles y sont aussi, ainsi que de beaux vitraux faits à Toulouse, représentant Saint-Louis et les autres saints de France, et j'y pus faire une prière, en ce 44ᵉ anniversaire de ma première communion !

A côté, dans un assez joli jardin, s'élèvent un orphelinat et la maison de la mission. Un Père se promenait sous la véranda, son bréviaire à la main, mais ne disposant que de peu d'instants, je n'osai pas le déranger. J'aurais souhaité, cependant, savoir quelque chose de la vie et des œuvres de ces hommes évangéliques qui ont réussi à élever un si beau monument, défiant en quelque sorte immense population hostile qui les entoure et les expose constamment aux dangers d'une mort cruelle ; à la moindre commotion politique, on verrait sans doute se répéter le massacre qui eut lieu à Tien-Tsin au mois de juin 1870, et où, sous l'œil indifférent des mandarins, la populace d'égorgeurs chinois mit à mort, en quelques instants, tout le personnel du Consulat de France, ainsi que les deux missionnaires chargés de l'église et les quelque douze sœurs de saint Vincent de Paul qui s'y consacraient à un orphelinat. Pour le moment, le gouvernement chinois donne à la mission un simulacre de protection en maintenant, à l'entrée du terrain, un corps de garde où d'immondes soldats, vêtus de leurs sarreaux incolores, jouaient aux cartes et aux dés devant leurs hallebardes et leurs piques déposées contre le mur : scène digne du moyen-âge, qui n'était pas pour relever à nos yeux le prestige de l'organisation militaire chinoise.

Il est midi ; nous nous hâtons de gagner l'îlot artificiel de « Shameen », relié au faubourg Ouest de la ville par deux ponts jetés sur un canal étroit et encombré d'embarcations. C'est une concession occupée exclusivement par les Européens, et où sont aujourd'hui établis tous les consulats.

Les avenues et les quais de ce quartier européen sont bien plantés de beaux arbres banyans et les résidences des Consuls où flottent leurs pavillons, ou celles des riches commerçants, sont embellies d'élégants jardins verdoyants ; c'est un contraste complet avec la ville que nous venons de parcourir.

L'Hôtel Victoria, où nous déjeûnons, tenu par un portugais, est médiocre sous tous les rapports ; le rez-de-chaussée aux pièces mal aérées suinte l'humidité.

A 2 heures moins 20, nous remontons dans nos chaises, et, rentrant dans la ville nouvelle, qui se trouve en dehors de l'enceinte primitive de l'antique cité, nous nous faisons déposer à la rue du Jade ou « *Ty Sing Kai* ». Cette ruelle est la plus propre de tout Canton et, bien dallée, forme un promenoir qui fait penser de loin à la *Calle de la Sierpes* de Séville. Les boutiques en sont consacrées presque exclusivement au commerce des objets en jade, pierre d'un vert clair, dont on fait des boutons, des boucles d'oreilles si appréciées, en dépit de leur poids et de leur difformité, par les Chinois des deux sexes, des couteaux à papier et autres objets de luxe. Ces ornements d'un goût douteux ne nous tentèrent point : je ne trouvai nulle part la transparence qui fait, parfois, le charme de ce minéral particulier à la Chine.

Comme contraste, nous demandâmes à voir une boutique de nids d'hirondelle. Hélas, l'odeur répugnante de ce comestible fameux n'engage point à en goûter ; il est de même du vin d'orange qui constitue la boisson la plus usitée du peuple de Canton et qu'on vend dans des bouteilles de fabrication fort primitive. L'alimentation chinoise ne semble pas de nature à séduire le goût européen! Un des spectacles les plus frappants des rues de Canton est l'abondance des quadrupèdes tout rôtis dans leur peau qu'on voit suspendus aux étalages, ou colportés par les rues au moyen de longues perches ; cochons de lait, chiens ou chats, peu importe au goût chinois.

Pour compléter la journée, j'eus l'idée malencontreuse de demander à aller voir le « Temple de la Longévité », où le *Guide book* signalait un jardin pittoresque et intéressant. Mais ce jardin, situé derrière le temple n'était pas, paraît-il, ouvert au public et nous ne vîmes que de petites plates bandes dont les petits arbustes taillés étaient, d'après un goût particulier à ces pays et fort disgracieux, surmontés de petites têtes humaines reproduites en faïence blanche. Au moment où nous nous hâtions de remonter dans nos chaises, la hideuse populace chinoise en guenilles qui stationnait, comme ailleurs, sur le parvis du temple, fit retentir l'air de huées bruyantes et lança même derrière nous des pelures d'oranges, des trognons de légumes, voire même des pierres, dont l'une atteignit la dernière de nos chaises à porteurs. Nous eûmes là un indice saisissant de la mauvaise volonté du peuple chinois contre les étrangers. Il paraît que ces sentiments de haine sont, en ce moment, surexcités par la nouvelle de l'occupation allemande d'un point du territoire chinois. Entre les différentes nationalités de l'Europe, ce peuple ne distingue guère, et les enveloppe toutes d'un égal sentiment de mépris et de jalousie. Déjà, dans d'autres parties de la ville, j'avais remarqué plusieurs fois le bruit anormal de pétards tirés sur le passage de nos palanquins ; mais notre guide, imperturbable, avait, en dépit de mes interrogations, trouvé moyen de garder à ce sujet un silence prudent, ne se souciant pas, apparemment, de nous laisser connaître les sentiments malveillants nourris à notre égard par ses compatriotes.

Revenus au quai, nous abandonnons les palanquins pour nous embarquer, toujours sous la conduite de notre guide, dans une petite jonque à rames qui circule adroitement parmi les innombrables habitations flottantes stationnées sur la rivière. Nous voulions surtout faire connaissance avec les célèbres « bateaux de fleurs » qui sont un des tristes caractéristiques de la civilisation chinoise.

A défaut de moralité, nous pensions, du moins, trouver quelque trait pittoresque dans ces établissements fluviaux, mais nous fûmes promptement détrompés et en sortîmes bientôt avec dégoût : ces salons sans ornementations, auxquels on accède par des escaliers qui ne sont guère que des échelles, ne renferment que de pauvres et toutes petites jeunes filles tristement habillées de sarreaux noirs. Ces malheureuses enfants, chez lesquelles le repoussant type chinois, émacié et alangui par le climat tropical, n'est relevé par aucun charme, viennent spontanément s'offrir aux regards des visiteurs. Nous nous empressons de nous soustraire à ce repoussant spectacle et de regagner notre jonque, qui nous conduit au « *Swatow Guild Hall* ». Cet établissement donnant sur la rivière est ce que nous avons vu de plus joli dans Canton. C'est, paraît-il, une sorte de club construit, il y a peu d'années, par les riches commerçants chinois; il comporte plusieurs édifices comprenant divers oratoires ou temples bouddhiques et une scène pour spectacles, donnant sur une des cours. Les toits recourbés dans le style habituel chinois, y sont ornementés de sculptures en bois doré, d'une grande finesse, et il règne dans cette enceinte, évidemment réservée à la classe supérieure de la société indigène, une propreté à laquelle les villes chinoises ne nous avaient pas habitués jusqu'à présent. Ce n'était pas l'heure, apparemment, où ce lieu est fréquenté par les seigneurs de l'endroit, car nous n'y trouvâmes que les gardiens, ayant assez bon air dans leurs tuniques à plastrons écarlates, agrémentés de grandes lettres chinoises en noir.

Un uniforme analogue est porté par les hommes de

police chargés de maintenir l'ordre sur le quai où accostent les vapeurs. Le mandarinat chinois qui laisse la force armée dans l'état déplorable dont nous avons été témoin au corps de garde de la mission réserve apparemment ses soins et ses frais à vêtir convenablement le personnel appelé à se montrer le plus souvent aux riches étrangers de passage.

Nous en avions tout de même assez de Canton et de ses chinoiseries, et vers 3 heures et demie, nous rentrions dans le « *Fatshan* », qui s'ébranlait une heure plus tard.

Soirée admirable : les larges bras de rivière qui forment les approches de Canton se coloraient de teintes vénitiennes contrastant avec le jaune d'or des grandes voiles latines des jonques qui remontaient le courant, et le soleil, se couchant derrière les hauteurs lointaines, embellissait les rives, peu accidentées, mais semées de pittoresques touffes de bambous, d'orangers ou autres arbres de culture.

On passe près d'un îlot, où une enceinte de solides murailles renferme une haute tour carrée ; je ne m'attendais guère à trouver en Chine ce vague souvenir de Chillon.

22 décembre. — On jeta de nouveau l'ancre pendant la nuit, et ce matin, vers 7 heures, nous accostions au quai de Hong-Kong.

Laissant à la jeunesse le règlement des comptes de l'hôtel et des emplettes, je m'occupai d'expédier mes télégrammes pour l'Europe, dont le prix exige à des calculs assez compliqués, pour la conversion des livres sterling en piastres ou réciproquement.

La Chine n'ayant pas de papier-monnaie, la monnaie courante y est la piastre d'argent, intitulée mexicaine parce qu'elle provenait primitivement de cette contrée de l'Amérique où la production de l'argent est, comme on sait, abondante. Bien qu'à peu près semblable comme dimension à notre pièce de 5 francs et légèrement moindre que le dollar des États-Unis, qui vaut environ 5 fr. 25, elle n'est reçue que pour la moitié ou même un peu moins de ce prix, soit de 2 fr. 45 à 2 fr. 50 par cette raison que n'ayant pas cours forcé elle n'a que la valeur vénale de l'argent non monnayé.

L'Angleterre fait frapper pour l'usage de son commerce, en Chine, des piastres d'argent, égales en valeur à celles du Mexique, sans indication de pays d'origine, mais ornées sur une des faces, de l'image guerrière de la « Britannia », et sur l'autre du dragon contourné qui est l'emblème chinois. De là l'équivalence de ces deux désignations si dissemblables en apparence au point de vue géographique : piastre mexicaine ou chinoise. La subdivision de la piastre est formée par une monnaie en cuivre de petites dimensions et portant au centre un trou quadrangulaire.

Le « taël » unité monétaire employée officiellement par le gouvernement chinois, n'est pas représenté dans la circulation : c'est une désignation, m'a-t-on dit, en quelque sorte imaginaire, ce qui n'empêche pas les banques de Shanghaï de le faire entrer consciencieusement dans leurs comptes comme intermédiaire entre la livre sterling et la piastre sans autre avantage apparent que de compliquer, en les doublant, les opérations de calcul. On m'y a compté, de cette façon, le taël à 2 shillings 7 pences 3/4, soit environ frs. 3.32.

Je me fis conduire ensuite en chaise à l'église catholique, située sur la hauteur, dans un quartier verdoyant, et entourée d'une belle terrasse : ce vaste édifice demi gothique, est construit dans un goût un peu trop anglais, fort éloigné de l'architecture majestueuse et élégante de l'église française de Canton. Aucune harmonie n'a présidé à sa construction, les arceaux de la nef étant en fer et ceux des bas-côtés recouverts de plâtre reposant sur des piliers de granit.

Un jeune prêtre, portant barbe, achevait la messe, à laquelle assistaient un certain nombre de femmes chinoises, les unes en pantalon de serge noire, suivant l'usage peu élégant de ce pays, les autres, plus âgées, enveloppées dans de vastes voiles de même étoffe, dissimulant au moins ainsi tout ce qu'il y a de disgracieux dans la race chinoise.

Nous nous réunîmes pour nous faire conduire, toujours en palanquin, chez le gouverneur, sir William Robinson, dont nous n'avions pu, à cause de notre course à Canton, accepter la veille, l'invitation à dîner. Assisté d'un jeune aide de camp, il nous fait les honneurs de sa belle résidence, située dans un charmant jardin en terrasses. De la verandah, qui longe les luxueux salons bien aménagés pour échapper à la chaleur, on jouit d'une belle vue sur le port et ses innombrables navires de guerre et de commerce. Les appartements de réception sont complétés par une vaste salle de bal pouvant contenir jusqu'à cinq cents invités.

Devant le corps de garde à l'entrée du jardin, de superbes soldats hindous en tunique rouge et aux turbans mi-partie rouge et jaune d'or présentent les armes. On a l'impression de la puissance britannique qui, même sur cet îlot perdu dans l'Extrême-Orient, sait s'affirmer par le luxe et le confort en même temps que par l'importance des éléments militaires. L'aide de camp nous informe que la garnison compte plusieurs régiments et qu'on verra ces jours-ci, réunis dans cette merveilleuse rade, jusqu'à 14 navires de guerre britanniques appelés des différents points pour faire face aux éventualités qui peuvent naître de l'occupation de Kiao-Tchéou par les Allemands.

La matinée était radieuse et fraîche : 15 degrés seulement. On est au solstice d'hiver, c'est le bon moment de la zone tropicale et les souvenirs de Rio de Janeiro affluent à la pensée.

Nous redescendîmes à pied en 5 ou 10 minutes, et après avoir ramassé à l'hôtel les petits bagages, à 11 heures nous regagnons en « sampan » l'*Ernest-Simons*.

Nous apprenons de nos compagnons de voyage que leur tournée dans Canton a été agrémentée par un accueil non moins aimable que celui qui nous fut fait à la sortie du parvis du « Temple de Longévité ».

A midi précis, heure réglementaire, le navire se met en marche, mais pour s'arrêter bientôt, car on rencontre le *Laos*, paquebot arrivant de France, beau navire de construction plus récente que le nôtre et de dimensions encore plus grandes, mais où l'expérience a, paraît-il, fait éviter le défaut de stabilité remarqué dans l'*Ernest-Simons*. On prend la correspondance destinée à l'équipage de celui-ci. Il n'y en a pas, hélas! pour nous, nos lettres nous étant adressées par d'autres voies, pour ne pas courir le risque de se croiser avec nous sur mer. Nous profitâmes du moins des journaux de Marseille et de Paris qui vont jusqu'au 21 novembre, mais, malheureusement, ne nous servent guère que la triste affaire « Dreyfus-Esterhazy ».

Navigation d'abord agréable, tant qu'on est abrité par les nombreuses îles des archipels qui font ceinture à Hong-Kong. Mais, bientôt, voici qu'on est en pleine mer : le roulis commence à se faire sentir par suite d'un vent du Nord-Est : c'est paraît-il, la « mousson », habituelle en ces parages, qui souffle la moitié de l'année dans un sens, et le reste dans l'autre.

23 Décembre. — Roulis violent toute la nuit. Aucun de nous n'a pu dormir; et à ce désagrément, il faut ajouter celui de ne pouvoir, malgré la température tropicale, ouvrir les hublots de nos cabines, puisqu'elles seraient envahies par les vagues.

Les salons sur le pont étant hors de la portée de la mer, peuvent du moins rester ouverts et la brise y tempère la chaleur, modérée d'ailleurs pour les tropiques : 22 degrés. Toutefois, on n'est pas de brillante humeur : la lecture des livres de voyage et les parties d'échecs dans le fumoir sont la seule ressource de la jeunesse. L'après-midi, les grandes vagues du Nord-Est semblent baisser; il tombe quelques gouttes de pluie.

A dîner, nous avons fait connaissance avec les bienfaisants « pankas », vastes écrans suspendus au-dessus des tables dans le sens de leur longueur et mis en mouvement par une corde que tire un Chinois assis sur le pont à la porte de la salle à manger. Il est assez singulier que cet adoucissement à la souffrance que cause la chaleur ne soit pas connu dans les régions tropicales de l'Amérique du Sud. Cette omission peut s'expliquer par la cherté de la main d'œuvre dans le nouveau continent qui ne dispose pas, comme l'Asie, d'un prolétariat innombrable et affamé.

24 Décembre. — La mer a été de nouveau assez forte durant la nuit. Mais on était si fatigué de la nuit précédente que le sommeil a triomphé du roulis. Le ciel est resté sombre toute la journée; et si ce n'était la température, on se serait cru à la hauteur de l'Angleterre plutôt que sous les tropiques. C'est à peine si l'on a aperçu, à travers la brume, sur les 11 heures, les hautes montagnes du Cap Padaran. On est près de la côte, et depuis ce matin la mer s'est calmée graduellement, de sorte, que vers 4 heures après midi, on a pu ouvrir les hublots des cabines.

C'est la veille de Noël, mais que nous avons de la peine à nous la figurer dans ce milieu si indifférent! Personne n'y pense, et le dîner s'écoule, comme les autres, froidement entre des voisins de rencontre qui ne cherchent pas à se lier, en dépit de la cordialité du commandant de Maubeuge, qui préside en face de moi.

Nous avons laissé à Hong-Kong, M. Hayet, l'aimable botaniste du Muséum, qui devait, de là, prendre pour Haïphong, le vapeur de la Compagnie Tonkinoise, afin de continuer ses études scientifiques dans l'intérieur du Tonkin.

A 7 heures et demie précises, on jette l'ancre devant les deux petits promontoires boisés, entre lesquels s'étend le long de la plage la toute petite ville dite du « Cap-Saint-Jacques », sanatorium des Cochinchinois, qui viennent y chercher, quand ils en ont le loisir, à défaut d'une température plus basse, du moins l'air de mer et le bain de mer. Nous voilà donc dans les eaux françaises, et ce sentiment double la satisfaction de sentir le navire en repos, de pouvoir ouvrir les hublots sans crainte des vagues qui, les jours précédents, envahissaient parfois nos cabines et inondaient notre bagage imprudemment laissé ouvert. Aussi nous disposons-nous à passer une excellente nuit. Il faut en effet, attendre la marée pour continuer, le lendemain, la route vers Saïgon.

25 Décembre. — Noël! Pas moyen d'aller à la messe. Les chaloupes du paquebot communiquent bien avec la terre, mais nous courrions risque de manquer l'heure du départ. Et de plus, nous dit-on, la petite chapelle que nous apercevons n'est guère desservie que dans la saison des bains de mer.

On nous raconte, à ce propos, qu'il y a peu d'années, l'ecclésiastique, qui venait ouvrir l'église pour y dire la messe, se trouva tout à coup seul à seul en face d'un tigre que la menace de son parapluie suffit heureusement à mettre en fuite. On sait que ces carnassiers sont encore aujourd'hui le fléau d'une grande partie du territoire Indo-Chinois, particulièrement de l'Annam, où les habitants ne sont pas autorisés à se servir des armes à feu, nécessaires pour les détruire. Aussi, porte-t-on jusqu'au chiffre de 1.700 le nombre des victimes qu'ils ont faites en une année et dont il faut, paraît-il rendre responsable cette législation, draconienne jusqu'à l'inhumanité.

A 10 heures du matin, l'*Ernest-Simons* se remet en marche pour remonter l'un des bras du vaste Delta du fleuve le « Donnaï » sur lequel est situé Saïgon. Navigation sinueuse à travers un pays entièrement plat (sauf un groupe de collines bleuâtres à l'horizon, à droite), verdoyant de rizières en herbe, de palmiers à tiges gracieuses, et d'autres végétations tropicales. Pas de hautes forêts cependant : la culture les a remplacées.

Plus d'une heure avant d'arriver, on aperçoit, grâce aux circuits du cours d'eau, dominant la campagne, les deux hauts clochers de l'église paroissiale de Saïgon, appelée

57. — Charrette et conducteur cochinchinois, Saïgon.

58. — Sergent de ville annamite. Tramway de Saïgon à Cholon.

59. — Statue de l'amiral Rigault de Genouilly, Saïgon.

60. — Sentinelle annamite : Palais du Gouverneur-Général, Saïgon.

souvent cathédrale, car elle est le siège d'un vicaire apostolique, évêque *in partibus*.

Il est 2 heures et demie, quand le paquebot, après une lente manœuvre, accoste à la berge. Nous nous informons auprès du commandant de l'heure du départ du lendemain, et nous hâtons de franchir la passerelle qui relie le navire à la terre.

Nous voilà aussitôt en plein milieu cochinchinois, entourés par la population locale annamite qui se démène pour se disputer les clients. Nous avisons un des singuliers véhicules qui attendent les voyageurs et qu'on désigne sous le nom de « garry » ou « malabar » : ce sont de petits fiacres couverts, protégés tout autour par des persiennes qui laissent passer l'air et la fraîcheur, mais allongés et tellement étroits qu'on a peine à s'y serrer deux de front : ils sont traînés par un ou deux poneys minuscules, dodus et gentils et trottant fort vite de leurs menues jambes. Les cochers sont des Annamites, qui s'efforcent en vain d'adapter à leur organe rauque quelques syllabes d'un français incompréhensible, nu-pieds, le moins vêtu qu'il leur est possible, le devant de la tête rasé, mais le reste des cheveux conservés longs, pour être ramenés en arrière en un chignon parfois complété par un mince rouleau d'étoffe, plus ou moins sale, formant demi-turban : race de petite taille, à teint jaune, sans barbe, à traits féminins, cependant intelligente et active.

On franchit en cet équipage, sur un beau pont en fer, l'affluent dit « Arroyo Chinois », et à travers les larges et droites rues de la ville bien plantées d'arbres, on aboutit à ce qui s'intitule le « Grand Hôtel Continental ». Fâcheuse impression, surtout après les Etats-Unis et le Japon! Dans la salle à manger obscure donnant sur la rue et dans les compartiments voisins, plus tristes encore, personne pour recevoir le voyageur : rien que des « *boys* » (1), Anna-

(1) Ce terme, d'origine anglaise, est adopté à peu près dans toute l'Asie pour désigner les serviteurs indigènes.

mites ou Chinois, indifférents d'abord, puis effarés par notre insistance à trouver un logement.

Nous comprenons enfin que les patrons européens ne sont pas visibles. De 1 heure à 4 ou 5, c'est le temps consacré à la sieste : la vie est suspendue.

A grand peine obtenons-nous deux chambres blanchies à la chaux, où l'on nous fait espérer de placer quatre lits.

Nous étant ainsi assurés un gîte, nous nous faisons conduire à l'église, qui est tout près, sur une place formant le fond de la rue Catinat, la large et principale artère de l'endroit : église sans caractère, mais spacieuse, demi-gothique, en briques rouges, surmontée de deux flèches en ardoises. Une plaque en marbre rappelle que la construction de cet important édifice religieux fut commencée sous le gouvernement de l'amiral Baron Duperré, et terminé sous celui de M. Le Myre de Villers.

Dans la vaste église grande ouverte, mais vide à cette heure un peu tardive, nous admirons la bizarre mais non choquante ornementation des voûtes et des arceaux, formée par d'innombrables lanternes chinoises, en papier de toutes couleurs, motivée sans doute par l'illumination de la messe de minuit.

Sur un des côtés de la même place, nous pénétrons dans le superbe hôtel, récemment construit, des postes et télégraphes, et dans la vaste salle carrelée et largement aérée, garnie de grandes cartes murales du pays, nous nous occupons d'expédier aux nôtres un télégramme de Noël. A notre grand étonnement, on n'accepte pas la pièce d'or française : il faut, au préalable, convertir les 20 francs en 8 piastres indo-chinoises, pièces d'argent frappées pour l'usage local, de la grandeur de nos pièces de cinq francs, mais ne valant que moitié.

Nous redescendons à pied la rue Catinat et pénétrons dans l'étouffante échoppe d'un tailleur chinois, pour acquisition de vêtements blancs supplémentaires; puis arrivés au quai qui forme l'autre bout de la rue, hêlons une sorte de fiacre ouvert attelé de deux poneys, pour faire la tournée de la localité. Il nous conduit au Jardin botanique, fort bien tenu avec ses allées de beaux arbres ouvertes aux voitures, sa terrasse du bord de l'eau, ses végétaux bien étiquetés et une très jolie ménagerie d'animaux du pays : cerfs ou antilopes, singes, pélicans, marabouts, grues, canards et une grande variété de faisans et autres gallinacés des plus jolies couleurs, y compris notre petit coq domestique, qui est dans ces parages à l'état sauvage et figure sous le titre de « Gallus ferrugineus ».

Puis nous tombons comme pour les *jinrickshas* et les palanquins d'autres régions sous l'autorité de notre cocher avec qui tout dialogue est à peu près impossible et qui nous cahote à son gré et à toute course à travers la campagne marécageuse, puis par devant les principaux édifices publics : Palais du Lieutenant-Gouverneur, Palais de Justice, Prison centrale, toutes constructions imposantes, sinon élégantes. Les sentinelles qui montent la garde appartiennent à la milice annamite fort intéressante par son type particulier, son uniforme en toile écrue, jaunâtre, que serre à la taille le ceinturon, et surtout, par le petit chapeau rond de forme toute spéciale qui ressemble à un couvercle de marmite en terre cuite et ne tient sur la tête qu'au moyen de la mentonnière.

Le soir la jeunesse se rendit au théâtre voisin et se divertit fort à voir le « *Voyage de Corbillon* », quatre actes de M. Antony Mars, musique de M. Victor Roger, tandis que je dormais paisiblement sous une vaste et confortable moustiquière, après avoir absorbé un « continental cocktail » breuvage local au quinine, excellent pour réagir contre l'influence du climat.

26 Décembre. — C'est dimanche : à 8 heures, nous assistons à la messe dite par le vicaire apostolique, Monseigneur Depierre. De la tribune de l'orgue s'élevait le chant de l'*Adeste*, puis du *Laudate Dominum*. C'est apparemment la messe tardive et élégante, qui réunit une nombreuse assistance des classes supérieures : dames et enfants en toilettes claires, officiers et autres militaires. Tous, militaires ou civils, sont habillés de blanc des pieds à la tête, avec le casque colonial blanc aussi : sur la veste blanche l'officier met à la manche ses galons et le troupier d'infanterie de marine ses épaulettes de laine. Tout cela a fort bon air et forme un ensemble élégant approprié au climat.

Au sortir de la messe, une voiture nous conduit d'abord par de jolies allées plantées d'arbres, puis à travers la campagne, en une bonne demi-heure, jusqu'à Cholon, village à larges rues et constructions basses, habité surtout par des boutiquiers chinois, et le cocher, sans nous prévenir nous arrête devant une grille, en disant : « Annamite joli ! »

Nous entrons à tout hasard : c'est l'habitation luxueuse quoique ouverte à tous vents et presque à tout venant, d'un riche Annamite. Il se tient assis dans la galerie principale comme s'il attendait les visiteurs, habillé de blanc à l'européenne, et sans nous connaître, nous fait le plus gracieusement du monde les honneurs de ses nombreux salons, salle de billard, salle à manger, où nous admirons des trophées de chasse (dents colossales et têtes d'éléphants et autres), des armes et une foule de bibelots chinois superbes, surtout de grands meubles incrustés de nacre et de marbre. Il y a aussi, comme montant la garde à l'entrée des salons, d'étranges images de guerriers, habillés de cuir et de peaux de bêtes, lesquelles se soulevant, laissent voir les parties protubérantes du corps représentées par de l'ivoire taillé en pointes! Dans le jardin, se promènent quelques jolies bêtes, surtout des grues délicieuses à tête rouge.

Le français de ce monsieur est pénible, j'en distingue surtout ce qui suit : « Moi faire quatre fois tour du monde, « moi allé Paris, allé Londres, allé Italie, allé tout... moi, « allé Lyon quand Président « toué ». « Il nous montre le portrait d'un de ses fils en Saint-Cyrien, puis en lieutenant de l'armée française, aujourd'hui en garnison en Algérie, ainsi que de sa belle fille, une gracieuse marseillaise. Finalement, après nous avoir offert l'absinthe et le vermouth qui attendaient sur la table, il répond à nos cartes par la sienne, qui porte : « *Do Hun Phuong Doc, Phu Su*, commandeur de la Légion d'honneur ». Nous quittons cette hospitalière demeure, enchantés d'avoir fait connaissance avec ce spécimen de la vie de la classe supérieure annamite.

On nous dit plus tard que le personnage en question est un Annamite fort intelligent, dont l'énergie qui n'y allait pas, paraît-il, de main morte, a rendu de grands services dans les commencements de la colonie, à la pacification du pays et en a été dûment récompensé. Il est aujourd'hui préfet de Cholon et vulgairement connu à cause de la syllabe principale de son trop long titre, sous la désignation de « Phu ou Phou » de Cholon.

De l'autre extrémité du village un tramway à vapeur fort propre, en vingt minutes, nous ramène à Saïgon. Les avenues qui approchent de la ville, sont, ainsi que la plupart des rues et des places, toutes plantées de superbes mimosacées où nous croyons reconnaître le flamboyant et le tamarin. Les troncs et les ombrages de ces beaux arbres atteignent ici des proportions colossales et embellissent beaucoup cette ville encore récente, mais tracée de la manière la plus intelligente.

Quittant le tramway, nous flanons un peu à l'ombre de ces végétaux bienfaisants puis, le long des boutiques de la rue Catinat où les bibelots chinois se mélangent à « l'article de Paris » et sur les quais du fleuve, où la jeunesse prend quelques clichés, entr'autres du joli croiseur de guerre à tourelles, stationné sur le fleuve. Mais nous remarquons avec douleur qu'en plein territoire français, les deux grands vapeurs de commerce, accostés au quai, battent pavillon allemand. C'est un des nombreux symptômes de ce fait aujourd'hui trop avéré à nos dépens et contre lequel se débattent en vain les raisonnements des théoriciens : que le développement commercial et industriel va de pair avec la puissance et la stabilité du mécanisme politique.

Nous visitons les places où se trouvent les statues de l'amiral Rigault de Genouilly, l'un des premiers gouverneurs de la colonie, et du lieutenant de vaisseau Francis Garnier, qui trouva une mort héroïque à l'intérieur du Tonkin.

Puis, il nous faut entrevoir encore le palais du Gouvernement Général, que notre cocher de la veille avait oublié dans sa tournée, bel édifice entouré d'un vaste parc, adossé d'une part à une promenade publique bien ombragée et de l'autre à une grande place, au centre de laquelle s'élève une statue de Gambetta, qui ne fait pas honneur au talent de son auteur.

Saïgon, en somme, nous laisse l'impression d'une ville très bien tracée, bien tenue, où on a su tenir compte des exigences du climat tropical en faisant une large part à l'air et à la verdure.

A 1 heure de l'après-midi, voici de nouveau l'heure classique de la sieste et, tout en achevant de déjeuner, nous voyons subitement comme par enchantement, les tables du restaurant se vider, voire même les volets de la salle à manger se fermer, les patrons disparaître de leur comptoir sans mot dire : ce n'est pas sans peine que nous arrivons à héler une voiture égarée qui veut bien nous ramener au paquebot.

Nous trouvons notre navire tout encombré de brillants habits blancs : on embarque pour France quelques officiers et nombre d'autres sont venus les accompagner jusqu'à bord.

2 heures et demie, le navire s'ébranle. A 6 heures, on dépasse le Cap Saint-Jacques. Le mouvement du navire n'est pas très sensible encore et on a le plaisir de dîner sans les violons. Mais bientôt on retombe sous l'action de la « mousson », et à 10 heures, hélas! on nous contraint à fermer nos hublots pour la nuit, en dépit des 28 degrés de chaleur!

27 Décembre. — Nuit pénible, suivie d'une journée monotone : toujours 28 degrès, ciel gris, pluvieux par moment ; vent de l'Est peu fort, Dieu merci, et cependant « la mer se plaint toujours », ou plutôt le navire roule toujours, ce qui, joint à l'élévation constante de la température, produit un état pénible d'énervement : On n'a plus le courage même d'écrire. On pense avec regret aux vastes étendues de l'Atlantique, où dans la zône tropicale, l'Océan ne s'agite guère, de sorte que le repos dont on jouit à bord compense en partie l'épuisement résultant de la chaleur. Cependant les ondes se calment graduellement : on approche des côtes.

28 Décembre. — Au réveil, on aperçoit des deux côtés les îles qui avoisinent Singapore, îles boisées et légèrement montueuses : peu après on pénètre dans la rade, on dépasse les docks et de nombreux vapeurs à quai, et à 9 heures précises on accoste au *wharf*. Bientôt on nous annone « M. Frederick Weld, *Private Secretarg to His Excellency* », qui me remet une lettre de « M. Sneyd Kynnersley, *Officer administering the Government of the Straits Settlements* », où celui-ci me dit que le Gouverneur, Sir Charles Mitchell (auquel celui de Hong-Kong nous avait obligeamment recommandés par télégramme, est absent à Calcutta, et que le palais du Gouvernement étant en conséquence inoccupé et en réparations, il met sa maison à notre disposition, et nous invite à déjeuner. Ces aimables propositions ne nous permettent pas de nous attarder à observer les exercices aquatiques de la jeunesse du lieu qui tout autour du navire plonge allègrement jusqu'au fond de la mer pour en rapporter quelque menue monnaie de cuivre, lancée dans ce but par les passagers : c'est le même plaisir, du reste, dont à l'escale de Dakar, sur la route du Brésil, nous avons joui souvent aux cris enthousiastes de « Un sou joli, Mossiu, Mossiu, joli », poussé par les jeunes sénégalais.

La passerelle franchie, nous traversons un dédale de

fiacres semblables à ceux de Saïgon, dont les cochers s'efforcent en vain de s'approprier nos personnes, et atteignons enfin le beau landau du Gouverneur, dont les domestiques malais ont fort bon air, nu-pieds avec leurs tuniques rouges et leurs chapeaux en forme de turban, rouge et or.

Traversant d'abord des terrains marécageux, en partie laissés à découvert par la marée, nous gagnons le parc de « Government House », beaux espaces verdoyants, où les pelouses soigneusement tenues et les allées sinueuses donnent l'illusion de l'Angleterre, en dépit de la différence de végétation et de climat. Nous laissons à droite le Palais actuellement inoccupé, et sommes accueillis au « *cottage* » par M. et Mme Sneyd, qui font de leur mieux pour nous être agréables. Il y a 27 ans qu'ils sont dans ces contrées, où M. Sneyd était en dernier lieu résident à Malacca. Leur installation est appropriée au climat, les chambres vastes, meublées simplement, à portes et fenêtres grandes ouvertes donnant sur des balcons et terrasses.

On descend à la salle à manger pour déjeuner et nous faisons connaissance avec les fruits locaux : un colossal limon doux assez fade, d'excellents « sapotys » (fruit fort connu au Brésil), de toutes petites mangues et le fameux mangoustan : ce fruit qui m'était inconnu a une écorce noirâtre et presque ligneuse, affectant la forme d'une orange mandarine, mais se détachant facilement pour laisser à découvert une pulpe blanche légèrement acidulée et fort agréable.

Le repas terminé, M. Sneyd a l'obligeance de faire atteler deux voitures légères pour nous conduire en ville. Je tiens d'abord à aller à la banque « Guthrie and C° », où j'espérais vaguement trouver lettres ou télégrammes : mais, rien hélas! En revanche, j'ai le plaisir d'y rencontrer « M. Thomas Scott » qui s'intitule lui-même l'un des plus anciens habitants de Singapore, « *one of the oldest residents* » et me charge de beaucoup de messages pour un de mes cousins et notre ami le marquis de B... qui ensemble ont visité cette localité il y a 31 ans! La maison Guthrie, construction en bois assez primitive se trouve comme la plupart des principaux établissements de commerce, sur le quai, faisant face à la mer. Tout à côté, on nous fait visiter les bureaux télégraphiques en nous énumérant les nombreux cables qui aboutissent à ce point central des communications de l'Extrême-Orient.

Bien que Singapore possède quelques édifices grandioses, on ne peut dire que ce soit une belle ville, la régularité du tracé faisant totalement défaut.

Le long d'une partie du quai, on a réservé un « *green* » ou vaste esplanade appropriée aux sports qu'affectionnent les Anglais. C'est fort bien, surtout si on limitait ce genre d'exercices aux heures où la température est le plus favorable. Mais cette précaution semble absolument négligée, du moins en ce temps de vacances de Noël, et je suis stupéfait de voir à midi sonnant, engagée une nombreuse partie de « *cricket* » avec force spectateurs étagés sur des banquettes que recouvre à peine une toile blanche. On ne fait donc pas ici la sieste comme à Saïgon et sauf les joueurs de cricket, on n'est pas même habillé de blanc. Les Anglais ne s'en portent pas plus mal pourtant : leurs règles d'hygiène sont autres que les nôtres ; puis ils se retrempent fréquemment par des voyages à la mère-patrie.

M. Sneyd me fait visiter son bureau de travail au « *Government Office* », et dans le même édifice la salle des séances du conseil colonial. puis le « *Town Hall* » (Hôtel de Ville) qui renferme aussi salle de bal et salle de théâtre. En avant de la façade, s'élève sur un piédestal un joli petit éléphant en marbre noir : ce monument assez baroque commémore le premier voyage que le roi de Siam fit hors de ses États en 1872.

En regagnant le parc de *Government House*, nous passons devant l'église catholique et l'orphelinat des sœurs françaises de l'Enfant-Jésus ou de Saint Maur. Le temps manquait pour nous arrêter à ce pieux établissement, dont Mme Sneyd nous fit un grand éloge : bien que protestante elle avait pris part récemment à une vente de charité au bénéfice des bonnes sœurs.

Vers 2 heures, on se retrouve au cottage : nouveau déjeuner qualifié de lunch, suivant l'usage britannique, mais bien superflu pour mon estomac.

M. Sneyd nous conduit ensuite à « Government House », un bel et spacieux édifice dont les vastes salons se prêtent aux grandes réceptions ; nous montons jusqu'au toit d'où la vue domine la rade et la campagne verdoyante et accidentée.

De jolies routes de campagne, ombragées d'arbres superbes nous mènent en un quart d'heure au Jardin Botanique, dont les pelouses présentent une intéressante collection de palmiers les plus variés et quelques belles orchidées. On y entretient aussi une jolie ménagerie, où nous admirons une belle tigresse, des singes, des gazelles, des oiseaux variés et de monstrueux boas.

A 4 heures, le thé est servi sur la terrasse du cottage, où Mrs. Sneyd reçoit la visite de deux jeunes amies.

A 5 heures, le landau nous ramène à bord, en passant par devant le « green » où les joueurs de crocket, infatigables, continuent leur partie. Mrs. Sneyd, qui a l'obligeance de nous accompagner, n'a jamais mis le pied sur un navire français et s'y aventure avec curiosité. Malheureusement, c'était l'heure de l'ondée torrentielle, à peu près quotidienne en cette latitude et de plus le travail du chargement de charbon obligeait à tenir fermées les issues des salons situés sur le pont. Nous ne pûmes donc la faire entrer que dans la salle à manger et y faire servir du champagne avec du soda, en compagnie de M. de Bure, l'excellent agent de la Compagnie à Singapore et de son gendre, également établi ici. Puis il ne nous reste que le temps de répéter nos remerciements aux aimables Sneyd et de les conduire à la passerelle.

CHAPITRE XI

L'Océan Indien. — Ceylan. — Le paquebot le « Dupleix. »
Pondichéry.

A 6 heures, le navire s'ébranle lentement à travers l'atmosphère lourde, humide, sous un ciel chargé de nuages.

Nous sommes à l'extrémité Sud de notre voyage, à moins de 2 degrés au-dessus de l'équateur et désormais nous remontons vers le Nord, nous rapprochant ainsi, quoique insensiblement encore, des latitudes européennes.

Toute la soirée on a aperçu des phares sur les deux côtés du détroit que l'on remonte : à notre droite, c'est la péninsule de Malacca ; à gauche, la grande île de Sumatra. Nuit par conséquent complètement calme et relativement fraîche : 26 degrés. On peut tenir ouvertes fenêtres et portes ce qui est un grand soulagement.

29 décembre. — Pluie fréquente. Vers 2 heures, notamment, on traverse un grain violent enveloppant notre navire d'une atmosphère d'eau, sans troubler, toutefois, la placidité de la surface liquide ; j'aurais pu me croire sur l'Amazones dans la petite tourmente bienfaisante qui à peu près quotidiennement y rafraîchit l'après-midi.

30 Décembre. — Nuit très calme, portes et fenêtres ouvertes et cependant on ressent la chaleur.

Le matin, on longe à gauche la partie septentrionale de Sumatra ; c'est là que se trouve Atcheen, région dont le sultan offrit, pendant tant d'années une résistance acharnée aux Hollandais et dans laquelle ils n'ont pas entièrement dompté certains points de l'intérieur.

Puis on aperçoit la petite île voisine, hollandaise aussi, appelée Poulowey.

Vers 11 heures on perd de vue cette côte et nous voilà de nouveau en pleine mer ; mais en doublant la péninsule de Malacca nous avons enfin échappé à l'influence de la mousson de Chine, et la mer est tranquille.

Nous avons peine à y croire, tant nous en sommes déshabitués. Une légère brise du Nord-Est nous aide un peu ; on marche maintenant directement vers l'Ouest, filant 16 nœuds, ce qui est à peu près la marche normale de notre navire.

Dans la monotonie de la navigation, chacun tâche d'avancer sa correspondance ; puis on lit ce que le paquebot peut fournir : *Le Petit Marseillais* jusqu'au 5 décembre, les livres de voyage de la bibliothèque, le *Courrier de Haïphong* journal du Tonkin.

Le soir mon fils apprend le tric-trac, ou plutôt le « Jacquet » avec le médecin du bord.

31 Décembre. — Belle journée, mer calme, d'un bleu de saphir, très légèrement ondulée. Les nuages dissipés, l'air semble plus léger, on respire mieux, malgré les 26 degrés du thermomètre.

Hier au soir il y a eu clair de lune, bien que six jours encore nous séparent du moment où l'astre nocturne nous montrera son disque complet.

On a croisé un beau paquebot hollandais puis, vers le soir, un autre vapeur.

1er Janvier 1898. — On échange des souhaits de bonne année avec le commandant et les autres compagnons de route, puis la journée se passe principalement à fermer les lettres, mettre en ordre les bagages de façon à renvoyer en France par l'*Ernest Simons* les souvenirs récoltés en route, et tout ce qui ne nous est plus nécessaire pour le reste du voyage. Nous sommes, en effet, à la veille du débarquement, et il faut s'astreindre aux travaux toujours fastidieux nécessaires avant de quitter le bord.

61. — John arachi, « Upper Servant of Queen's House », Colombo.

62. — Rue principale de Kandy.

63. — Temple de la Dent de Bouddha, Kandy.

64. — Villageois Cinghalais.

La mer a continué à être superbe, mais le temps nuageux. De bonne heure, l'après-midi on a commencé à voir la côte montueuse de Ceylan, et vers l'heure du dîner on a croisé deux transports allemands conduisant des troupes en Chine. Nous cherchions le repos, quand, à 11 heures et demie, on a jeté l'ancre dans le port de Colombo, et peu après, fermé les hublots pour préserver les cabines de l'invasion du charbon qu'on allait commencer à charger.

2 Janvier. — Dès 7 heures du matin, se présente M. Davidson, maire de Colombo, député pour nous servir de guide par le Gouverneur, Sir West Ridgway, qui se trouve en ce moment dans l'intérieur de l'île.

Il nous faut en hâte prendre congé du bon commandant de Maubeuge et du commissaire et descendre dans le canot amené par M. Davidson. Quelques coups de rames nous mettent au quai, où nous trouvons la belle calèche du Gouverneur avec les beaux domestiques indigènes, pieds nus, en tunique et turban rouges. Celui qui monte à côté du cocher a l'air d'un gros personnage : quoique pieds nus aussi, il porte tunique et jupe blanche avec de belles épaulettes en or et une ceinture or et rouge. C'est en effet « *The Upper Servant of Queen's House* », et, en cette qualité, il a la dignité locale d' « *Arachi* ». Aussi les cheveux de sa tête nue ramenés en arrière comme ceux des autres Cinghalais par un peigne en écaille flexible, sont-ils en outre ornés d'un second peigne dont la riche dentelure se dresse verticalement en éventail à l'arrière de la tête. Ce double peigne est, paraît-il un insigne de dignité, le commun des Cinghalais, (c'est ainsi qu'on nomme les Indigènes de Ceylan) ne portant qu'un simple peigne mince qui forme cercle et dont les deux branches retombent en avant sur les deux côtés de la tête.

C'est dimanche ; nous demandons donc d'abord à être conduits à l'église, et on nous mène à « *Santa Luzia's Cathedral* » située dans le faubourg dit « Ville noire » (*Black town* ou *Native town*) et séparée par des plantations de cocotiers du quartier européen connu sous le nom de « *Fort* ».

Nous y apprenons malheureusement que la messe n'est qu'à 9 heures, et pour mettre le temps à profit, il nous faut retourner au *Fort*, à un bon quart d'heure de distance, où nous nous hébergeons au « *Grand Oriental Hotel* » vaste établissement bien aéré situé sur le port. En route, nous nous arrêtons à l'agence des Messageries pour nous assurer des dates de partance des paquebots qui, de Bombay, doivent nous ramener en Europe. Puis il nous faut refaire, toujours par un soleil torride la course lointaine à la cathédrale : grande église bien aérée, comme il convient au climat, mais sans prétention architecturale. Le commencement de sa construction remonte, paraît-il, à 1873.

Les fidèles étaient nombreux, presque entièrement indigènes de diverses teintes et formaient un ensemble intéressant : les femmes pieusement agenouillées, vêtues de voiles aux couleurs voyantes, ou bien en mousseline brodée, laissaient voir les anneaux d'or ou d'argent ornant, suivant l'usage du pays, le cou, les doigts, les oreilles, voire même les narines ; chez quelques-unes, la tête est couverte de riches fichus en velours noir ou rose bordé d'argent. Quelques-uns des hommes de couleur ont adopté la tenue européenne et lisaient dévotement dans leurs livres. Le prône fut fait en langue indigène.

Nous ne pûmes, malheureusement, faire connaissance avec le clergé qui est français, nous dit-on, de la Congrégation des Oblats de Marie-Immaculée.

Il nous fallait regagner l'hôtel pour aviser aux arrangements nécessaires à la suite de notre voyage et retrouver M. Davidson qui s'était chargé d'aller à la banque « Stewart and C° » où nous devions trouver nos lettres et nos ressources.

Mais les distances sont grandes à Colombo et puis... c'était dimanche. Tout cela fut donc, paraît-il fort compliqué.

En attendant nous occupâmes nos loisirs à l'hôtel, moi

à chercher les nouvelles du monde extérieur dans les journaux locaux « *Ceylon Observer* », « *Times of Ceylon* », et mes jeunes gens à trier leurs effets, à réunir les souvenirs de Chine et de Japon, pour les expédier d'ici directement en Égypte.

De la fenêtre nous pûmes contempler l'intéressant spectacle d'un détachement de la garnison anglaise élégamment vêtu de blanc, coiffé du casque blanc aussi, que ses officiers conduisaient réglementairement à l'office religieux le dimanche.

Les lettres qui devaient nous donner des nouvelles des nôtres, enfin apportées, il nous fallut en ajourner la lecture. Un officier en bel uniforme blanc et casque orné d'un panache blanc aussi, était venu nous faire patienter en attendant l'arrivée de l'aide de camp envoyé de Kandy par le Gouverneur, Captain Ward Jackson. Après un déjeuner tardif avec ces messieurs et Mr. Fisher, *Government Agent* dans un des districts du sud de l'île, qui doit fournir à mon fils les renseignements nécessaires sur la chasse aux éléphants, nous prenons le train pour Kandy. Ayant, en effet, trois jours devant moi, jusqu'au départ du paquebot français pour Calcutta, je tiens à les mettre à profit, pour voir un peu de l'intérieur de l'île.

La gare est située en dehors de la ville, au delà du grand lac intérieur. Nous prenons place, pour mieux admirer le paysage, dans un compartiment ouvert face à la locomotive. Durant près de deux heures on reste en plaine, où d'immenses marais ou des cultures de riz alternent avec de superbes forêts de cocotiers et d'autres palmiers. La végétation tropicale se déploie ici dans toute sa splendeur, mais... la chaleur, la fatigue de la journée, peut-être le marécage, nous donnent à tous, sauf à mon fils, mal à la tête, et il fait bon à songer à prendre du quinine. On nous raconte, du reste, que la construction de ce chemin de fer a coûté la vie à d'innombrables travailleurs, malgré la précaution de les loger sur les hauteurs.

Enfin la ligne commence à s'élever le long des collines boisées et pittoresques dont les aperçus rappellent beaucoup ceux du chemin de fer « *Pedro-Segundo* », le chemin de fer central du Brésil. Ces points de vue intéressants sont encore embellis par un joli clair de lune.

De la gare de Kandy, nous gagnons rapidement le « *Queen's Hotel* ». Le Gouverneur nous avait fait inviter à dîner ; mais inondés de transpiration ainsi que de la poussière de charbon de la locomotive, il nous a fallu décliner cette proposition pour pouvoir faire toilette à loisir.

Il était 9 heures un quart, quand tranformés, cravatés de blanc, nous pûmes nous rendre à « *Government House* » : vaste demeure située dans un parc, et dont les spacieux salons sont ouverts à tout vent, comme l'exige le climat. Lady Ridgway et une autre dame, en toilettes décolletées, brillants au cou, robe de satin rose et traîne bleu tendre, nous attendaient au premier étage. L'État-Major du Gouverneur en habits du soir, à revers bleu clair, complétait la société. Notre état de fatigue nous autorisa à ne pas prolonger la séance plus que de raison ; et de retour à l'hôtel, nous nous empressâmes de chercher le repos sous les moustiquières de chambres spacieuses dont les portes et les fenêtres restent ouvertes en dépit de l'altitude de 500 mètres : les fenêtres donnent sur la terrasse et les portes sont masquées par des portières en tentures légères.

3 Janvier. — Charmante matinée. Les maux de tête sont dissipés par le repos de la nuit, complété par un bain froid. L'air est frais encore et les découpures des palmiers se détachent admirablement sur un ciel bleu clair.

L'hôtel est situé sur une sorte de quai formant promenade et portant, en dépit de la charmante balustrade en marbre blanc qui le sépare du lac, la bizarre appellation de *Bund*, tout comme à Yokohama ou à Shanghaï. Mais ce nom commun constitue la seule ressemblance entre ces sites si différents.

Ici nous jouissons d'une vue délicieuse sur un lac enchanteur qu'entourent des collines verdoyantes et qu'embellit un îlot où se balancent des bambous. On ne se douterait pas que cette ravissante nappe d'eau est artificielle : le lac qui fait aujourd'hui les délices de Kandy, fut établi en 1807 par submersion d'une partie de la ville sur les ordres du dernier roi « Wikrama Raja Sinha ». Ce monarque célèbre par ses cruautés, compte entre ses autres méfaits la barbarie d'avoir fait décapiter sous les yeux de leur mère, les jeunes enfants du Visir Eheylapola qui l'avait trahi, et d'avoir ensuite obligé cette malheureuse femme à piler, elle-même, dans un mortier, l'une après l'autre, les têtes inanimées de sa progéniture, après quoi l'infortunée fut noyée. En dépit d'habitudes qui auraient dû lui aliéner ses sujets, ce monstre réussit, grâce aux difficultés des défilés de montagnes qui entourent Kandy, à faire échouer pendant plus de quinze ans les tentatives des gouverneurs anglais qui avaient, en 1796, succédé aux Hollandais dans la domination du littoral de l'île : un détachement de plus de 200 Anglais assisté de 700 Malais fut, par ses ordres, massacré après capitulation. Ce fut seulement en 1815 que le gouverneur Sir Robert Brownrigg put entrer à main armée dans Kandy : le monarque barbare, capturé dans sa fuite, fut sans doute fort supris de voir sa vie épargnée ; il mourut en exil à Madras en 1832. La résistance des habitants de l'intérieur de Ceylan ne prit toutefois fin qu'en 1818, époque où la Couronne Britannique put enfin se considérer maîtresse de l'île entière.

Nous demandons une voiture pour parcourir rapidement les alentours : une sorte de calèche à un cheval, conduite par un vieil hindou à turban, parlant un peu anglais, nous mène d'abord à l'autre bout de la petite ville, à l'église catholique, assez pauvre, blanchie à la chaux. Revenant vers le lac, à travers la large rue à constructions basses, habitées par les indigènes, notre automédon dirige notre promenade sur les hauteurs de la rive opposée, par de délicieuses routes ombragées qui offrent les plus charmants points de vue sur le lac et les vallons environnants.

Mais le temps presse : nous redescendons par un autre côté vers Kandy pour visiter le fameux temple nommé « *Daluda Maligawa* » ou « Palais de la Dent », situé non loin de la rive du lac sur le même alignement que notre hôtel. Un jeune Cinghalais, parlant un anglais correct, nous fait avec un grand empressement (moyennant 2 roupies, soit trois francs, réclamés ensuite) les honneurs des divers oratoires et recoins de cet édifice sans beauté, où l'on remarque surtout sur les murs d'une sorte de petit cloître d'affreuses peintures représentant la série des péchés capitaux et les supplices qui les attendent : exhibition artistique à but apparamment moral où le sexe féminin est numériquement prépondérant d'une manière peu flatteuse pour sa vertu. L'approche des sanctuaires les plus vénérés est toute jonchée de fleurs odoriférantes qu'y répand journellement la dévotion des fidèles prosternés, vêtus d'étoffes légères, en général de nuances jaune ou vert tendre.

La dent de Bouddha, qui est censée conservée dans cet édifice baroque, ne peut se voir qu'à des jours fixés d'avance ; et comme pour monter par un escalier obscur et poussiéreux voir la châsse, fort riche, dit-on, où elle est enfermée, on voulait nous faire déchausser nous avons décliné cette ascension.

Les « *guide-books* » prétendent que cette dent a été fabriquée après la destruction de la relique primitive brûlée suivant les uns, pulvérisée suivant les autres, solennellement à Goa par les Portugais, au xvie siècle ; et les rares Anglais qui ont vu l'objet actuellement conservé, lui ont trouvé l'aspect d'une dent de cheval ou de crocodile.

Attenant au temple se trouve une sorte de salle de justice ouverte, soutenue par des colonnes en boiserie et admirablement sculptées ; et à l'autre extrémité de l'édifice, dans une élégante tourelle dominant le lac, une bibliothèque de livres indigènes, pour la plupart anciens et curieusement reliés, dite « *Oriental Library* ». Le bonze préposé à sa garde nous donne comme souvenir, en guise de carte de visite, un fragment de feuille de palmier desséché où il écrit sous nos yeux, au moyen d'un stylet, ses titres et qualités : « J. M. Silamanda, M. K. S. L. Oriental Library ».

Nous n'avons plus que le temps de regagner notre hôtel pour fermer nos paquets. La calèche du gouverneur et son aide de camp nous y attendent pour nous conduire à la gare, où Sir West Ridgway a l'amabilité de se trouver en personne pour nous renouveler ses compliments et offres de services. Il nous confie à un « *Station Master* » indigène, vêtu de blanc à l'européenne, qui prend soin de nous procurer à une des stations suivantes les provisions nécessaires à un déjeuner réconfortant. Nous faisons ensuite la plus grande partie de la route en compagnie d'un « *District Superintendent* » préposé à la conservation du chemin de fer, qui nous en démontre les beautés. Superbes paysages: la ligne s'élève en sinuosités le long des vallées toujours verdoyantes où d'abord le « Mahavelli Ganga » se traîne mollement entre bambous et palmiers, et plus haut ses affluents, se précipitant de rocher en rocher du sommet des hauteurs, forment des séries de cascades admirablement pittoresques. Ici aussi l'analogie est frappante entre ce beau paysage et celui de quelques-uns des chemins de fer du Brésil.

Ici, comme là-bas, la végétation exhubérante des forêts tropicales a dû dans la partie supérieure des vallées, faire place à la culture. Mais ici l'alignement verdoyant des caféiers aux baies écarlates, aux fleurs éclatantes de blancheur, est remplacé par les plantations de thé, végétal de formes non moins régulières mais de moindre développement et de verdure moins vive, qui constitue aujourd'hui la principale richesse de Ceylan. Commencée en 1875, lorsqu'on se décida à arracher les plants de café atteints par la maladie, la culture du thé s'est développée dans cette île avec tant de succès que sa production atteignait, dès 1893, 93 millions de livres. Elle a donné naissance à d'importantes fortunes dont la plus célèbre est celle de Sir Thomas Lipton, capitaliste et « yachtsman » bien connu.

A 3 heures 45, on arrive à la station de Nanu-Oya (1600 mètres au-dessus de la mer), d'où une voiture légère, attelée de deux petits fringants chevaux australiens, nous met en quarante minutes à Nuwara Eliya, station d'été à 1900 mètres d'altitude. Cette montée charmante, où la route serpente sur le flanc des hauteurs rocailleuses, dominant des vallons qu'embellit la végétation semi-tropicale, rappelle celle de Pétropolis, au Brésil, malgré la dissemblance des végétaux et de la formation des montagnes.

On débouche sur un plateau transformé en champ de courses, au delà duquel on aperçoit, semés entre les eucalyptus et autres arbres récemment plantés, les *cottages* à toits de zinc de cette localité encore embryonnaire. Parmi eux, dissimulée aussi derrière les arbres, se trouve la résidence d'été du Gouverneur qu'il va venir occuper demain.

A peine nous sommes-nous installés au « Grand-Hôtel » qu'apparaît M. Burrows, « *Government Agent* », qui vient aimablement savoir nos projets. Nous convenons de faire le lendemain matin l'ascension du Pidura Talagala, le plus haut pic de Ceylan. Pour pouvoir reprendre le train et retourner à Kandy, il faut que cette excursion se fasse de bonne heure, et M. Burrows se charge de nous envoyer chevaux et guides pour 4 heures et demie du matin.

Après un dîner frugal et une courte promenade au clair de lune, nous nous disposons à prendre quelque repos.

4 Janvier. — Ce « *Grand Hôtel* » dont le salon offre le charme, toujours apprécié sous les tropiques, d'un bon feu flambant dans la cheminée a encore maints progrès à faire pour mériter son titre. Aussi dormis-je peu sur un matelas mal équilibré, et à 4 heures il fallait être debout. Nous absorbons un premier déjeuner où, pour la première fois depuis l'Amérique, nous avons la satisfaction de trouver du beurre frais et à 5 heures moins un quart nous nous hissons sur de chétives montures mal sellées, que des guides indigènes à pied soutiennent par la bride.

La lune n'est plus sur l'horizon ; mais la nuit brille de

l'éclat de toutes les étoiles et, en face de la Grande-Ourse, se dressent nos vieilles connaissances du Brésil : la Croix du Sud (1) avec les deux étoiles qui l'accompagnent, vulgairement appelées les « Deux Frères » (2).

Ici se place un accident du reste sans conséquence sérieuse. Nous étions à cheval depuis environ vingt-cinq minutes et le sentier venait de commencer à monter à travers bois, quand je sens ma selle fuir sous moi vers la croupe de la monture. Je veux mettre pied à terre en m'appuyant sur l'épaule du guide, mais l'appareil assez primitif tourne complètement : je roule à terre sur le dos et reçois par-dessus le marché, à l'arrière de la cheville, un coup de pied du cheval, légère atteinte qui n'a amené heureusement qu'une enflure passagère. Seulement, la sangle est cassée, il faut abandonner l'animal. La B... me cède le sien, petite bête aux jambes tremblantes et fait le reste de la montée à pied ; il est jeune et prend volontiers son parti de cette nouvelle dose de transpiration.

Voici le jour qui commence à poindre, et vers 6 heures le soleil brille éclatant à travers la ramure du bois. Avant 6 heures 25 nous étions au sommet du « Pidura Talagala » appellation dont les Anglais ont fait « Pedro Talagala », disant que c'est le nom donné autrefois par les Portugais.

Nous sommes au plus haut point de l'île Ceylan ; à 2525 mètres au-dessus de la mer. Le ciel est sans nuages et nous permet d'apprécier le vaste horizon de montagnes qui nous entourent : parmi elles se détache le « Pic d'Adam » où les fidèles croient voir l'empreinte du pied de Bouddha. Ce sommet est moins élevé que celui où nous nous trouvons, mais plus escarpé : on y monte à pied de la station de Hatton par laquelle nous avons passé en venant de Kandy.

Le fond des vallées est tapissé de nuages cotonneux, comme nous en avons si souvent observé du haut de la « *Serra de Petropolis* ». Sur les prairies de Nuwara Eliya

(1) Au Brésil : « O Cruzeiro do Sul ».
(2) « Os dois Irmãos ».

plus voisines de nous, on aperçoit du givre. Il a, prétend-on, gelé un peu.

Mes jeunes gens ne veulent pas quitter ce sommet mémorable sans prendre leurs instantanés : d'abord nous-mêmes sur le monticule artificiel en pierres qui couronne le sommet ; puis le petit groupe des trois guides cinghalais dans leurs vêtements rudimentaires et leur petite toque ronde sans visière, tenant en bride leurs montures efflanquées. Enfin, à 7 heures moins dix, nous commençons à pied la descente, au cours de laquelle je ramasse entre autres fleurettes quelques-unes de ces fleurs à duvet blanc qui se rapprochent de l'*Edelweis* des Alpes, et que je ne m'attendais guère à rencontrer si près de l'Équateur, puis les bouquets de fleurs cramoisies des Rhododendrons, malheureusement peu abondantes en ce moment. Nous ne reprenons nos fâcheuses montures que pour les vingt minutes de trajet en plaine.

A 8 heures un quart, nous trouvons à l'hôtel M. Barrows qui nous fait déjeuner et partir en hâte : il craint que nous ne manquions le train, bien que la descente s'effectue rapidement en une demi-heure. A côté du cocher siège le coureur indigène qui, comme ses congénères de Tokio, a mission de descendre lestement de son siège afin de faire faire place à travers l'encombrement des charrettes à toit en paille, traînées par les jolis zébus blancs ou gris à cornes ornées de cuivre. Après une demi-heure d'attente à Nanu-Oya nous parcourons à nouveau le beau trajet de la veille. Mais la chaleur se fait sentir à mesure qu'on descend et on ferme les volets pour sommeiller. A Navala-Pitiya, on attache au train un wagon restaurant où on mange tant bien que mal.

A 3 heures et demie nous voici de retour à Kandy, et peu après repartis en voiture pour la colline d'Ampeitya où se trouve dans une superbe situation un grand Séminaire tenu par les Jésuites belges. L'édifice quoique assez mesquin, abrite habituellement 65 séminaristes, tous indigènes bien entendu, dont quelques-uns viennent même du continent indien. En ce moment ils sont tous en vacances, et nous en avons rencontré sur la route de Nuwara Eliya abritant sous de grands chapeaux de paille leurs teints bronzés ou même entièrement noirs et leurs soutanes bleues relevées par de grandes ceintures rouges. Le Supérieur, seul resté au logis, est Luxembourgeois : il nous fait les honneurs de son installation et nous conduit par un soleil ardent au bout de la colline où sont les fondements d'un nouvel édifice projeté, puis à travers de belles plantations où les arbres portent les divers fruits des tropiques, à la chapelle actuellement en réparations.

De retour en ville, nous nous arrêtons à une boutique de joailliers. Cette industrie compte parmi les principales de Ceylan, cette île ayant été jadis fort riche en pierres précieuses. Aujourd'hui les beaux rubis et saphirs ne s'y rencontrent plus guère dans le commerce, mais on y trouve en abondance cette pierre d'un blanc laiteux et pourtant transparent qu'on nomme « Pierre de lune »; et qui montée en broche ou en épingle, fait un assez joli effet.

A l'hôtel, nous retrouvons l'un de nos plus agréables compagnons de voyage du « *Salazie* » et de l' « *Ernest Simons* » M. N... jeune magistrat transféré du Tonkin à Pondichéry et revenant d'un congé passé dans le climat plus tonique du Japon où nous l'avions aperçu au Kyoto Hotel, et nous dînons gaiement avec lui et le comte de Jaucourt : celui-ci qui se trouve être un ami de La B..., vient justement de rentrer d'une excursion dans l'intérieur de Ceylan avec plusieurs autres jeunes français, dont nous faisons la connaissance après dîner de sorte que le reste de la soirée est une réunion charmante sur la terrasse de notre appartement : ce sont MM. Jean et Alexandre de Neufville, comte Pierre de Pourtalès, marquis de Frotté et comte Robert de Villeneuve-Bargemon.

5 janvier. — Ce matin, par une délicieuse matinée fraîche, la voiture nous a menés à l'église pour y faire notre communion. Une messe s'achevait : une femme indigène, nu-pied comme toutes ses congénères, y communiait et un militaire anglais, en uniforme de toile grise, disait son chapelet. Puis nous nous sommes trouvés seuls pour la seconde messe dite, comme les précédentes, par des prêtres indigènes de teint presque noir. Cette pauvre église est, nous dit-on, la cathédrale d'un des quatre diocèses de Ceylan : l'évêque, paraît-il, est italien.

A 9 heures, nous repartons en voiture pour le jardin botanique de Peradeniya : charmant trajet d'une demi-heure à travers des routes ombragées de beaux arbres et bordées par les cases des indigènes.

Ces « *Royal Botanic Gardens* » constituent un des plus intéressants établissements de ce genre par la grande variété de végétaux des tropiques qui s'y trouve réunie, le soin avec lequel sont tenues les plantations, les allées, les prairies, et la situation pittoresque de ce beau parc, dans une presqu'île formée par le cours de la jolie rivière le Mahavelli Ganga.

Les bosquets en sont embaumés par les bois odoriférants et les essences de tous genres, la canelle, la vanille, la muscade, la girofle dont les jolies petites fleurs blanchâtres en forme de clou jonchent le sol, et bien d'autres. Parmi les arbres qu'on y admire, le groupe le plus merveilleux comme dimensions est celui des « *Ficus Elastica* » l'un des nombreux végétaux produisant la précieuse résine qui forme le caoutchouc. Quant aux palmiers gigantesques « *Orodoxia Regia* », originaires de l'Amérique Equatoriale, ils sont ici inférieurs à ceux de l'incomparable avenue du jardin botanique de Rio de Janeiro.

Comme toujours il nous faut parcourir au pas de course toutes ces merveilles y compris le musée qui les complète et où se trouve une riche collection de spécimens de bois, de fruits secs, de graines et d'autres produits végétaux. Nous y faisons connaissance avec la fameuse noix de coco double appelée aussi « Coco de Mer » et en termes scientifiques « *Lodoïcea Sechellarum* ». Ce fruit colossal ne mûrit que dans une des îles Séchelles : mais, phénomène

65. — Fiacre cinghalais.

66. — Pondichéry : « Pousse-pousse ».

67. — Sur l'Hoogly.

68. — Calcutta : Palais du Gouvernement.

assez curieux, est parfois amené aux rivages de Ceylan ou de l'Inde par les ondes de l'Océan, de sorte que la provenance en est restée inconnue pendant des siècles et a donné lieu aux suppositions les plus fantastiques jusqu'à ce que l'arbre qui le porte fut découvert dans l'archipel assez insignifiant où il prend naissance.

La grille du parc n'est qu'à cinq minutes en voiture de la station de chemin de fer de Peradeniya, de sorte que nous trouvant d'une demi-heure en avance sur l'heure du train, nous en profitons pour visiter une « *Tea Factory* » (1) qui est tout à côté. Nous y voyons ce précieux feuillage colporté par des femmes indigènes dans les paniers que le mécanisme transporte ensuite au second étage. Là, dans des salles bien ventilées, le thé est étalé, trié, et passe par toutes les phases de la dessiccation. L'usine prépare aussi quelque café pour la consommation locale : c'est du café à très gros grain de l'espèce dite « Liberia », parce qu'elle est originaire de cette partie de l'Afrique Occidentale et la seule qui ait, ce semble, échappé à Ceylan aux ravages de la maladie. Sous un des hangars, quelques femmes s'occupaient aussi à ouvrir à la main les fruits odoriférants du cacaotier pour en séparer les graines destinées à être converties en chocolat et pour le moment encore couvertes de cette pulpe blanche légèrement cotonneuse, mais d'un goût acidulé et dont l'arôme pénétrant reporte ma mémoire à la belle plantation jadis visitée sur les bords de l'Amazones : « *O Cacaoal Grande.* »

Mais il nous faut regagner la gare, où tout en attendant le passage du train, confortablement assis sur un banc de la station, nous sommes abordés par les marchands ambulants de « Pierres de lune » dont les conditions ne sont vraiment pas ruineuses : pour 3 roupies, soit moins de 5 francs, j'ai plusieurs de ces pierres de fort belles dimensions.

A 10 heures 55, voici le train. Nous y déjeunons des provisions commandées au « Queen's Hotel » de Kandy. Puis

(1) Fabrique de thé.

bientôt vient la grosse chaleur qui, en dépit des persiennes toutes fermées, ne fait que croître à mesure que l'on descend vers Colombo : le sommeil devient général.

3 heures 1/2, Colombo. Nous hélons une voiture qui, longeant le lac à travers les faubourgs poussiéreux et par-devant l'église paroissiale catholique dédiée à Saint-Philippe-Néry, nous ramène à notre hôtel; et bientôt nous avons le plaisir d'y voir mon valet de chambre Eugène Talent qui a quitté la France il y a environ quinze jours, le 19 décembre, pour venir me rejoindre directement ici, et nous apporte verbalement de bonnes nouvelles de chez nous, mais point de lettres, hélas! On a malencontreusement préféré confier celles-ci à la poste qui nous les remettra.... Dieu sait quand.

J'ai encore des courses à faire en ville : il faut enfin me fournir d'un chapeau tropical et de quelques autres effets; on trouve tout ce qu'il faut dans le grand magasin « *Cargill's limited.* » Je voudrais aussi me procurer certains livres et des vues de Ceylan : j'ai grand'peine à faire comprendre que je cherche une librairie. L'indigène qui me conduit assis à côté de moi dans un léger cabriolet de forme originale, attelé d'un seul cheval sur l'un des côtés du timon, me dépose d'abord à un établissement qui se trouve n'être qu'une bibliothèque publique, en Anglais : « *Library* ».

Nous avions projeté d'aller dîner hors de la ville, au « Mount Lavinia Hôtel », et convoqué à cet effet M. Fisher, l'aimable « *Government Agent* », qui doit guider mon fils dans ses classes et M. Davidson, le maire, qui nous a si bien accueillis à notre débarquement. Celui-ci se fait excuser : il attend son fils qui arrive ce soir même d'Angleterre pour passer en famille deux semaines de vacances.

Le chemin de fer circule derrière la ville le long du lac : à 5 heures un quart donc nous nous trouvons à la halte dite « *Fort* » parce qu'elle est la plus voisine du quartier commerçant, et le train venant de la station centrale nous amène M. Fisher avec qui nous continuons la route. La ligne franchit plusieurs bras du lac pour traverser la péninsule formant le quartier dit « Slave Island » où les conquérants hollandais du xviime siècle avaient établi le dépôt de leurs esclaves.

Les points de vue pittoresques sur les nappes d'eau bordées de cocotiers ramènent à la souvenance les environs de Pernambouc. Puis le tracé sort de la ville et rejoint le bord de la mer.

« Mount Lavinia » est un petit promontoire d'une certaine élévation qui domine la plage et l'étendue de l'Océan. De la terrasse gazonnée nous assistons à un beau coucher de soleil dorant la surface immobile de l'océan ; puis la nuit vient avec l'heure du dîner, malheureusement servi à l'intérieur d'une salle à manger surchauffée.

Nous rentrons ensuite à Colombo en voitures à travers la forêt de cocotiers auxquels l'admirable clair de lune prête des effets fantastiques. A mesure qu'on approche de la ville, on rencontre de nombreuses habitations à demi cachées dans l'exubérante végétation. Les unes sont de pauvres cases, d'autres des villas de riches habitants émergeant de la verdure. M. Fisher m'en signale une dont le propriétaire a fait, me dit-il, une fortune d'un million de livres sterlings rien qu'en exploitant les cocotiers : leurs fruits et les filaments de leur écorce, leur bois, et surtout le « *toddy* » sorte de vin qu'on extrait des fleurs et des bourgeons, et qui a son tour produit par la distillation un alcool connu sous le nom d' « *arak* », délice et poison des indigènes de l'île, aussi bien que du continent voisin.

Nous apercevons en passant le grand et monumental hôtel « *Galle Face* » qui placé à l'entrée de la ville, a l'avantage d'être en dehors du port et de faire face à la pleine mer dans la direction de l'extrémité méridionale de l'île, où se trouve l'ancienne capitale dite « Pointe de Galle » : de là ce nom un peu baroque.

Peu après 9 heures nous sommes au « Grand Oriental Hôtel » mais c'est hélas la veille du départ et de la séparation et les occupations ne manquent pas, assez gênées par le vent de mer qui souffle à travers les fenêtres forcément ouvertes en raison de la température de 25 degrés environ.

6 janvier. — On finit cependant par reposer dans les chambres bien aérées, et même quelque fraîcheur se fit sentir le matin : le thermomètre était descendu à 22 degrés. Tardivement en datant une lettre, je m'aperçus que nous étions au jour des Rois, fête probablement obligatoire pour les catholiques en pays anglais. Mais il fallait être à bord à 9 heures et demie, la besogne n'était pas terminée ; je dus renoncer à la course lointaine de l'église, et garder le remords d'avoir, pour cette fois, manqué la messe.

Enfin... il faut partir. M. Fisher nous conduit à pied à l'embarcadère où nous attend le canot officiel avec ses rameurs noirs, coiffés de bonnets rouges à la turque, et en quelques minutes nous sommes à bord du « *Dupleix* », paquebot de petite dimension relativement à ceux qui nous ont amenés du Japon jusqu'ici, et récemment construit pour le service de la ligne subsidiaire de Calcutta. Les cabines sont fort bonnes quoique en dessous du pont : je m'installe du côté qui sera celui du Nord-Ouest après avoir par l'intermédiaire de M. Labussière, l'aimable Agent des Messageries, fait connaissance avec le commandant M. Rongonne. Puis voici le moment pénible de la séparation. J'embrasse mes jeunes gens, assez émus de leur côté, et le canot officiel les ramène à terre, tandis que notre paquebot prend lentement la mer, doublant la longue jetée qui s'avance vers le nord, pour protéger le port contre les coups de mer du Sud-Ouest.

A 10 heures on sonne le déjeuner. La salle à manger située sur le pont comporte deux tables parallèles. Celle de gauche est présidée par le commissaire, à belles moustaches blondes ; à l'autre, je suis placé à droite du Commandant, à côté de moi une belle dame, qu'on me nomme ainsi que son mari, le docteur Roux, ancien médecin de marine qui va s'établir à Chandernagor. En face de nous est un Inspecteur de la Compagnie, fort aimable,

M. Le Roux ; puis une dame Américaine, Mrs Patterson, qui va rejoindre son mari, Consul Général des États-Unis à Calcutta, puis le médecin du bord et encore un autre médecin, aussi à destination de Chandernagor : nous voilà donc bien pourvus sous le rapport médical. A l'autre table, quatre ou cinq personnes seulement, peu de passagers en somme. Je me sens bien dépaysé sans mes truchements et ressens doublement l'infirmité de l'ouïe qui me rend si difficile de prendre part à la conversation.

Ajoutons un détail pittoresque : les indigènes à teint basané qui pieds nus font le service de la table sont tout de blanc habillés, leurs longues tuniques blanches correctement boutonnées, serrées à la ceinture, et leurs chapeaux blancs aussi, en forme de turbans ornés d'un grand ruban tricolore du plus brillant effet.

La mer est belle : on longe la côte assez montueuse de Ceylan dont on fait le tour par son extrémité méridionale.

Entre 3 et 4 heures, on voit la ville de « Pointe de Galle », et le soir le phare du cap de Dandra, puis ceux de Grande et Petite Basse, élevés sur des ilots rocailleux à quelque distance de la côte.

Mais il faut bien reconnaître que la disposition des cabines dans le bas du navire présente un sérieux inconvénient : elles sont trop près du niveau de la mer, de sorte qu'en dépit du beau temps, on est obligé de tenir les hublots fermés ; et la seule issue pour cet étage inférieur étant par l'escalier qui ne laisse descendre que peu d'air, la chaleur y est excessive. Heureusement on n'y est que la nuit, les tables de la salle à manger et celles du petit salon fumoir offrant un espace suffisant pour servir d'installation pendant la journée.

7 janvier. — Le thermomètre a baissé, de 29 degrés, observés la veille, à 27 degrés : c'est encore beaucoup.

La côte de Ceylan s'abaisse et disparaît peu à peu.

Pour nous distraire nous avons des journaux de Paris

du 9 au 15 décembre : M. Le Roux, veut bien me prêter ceux qui lui sont arrivés.

8 janvier. — Journée passée à Pondichéry, la capitale des établissements français dans l'Inde. Pas de port : il faut débarquer en rade ouverte ; et la mer ayant toujours le long de cette côte, un mouvement violent (1), l'embarquement dans le canot du bord, puis le débarquement à l'escalier de la jetée en bois, sont des opérations assez incommodes, bien que le temps soit superbe aujourd'hui.

Sur la place du débarcadère se dresse, imposante, la statue de Dupleix, ce grand guerrier et homme d'État qui réussit presque à donner à la France l'empire de l'Inde méridionale. Hélas ! il ne reste plus que le souvenir de cette grandeur et de ces efforts, souvenir symbolisé par les douze colonnes de granit monolythe sculptées qui forment cercle autour de la statue. Ces remarquables spécimens de l'art indien, dont grâce à la variété des sculptures aucun n'est identique à l'autre, furent offerts au grand administrateur de l'Inde française par le Nabab de Carnatic : ce sont de superbes piliers qui soutenaient paraît-il, le plafond du sanctuaire dans le temple de « Gingi ».

L'empressement des conducteurs de pousse-pousse ne fait pas défaut à Pondichéry, pas plus qu'au Japon ou à Ceylan ; mais ce genre de véhicules est supérieur ici à ce que nous avons vu jusqu'à présent. On peut largement s'y asseoir deux ensemble sur des coussins confortables ; les coureurs se placent à l'arrière du véhicule que le voyageur peut, s'il veut, guider lui-même au moyen d'une sorte de timon renversé, et une toiture abrite un peu du soleil.

Les indigènes de couleur foncée, qui nous traînent, n'ont pour tout vêtement qu'une pagne et un beau turban blanc ; mais en revanche ils ont soin de porter sur leurs visages, comme presque toute la population locale, les signes singuliers de la secte à laquelle ils appartiennent. Ce sont de petits traits en sens vertical ou horizontal tra-

---

(1) C'est ce que les Anglais désignent sous le nom de « Surf ».

cés sur le front à la craie blanche ou rouge ou bien encore un pain à cacheter collé sur le haut du front. Les traits dans un sens indiquent les adorateurs de « Vischnou », le dieu bienfaisant ; dans l'autre, ceux de « Siva », le dieu destructeur (qu'on adore, je suppose, pour se garantir de sa colère) ; les points ronds, ce me semble, ceux qui vénèrent « Brahma » tout pur. Chacun a fait son choix entre les trois personnes de la Trinité Hindoue, admises par la religion Brahmanique ou, plus probablement, en a trouvé la tradition dans les enseignements des auteurs de ses jours. Mais je ne puis guère faire à ce sujet que des suppositions, car ce n'est pas de mes zélés conducteurs, toujours assez difficiles à comprendre dans leur français incomplet, que j'ai pu obtenir aucune explication sur ces sujets mystérieux.

Je me fais conduire par eux à la Cathédrale, ou Paroisse de la Ville Blanche, consacrée à « Notre-Dame-des-Anges », terminée en 1855 dans un assez mauvais goût demi-italien. Puis nous nous mettons à la recherche des magasins, plusieurs petites acquisitions nécessaires ayant été oubliées dans les heures trop brèves passées à Colombo : il me faut entre autres menus objets, une casquette en toile pour porter sur le pont, le grand chapeau tropical en liège étant trop incommode pour la navigation, puis un thermomètre de santé pour envoyer à Hambantotta, à mes jeunes gens qui vont affronter la jungle peut-être fiévreuse de Ceylan. Tout cela finit par se trouver ; mais le commerce semble mort à Pondichéry : les boutiques y sont rares et difficiles à découvrir.

Ensuite il nous faut aller au bureau de poste. Par une singularité inattendue, il y a deux postes à Pondichéry : la française et... l'anglaise, le chemin de fer qui relie Pondichéry au reste de l'Inde, étant également aux mains des Anglais.

Midi approchant, je déjeune à l'« Hôtel de l'Europe », médiocre, mais pas cher : et en voici assez de la « Ville Blanche », bien tracée, à larges rues sablonneuses, mais sans animation, sans caractère : les habitations sont peu élevées, à toits plats ; le Palais du Gouvernement entouré de quelques palmiers, et celui du tribunal qui lui fait face sur la place carrée, ornée d'une fontaine monumentale, font seuls une modeste exception à la monotonie générale de l'architecture.

En route donc pour la pagode de « Villenour », située à 55 minutes de la ville.

Toujours au pas de course de mes conducteurs de pousse-pousse, nous traversons la « Ville-Noire », séparée du quartier européen par un canal. Ce sont de longues files de cases plus ou moins ombragées de cocotiers et plus ou moins immondes. Dans certaines rues, il y a comme un marché de produits du pays assez animé.

Puis, à travers une couche de sable de plus en plus aveuglante, nous suivons de larges avenues ombragées de forts beaux arbres qui aboutissent finalement à la célèbre pagode.

C'est, dans une cour entourée de murailles et pourvue d'un grand bassin pour les ablutions complètes qui font partie de la religion de ce pays, un amoncellement d'édifices dans le style brahmanique, dont le caractère principal est la forme pyramidale, comportant une infinité de petites sculptures symétriques qui reproduisent pour la plupart plus ou moins grossièrement des visages humains, accumulés à l'infini l'un à côté de l'autre. L'ensemble est original et fort curieux. Le « cicerone » de l'endroit me fait monter par une centaine de marches d'un escalier vermoulu et obscur à l'étage supérieur de la pagode principale, d'où la vue s'étend sur la campagne, verdoyante mais monotone. Puis il tient à me faire voir dans un hangar les chars bizarres, en cartons de toutes couleurs, destinés aux processions brahmaniques : à promener le « boun Diou », me dit ce malheureux sans se rendre compte du blasphème contenu dans ces deux mots de son français local.

Au retour, mes coureurs me signalent au bord de la route un des lieux de repos offerts aux voyageurs par la sollicitude de la religion brahmanique. Cette modeste construction, qui renferme quelques chambres dégarnies et est accompagnée de l'indispensable piscine pour les ablutions, ne s'ouvre qu'aux fidèles de Brahma : je me résigne sans regret à ne la contempler que de l'extérieur.

Avant de rentrer en ville, nous nous arrêtons à la paroisse de la « Ville-Noire », belle église tenue par les bons prêtres des Missions Étrangères. Au sortir de toutes les superstitions de l'idolâtrie hindoue, c'est un soulagement de causer avec le vénérable Supérieur et de le voir surveiller les catéchismes en plein air, tenus dans le jardin de son établissement en différents groupes, car il faut respecter le préjugé indien de la séparation des castes! L'instruction est accompagnée de distributions de secours, principalement en riz, aujourd'hui plus nécessaires que jamais, car le manque de pluie, qui a atteint Pondichéry comme le reste de l'Inde, a anéanti les récoltes : le riz et la graine oléagineuse dite « Arachi », qui fait l'objet principal du commerce local. La population se trouve réduite à une extrême misère.

Le bon Père me fait voir aussi son imprimerie, le petit et le grand Séminaire, où les élèves, paraît-il, représentent parfois, en dépit des défauts incorrigibles de leur prononciation, même des pièces de Molière, l'église où il me signale des employés publics de race indigène, tout habillés de longues redingotes blanches, avec leurs hauts bonnets blancs aussi, venant pieusement faire leur visite au Saint-Sacrement, à la sortie de leurs bureaux. Enfin, il monte dans mon pousse-pousse pour me conduire à l'Orphelinat et à l'Hospice.

Le premier est tenu par des religieuses indigènes « pariates », comme il me dit, c'est-à-dire issue de la caste méprisée des parias. Elles ont gardé leur costume local, sont nu-pieds, presque nu-tête, n'était la grande mante rayée de bleu et de noir qui les enveloppe des chevilles jusqu'au sommet des cheveux : c'est un trait de mœurs bien curieux que cette adaptation de la règle religieuse du catholicisme aux usages locaux

A l'Hospice, ce sont des religieuses de Saint-Joseph de Cluny. Cet intéressant établissement est dû à la générosité du comte Desbassyns de Richemont, ancien Sénateur de l'Inde française. La cour, à la manière d'un cloître, est entourée d'arcades formant une galerie sur laquelle donnent directement les portes des cellules occupées par les infirmes. L'ameublement en est des plus sommaires : pas de lit, rien qu'une mince paillasse. « Mais, me dit la Sœur qui m'accompagne, les indigènes ne voudraient pas autre chose : le moindre confort contrarierait leurs habitudes ». Elle a raison, je crois, car tous ces bons vieillards décrépits, sans autre vêtement que leur pagne, ont l'air on ne peut plus heureux de leur sort : ils se lèvent, se prosternent au passage de la Sœur avec des airs de reconnaissance attendrie.

Je quitte le bon Père, tout réconforté par la douce impression qui se dégage de ce dévouement apostolique et du développement de l'action religieuse parmi cette misérable population : je me sens moins isolé sur cette terre française où je ne pouvais entrer en rapports avec le monde officiel.

Après une rapide visite à M. N..., notre aimable compagnon de route depuis le Japon, que je trouve installé provisoirement à l'« Hôtel de l'Europe », je gagne enfin l'agence des Messageries, situées près du port, et règle mes pousse-pousse : c'est deux roupies la journée, mais quatre en plus pour la course assez fatigante à Villenour, puis deux encore, réclamées à diverses reprises par ces vaillants coureurs pour se rafraîchir pendant mes haltes.

CHAPITRE XII

Le départ de Pondichéry. — Madras. — Calcutta.

On était convenu de se retrouver à l'agence vers 5 heures et demie pour gagner le canot qui doit nous ramener à bord. Le médecin et plusieurs autres officiers sont bien là, mais on attend l'agent des postes. On cause et l'on semble d'accord pour attribuer aux élections la décadence qui afflige Pondichéry depuis une quinzaine d'années. Jadis, quand on n'avait que le Conseil Colonial, les principaux habitants s'appliquaient exclusivement à leur commerce, à leur industrie. Maintenant qu'il faut élire un conseil municipal, un conseil local et un député, la politique devient le pôle de l'existence, les coteries se sont formées, les relations sont devenues hostiles, et puis il faut bien payer d'une façon ou d'une autre la tourbe noire et ignorante des électeurs en pagne. La concession que notre Parlement, toujours généreux, leur a faite du droit de vote universel apparaît ici plus que partout ailleurs, une véritable dérision, en dépit de l'Ecole de Droit établie à Pondichéry pour former les jeunes indigènes au métier d'avocat. On m'a raconté, à ce propos, qu'un candidat aux examens de cette Ecole, invité à expliquer ce qu'il entendait par « Suffrage Universel », a trouvé une excellente réponse. « C'est, a-t-il répondu, un livre où sont inscrits tous les habitants de Pondichéry ». Un autre plus naïf a répondu : « C'est une boîte carrée avec un trou où chacun dépose un petit papier ». Voilà le jugement non dépourvu de vérité que ces bons concitoyens indiens portent sur leur droit au vote (1) !

Les Anglais, toujours pratiques et ennemis d'une uniformité décevante et irréalisable, se gardent bien de faire représenter leurs colonies au parlement central : ils laissent à chacune l'organisation représentative que comporte son état d'instruction : dans les pays d'Asie et en général dans tous ceux où l'élément d'origine européenne n'est qu'en faible minorité, pas d'élections. A Ceylan, par exemple, le Conseil législatif comprend bien à côté des principaux fonctionnaires du Gouvernement, les représentants des différentes classes de la population : 2 commerçants ou planteurs d'origine anglaise, 1 *burgher*, descendant des anciens conquérants hollandais, 1 musulman, 1 cinghalais et 1 tamil (race noire qui peuple le Sud de l'Inde et une partie de la grande île) : mais tous sont nommés par le Gouverneur, représentant de la Reine. Le même système prévaut dans l'Empire Indien et dans les autres colonies asiatiques.

Le jour tombe, et nous nous décidons à partir sans attendre le canot officiel. C'est l'heure où le mouvement incessant de la mer sur cette côte est le plus sensible. Nous descendons, non sans peine, dans une des larges barques connues sous le nom de « Shelingues », maniée par des rameurs indigènes. Vêtus comme le reste de la population simplement d'un pagne et d'un turban, c'est pour cette coiffure que par un contraste amusant, ils réservent tout leur luxe : il y a des turbans blancs, il y en a de rouges, mais à peu près tous sont en mousseline fine à tissu mêlé d'or !

Debout sur les bancs, ces braves gens ont fort à faire à lutter contre les vagues. Aussi s'encouragent-ils par des hurlements en cadence. Le mouvement de l'embarcation

---

(1) Une réforme électorale a été promulguée récemment dans l'Inde française; elle modifie l'organisation des groupements d'électeurs européens, indigènes et « renonçants ». (Cette expression bizarre désigne les indigènes qui renoncent à leur « status » personnel pour se soumettre en tous points à la législation française.)

est épouvantable, surtout aux approches du paquebot. Pendant les quelques minutes qu'on tarde à accoster, les rebords de la barque se choquent et s'enchevêtrent de telle façon avec la pointe inférieure de l'échelle du bord qu'il nous semble à chaque instant être sur le point de chavirer. Il nous faut guetter le moment de sauter du rebord de la barque aux degrés inférieurs de l'échelle. Mais enfin, en nous aidant de la main les uns les autres, nous y sommes, et pouvons rendre grâces à Dieu.

Pondichéry, comme on voit aurait besoin d'un port, construction, hélas! hors de proportion avec les ressources de la colonie.

Pendant que nous étions à terre, une fête s'est donnée sur le paquebot. Le *Dupleix* en effet, n'en est qu'à son second voyage sur la ligne de Colombo à Calcutta, pour laquelle il a été construit spécialement; et lors du premier, le temps s'étant trouvé défavorable, il avait été convenu qu'on remettrait au prochain passage la visite d'inauguration du nouveau navire par le Gouverneur de nos possessions indiennes. On s'était donc préparé à bord pour cette solennité. Mais voici qu'il survient un accroc inattendu. Notre Commandant était, sans le savoir, porteur d'un pli cacheté révoquant le Gouverneur de la colonie dont le Ministère craignait, paraît-il, la partialité aux prochaines élections. Ce fonctionnaire, abasourdi par pareil coup, ne se souciait plus du tout de venir sabler le champagne comme pour fêter sa propre déchéance; et il fallut toutes les aimables instances du Commandant qui, comme de raison, ne voulait pas manquer sa petite fête, pour le décider à cet effort. Courageusement enfin, il en prit son parti, et les verres se vidèrent joyeusement à la prospérité du *Dupleix*, sous la présidence navrée de cette victime des dissensions parlementaires.

9 Janvier. — De Pondichéry à Madras la distance est courte. On s'y rend en moins de 5 heures en chemin de fer, et cette voie m'aurait fait gagner du temps; mais paresseusement j'ai reculé devant l'attente nocturne en gare de Pondichéry et l'échange du repos de la cabine contre une nuit trop courte à passer sur les banquettes d'un chemin de fer indien.

Vers 7 heures du matin, le *Dupleix* entre dans le port de Madras, grand port artificiel, formé par deux énormes digues qui laissent à peine le passage nécessaire à l'entrée des navires. Grâce à cette construction, la grande ville de Madras échappe aux conditions de débarquement, semblables à celles de Pondichéry, dont elle a souffert jusqu'à ces dernières années. Les travaux qui l'ont dotée d'un port ont été fort difficiles, et l'une des digues presque déjà achevée fut un beau jour emportée par la tempête. Encore aujourd'hui, en dépit de cette puissante protection, le port de Madras n'est pas entièrement calme.

Vue de la mer, cette capitale de l'Inde méridionale présente un aspect des plus grandioses ; tout le long de la plage, s'élèvent une série d'édifices monumentaux en pierre rouges et à clochers mauresques, qui contiennent le Palais de Justice, les bureaux du Gouvernement, le Collège des Ingénieurs et d'autres établissements publics. Le premier surtout « *The High Court* » est une superbe construction, où certains traits de l'architecture arabe et hindoue ont été mis à profit avec succès.

Pour ce qui est du reste de la ville, elle présente l'inconvénient d'être partagée par d'immenses distances : de larges canaux, des parcs où un sable rouge se mêle à des gazons plus ou moins torréfiés, la divisent en différents quartiers sans cohésion : seule la vieille ville indigène se trouve massée le long du quai de débarquement.

C'est dimanche. L'appontement franchi, je hèle une voiture ouverte à un cheval, car les grandes distances apparemment ont chassé d'ici les pousse-pousse, et avec mon valet de chambre je me fais conduire à Saint-Thomé, alias « Meliapour ». C'est là que se trouve la sépulture de l'apôtre saint Thomas. Pour y arriver, on suit vers le sud pendant 35 minutes, la grande route qui accompagne la plage ou plutôt, jusqu'à une certaine hauteur, le promenoir bien installé où les jeunes dames anglaises viennent humer l'air de la mer et faire l'exercice quotidien nécessaire à leur hygiène, à pied, à cheval ou en bicyclette.

La cathédrale, située dans le village ou faubourg de Saint-Thomé, est un bel édifice d'architecture gothique, tout en pierres blanches, reconstruit par l'évêque actuel. Dans la nef, en avant du grand autel, on a conservé une excavation où, comme l'indique une inscription latine, ont suivant une tradition constante, reposé les restes de l'Apôtre.

Il est 8 heures, la grand'messe commence, les fidèles sont peu nombreux et principalement du sexe féminin : quelques dames anglaises mêlées à des femmes indigènes, drapées dans leurs mantes.

La messe promptement finie, sans sermon ni prône, comme je m'attardais à examiner les inscriptions funéraires, le sacristain, un beau noir de grande taille, nu pieds, en tunique et jupe blanche, et s'exprimant très suffisamment en anglais, s'offrit à nous faire avec empressement les honneurs de l'édifice. Sur sa proposition nous montons jusqu'au haut du clocher, d'où la vue embrasse, d'un côté l'Océan, de l'autre une mer verdoyante de cocotiers ; on aperçoit à l'horizon « *Saint-Thomas'-Mount* », localité sanctifiée aussi par le passage de l'apôtre.

Dans la sacristie, un reliquaire en forme d'ostensoir conserve le fer de lance du martyre de saint Thomas, et tout autour, des reliques d'autres saints, entre autres Saint François Xavier, et sainte Isabelle reine de Portugal.

Cette cathédrale est celle d'un des diocèses dont un concordat, conclu il y a une vingtaine d'années, a conservé le patronage à la couronne de Portugal. Le clergé en est portugais et la priorité de l'occupation lusitanienne est attestée encore par les inscriptions en langue portugaise des dalles sépulcrales conservées dans l'église, dont les dates s'échelonnent de 1597 jusqu'à 1803 et par la désignation des paroisses dont les noms portugais « *Mãe de Deus* », « *Luz* », se mêlent bizarrement sur les portes de l'église à l'énumération des offices affichée en anglais, langue usuelle aujourd'hui.

Tout à côté la ville de Madras est le siège d'un archevêché catholique anglais.

Voici qu'il est 9 heures 35. Je m'abandonne au cocher et à son acolyte, car ils sont deux sur la voiture, me donnant leurs explications dans un anglais barbare. Ils nous mènent à leur gré, à travers les gazons peu ombragés : à une statue de la Reine Impératrice, à un monument équestre du général Sir Thomas Munro qui fut gouverneur vers 1827 ; à la forteresse, importante place de guerre, d'accès difficile et à remparts redoutables complétés par de larges canaux, qui renferme les casernes et le monument du grand vice-roi lord Cornwallis vainqueur de Tippoo-Sahib ; au Palais du Gouvernement situé dans un parc un peu moins torréfié que le reste de Madras ; à l'immense gare monumentale ; enfin au « *People's Park* » vaste promenade où l'on a réussi à conserver quelques arbres et où se trouve aussi une ménagerie d'animaux féroces et de serpents gigantesques.

Cette course nous permet de juger du climat peu agréable de Madras : la brise de mer, qui devait y apporter la fraîcheur y est un fléau à cause de la nature du sol, formé d'un sable rouge que le vent soulève en tourbillons et dont je ne réussis pas à me garantir au moyen de mon parasol ouvert. Ces conditions expliquent que les nombreux parcs de Madras soient si pauvres en végétation. Le temps me manqua pour aller jusqu'au Musée que l'on dit remarquable, surtout par sa collection d'armes indiennes.

Le départ du paquebot était fixé à 2 heures et demie. Midi approchait, il fallait penser à déjeuner. Mon inexpérience des conditions locales et le vent qui m'empêchait d'approfondir mon *guide book*, m'ayant laissé ignorer que les grands hôtels à l'usage des Européens se trouvent en dehors de la ville dans le quartier appelé » *Mount Road* », à trois kilomètres du port, je me bornai à demander à mes conducteurs l'hôtel le plus voisin du débarcadère. Sur ce, ils me ramènent à travers la ville indigène, où ils me font remarquer une assez curieuse pagode, à pyramide couverte jusqu'à son sommet, suivant le goût brahmanique, d'innombrables et baroques statuettes. Enfin, nous aboutissons au quartier voisin du quai, où ils me promènent de « boui-boui » en « boui-boui » pour me laisser le choix, et il faut finalement me résigner à un soi-disant « Grand-Hôtel » bouge assez vilain, en contrebas de la rue, où j'arrive tout de même à déjeuner de poisson, de mauvais « beafsteak » et de « curry » moyennant 3 roupies et 4 annas, en y comprenant « *brandy and soda* », le café et le « *whiskey* » suppléments nécessaires pour achever d'éteindre le goût de ces fâcheux aliments.

Heureusement, ce logis se trouve en face du « *Post and Telegraph Office* », de sorte que j'ai tout le loisir de profiter de ce majestueux établissement pour expédier ma correspondance.

Peu après, le canot manié par les indigènes, comme à Pondichéry, noirs et bruyants, vêtus de leur linge autour des reins et de leur brillant turban blanc ou rouge, me reconduisait à bord du paquebot qui se mettait en route à 2 heures.

Le temps est beau, sans nuages, la brise fraîche, mais contraire : c'est la fameuse mousson du Nord-Est qui soulève la mer et fait tanguer le navire. Cela vaut tout de même mieux, à mon avis, que le fastidieux roulis.

Température dans la cabine, 27 degrés.

Mentionnons avant de quitter la côte de Coromandel que la mer y est comme dans le voisinage des ports principaux du nord du Brésil, sillonnée par les gracieux radeaux à voiles, formés par une simple plate-forme de troncs non équarris. Ces embarcations ingénieuses, quoique d'apparence rudimentaire, que les brésiliens nomment « *jangadas* » et qui sont ici connues sous le nom de « *cati-*

morons » présentent l'avantage de se laisser submerger par les vagues sans jamais chavirer; mais il faut, bien entendu, pour en faire usage, que marins et passagers aient pris leur parti d'être à peu près en permanence baignés par l'onde amère.

De Madras à Calcutta, la communication par mer est la plus rapide : les chemins de fer s'éloignant de la côte, il n'y a pas de ligne directe par terre. Aussi avons-nous embarqué à Madras nombre de passagers, entre autres douze missionnaires Jésuites, français, belges et indigènes, qui viennent des missions du « Maduré » à l'extrémité sud de l'Inde et vont à Calcutta.

10 Janvier. — Continuation du beau temps : ciel sans nuages ; brise fraîche du Nord-Est, trop fraîche même pour les personnes sensibles au mal de mer tels que les missionnaires embarqués hier ; et cependant on a le plaisir de dîner sans les violons, car il n'y a pas de roulis.

Admirable coucher de soleil, bientôt suivi d'un lever de lune non moins beau.

11 Janvier. — Pendant la nuit, la mer a baissé; et comme nous allons vers le Nord, la température de la cabine a baissé aussi, en dépit du hublot fermé, à 25 degrés 1/2.

Aussi la traversée offre-t-elle en ce moment tout ce que l'élément marin peut présenter d'enchanteur : mer bleue, ciel bleu, douce température. Mais... je me sens si seul et si anxieux d'être sans nouvelles! L'occupation de répondre aux lettres d'Europe reçues à Colombo et la lecture du *Petit Marseillais* qui va jusqu'au 18 décembre, fait quelque diversion à cette mélancolie.

Cette belle journée était la dernière de ce trajet maritime. Entre 8 et 9 heures du soir, on a aperçu le feu du bateau-pilote, stationné à l'entré de l' « Hoogly » et bientôt on a stoppé pour prendre le pilote : bel officier anglais en brillante tenue. Ces pilotes du Gange, en effet, fort bien payés comme l'exige leur assez rude métier, et les aptitudes qui leur sont nécessaires, sortent d'une école spéciale et sont d'une classe sociale supérieure à ces vieux loups de mer, que l'on est habitué à voir piloter les paquebots à l'entrée des estuaires de l'Atlantique. Celui-ci a tout un état-major : deux apprentis pilotes, en uniforme aussi, et un vieux domestique noir porteur des effets de nuit qu'il dispose dans la cabine tenue en réserve à bord de notre paquebot pour l'officier britannique.

Tout ce monde, une fois monté sur notre passerelle, on se remet en marche quoique lentement, pour jeter l'ancre avant minuit, bien qu'aucune terre ne fût encore en vue. Les approches du Delta, du Gange sont, en effet, très dangereuses : les bancs formés par les sables que charrient les différents bras du grand fleuve, se déplaçant presque incessamment, il faut, pour savoir s'y guider, l'étude continuelle qu'en font les officiers pilotes, et la ligne à suivre ne peut être reconnue que de jour.

12 Janvier. — Durant la nuit, le thermomètre a baissé à 23 degrés et sans couvertures on sentait le froid. Ne nous en plaignons pas : c'est une douce sensation après ces trois semaines de navigation dans la zone équatoriale.

Au réveil, pas de terre encore en vue. Cependant ce n'est plus la pleine mer avec ses belles teintes azurées : l'eau trouble, jaunâtre, dénote le voisinage d'un grand fleuve.

Vers 6 heures et demie on se met en route; et entre 8 et 9 heures, on aperçoit, sur la droite, le phare monumental de « Sangor », construit sur l'une des innombrables îles du terrain d'alluvion du Delta.

A dix heures on est dans l' « Hoogly », bras principal du Gange et large rivière aux rives entièrement plates, aux bouquets clairsemés de palmiers et de quelques autres arbres, au milieu desquels se montre de loin en loin quelque cabane en torchis couverte d'un chaume grisâtre : triste paysage en somme, en dépit du ciel sans nuages qui l'éclaire.

Habitations et culture y sont rares : car le terrain est exposé aux inondations et désolé par les fièvres. En revanche, l'animation s'est concentrée sur l'eau. Nous croisons de nombreux vapeurs anglais, qui contrastent avec les embarcations à toits en paille manœuvrées à coups de perche par les indigènes dans leurs costumes primitifs. Mais nous ne pouvons rester à contempler le paysage : il faut déjeuner, fermer les paquets, régler les pourboires, car nous approchons de Calcutta.

Dès 2 heures et demie, en effet, le *Dupleix* s'arrête devant le faubourg appelé « Garden Reach ». Puis la douane montée à bord, on retourne tout simplement le vapeur pour le laisser remonter lentement, poussé par la marée.

Plusieurs embarcations accostent, et enfin voici venir la chaloupe à vapeur du Vice-Roi amenant un de ses aides de camp, le capitaine Adams qui parle fort bien français. Il me fait expédier par les employés de la douane les petits papiers nécessaires à l'entrée de mes bagages, opération fort simple du reste puisque je n'ai ni armes, ni munitions, ni appareil photographique ou autre, toutes choses soumises dans l'Empire Indien, à des droits redoutables, puis il m'emmène à terre. Nous débarquons à un appontement nommé « Prinsep Ghât » (1), où se trouve une sorte de bizarre arc de triomphe de mauvais style grec, érigé en mémoire de feu Prinsep, quelque riche bienfaiteur de la localité.

En moins d'un quart d'heure, la belle calèche à domestiques rouges nous amène à « Government House. » Cette demeure grandiose est située dans un parc entouré de grilles à l'entrée de la ville. La construction en est due à Lord Wellesley qui gouvernait l'Inde dans les premières années de ce siècle. Elle présente les grandes façades blanches, les colonnades et les toits plats de l'architecture banale en vogue en Angleterre à cette époque. Le centre est occupé par de grands salons auxquels viennent

(1) « Ghât » est un terme indien équivalent à débarcadère.

s'ajuster quatre pavillons symétriques qui contiennent, à leurs divers étages, les pièces habitables.

Le capitaine Adams m'installe dans l'un d'eux, en deux belles chambres, puis me conduit au salon particulier, où m'attend la comtesse d'Elgin et Kincardine avec une de ses filles. L'épouse du vice-roi est pleine de bienveillance pour ses hôtes ; mère de neuf enfants (dont trois jeunes filles seulement lui tiennent compagnie à Calcutta), sa santé peu robuste paraît se ressentir du climat indien, ainsi que des fatigues de cette longue maternité.

Bientôt le capitaine Adams me propose d'aller voir une partie de *polo* qui se joue sur le champ de courses voisin de la ville : c'est le « Maidan », vaste espace réservé dans toutes les villes indiennes pour les revues militaires ou les exercices physiques. Le polo, auquel prennent part avec les officiers britanniques quelques jeunes *rajahs* élevés à l'anglaise, se joue avec beaucoup d'entrain et a attiré de nombreux spectateurs : curieux assemblage où l'élégance des dames anglaises venues dans leurs calèches ou des *gentlemen* conduisant leurs attelages légers, se mêle aux types indiens de toutes sortes, depuis le jeune « Maharajah » à teint foncé qui se fait habiller à Londres, tout en conservant sur ses cheveux noirs crépus la petite calotte ronde de velours ou de soie en usage chez les indigènes, jusqu'à la classe aisée des naturels de Calcutta, les « Bengalees » qui, tête nue, à cheveux plats d'un noir luisant, le cou à découvert, se drapent à l'antique dans une sorte de toge de mousseline de couleur voyante, en général jaune ou verte.

Mais, bien que le soleil fut légèrement voilé par la brume, la chaleur de cette après-midi d'hiver me parut oppressive dans ce paysage entièrement plat, que ne varie pas le moindre mouvement de terrain. On est loin de la mer : plus de brise, et pas un souffle d'air n'est venu faire diversion à la mélancolie de ces vastes gazons torréfiés, de ces larges avenues poudreuses, bordées d'arbres à troncs puissants, mais à feuillage triste.

Le ciel, quoique sans nuages, est bordé d'une brume grise qui atténue la lumière et est due probablement aux nombreuses fabriques établies dans le voisinage de la capitale. On aurait pu se croire à l'une des rares journées chaudes de l'été de Londres, n'était la nature des arbres qui remplacent ici les ormes de Hyde Park, et n'était aussi un trait de mœurs fort bizarre qui ne tarda pas à fixer mon attention, tandis que je regagnais le Palais à côté de l'officier d'ordonnance du Vice-Roi.

En effet, dans la capitale du vaste et riche Empire des Indes, l'arrosage public se fait à bras d'hommes ! Il n'y a pas de tonneaux, de véhicules, ni de mécanisme d'aucune sorte affecté à un service que le climat rend ici, plus que partout ailleurs, de première importance ! Le soin en est confié exclusivement à une classe d'indigènes appelée par les Anglais « *Bheesties* », et appartenant, paraît-il, dans la hiérarchie indienne à une caste assez élevée. En dépit de cette illustre origine, leur peau, d'un noir d'ébène, n'admet pas d'autre vêtement que le linge étroit suspendu à leurs reins et l'indispensable turban. Dans cet accoutrement primitif, le « *Bheestie* » marche d'un pas solennel, et par un mouvement analogue à celui du semeur, jette à droite et à gauche, sur l'épaisse couche de poussière, l'eau contenue dans une outre d'une peau non moins noire que celle de sa personne, fixée à son dos par un cordon qui lui entoure le cou et présentant sous son bras droit l'étroite ouverture d'où jaillit le liquide bienfaisant. C'est un des spectacles les plus singuliers de Calcutta.

Le dîner du Palais est à 8 heures et demie, toujours en grande toilette, et comprenait aujourd'hui une trentaine de couverts. L'état-major du Vice-Roi est nombreux et fort brillant sous les élégants habits bleu-foncé, à boutons d'or, garnis de revers de soie d'un bleu tendre ; Lady Elgin, outre ses trois filles, a en ce moment chez elle deux belles-sœurs, et la société était complétée par plusieurs Anglais de distinction de passage à Calcutta ou hauts fonctionnaires du gouvernement, dont le plus élevé en grades est le Général Commandant Militaire, Sir George White (1), le seul dont je pus discerner le nom lorsqu'en entrant dans le salon de Lady Elgin, l'aide de camp me nomma successivement tous les invités. Je conduisis Lady Elgin à table et fus placé entre elle et Lady Kinnaird, une de ses amies qui se trouve en visite à Calcutta.

Dans cette salle à manger des jours solennels, on remarque sous un dais, un fauteuil en velours rouge et bois doré, de forme étrange qui fut, dit-on, le trône du roi d'Oude, souverain du Nord de l'Inde dépossédé par les Anglais, vers le milieu de ce siècle. Le Vice-Roi s'y assied quand il reçoit les hommages des seigneurs indiens.

Au dessert, suivant l'antique usage anglais, que j'avais vu dans ma jeunesse observer chez le prince de Galles et dans la société de Londres, les dames se retirèrent, et j'eus à faire le tour de la table pour venir prendre, à la droite du Vice-Roi, la place laissée vacante par Lady White : ce fut alors seulement qu'il put m'adresser la parole pour me dire avoir reçu au sujet de mon voyage une lettre du Prince de Galles.

Un peu avant 10 heures, je pris au salon congé de Lady Elgin, l'un des aides de camp m'ayant proposé de me conduire à un bal que donnait à la belle résidence dite « Belvedere », située au milieu des arbres en dehors de la ville, le « Lieutenant-Gouverneur » du Bengale.

Les salons étaient pleins, et, après les présentations nécessaires, je me délassai des fatigues de cette journée en regardant les brillants uniformes rouges ou bleu foncé, galonnés d'or, faire tourner en mesure les robes de mousseline des jeunes dames de Calcutta, parmi lesquelles beaucoup accusent, non sans grâce, des types se rattachant aux races indigènes : ce sont des « *Eurasians* » (2),

---

(1) Le siège soutenu pendant de longs mois dans Ladysmith, lors de la récente guerre de l'Afrique du Sud, a donné une grande illustration au nom de ce vaillant militaire.

(2) Abréviation d' « Européens-Asiatiques ».

c'est-à-dire enfants d'Anglais nés dans le pays, classe qui tend à absorber une grande quantité des emplois de l'administration civile et semble destinée à former dans l'avenir le noyau d'une nationalité indienne.

A minuit, je trouvai un repos bien gagné sous l'ample moustiquaire dressée au milieu de ma chambre.

13 Janvier. — Belle matinée : par-dessus la verdure des palmiers du jardin un air frais pénètre dans les larges fenêtres de l'appartement et la visite au cabinet de bain qui en fait partie achève de bien disposer pour la journée.

On me sert un premier déjeuner au thé, élément tellement indispensable de la vie anglo-indienne qu'on lui a consacré un titre spécial et mystérieux emprunté à la linguistique indigène : c'est le « *Chota-hazari* ». Puis l'un des aides de camp vient me prendre pour une tournée en ville.

Le secours de ces aimables jeunes militaires (d'ailleurs toujours en bourgeois quand ce n'est pas leur jour d'être de service près du Vice-Roi), est fort nécessaire aux étrangers, hôtes du Palais de Calcutta ; car le personnel de service, aux belles tuniques rouges et aux beaux turbans brodés d'or, est exclusivement indigène et ignorant de toute langue européenne, ce qui rend comme on peut penser les ordres assez difficiles à transmettre.

Après avoir en vain cherché des lettres à la banque « Gillander, Arbuthnot, Gillander and C° », nous nous rendons au grand Collège des Jésuites, qui constitue une sorte d'Université encouragée par le Gouvernement. Les Pères, pour la plupart belges, ont à Calcutta seulement une cinquantaine d'internes qui sont des métis, catholiques ou protestants : pour les jeunes gens européens, ils ont un grand collège à Darjeeling, où, sur les flancs de l'Himalaya, on a l'avantage d'un climat plus tonique. La grande importance de l'établissement de Calcutta est dans les cours suivis par les externes, auxquels on ne demande pas quelle est leur religion. Pour les internes seuls on exige le christianisme ; mais sur les bancs des cours supérieurs, qui pré-

69. — Bénarès : Les Minarets d'Aurengzeb.

70. — Bénarès : Les ablutions dans le Gange.

71. — Benarès : « Shiwala-Ghat ».

72. — Ramnagor : Palais de campagne du Maharajah de Benarès.

parent aux examens du gouvernement, se côtoient les sectateurs de Mahomet, ceux de Brahma ou de n'importe quelles des nombreuses sectes religieuses de l'Inde : ils sont environ 350.

On est encore dans les vacances de Noël : il n'y a donc pas d'élèves en ce moment. Le Père Supérieur nous fait aimablement parcourir tout le bel établissement : la chapelle, la salle de spectacles, les cabinets scientifiques très bien montés, où il nous montre, entre autres curiosités, le fonctionnement intérieur d'un cinématographe, récemment reçu.

Tout à côté de cet important établissement, nous allons faire visite au vénérable archevêque, Mgr. Goethals, belge aussi, qui est installé dans une jolie maison à jardin et véranda, et nous fait les honneurs d'une charmante et très complète bibliothèque où ses soins ont réuni principalement des livres de toutes langues sur l'histoire de l'Inde, sa géographie, sa linguistique et tout ce qui se rattache à cette région. J'y retrouve les volumes, classiques au Brésil, des récits historiques des grands chroniqueurs portugais, Barros et Couto !

Non loin de là, nous entrons dans l'église Saint-Thomas, de style gothique en marbre blanc : nous ne pouvons aller jusqu'à la cathédrale de Notre-Dame-du-Rosaire, située dans un autre quartier : les distances sont grandes à Calcutta.

Le Muséum Indien, qui se trouvait sur notre route, était fermé, de sorte que nous rentrons au palais pour nous préparer au « *luncheon* » du Vice-Roi, annoncé pour 2 heures. On est en petit comité : les dames de la famille du Vice-Roi et les deux ou trois officiers de service, en petite tenue militaire ou en complet léger sans cérémonie. Le menu est l'œuvre d'un excellent cuisinier français, qui a complété sa science en mettant habilement à profit les ragoûts appropriés au pays tropical : le *carri* (ou « curry ») si connu sur toutes les lignes de navigation, et le potage épicé particulier aux Indes, dit « *mulligatawny* ».

On ne reste pas longtemps à table et chacun va à ses affaires. L'aide de camp me fait faire la tournée du Palais, riche en portraits historiques fort bien énumérés dans un excellent catalogue.

La grande salle de bal est au premier étage, au-dessus des salons occupés tous les jours.

Dans un des pavillons se trouve la salle du Conseil, l'appartement solennel où sont réunis les portraits de toute la série des Gouverneurs Généraux et Vice-Rois : quelques-uns sont de belles peintures, et tous intéressants au point de vue historique. On voit là les héros de l'épopée du siècle passé, souillés dans l'histoire par l'or qu'ils ramassèrent dans des flots de sang : Clive et Warren Hastings ; puis plus intègres, Cornwallis, Wellesley ; puis tous ceux qui jusqu'à nos jours régnèrent dans des temps en général plus pacifiques : Minto, Amherst (que je me rappelle avoir vu en 1852 en Angleterre, en son château de Knowles, sa mission en Sicile vers 1810 l'ayant mis en rapports affectueux avec mes grands parents), Ellenborough, Dalhousie, Canning, qui vit la grande révolte de 1857, Elgin (le père du Vice-Roi actuel et le fils du conquérant plus ou moins légitime des marbres du Parthénon qui après avoir représenté l'Angleterre à la prise de Péking fut mourir au pied de l'Himalaya), Lawrence, Mayo qui fut assassiné par un prisonnier en visitant l'établissement pénitentiaire des îles d'Andaman, Northbrook, Lytton à qui échut la mission de proclamer l'Empire des Indes, et plusieurs autres. La liste en est longue, les Vice-Rois étant depuis ces dernières trente années remplacés de quatre en quatre ans.

Dans les couloirs et les escaliers, ce sont des fonctionnaires moins importants, puis des rajahs, des sultans. Dans le grand escalier on est surpris de voir en pied un roi et une reine de France, Louis XV et Marie Leczinska. Ce sont de belles copies de Vanloo, prises, hélas ! probablement au cours des guerres du siècle passé sur un navire qui les portait en présent à quelque souverain indien.

Quatre heures et demie, l'aide de camp m'emmène en

promenade au jardin zoologique. Quand, à travers les longues avenues ombragées qui entourent le prolongement du « Maydan », nous arrivons au but de notre course, le soleil tombait. La chaleur avait baissé aussi, et douce était l'atmosphère, baignant un paysage calme, verdoyant, à demi-teintes. Je m'attardai avec plaisir dans ce joli jardin qui contient une très intéressante collection d'animaux de tous genres. La nuit approchait rapidement et il fallut renoncer à paraître au « tennis party » que Lady White donnait cette après-midi à la résidence du Commandant militaire, dans la citadelle.

Le dîner fut à 7 heures 3/4, en toilette, mais un peu en désordre, les maîtres de la maison n'y paraissant pas, parce qu'ils avaient à se préparer pour la solennité du soir.

J'avais, en effet, la chance singulière, sur 48 heures seulement qu'il m'était donné de passer à Calcutta, de m'y trouver pour une cérémonie qui ne se reproduit que rarement : l'investiture de différents degrés des deux Ordres indiens « *The most exalted Order of the Star of India* » et « *The most eminent Order of the Indian Empire* », donnée à un certain nombre de seigneurs indigènes ou de militaires et autres fonctionnaires anglais.

Il y avait des années, me disent les aides de camp, qu'une cérémonie aussi importante n'avait pas eu lieu à Calcutta.

Aussi avait-on dressé sur le gazon du jardin du palais, une immense tente, un « *Durbar Shamiana* », (1) pouvant contenir, me dit-on, trois mille personnes.

Merveilleuse cérémonie, conforme en tous points au programme en douze pages distribué aux invités et signé : « *By command of His Excellency the Grand Master* » par *W. S. Cuningham, Secretary to the Orders of the Star of India and the Indian Empire* ».

---

(1) « *Durbar* » est le mot indien qui signifie une réception solennelle tenue par le Vice-Roi ou par tout autre personnage haut placé et « *Shamiana* » c'est tout bonnement une tente.

Dans l'énumération des grades à conférer on remarquait en premier lieu la dignité de Grand Commandeur de l'Ordre de l'Étoile de l'Inde à Son Altesse Sir Vyanhatesh Raman Singh Bahadur, Maharajah de Rewa et à S. E. le Général Commandant en chef Sir George Stewart White ; et celle de Grand Commandeur de l'Ordre de l'Empire Indien à Leurs Altesses Sir Lachhmeshwar Singh Bahadur, Maharajah de Darbhanga et Sir Prabbu Narayan Singh Bahadur, Maharajah de Bénarès, puis les grades de Commandeur ou de simples Chevaliers accordés à une trentaine de personnages moins importants, officiers de l'armée et de la marine ou employés civils du Gouvernement de l'Inde, à noms anglais ou indigènes, le titre du moindre de ceux-ci comportant tout comme ceux des Maharajahs au moins une demi-douzaine ou plus de noms propres du style le plus baroque tels que Panappakam Amanda Charlu Vidia Vinodha Avargal Rai Bahadur et autres analogues.

Sous la tente complètement pleine, c'était un scintillement merveilleux formé par les toilettes de dames, les uniformes militaires ou civils brodés d'or, les costumes des Seigneurs indiens en soie ou velours, à broderies d'or ou d'argent, leurs turbans, leurs bonnets, leurs aigrettes étincelantes de diamants, puis les manteaux flottants en satin, revêtus par les chevaliers des deux ordres, bleu clair pour l'ordre « *Star of India* » (1), bleu foncé pour celui de l' « Empire Indien ».

Au fond de la tente, ou plutôt de la vaste salle, était préparé sur une estrade élevée d'une marche ou deux, le trône ou fauteuil doré du Vice-Roi, qui avait revêtu, pour l'occasion, son grand uniforme tout couvert de broderies d'or, avec culotte et bas de soie blanche. Sur la gauche, on avait disposé un sopha réservé pour la Vice-Reine où, m'étant orné de mon grand cordon japonais, le seul que j'eusse dans mes bagages, et conduit à l'avance par deux aides de camp, je pris place avec elle, sa belle-sœur Lady Carnegie

(1) Etoile de l'Inde.

et la « Maharanee » de Kutch-Behar, gracieuse Indienne, élevée à l'anglaise, élégamment vêtue de mousseline blanche avec quelques rangs de perles au cou, ses cheveux noirs coiffés très simplement, ornés de bandelettes de diamants ; ses deux jeunes fils, en costume de satin bleu clair style Louis XIII et longue perruque de la même époque servaient de pages au Vice-Roi, assis au pied du trône.

Le cérémonial fut long, le Vice-Roi ayant à faire deux fois son entrée solennelle, d'abord revêtu du manteau du « *Star of India* » et ensuite de celui de l'« *Indian Empire* ». Puis il y eut lecture des décrets de la Reine accordant les décorations, avec mention consciencieuse des interminables noms et qualités des personnages favorisés, entrée solennelle des « Maharajahs » et autres Seigneurs qui allaient être investis de la dignité de Grand Commandeur des ordres. Arrivés devant la table placée un peu à gauche du dais, ils reçoivent des mains d'un des Commandeurs, le grand Cordon, la plaque de l'Ordre, le manteau qui est placé sur leurs épaules par deux de leurs nouveaux collègues, et enfin s'avancent vers le trône, d'où le Vice-Roi, Grand Maître, leur passe au cou le collier, en mentionnant dans une courte allocution, le nom de la Reine, Impératrice des Indes et les ordres de sa Majesté. Les officiers anglais mettent en outre le genou en terre pour recevoir du Vice-Roi l'accolade de l'épée.

A la fin du cérémonial, le Vice-Roi donna lecture d'un assez long discours, où passant en revue les événements de l'année écoulée, il dit être chargé par la Reine de manifester la reconnaissance de Sa Majesté pour les sentiments de loyauté et de dévouement qui lui ont été témoignés par les princes et peuples de l'Inde, dans les difficultés par lesquelles le pays a passé, ainsi qu'à l'occasion du Jubilé Royal.

Il était minuit quand on quitta de la tente pour traverser la pelouse au son toujours majestueux du « *God save the Queen* », des flots de lumière électrique faisant briller les uniformes rouges et les turbans multicolores des gardes sous les armes.

Un buffet attendait les invités dans le rez-de-chaussée du palais. Mais je n'y fis guère honneur ; après avoir pris congé de Lady Elgin qui se retirait, et rapidement absorbé une tasse de thé, je me hâtai d'aller chercher le repos sous ma moustiquaire.

14 Janvier. — 8 heures et demie, départ avec un des aides de camp pour le chemin de fer qui nous mène à Chandernagor. Cette colonie française, qui ne forme qu'une enclave insignifiante dans l'immense Empire anglo-indien, laisse une triste impression : ses édifices, peu importants, sont clairsemés le long de rues envahies par la végétation. Un tremblement de terre a, l'an passé, achevé d'y porter la désolation. Les voûtes de l'église présentent trois énormes fentes difficiles à réparer ; le presbytère et d'autres édifices sont également en ruines.

J'ai du moins le plaisir de rencontrer, sur la place principale, le docteur Roux et d'autres compagnons de la navigation sur le *Dupleix*, desquels j'apprends, non sans quelque surprise, que le Gouvernement français vient d'accorder un crédit de cinquante mille francs pour la réparation indispensable de ces édifices religieux. Puis la voiture que nous avions prise à la gare, située en territoire anglais, nous conduit jusqu'aux bords de l'Hoogly, dominé par une belle terrasse qu'ombrage un superbe manguier. Avant de reprendre le train, nous allons encore visiter une très importante filature de tissus de jute établie là, dans l'espoir, paraît-il, d'échapper aux droits de douane internationaux.

A midi, nous étions de retour à Calcutta. Cette grande ville offre peu d'objets d'intérêt : les rues et constructions en sont banales et les nombreuses statues de Vice-Rois et de généraux vainqueurs semées sur les vastes espaces qui s'étendent entre le Palais du Gouvernement et la citadelle peuvent, par leur manque absolu de caractère artistique, être mis en parallèle avec les monuments analogues dont le patriotisme anglais a orné les carrefours de Londres.

Les édifices les plus intéressants, faisant face à la grande esplanade appelée « Maydan » sont le Palais de justice « *High Court* » construit dans le style gothique à l'imitation de l'hôtel de ville d'Ypres en Belgique et dont les salles contiennent quelques portraits et statues historiques ; puis, à côté, l'hôtel de ville « *Town Hall* » sous le vestibule duquel apparaît une statue de Warren Hastings s'appuyant dans une attitude tragique sur les victimes de ses méfaits, un mahométan et un hindou! Sur la même façade se trouve l' « *Indian Museum* » qui me retient plus longtemps ; ce spacieux édifice est consacré à des collections représentant l'archéologie, l'ethnographie, l'histoire naturelle, l'industrie et les arts de l'Inde, mais qui ne me parurent pas toutefois à la hauteur de la capitale d'un si vaste empire. La section la plus complète est celle des tissus de soie ou de coton où le goût indien se révèle avec beaucoup d'originalité.

Aussitôt après le « *luncheon* » vers 3 heures et demie, je pris congé de Lord et Lady Elgin, en les remerciant de leur hospitalité et demandant leurs bons soins pour mon fils à sa prochaine arrivée.

Le Vice-Roi et sa famille sortaient officiellement pour aller présider la pose de la première pierre d'un hôpital. De la fenêtre, j'admirai les équipages : calèches à quatre chevaux, jockeys en rouge et or, escorte d'une trentaine d'hommes de cavalerie indienne, en tuniques rouges, turbans, grandes bottes, armés de lances ; les aides de camp faisant face aux dames dans les voitures ont leurs bicornes ornés de plumes. Mais la tenue du Vice-Roi détonne sur cet ensemble majestueux : redingote grise, casque colonial gris aussi.

J'eus donc ma liberté pour ce reste d'après-midi : il me fallait retourner à la banque pour y prendre les ressources nécessaires, et toujours n'y pas trouver de lettres, puis de retour au Palais, demander des renseignements pour l'itinéraire de mon voyage au Colonel Durand, secrétaire militaire du Vice-Roi et, en fait, chef de sa maison, assisté en cette occasion de son clerc, M. Thompson ; régler la dépense des télégrammes envoyés en Europe, remettre au colonel Durand cent roupies de pourboire, pour le « *Servants' fund* ». Enfin, ces devoirs remplis, je pus clore ma correspondance dans le silence du grand palais devenu désert, en laissant errer ma vue sur les beaux gazons dont les massifs de palmiers sont seuls à rappeler qu'on n'est pas dans la vieille Angleterre.

Il s'agissait maintenant, de régler mon voyage de façon à gagner le 21 courant, à Bombay, le paquebot des Messageries Maritimes, qui ne fait escale dans ce port que de 28 en 28 jours. Pour cela, il me faut traverser le plus rapidement possible tout le nord de la Péninsule indienne, tout en m'arrêtant quelques heures au moins dans les trois villes les plus célèbres de cette région : Benarès, Agra, Delhi.

Vers 6 heures et demie, l'aide de camp, capitaine Ramsay me reconduit à la gare située dans Howrah, faubourg que relie à Calcutta un beau pont en fer sur l'Hoogly, à moins de vingt minutes de Government House. L'heure du train est 6 heures 42 ou plutôt, sur l'horaire indien, 18 heures 42 les heures étant comptées de 0 à 24, comme cela se fait aussi en Italie. Pour compléter la complication du calcul, l'horaire est réglé sur l'heure de l'Inde Centrale qui est de 33 minutes en retard sur celle de Calcutta.

Je ne puis dire que les chemins de fer indiens brillent ni par le luxe ni par le confort de leur installation. Ils font contraste avec les ressources de tout ordre trouvées aux États-Unis dans les Pullman-Car : effet du climat !

On m'avait dit à Government-House, qu'on m'avait retenu une couchette : « *berth* ». Aussi l'expectative qu'avait éveillé en moi cette appellation fut-elle grandement déçue. Les lignes indiennes ne comportent ni wagon-lit, ni wagon-restaurant, ni communication entre les compartiments :

la couchette n'est qu'un sopha garni de cuir, sans matelas, ni couvertures, ni oreiller. J'ignorais qu'en ce pays c'est aux voyageurs à porter avec eux pareils accessoires. Les deux couchettes s'étendent le long du compartiment garni de chaque côté de quatre fenêtres où je ne pus découvrir en ce pays de grand soleil, ni stores, ni volets. Il fallut donc tenir les fenêtres fermées, ce qui n'empêcha pas l'introduction, par toutes les fissures possibles, d'une poussière envahissante. Quant à l'éclairage, il est au pétrole, et tellement insuffisant, qu'il me fut impossible de déchiffrer dans le « *Newman's Indian Bradshaw* » les heures de passage aux stations. Il fallut donc guetter l'approche des haltes.

8 heures et demie à Burdwan, vingt minutes d'arrêt pour aller, par un long trajet dans l'obscurité, chercher un « *Refreshment room* », où est servi un dîner, du reste tolérable. Pour aller et revenir, on patauge dans des flaques d'eau ; chose assez étrange dans un pays où de décembre à juillet le ciel est à peu près constamment sans nuages, du moins depuis quelques années.

Peu après, le monsieur qui occupait la seconde couchette de mon compartiment, un « *Eurasian* », ce me semble, d'après son teint, s'est endormi dans les couvertures et oreillers qu'un domestique indigène lui avait apportés et arrangés au départ de Howrah. Quant à moi, je cherchai le sommeil, enveloppé de mon mieux dans ma mince couverture, la tête appuyée sur mon sac de voyage.

CHAPITRE XIII.

Bénarès. — Agra. — Delhi.

15 Janvier. — En dépit de cet arrangement, un peu trop primitif, je ne dormis guère et vers la fin de la nuit le froid devint sensible.

Entre 6 et 7 heures, le jour parut sur l'interminable plaine du Bengale ressemblant presque à l'Europe, notamment à certaines plaines allemandes : plaine bien cultivée de riz ou de plantes textiles, sans irrigation pourtant, et semée de gros arbres ronds qu'on aurait pu prendre pour de beaux pommiers. Par ci, par là, quelques palmiers sont seuls à faire souvenir que nous venons à peine de franchir le tropique peu après avoir quitté Calcutta. Température : 15 degrés.

A 8 heures 1/4 il faut quitter la grande ligne de Calcutta à Bombay et changer de train à la jonction dite « Moghul Saraï » où de petites tables établies sur le quai de la station offrent aux voyageurs un café noirâtre et insipide.

Vers 9 heures enfin, apparaît « Bénarès » la cité sainte et merveilleuse. Sa masse de fantastique architecture se profile au loin, éclatante de blancheur entre le ciel toujours sans nuages et le large cours du Gange. Bientôt nous traversons le fleuve par un beau pont de chemin de fer de construction récente.

De la gare je me fais conduire à « Clark's Hotel, » rez-de-chaussée assez propre. Pressé d'aller courir Bénarès, je m'y fais servir à déjeuner à 10 heures et m'y trouve en compagnie d'un Français non moins surpris que moi de rencontrer un compatriote : c'est la première fois, me dit-il, qu'il a ce plaisir depuis plusieurs mois qu'il est dans les Indes. Il me confie qu'il est médecin militaire et qu'il vient de suivre la campagne des Anglais contre les Africtis, en mission confidentielle, prétend-il, du gouvernement français.

A 11 heures me voici en voiture avec Eugène et un guide brahmane, du nom de Sikul, coiffé de la petite toque classique sans visière, en soie brodée de paillettes d'or. Il est fort expansif dans son anglais traînant et rauque et ne manque pas de nous signaler la ficelle qu'il porte au cou, et qui est le distinctif de la race des Brahmanes, la caste sacerdotale, la première de l'Inde : celle des « Radjpouts », ou guerriers, à laquelle appartiennent pourtant, en général, les princes les plus puissants du pays, ne vient qu'en second lieu dans la hiérarchie hindoue. Cela n'empêche pas notre cicerone d'être, comme il dit : « *A poor famine-stricken man* », chargé d'une nombreuse famille qu'il m'énumère. C'est un point sur lequel il revient volontiers, ajoutant pour mieux m'attendrir sur son sort, que moi je suis un « *great and rich man.* » Il m'explique que toute l'alimentation de ses congénères et de la population indienne en général se limite à une poignée de « millet », céréale de qualité inférieure. Ces malheureux ne peuvent même consommer le riz qu'ils cultivent, étant obligés de le vendre pour se procurer une nourriture à meilleur marché.

L'énumération suivante des monnaies indiennes peut donner une idée de l'avilissement prodigieux des prix dans l'Inde, en ce qui concerne la population indigène. La *roupie*, monnaie d'argent dont la valeur courante est abaissée aujourd'hui à environ 1 fr. 65, vaut 16 *annas*, l'anna 1 *pice*, le *pice* 3 *pie* : le *pie* par conséquent moins d'un centime de notre monnaie, et cependant cette dernière subdivision se trouve être encore trop élevée pour correspondre aux besoins presque infinitésimaux de cette malheureuse population qui est réduite à se servir pour son menu trafic de petits coquillages représentant chacun un douzième de *pice*, moins d'un millième de franc !

« Clark's Hotel » aussi bien que le « Grand Hôtel de

Paris » qui en est à quelques pas, sont fort loin de la ville. Comme ailleurs, les Anglais, par un calcul fort juste d'hygiène et de politique, ont pris soin de s'établir complètement en dehors de la population indigène. Cette sorte de nouvelle ville se nomme dans tous les lieux de garnison le « *Cantonment* » : c'est là que se trouve la gare et, éparpillés à travers des espaces laissés vides et de larges avenues bien plantées d'arbres, les casernes, les établissements scolaires, les églises, les logements de fonctionnaires, les hôtels, tout ce qui est européen enfin.

Aussi mettons-nous près de trois quarts d'heure à gagner la rive du Gange, qui constitue la principale beauté de Bénarès. C'est là que sur une étendue de plusieurs kilomètres d'innombrables temples d'architecture variée s'étagent au-dessus de marches monumentales qui descendent jusqu'à l'eau et forment autant de « *Ghats* » ou embarcadères.

Nous montons sur une barque, où des chaises sont établies sur des planches placées en travers, et lentement poussés par les longues perches des bateliers plus qu'à moitié nus, abrités tant bien que mal des rayons brûlants du soleil par mon parasol de voyage, nous descendons, puis remontons toute la façade de la ville, jouissant de ce spectacle unique au monde.

La singularité et la richesse de l'architecture n'en est pas le seul enchantement, car jamais cette rive sacrée de la religion Brahmamique n'est déserte. Tout le long de la journée les fidèles sont là, se livrant aux ablutions qui doivent leur assurer la félicité éternelle ; et il ne leur suffit pas de quelques gouttes d'eau, comme dans notre baptême. Toute cette population noire, décharnée, à crâne à moitié rasé, se tient là dans l'eau jusqu'à la ceinture s'aspergeant le reste du corps, lavant son linge, puis se frottant, se massant, s'oignant d'huile, s'interrompant pour boire l'eau sainte à petites gorgées. A cette heure de la journée, les femmes sont rares et, soit dit à leur honneur, elles ne quittent pas les voiles qui les envelop-

73. — Benarès : « Queen's College ».

74. — Benarès : « Saint-Mary's Chapel ».

75. — Le « Fort » d'Agra.

76. — « Moti-musjid » : La Mosquée-perle, Agra.

pent, même quand il s'agit de se plonger dans le fleuve.

Au retour, la barque nous arrête à plusieurs des « Ghats » : Nous montons 235 grosses marches, jusqu'au sommet d'un des minarets de la mosquée, du reste sans beauté aucune et aujourd'hui abandonnée, construite au xviie siècle par l'Empereur Aurengzeb qui, musulman fanatique, entreprit, mais en vain, de substituer dans son Empire la religion de Mahomet à celle de Brahma. Non loin de là au « *Mai Mandir Ghat* » on nous fait monter sur les toits de l'Observatoire, où les astronomes musulmans de la même époque étudiaient le cours des astres au moyen de cadrans tracés horizontalement sur la terrasse ou verticalement sur les murs, et d'arcs de cercle construits en pierres colossales.

Notre guide nous fait encore visiter un puits sacré et le temple voisin devant lequel végètent tristement les vaches consacrées, atteintes elles aussi, apparemment, par la famine qui afflige l'Inde ; puis une sorte de réservoir où une inscription, datant du jubilé de la Reine, en 1887, commémore l'intention restée lettre morte, de « rendre aux eaux du Gange leur pureté primitive ». On se demande du reste quel en aurait été le moyen : les Anglais étant trop avisés, pour tenter la tâche impossible d'interdire les ablutions religieuses, il aurait donc fallu détourner une partie des eaux du fleuve pour la réserver à ce service. On conçoit qu'on ait reculé devant pareille entreprise : aussi le voyageur reste-t-il rêveur devant cette inscription où s'étalent hypocritement de belles intentions d'exécution impossible.

Notre cicerone, dont la loquacité ne nous fournit pas toujours des renseignements suffisants, m'oblige encore à assister, moyennant deux roupies, aux exercices sans intérêt d'un gymnaste qui se distingue de ses compatriotes par des formes herculéennes.

Du moins ce bon Sikul a-t-il soin de nous signaler « *Burning Ghat* » l'une des principales curiosités de Bénarès. C'est, en effet, l'espace réservé aux incinérations des cadavres hindous dont nous voyons apporter quelques-uns, enveloppés dans un simple linge et suspendus à une perche qui repose sur les épaules de leurs congénères. De plusieurs petites plates-formes en maçonnerie s'élève la fumée qui se dégage des restes humains carbonisés : le résidu est ensuite précipité dans les eaux du Gange qui, alors, transportent les âmes des défunts au paradis de leurs rêves. Telle est la doctrine singulière qui attire à Bénarès les vieillards, les infirmes, tous ceux qui sont las de la vie et bornent leurs désirs à s'assurer la félicité dans un autre monde.

Nous ne pouvions malheureusement nous attarder à suivre tous les détails de ces rites macabres. Il nous faut gagner la voiture pour aller à l'autre bout de la ville voir le « *Durga* » ou temple des singes. Ce monument d'une architecture gracieuse qui, à l'encontre des autres sanctuaires religieux de l'Asie forme un ensemble symétrique et complet, est situé dans une cour quadrangulaire où on a le spectacle saisissant d'un nombre infini de quadrumanes s'ébattant familièrement parmi les humains ; ces animaux sont, comme la race bovine et d'autres encore, au nombre des êtres tenus pour sacrés pour les Hindous et se multiplient en ce lieu, grâce à quelque nourriture qui leur y est distribuée. Il n'en est pas de même des chèvres qui sont ici, paraît-il, journellement sacrifiées à la divinité locale et dont le sang rougit le petit autel en pierres placé à l'entrée et les dalles de l'enceinte.

En route, notre Brahmane nous oblige, malgré nos protestations, à nous arrêter chez une sorte de Fakir, « *a very holy man* », s'obstine-t-il à nous répéter, qui, accroupi dans une veranda, au bout d'un joli jardin, étale aux yeux des visiteurs sa complète nudité, sa peau jaunâtre, son ossature de vieillard amaigri, son crâne rasé et ses petits yeux astucieux. Son mérite consiste, paraît-il, à ne rien posséder et à n'accepter aucun don, autrement qu'en nature, je suppose, à moins qu'il ne prétende réaliser le miracle de vivre de l'air du temps. Il nous remet une brochure qui nous apprend son nom : « *Sri Swamy Bhaska-ranand Saraswati* », et prétend en une page révéler son mérite. Les trente pages suivantes contiennent la liste des visiteurs de tous pays, qui sont venus l'admirer ; aussi je frémis à l'idée de voir bientôt mon nom s'étaler dans quelque nouvelle édition de ce factum, et ai-je hâte de m'éloigner de ce sinistre farceur.

Nous reprenons la barque pour traverser le fleuve jusqu'à Ramnagar, la grandiose résidence de campagne du « Maharajah » de Bénarès, située sur l'autre rive, à quelque distance en amont.

Cette vaste enceinte renferme entre autres constructions une belle villa dont les terrasses, dominant le cours du Gange, s'appuient sur les tourelles et les courtines d'une antique fortification. La navigation, d'une demi-heure pour aller et autant pour le retour, m'aurait paru charmante, si je n'avais vu la journée s'avancer, sans que nous ayons pu finir notre tournée de Bénarès.

En face de la ville, le guide me fait remarquer la plage sablonneuse et déserte de la rive opposée où ne s'élèvent qu'une demi-douzaine de baraques, appartenant probablement à la garnison anglaise. Car, pour les Hindous, cette rive du fleuve est aussi maudite que la rive gauche est favorisée par les décrets éternels de la Divinité : ceux qui viendraient à mourir sur la rive droite « *go to hell* », me dit le Brahme, dans son anglais primitif. Je ne pus m'empêcher de lui répliquer « *I don't believe it* » et au fond, je soupçonne qu'il est à peu près de mon avis.

Il nous reste à voir le centre de Bénarès, fourmilière humaine, à ruelles étroites, où il nous faut quitter la voiture. J'y fais quelques acquisitions de jolies mousselines indiennes pour turbans ou écharpes et d'objets en bronze artistiquement ciselé, qui sont la spécialité de l'industrie locale, et y fais aussi connaissance avec le « bethel » qu'on vend à tous les étalages et qui mâché continuellement par les habitants du pays, colore leurs dents de noir et leurs lèvres d'un rouge éclatant. C'est une feuille analogue, par sa forme, à celle de notre noyer : après y avoir déposé un peu de chaux vive et un fragment de la noix du palmier « Areca », on la replie de façon à former un petit paquet dont la mastication fait les délices des pauvres affamés de céans. Pour moi, j'en trouvai le goût d'une âcreté insupportable.

A travers un dédale infect, nous pénétrons jusqu'au « Temple Doré », ainsi nommé à cause de la dorure, du reste fort endommagée, de son toit. Les approches en sont immondes : là, vivent pêle-mêle les tristes génisses sacrées, les chèvres apparemment destinées aux sacrifices, et des êtres humains non vêtus, aux yeux hagards, agrandis par la privation, à la chevelure inculte, se déployant en longues torsades naturelles tout autour de leurs visages émaciés : des apprentis *fakirs* probablement.

On nous fait monter sur le toit pour avoir une idée de l'ensemble de ces constructions sans beauté, étouffées les unes par les autres. Quant à l'intérieur même du sanctuaire, les profanes ne peuvent qu'à travers une fente du mur entrevoir les idoles bizarres qui s'y vénèrent et parmi lesquelles, comme nous l'apprend l'intéressant journal de la marquise de Dufferin et Ava, « *Our vice-regal life in India* », la principale est une pierre ; c'est sans doute le « *linguam* », la pierre de forme allongée dont nous parlent d'autres voyageurs, emblème de l'énergie créatrice.

Je me sens ahuri par tant d'horreurs, par les longues heures passées au milieu de ce culte, singulier jusqu'à la barbarie, de cette population vouée à la misère et dont les facultés sont absorbées par la superstition la plus contraire à nos mœurs. La nuit approche, du reste, et je ne me sens plus que la force de regagner « Clark's-Hotel », à travers les larges avenues du « *Cantonment* », et par devant la belle École supérieure « *Queen's College* », de style demi-gothique, que la munificence anglaise a érigée en vue de propager en ces contrées la culture européenne. Il est 6 heures.

16 Janvier. — Dès 5 heures un quart nous sommes sur

pied pour être avant 7 heures au bord du Gange; c'est l'heure, en effet, préférée par la plupart des fidèles pour les ablutions sacrées et le spectacle est encore bien plus vivant que l'après-midi.

Les femmes à ce moment y sont en grand nombre. Elles descendent au fleuve enveloppées dans leurs mantes de toutes couleurs, dont le chatoiement, dans l'aube matinale et aux premiers rayons du soleil éclairant l'onde, charme l'œil et complète avec le panorama des monuments fantastiques de la ville sacrée un ensemble d'un pittoresque incomparable.

Encore quelques coups de rames pour jeter un dernier coup d'œil sur quelques-uns des temples; puis il faut nous arracher au Gange. C'est dimanche, et je tiens à ne pas manquer la messe qui se dit à 8 heures au « *Cantonment* » à « Saint-Mary's Chapel ». Petite chapelle bien propre; assistance composée d'une trentaine de soldats, en tunique rouge, casque blanc à plumet rouge, mante, et genoux nus à l'écossaise; plusieurs officiers, catholiques aussi, et une demi-douzaine seulement de personnes d'origine indigène. Il n'y a guère de catholiques dans Bénarès : le fanatisme brahmanique qui y est dominant ne saurait être entamé actuellement : les missionnaires y perdraient leurs peines. Aussi est-ce le Gouvernement anglais qui, comme dans les autres garnisons, paie l'aumônier pour les besoins spirituels de ses soldats catholiques, et les fait conduire à la messe comme les protestants de leur côté sont conduits à leur prêche. Il n'y a là rien qui choque les sentiments des uns ni des autres. La correction anglaise ne comprendrait point qu'un homme de bonne conduite, comme doivent l'être les militaires, n'eût pas sa religion. Cependant, l'entretien de la chapelle reste à la charge des fidèles ou de l'aumônier. C'est du moins ce que me dit l'officier avec qui je cause un moment, pendant qu'il attend la sortie de ses hommes et que le sergent les fait ranger sur deux files pour regagner leur quartier, au pas militaire.

Il est plus de 9 heures, le sermon de l'aumônier ayant été assez long. Il nous faut regagner l'hôtel et déjeuner en hâte pour reprendre le train à 10 h. 25.

Nouveau changement de wagon, à l'embranchement de Moghul-Saraï, où nous retrouvons en bon état nos bagages oubliés la veille.

Journée fastidieuse : la plaine, moins cultivée, devient de plus en plus sablonneuse, poussiéreuse, et ne semble produire que quelques broussailles presque desséchées. La voie, mal empierrée apparemment, donne au train un ballottement qui secoue d'une manière énervante.

Pas de villes, encore moins de villages ; on se demande où s'abrite la population pourtant si dense de ces régions. Le seul point intéressant est Allahabad, dont on aperçoit le fort, antique et encore en état, dominant la langue de sable du confluent du Gange et du Jumna. Cette position est dans la haute vallée du Gange la seule qui avec le fort d'Agra, bloqué par les insurgés maîtres de la ville, résista avec succès à la grande révolte indienne de 1857. Elle est encore aujourd'hui le quartier général de forces importantes.

Quant à la langue de sable qui s'étend à ses pieds, elle est, paraît-il, à certaines époques, le rendez-vous de nombreux pèlerins, car les eaux du Gange, en ce lieu où elles se mêlent à celles du Jumna, sont presque aussi bienfaisantes aux yeux des Hindous, qu'elles le sont plus loin au pied des temples de Bénarès. De là, sans doute, le nom donné par les conquérants musulmans à cette localité : « *Allahabad* » séjour de Dieu.

Plus loin, nous passons « Cawnpore » position à laquelle se rattache la mémoire des événements cruellement tragiques de la même année qui flottent dans les souvenirs de mon adolescence.

C'est là que la garnison anglaise, décimée depuis plusieurs semaines, par la maladie, la faim et le feu, et ayant à sa tête le général Wheeler, mal inspiré, dit-on, par les conseils de sa femme d'origine indienne, se rendit au déloyal et féroce « Nana Sahib », et entassée sur les barques qui devaient la conduire à Allahabad, fut victime de la mitraille de l'ennemi et engloutie dans les eaux du Gange : trois blessés seulement survécurent à cette abominable trahison. C'est là, enfin, que dans l'intérieur de la ville, vieillards, femmes et enfants, demeurés prisonniers des rebelles, furent massacrés sur les ordres de Nana Sahib au moment où ils quittaient la place et précipités dans un puits, où leurs restes furent retrouvés par la colonne victorieuse du général Havelock, arrivée deux jours seulement après le désastre. Mais j'avais dû rayer Cawnpore aussi bien que Lucknow de mon programme.

La nuit était venue, et je ne vis de la gare elle-même que la salle du buffet où le maître d'hôtel de la maison « Kellner and C° », qui paraît avoir sur toute la ligne du chemin de fer le monopole du service d'alimentation, est français par exception et sert pour 2 roupies, aux voyageurs pressés, un excellent dîner dont même le menu est en français.

17 Janvier. — A 11 heures un quart, hier au soir, il nous a fallu changer de train à « Tundla Junction ». A minuit 20 enfin le train passe le Jumna pour entrer dans Agra et la voiture ayant été commandée par télégramme à l'hôtel, je m'étendais dans le lit assez mesquin du « Laurie's Hotel »; installation plutôt primitive, en rez-de-chaussée, dans un parc. Une série de petites chambres blanchies à la chaux donnent sur une véranda, au niveau du sol; et comme elles sont aérées par de grands vasistas et de grandes cheminées sans feu, la nuit fut assez froide : le thermomètre, qui à 4 heures de l'après-midi marquait 28 degrés dans le wagon, était à 11 heures du soir descendu à 14.

A 8 heures et demie nous partons pour la tournée des merveilles d'Agra, accompagné de l'indispensable guide qui, cette fois, est musulman, quoique orné de la toque sans visière qu'affectionnent les Hindous. Il répond au nom de Karam-Ilahi: c'est ce que nous apprend l'imprimé où sont consignées les attestations des divers princes et autres personnages guidés par lui dans les années précédentes.

On commence par le « *Fort* », immense forteresse de style mauresque, qui domine le cours de la Jumna et renferme la série des palais construits aux xvi® et xvii® siècles, par le grand empereur Akbar, son fils Jehangir, son petit-fils Shah Jehan. A lui seul le palais de Jehangir contient, nous dit le guide, 350 chambres qui sont, pour la plupart, en fort mauvais état : car on n'a pu tenter la restauration de ce colossal dédale.

Les soins de la conservation ont été réservés pour la partie qui fut habitée principalement par Shah Jehan et est une des merveilles de l'architecture mauresque. Toute la construction est en marbre d'une blancheur éblouissante, uni pour les mosquées, incrusté de pierres de toutes couleurs pour les pavillons de luxe. On ne s'étonne pas qu'on ait donné le nom de « Mosquée Perle (*Moti Musjid*) » de « Mosquée Joyau (*Najinah Musjid*) » à ces lieux de prières, dont les voûtes et les coupoles éclatantes de blancheur laissent dans l'extase par la pureté de leurs lignes, la sobriété exquise de leur ornementation.

La salle d'audience de Shah Jehan « *Divan-i-Khas* » présente, au contraire, une richesse d'incrustations de pierres rares de diverses couleurs qui charme l'œil sans déparer aucunement la simplicité de l'architecture. Nous admirons encore la salle des miroirs, la cour garnie de verdure où se trouve, au centre, un bassin destiné aux ébats des poissons, le « *Khas Mahal* », du balcon duquel les princesses voyaient les marchands déployer sous leurs yeux les riches étoffes et les pierres précieuses, puis le Pavillon Doré, puis celui du Jasmin qui, s'avançant sur une tourelle des murailles, offre une vue enchanteresse sur le cours du Jumna, la vaste campagne au-delà et l'admirable monument dit « *Taj-Mahal* », que nous irons visiter cette après-midi. C'est là, dans cet étroit pavillon de forme octogone, que Shah Jehan voulut expirer pour reposer, au moins dans les derniers moments de sa vie, ses yeux sur les merveilles dues à son goût pour les splendeurs de l'art. Il avait gémi dix-huit ans dans un réduit qu'on nous montre également, où l'avait enfermé la rébellion de son fils Aurengzeb : celui-ci lui reprochait les dépenses sans limites auxquelles l'entraînait sa passion pour l'architecture et les arts.

Je n'ai pas la prétention d'entrer, comme d'autres voyageurs, dans une description minutieuse de ces merveilles : comme partout le temps me pressait, et c'est trop rapidement qu'il me fallut parcourir ces admirables souvenirs de la grandeur mogole. Il m'en reste du moins, l'impression de la beauté sans mélange de cet art musulman, supérieur, à mon avis, par la sobriété de ses lignes et de son coloris, même aux splendeurs pourtant si séduisantes que les disciples de Mahomet ont laissées en Andalousie ou en Afrique. C'est un contraste enchanteur avec l'art toujours plus ou moins difforme dans son ensemble, inspiré par toutes les autres religions asiatiques.

Dans une des cours du « Fort » on remarque la tombe fort simple élevée à la mémoire de M. Colwin qui, étant Lieutenant-gouverneur des provinces nord-ouest de l'Inde, mourut ici, le 9 septembre 1857, au cours du terrible blocus qui, du 5 juillet au 6 octobre, fut soutenu contre les rebelles maîtres de la ville, par les défenseurs de cette forteresse, devenue le refuge de tous les Européens de différentes nationalités et religions, ecclésiastiques comme laïques, échappés au massacre antérieur.

A 10 heures et demie, il nous faut être de retour à l'hôtel pour le déjeuner, après lequel, je me fais conduire à l'église catholique qui se trouve être assez éloignée, à l'autre extrémité du « *Cantonment.* »

Cette cathédrale, de style italien et de construction moderne, se détache par sa blancheur sur la verdure des alentours. Mais il est midi, tout sommeille et personne ne se montre, ni autour de l'église, ni même à l'entrée du couvent voisin. En errant dans le jardin, nous finissons par aviser des sacristains en guenilles, et étrangers à la langue anglaise, qui se décident difficilement à nous ouvrir l'église.

On y remarque les inscriptions funéraires de prélats défunts ainsi que celle d'un capitaine indien du nom de Bourbon. Les récits des anciens voyageurs avaient déjà signalé dans l'Inde l'existence d'une famille de ce nom, dont l'origine cependant n'a jamais pu être clairement établie.

Tout à côté, dans le jardin même qui entoure la cathédrale, on nous montre une petite chapelle dont la fondation, d'après le *guide book* remonte au temps du grand empereur Akbar. Son esprit tolérant avait encouragé dans ses États les chrétientés portugaises, et il entrait dans sa politique, nous dit le mahométan intelligent qui nous guide, d'admettre parmi ses épouses des femmes de toutes les religions de l'Inde, des chrétiennes par conséquent aussi, qui devaient être, ce me semble, fort embarrassées de concilier leurs devoirs conjugaux avec l'observation des préceptes de leur religion.

Quoi qu'il en soit, cette chapelle primitive n'existe plus. Celle qu'on montre à sa place et dont le modeste fronton triangulaire se rattache à l'architecture grecque, fut reconstruite au xviiie siècle par Walter Reinhardt, militaire, d'origine, dit-on, luxembourgeoise ou tyrolienne, mais qui, venu dans les Indes avec les troupes françaises, se fit une position importante au service des princes du nord de l'Hindoustan et y reçut le nom de « Sumroo ». Il fut l'un des maris de la Begum Sumroo qui, après sa mort, exerça une grande puissance dans certaines régions de l'Inde et dont le portrait se trouve dans la collection de tableaux historiques formée par mon grand-père.

Après cet intermède chrétien, nous traversons la ville indigène, non sans faire station dans quelqu'une des boutiques où les marchands empressés étalent sous nos yeux charmés les étoffes qui sont le plus riche produit de l'industrie indienne.

Nous aboutissons enfin à la « Jumna Musjid » ou grande

mosquée, qui se trouve en dehors du « Fort », à peu de distance, et dont la construction est due à la piété de la princesse Jehanara, fille de Shah Jehan et sa fidèle compagne dans sa captivité. Ce monument grandiose, complété des deux côtés par des portiques qui forment comme une vaste cour, est en pierre rouge et blanche. La majesté de son architecture impressionnerait partout ailleurs, mais le souvenir de la beauté et de la merveilleuse ornementation des constructions élevées dans le « Fort » par Shah Jehan lui fait tort.

Nous le quittons pour aller visiter les monuments érigés dans la plaine sur les bords de la Jumna. On descend vers la rivière, que l'on passe sur un pont de bateaux destiné à flotter dans la saison où les fleuves de l'Inde ont de l'eau. En ce moment il repose sur le sable.

De l'autre côté, nous visitons l'élégant palais élevé par Jehangir à la mémoire de son beau-père et premier ministre « Itimadu Daulah », père de l'impératrice « Nur Jahan (la Lumière du Monde) » ; un charmant jardin à fleurs odoriférantes, précède cette pittoresque construction en pierres blanches et noires dont les salles s'ouvrent sur une terrasse dominant les bords du fleuve.

On repasse le pont pour contourner la rive droite et atteindre le « Taj Mahal ». Ce monument dont le nom veut dire littéralement « Palais Couronne », est la plus admirable merveille de celles qu'on admire à Agra, le plus parfait joyau de l'architecture indo-musulmane ; il fut élevé par Shah Jehan pour renfermer la sépulture de son épouse bien-aimée « Mumtaz Mahal (La Gloire du Palais) ». C'est un octogone tout en marbre blanc surmonté d'une coupole arrondie, du dessin le plus parfait et accompagnée à sa base par d'autres coupoles symétriques de moindres dimensions. Ce palais sépulcral est complété par quatre gracieux minarets s'élevant sur la terrasse et également en marbre blanc.

L'intérieur du monument orné sur tout son pourtour des sculptures les plus délicates ainsi que d'élégantes incrustations de pierres rares de diverses couleurs, est en parfaite harmonie avec la beauté extérieure. La douceur de la lumière, qui n'y pénètre en quelque sorte que tamisée par les dentelures de l'architecture, complète le charme incomparable et mystérieux de cette enceinte, encore rehaussé par un écho des plus harmonieux.

Protégés par une grille admirablement ciselée, s'y trouvent deux sarcophages, richement incrustés de pierres précieuses dont le coloris varié se marie harmonieusement avec la blancheur du marbre. Mais, nous dit le guide, ces deux tombes merveilleuses sont vides : conformément à un usage assez général dans l'Inde les dépouilles mortelles des deux époux reposent dans un caveau qui se trouve en dessous au niveau même du sol.

Des deux côtés de cet admirable monument, s'étend la terrasse, d'où la vue embrasse le cours de la Jumna et les tours d'Agra : elle est flanquée de deux monuments moindres, sortes de mosquées en grandes pierres rouges et blanches, qui font ressortir la blancheur de l'édifice principal. La même architecture et les mêmes couleurs ont été adoptées pour les pavillons de l'entrée du vaste jardin, jardin garni de fleurs et d'arbustes odoriférants ainsi que de pièces d'eau à bassins également en marbre blanc. On a peine à s'arracher à cet ensemble d'une si complète harmonie.

Les portiques mauresques franchis, on est rappelé à la réalité de la vie par la boutique en planches où il faut bien acheter comme souvenir de ce lieu enchanteur quelques spécimens de marbre et autres pierres du pays, naturelles ou incrustées. J'y retrouve la singulière pierre formée de feuillets flexibles qui se rencontre sur certains points de l'intérieur du Brésil, sous le nom d' « Itacolumite ».

La voiture nous ramène en une petite demi-heure à l'hôtel, à travers les flots de poussière des larges avenues du « *Cantonment* », où, comme ailleurs, le long des rues d'Agra, on voit étalés par terre toutes sortes de fruits du pays, en général fort mauvais : faisons pourtant exception en faveur des goyaves blanches.

77. — Monument d'Itinadu-Daulah, près Agra.

78. — Le « Taj-Mahal », près Agra.

79. — Portiques de l'entrée du « Taj-Mahal ».

80. — La « Jumina-Musjed », à Delhi : façade intérieure.

CHAPITRE XIII

18 Janvier. — A 9 heures et demie du soir, nous étions en chemin de fer, et, après un nouveau changement de train à Tundla Junction, on atteint Delhi à 3 heures du matin.

En dépit de l'importance généralement attribuée à cette ville, le « Maiden's Metropolitan Hotel » ne se montre pas supérieur à celui que nous venons de quitter à Agra : c'est aussi un rez-de-chaussée dont les chambres sont simplement blanchies à la chaux. Il est plein, paraît-il : car, malgré le télégramme envoyé d'avance, on ne peut nous donner qu'une seule petite chambre pour mon domestique et moi. Sans plus disputer, il faut bien nous jeter sur les lits, pour reposer quelques heures.

8 heures et demie. La matinée est très froide : 9 degrés tout au plus. On est, en effet, en dehors du Tropique et à 300 mètres environ au-dessus du niveau de la mer. Cette température matinale offre un contraste réconfortant avec le soleil torride des après-midi.

Nous partons pour la tournée des monuments ; et d'abord, nous voici au « Fort » monument très analogue par son ensemble et sa situation à celui d'Agra. Ce sont les mêmes murailles à pierres rouges et à tourelles, les mêmes portes monumentales, la même situation dominant le cours du Jumna.

La forteresse de Delhi semble plus vaste que l'autre : elle renferme des casernes occupées par des détachements militaires ; mais elle est moins riche en souvenirs de la domination Mogole.

C'est un sergent anglais, en uniforme rouge, qui a ici mission de servir de cicerone et d'empocher les pourboires. Il nous fait voir les deux remarquables salles d'audience. La première, ouverte à tout vent, soutenue par de puissantes colonnes en pierres rouges, est celle d'Akbar : au fond se trouve la tribune de forme quadrangulaire, d'où le puissant Empereur rendait la justice au peuple assemblé à ses pieds, tandis que son vizir, assis sur une estrade en dessous de la tribune impériale, inscrivait les décisions souveraines

A travers plusieurs cours, on arrive à la salle d'audience intérieure nommée comme à Agra « *Diwan-i-Kas* ». Ce salon tout en colonnades, d'où la vue plonge sur le cours de la Jumna, est dû, comme les merveilles d'Agra, au goût artistique de Shah-Jehan. Tout en marbre blanc, orné d'arabesques dorées, il a été restauré avec un goût parfait, en 1876, à la suite de la visite du Prince de Galles, qui y avait assisté à un bal; la richesse et l'élégance de son architecture, forment un des coups d'œil les plus enchanteurs qu'on puisse rêver.

Là se trouvait, paraît-il, le paon en or, orné de pierres précieuses, dont la valeur s'élevait, d'après le joaillier français Tavernier, à 6 millions et demi de livres sterlings (1). Ce merveilleux ornement fut, comme la plupart des richesses de Delhi, enlevé par le roi de Perse, Nadir Shah, dont en 1739, les troupes massacrèrent et pillèrent dans Delhi durant 58 jours et regagnèrent leurs montagnes chargées d'un butin que l'on a évalué à 800 millions de francs.

Si Delhi a son « Fort » comme Agra, il ne pouvait manquer d'avoir sa « Grande Mosquée (*Jumma Mesjid*) ». Celle-ci est la plus vaste et la plus imposante des mosquées indiennes. Toute en pierres rouges, ses coupoles, ses minarets, ses pavillons de forme carrée surmontés de balustrades à jour, ses portiques entourant une cour immense, en font un ensemble majestueux de grande beauté.

Livré au vieux cicerone à turban et barbe blanches, qui garde l'entrée de l'enceinte, il me faut d'abord visiter le pavillon où un autre gardien, non moins sale et non moins cacochyme, tient à exhiber à la vénération des voyageurs un poil de Mahomet conservé sous verre, et une immonde babouche de ce faux prophète. Je m'en dédommage en escaladant les 180 marches d'un des minarets, dont l'élégant parapet en marbre blanc est malheureusement, par suite de son peu de hauteur, tout à fait insuffisant pour protéger contre une chute désastreuse

(1) (163 millions de francs).

les visiteurs tant soit peu disposés au vertige. Assis sur la dernière marche, je n'en contemple pas moins à loisir l'immense panorama. Tout Delhi s'étend à nos pieds : au delà de la grande ville, que limite une enceinte murée, se développe la plaine sans limites, plaine poussièreuse, peu cultivée ce me semble, mais semée de monuments de tout genre.

Les uns sont les restes de la grandeur musulmane, tels que les ruines de Ferozabad, la Delhi primitive d'avant Shah Jehan, et plus loin des minarets parfois étincelants d'or, des mosquées recouvrant les tombes de Sultans et de Princes, notamment celle d'Humayoun, le second des Empereurs Mogols, fils de Baber et père d'Akbar.

Ailleurs ce sont des monuments modernes signalant les hauts faits de la domination anglaise : non loin de la porte de Cachemire, la croix haute de plusieurs mètres, qui marque la tombe du colonel Nicholson, mortellement blessé en conduisant une colonne à l'assaut de Delhi le 14 septembre 1857 ; et dans le lointain la pyramide gothique octogonale érigée en souvenir des hauts faits se rattachant à la grande rébellion de cette année mémorable : « *The Mutiny Memorial* ».

Dans la même direction apparaît aussi à l'horizon la terrasse naturelle où le 1er janvier 1877, la Reine de Grande-Bretagne et d'Irlande fut solennellement proclamée Impératrice des Indes par Lord Lytton, dans le « *Durbar* », qui avait réuni tous les princes de l'Hindoustan en un assemblage d'incomparable magnificence (1).

(1) C'est dans cette même plaine, à 80 kilomètres au nord de Delhi, que se trouve Panipat où trois fois de sanglantes batailles décidèrent du sort de l'Inde septentrionale. En 1556, Akbar, alors âgé seulement de 14 ans y défit les Afghans qui avaient réussi à chasser de l'Inde, son père, Humayoun, de même qu'en 1536 son grand-père Baber, le premier des descendants de Tamerlan qui envahit l'Inde, y avait déroute le Sultan Afghan Ibrahim Lodi et ainsi réussi a établir le siège de son empire à Delhi. Ce fut l'an suivant, 1537, que le même Baber vainquit à Fatehpur Sikri, près d'Agra, les puissants Radjpoutes de Chitar, en renouvelant au milieu du combat sa promesse de ne jamais boire de vin. La troisième bataille de Panipat fut livrée en 1761 ; les Marathes du centre de l'Inde y furent mis en déroute par le

Nous rentrons à l'hôtel en passant par le centre de la ville, où le guide tient à nous montrer la petite mosquée dite « *Golden Mosque* » à cause de ses coupoles dorées, et nous arrêtons un moment à l'église catholique, petite chapelle en pierre rouge, entretenue pour l'usage de la garnison par le gouvernement anglais : l'aumônier militaire est un capucin italien.

Arrivé à l'hôtel, j'ai la joie inattendue d'y trouver ma correspondance de France du 9 au 16 décembre, qui aurait dû me rejoindre dès Colombo, mais avait été par un faux calcul, adressée à Calcutta, à la « Bank of Bengal ».

L'après-midi nous retournons en ville pour faire connaissance avec les industries de luxe dont Delhi est le centre. C'est dans ses riches dépôts qu'on trouve en plus grande abondance les lainages soyeux du Cachemire, les draps brodés de l'Hindoustan, puis les objets de tout genre artistement travaillés en bronze doré. On ne se figure pas l'insistance avec laquelle les représentants de ces magasins poursuivent de leurs offres les voyageurs. Que la voiture stationne à la porte de l'hôtel ou s'arrête un moment dans les rues commerçantes, on est aussitôt bombardé par leurs cartes qui contiennent sous un petit format l'énumération de leurs mérites, ainsi que celles de toutes les Excellences et Altesses qui se sont fournies précédemment chez eux. Puis ce sont des cris confus pour exiger que la carte soit bien mise en poche ; et quand on est déjà chargé de toutes ces adresses, en voici encore un qui vous supplie de ne pas confondre sa carte avec les autres, de la mettre dans une autre poche ! Sur l'indication de mon guide, je donne la préférence à « *Hurjimull and C°* » rue Chandni Chawk, et contre mon habitude je me laisse aller à lui permettre d'étaler toutes ses splendeurs et à acheter un beau tapis brodé d'or de 32 roupies et un tas de bibelots en bronze.

Après avoir parcouru à pied le marché de fruits et

---

chef Afghan Ahmad Shah Durani, coalisé avec les Mahométans demeurés fidèles aux débris de l'Empire Mogol.

autres produits du pays établi le long de la grande rue, il faut voir encore le parc, ou jardin botanique, qui jusqu'en 1857 servait de résidence d'été au descendant des Grands Mogols, maintenu à Delhi par les Anglais qui trouvaient utile de conserver à ces princes un simulacre de souveraineté (1). Le palais assez modeste, situé au centre du jardin, est converti en un musée que nous trouvâmes fermé.

De retour au centre des quartiers indigènes, nous visitons la mosquée noire « *The Black Mosque* », le plus ancien monument musulman de la contrée, puisqu'on le fait remonter à l'an 1386, et dont l'architecture primitive ne ressemble à aucune autre. On y accède par un long escalier à découvert du haut duquel l'usage veut que le touriste jette de la menue monnaie de cuivre aux jeunes hindous dont la peau noirâtre forme tout le vêtement et qui guettent la sortie du voyageur, pour se disputer bruyamment ses générosités sur le pavé immonde de la ruelle.

Notre guide nous fait terminer la tournée par une visite au curieux temple des « Jaïn », en marbre blanc, artistement travaillé (2).

(1) A la suite de la grande rébellion, le dernier de cette race illustre, Bahadur Shah, âgé d'environ 80 ans, fut déporté à Rangoon, en Birmanie, où il mourut en exil en 1862. Son fils et ses cousins ayant réussi à se retirer dans la campagne après la lutte de sept jours qui avait ensanglanté les murs et les rues de Delhi, furent faits prisonniers dans la tombe d'Humayoun par un détachement de cavalerie irrégulière et étaient ramenés dans Delhi, lorsque l'approche de la foule qui paraissait vouloir tenter leur délivrance, décida le major Hodgson, commandant de cette troupe, à les tuer de sa propre main. Telle fut la fin tragique de la race illustrée jadis par les Empereurs puissants qui se succédèrent pendant six générations de Baber jusqu'à Aurengzeb, mais tombée graduellement en décadence depuis que la minorité, puis l'incapacité des héritiers de ce dernier amena le démembrement graduel de son empire, sous les coups de toutes les autres races de l'Hindoustan.

(2) Suivant les uns la secte de ce nom est le seul vestige laissé dans l'Inde par la doctrine de Bouddha, qui, après avoir pris son origine dans l'Hindoustan, dût, vers l'an 900, y céder la place au Brahmanisme pour prendre sa revanche en se répandant dans d'autres régions de l'Asie ; suivant d'autres, la religion des Jaïn serait antérieure à Bouddha qui y aurait puisé la base de ses enseignements.

CHAPITRE XIV

La traversée du « Radjputana » -Jeypore : l'installation d'un grand feudataire indien. — Le « Bombay Baroda and Central India Railway ». — Coup d'œil rapide sur Bombay.

J'en avais donc fini avec les splendeurs et curiosités de Delhi.

De retour à l'hôtel et au moment de dîner j'eus le plaisir de faire une trop rapide visite au prince et à la princesse Amédée de Broglie, dont la loquacité de mon guide m'avait, dès le matin, révélé la présence à mon hôtel, en m'entretenant d'un « *french prince* » qui était parti le matin en excursion de chasse. Malheureusement, notre rencontre ne put être que courte, car à peine rentrés il fallait qu'ils se préparent pour repartir dans la soirée, se rendant chez le Maharajah de Kapurthala, et de mon côté, je devais reprendre le train à 7 heures 50. J'eus aussi le regret de ne pouvoir faire connaissance avec leurs compagnons de voyage.

19 Janvier. — 4 heures du matin : changement de train et attente d'une demi-heure à « Bandikui-Junction » : surcroît d'incommodité venant s'ajouter à tout l'inconfort des nuits passées dans les chemins de fer indiens.

En revanche, ces deux dernières nuits, j'eus le soulagement de me trouver seul dans mon compartiment. Ainsi, du moins, on est pour ainsi dire chez soi, avantage appréciable sous plus d'un point de vue : l'horrible poussière de la plaine indienne s'infiltrant, en effet, partout, il en résulte la nécessité d'un long travail préparatoire pour en débarrasser partiellement l'exigu cabinet de toilette, avant de pouvoir procéder à une lotion quelconque.

CHAPITRE XIV

A tant d'agréments joignons encore l'inégalité traîtresse du climat : tandis que, pendant l'après-midi, on ne sait comment se garantir d'un soleil torride, dans les dernières heures de la nuit on est réveillé par le froid. Ce matin le thermomètre était à 8 degrés au dehors, à 14 dans le wagon.

9 heures du matin, Jeypore. On est en « Radjputana », région centrale du nord de l'Hindoustan, où les Anglais ont respecté la souveraineté des princes indigènes et n'entretiennent que de rares garnisons sur certains points. A Jeypore il n'y a même pas de garnison anglaise ; un Résident civil surveille du coin de l'œil le gouvernement du Rajah. Le « *Cantonment* » est donc représenté ici par de rares édifices que relient les uns aux autres les larges avenues ombragées : la gare, les hôtels, la Résidence, le bureau de postes et télégraphes, les édifices des cultes chrétiens. Pas d'autre population européenne.

La ville proprement dite, entourée de murs, est laissée à l'autorité du Maharajah.

A travers les belles avenues du « *Cantonment* » un trajet de voiture d'un petit quart d'heure nous amène de la gare au « *Rustom Family Hotel* » où j'avais retenu mon logement. Cet établissement, assez modeste, est tenu par un imposant métis de la classe bourgeoise indienne, tout habillé de blanc, de ceux vulgairement connus sous la désignation de « Babous ». Celui-ci répond au nom sonore de « Rustomjee Rustom Framma ». Son hôtel semble se rapprocher des auberges primitives que le gouvernement entretient sur les routes de l'Inde, sous le nom de « *Dak-Bungalows* » : maisons de repos pour voyageurs ou plus textuellement pour la poste. Autour de la salle à manger qui fait suite à la porte d'entrée, se trouvent groupés des réduits dont un lit et un lavabo des plus primitifs constituent tout le mobilier et l'ornementation, et qui n'ont d'autre fenêtre qu'un vasistas protégé contre la clarté du jour par la veranda entourant l'édifice.

Du moins la petite chambre assignée à chaque voyageur

est-elle complétée par un cabinet de bains pourvu d'un autre accessoire non moins utile, et je m'empresse avant tout autre soin d'en profiter pour me plonger dans l'onde plus ou moins limpide et me débarrasser ainsi de la poussière accumulée sous mes vêtements depuis Bénarès.

10 heures, déjeuner rapide. Comme toujours il faut mettre le temps à profit. Notre guide est, cette fois, un jeune hindou fort intelligent, orné par exception, d'un turban. Il s'est muni pour la visite du palais et des écuries du Maharajah, d'un permis que l'hôtel obtient sans autres formalités pour les voyageurs et qui est signé « *By permission of His Highness the Maharajah of Jeypore* », pour le *Private Secretary* de Son Altesse, par un nom indéchiffrable.

Les portes de la ville franchies, on se sent enveloppé d'une atmosphère nouvelle : la vie indienne s'y épanouit sans mélange de civilisation européenne.

L'architecture présente un caractère tout particulier : ce sont des tourelles minuscules, des façades en échelons formant des simulacres de pyramide : puis tout est peint d'une manière baroque, le plus souvent en teintes roses à rayures : on dirait une contrefaçon en carton du goût mauresque. Les larges rues sont encombrées par le mouvement continuel d'une population bariolée formant un ensemble essentiellement pittoresque.

Déjà, aux approches d'Agra et de Delhi, j'avais remarqué quelques chameaux venant, sans doute, apporter leurs chargements du Nord du pays. Ici, le cortège de ces respectables animaux est presque continuel et vient s'ajouter à celui d'innombrables véhicules de toutes sortes. Les voitures légères de construction anglaise croisent ou dépassent les lents chariots attelés de jolis buffles blancs, ou les petits chars indiens à un cheval appelés « eckas », dont la forme est si élégante, le toit léger qui les surmonte orné de riches étoffes aux couleurs voyantes, aux franges dorées, et soutenu uniquement par quatre tringles verticales fines et élancées.

Mais à travers tout ce diorama oriental, la domination anglaise s'est arrangée pour n'être pas oubliée. Sur le haut de la montagne avoisinante, apparaît, dominant cet ensemble original et tracé au moyen de cailloux blancs en caractères colossals, le mot fatidique « *Welcome* »! Ce contraste piquant représente l'hommage de bienvenue offert par le défunt Maharajah au Prince de Galles, et depuis lors mis à profit pour être illuminé en verres de couleurs à l'occasion de la visite successive des divers Vice-rois.

A en croire notre guide, la majeure partie de cette ville, en apparence si affairée, appartient en propre au Maharajah : il est à la fois le seigneur, le gouvernement et le propriétaire. C'est, dit-on, un homme encore jeune, d'une trentaine d'années, qui se montre rarement, gêné par le commencement de l'obésité qui est la conséquence du genre de vie de cette sorte de potentats.

A côté de toute cette existence asiatique, on voit cependant, à Jeypore, mais en dehors des murs, un fort beau spécimen du progrès inspiré par la civilisation étrangère : un magnifique jardin public tracé à l'européenne. C'est il me semble, au prédécesseur du Prince actuel que revient l'honneur de la création de ce bel établissement, remarquable non seulement par la beauté de son tracé et la très intéressante collection d'animaux vivants qui y est réunie, mais surtout par le Musée qui en forme le centre et dont la construction a été inaugurée en la présence du Prince de Galles, en 1876. Ce charmant édifice, de la plus élégante architecture, tout en marbre blanc, renferme à ses différents étages les collections les mieux ordonnées des produits naturels et industriels de l'Inde, tandis qu'on peut admirer dans les couloirs du rez-de-chaussée, de fort belles peintures murales rappelant les singulières légendes des différentes religions de ce continent. On sort émerveillé de ce bel établissement consacré avec tant d'intelligence à l'étude de l'industrie et de l'histoire de l'Inde : son organisation est due, nous dit-on, à un savant Américain qui en a été plusieurs années directeur.

De la terrasse qui forme le toit de l'édifice, la vue s'étend sur toute la ville et la plaine qui l'entoure, en grande partie sablonneuse, mais bornée par des hauteurs rocailleuses que couronnent les sept châteaux du Maharajah, jadis forteresses : quelques-uns ont été reconstruits récemment, d'autres il ne reste que les ruines. Ces collines qui entourent Jeypore sont les premières hauteurs aperçues depuis Ceylan, et on est tout surpris de ne plus voir autour de soi l'horizon sans limite de la plaine qui s'étend sur la plus grande partie de l'Inde. On se croit transporté soudain dans des régions lointaines : le caractère pittoresque de ce panorama rocailleux reporte la pensée à certains coins de l'Espagne.

Nous traversons de nouveau le beau jardin public, et après ce coup d'œil sur ce coin de l'Inde, transformé par la civilisation occidentale, nous voici de retour dans l'intérieur de la ville, vestige de l'Inde séculaire et presque entièrement concentré dans le palais du Prince.

L'impression que laisse cette immense possession est celle d'une décadence qui ne pourrait trouver de remède que dans une transformation complète. Même la façade principale, donnant sur la rue affairée, est sans grandeur et sans élégance, avec son dôme et ses dessins mauresques qui semblent en carton pâte. Dans la salle de bal et les autres appartements qu'on me montre, tout est en désordre : la poussière et les toiles d'araignées ont élu domicile sur tous ces fauteuils en bois doré et en damas rouge défraîchi, accumulés sans ordre les uns contre les autres. La salle de billard présente le même aspect d'abandon. Tout à côté, on remarque pourtant plusieurs peaux de tigres et d'innombrables têtes d'antilopes à cornes en spirale. La chasse semble être le seul plaisir de ce Maharajah qui, dans une partie inaccessible du palais, vit nous dit le guide, avec ses 305 femmes. La cour centrale est occupée par un jardin assez mesquin comme végétation, dont les allées en ligne droite aboutissent à des bassins peuplés de poissons rouges. Dans le corps de logis qui en forme un des côtés, on montre un modeste oratoire brahmanique destiné aux dévotions du Prince. On arrive ensuite à un vaste étang peuplé d'énormes alligators, qui, à l'appel bruyant du gardien chargé de les nourrir, accourent à la nage pour recevoir dans leurs énormes gueules quelques morceaux de viandes crue. Les mauvaises langues prétendent que ces monstres étaient jadis, s'ils ne le sont encore, les exécuteurs de la justice du Prince et que plus d'un malheureux leur a servi de festin.

Au dire de notre guide, porté naturellement à rehausser, l'importance du Seigneur du lieu, la richesse et la puissance de ce Maharajah seraient considérables : chacun des vingt membres de son conseil serait payé 20,000 francs et la force armée dont il dispose s'élèverait à plusieurs milliers d'hommes. Si cette force existe réellement, son efficacité me paraît fort douteuse, à juger par le spécimen qu'offre le corps de garde établi dans une des cours : l'uniforme semble livré à la fantaisie de chacun et l'armement se compose de fusils à pierre !

L'écurie du Maharajah fait seul contraste avec le désordre qui semble régner dans les autres sections de ces immenses espaces : autour d'une sorte de manège de grandes dimensions, fort bien clos, quoique non couvert, sont rangées trois cents stalles, dont chacune abrite un cheval, et chacun de ces précieux animaux a un serviteur ou gardien logé dans une niche ou couchette au-dessus de la tête du cheval. On est tenté de trouver la couche de l'animal préférable à celle de son serviteur humain.

Le Maharajah possède encore une centaine de chameaux et soixante éléphants, moins bien logés que les chevaux. De ces puissants animaux, auxquels on a du reste pris soin de scier les défenses, les uns sont destinés à porter des palanquins plus ou moins luxueux ; et deux fois par mois au moins, paraît-il, le Maharajah s'en sert pour parcourir processionnellement, avec sa cour, les rues de la ville.

Les autres sont des éléphants de combat, non pas pour la guerre, mais pour donner, dans les occasions solennelles, le spectacle d'une lutte entre eux. Après nous avoir fait admirer quelques-uns de ces animaux, qui stimulés par le gardien, font mine, quoique attachés, de se ruer l'un contre l'autre, on nous montre l'arène destinée à leurs exercices et les deux tourelles ou tribunes de grande hauteur, qu'occupent pour assister à ce spectacle la cour du Maharajah et celle du Vice-Roi.

On voit ailleurs une sorte d'observatoire scientifique formé d'arcs en pierre plus colossals encore que ceux de Bénarès : l'une et l'autre de ces constructions qui datent du siècle passé, sont dues à je ne sais quel savant musulman et sont aujourd'hui l'une et l'autre livrées à l'abandon.

La visite de tous ces détails comporte une longue promenade en plein soleil, à travers des espaces dont le sable est la seule ornementation et agrémentée par les pourboires en roupies, exigées à l'entrée ou plutôt à la sortie de chaque section du domaine : la fatigue que l'on en ressent donne la mesure de l'immensité de cette propriété princière.

Frappant aussi, comme spécimen d'organisation locale, est l'aspect des cours centrales où stationne, patiemment accroupie, une population bigarrée. Dans l'une, ce sont les travailleurs incomplètement vêtus qui attendent oisivement d'1 heure à 4 heures, leur paie journalière. Dans une autre cour, autour de laquelle se trouvent les bureaux destinés aux conseils et tribunaux, les habitants plus riches, en turbans et longues robes, attendent avec une patience non moins orientale le moment où leurs affaires pourront être réglées par qui de droit!

Enfin, nous en avons fini avec le palais ou domaine du Maharajah, et ce n'est pas sans plaisir que je retrouve la légère calèche prise à l'hôtel.

Avant de m'accorder le repos, le guide m'oblige pourtant encore à entrer dans la cour de deux des innombrables temples brahmanes qui peuplent la ville et à visiter la

« *School of Art* » sorte d'école industrielle où l'on voit travailler à toutes les charmantes industries du pays : la poterie, le bronze, le cuivre, l'argent, l'or, l'acier, gravés, repoussés, émaillés; la fabrication des lames de sabre, et de toutes sortes d'objets, jusqu'à des jouets en noix dite de « betel » mais en réalité d' « areca », puisque du bétel on n'utilise que le feuillage.

Nous avons aussi la chance de croiser dans la rue principale une noce, ou plutôt le cortège du marié, joli hindou à fine moustache noire qui trône dans un chariot, suivi à pied par ses amis, élégamment habillés comme lui de soie de couleurs tendres brodée d'argent, et précédé par un orchestre discordant formé de trompettes et tambours de modèle local.

Impossible d'aller jusqu'à l'église catholique : elle est loin, à l'autre bout du « *Cantonment* » : du reste dans une localité où les us et coutumes indigènes sont restés dominants, les chrétiens ne peuvent être que rares.

Je me disposais à m'installer dans le petit salon de l'hôtel, pour jeter sur le papier la description de la journée, quand on m'appelle sous la véranda de l'entrée pour voir les exercices d'un charmeur de serpents, qui va exhiber le fameux combat si souvent décrit par les voyageurs, de la mangouste, sorte de gros rat à poil long, avec le serpent « cobra », l'un des plus venimeux de ces régions.

Hélas ! je crois que je ne vis que le simulacre de cette lutte fameuse. Car le reptile qui fut livré aux attaques du vaillant rongeur était domestiqué : passant sa vie dans le sac pendu au bras du démonstrateur, je soupçonne fort qu'il avait été privé, au préalable, de ses crocs à venin. Quoi qu'il en soit de ce détail, à peine est-il extrait de son abri et mis en liberté que la mangouste d'un bond se jette sur lui, s'efforçant de le mordre et, en peu d'instants, lui écrase la tête entre ses dents affinées. Le plus extraordinaire, c'est que le vilain animal, la tête ainsi aplatie et toute ensanglantée, ne perd pas sa vitalité, mais est par son possesseur remis soigneusement dans le sac pour y refaire apparemment sa santé et reprendre des forces jusqu'à une nouvelle exhibition. Son adversaire, la mangouste, réintègre de son côté un autre sac et le possesseur de ces deux précieux animaux empoche avec grande satisfaction les deux roupies qu'il réclame pour prix du spectacle.

Après lui les marchands de bibelots indiens ou de pierres rares viennent aussi faire leur cour aux voyageurs qui prennent l'air sur le banc de la véranda et j'achète pour quatre roupies (1) deux très beaux grenats de dimensions assez peu communes.

A l'heure du dîner, la table est, comme le matin, dressée pour quinze couverts; mais je m'y trouve seul avec deux dames américaines, qui, voyageant en touristes solitaires, éprouvaient apparemment le besoin d'échanger leurs impressions avec un visage blanc, car elles me prièrent d'occuper le bout de la table entre elles deux, trouvant convenable, me dirent-elles, d'avoir à cette place d'honneur un *gentleman*, et m'empêchèrent presque de manger par leur loquacité, l'une d'elles surtout qui venait de se trouver sur le Transatlantique la « *Bretagne* » dans un voyage de New-York au Havre, allongé comme nous l'avaient appris les journaux, par une avarie dans la machine. Ces dames font leur tour du monde en sens inverse du mien.

20 Janvier. — A 10 heures du soir, je reprends le train pour ne plus m'arrêter qu'à Bombay : trajet de 33 heures.

Un jeune Anglais, semblant être un employé du service civil, s'installe dans le compartiment en même temps que moi et se fait longuement arranger son lit par un beau domestique indigène, mais il ne jouit pas longtemps de cette confortable couchette disposée avec tant de soins : car il descend à 2 heures et demie du matin à Ajmere, de sorte que je me trouve de nouveau seul, ce qui est décidément préférable quand il ne s'agit que de dormir et de se mettre à l'aise.

(1) Moins de 7 francs.

Vers 8 heures du matin, on trouve du thé, très mauvais, noir et âcre, servi en plein air sur le quai de la petite station de Somesar.

10 heures ; vingt minutes d'arrêt pour déjeuner au buffet de Nana.

2 heures 20 minutes : autre halte pour le « *lunch* » qui attend les voyageurs à Palampur Junction : le changement de train qu'indique ce nom de « Junction » n'est pas pour nous heureusement.

Nous continuons à rouler à travers la plaine sablonneuse, semée de collines escarpées, toutes en pierre et de formes bizarres. La végétation n'est pas brillante : on ne voit guère que des arbustes presque sans feuillage, garnis d'épines, à travers lesquels paissent, sur certains points quelques maigres troupeaux de bovins à poils blanchâtres. Telles apparaissent, dans le Nord du Brésil, en temps de sécheresse, les régions du plateau central.

Ajoutons pourtant, comme trait pittoresque particulier à ce Nord de l'Inde, l'apparition de quelques singes ou paons qui parfois folâtrent jusque sur la barrière du chemin de fer, le quadrumane et l'oiseau à riche plumage étant également sacrés aux yeux de la religion brahmane et par suite à l'abri de toute entreprise meurtrière autre que le coup de fusil de quelque touriste contempteur imprudent des préjugés locaux.

Vers midi et demi, nous avons laissé à quelque distance à droite le massif du mont Abu, dont le plus haut sommet atteint 1,600 mètres. C'est là que les Anglais, toujours soigneux de s'établir dans les meilleures situations climatériques, ont fixé le siège de leur Résident Général dans les provinces du Radjputana et entretiennent la garnison, peu nombreuse, plus que suffisante pour tenir en respect toute cette région.

Cette petite chaîne de montagnes, désignée aussi sous le nom d'Aravali, ne paraît pas, vue à distance, beaucoup plus riche en végétation que la plaine environnante, au milieu de laquelle elle n'occupe qu'un espace très limité.

C'est le seul point de division sensible entre le bassin du Gange et ceux des cours d'eau qui se dirigent vers les bouches de l'Indus et le golfe de Cutch, séparé par la péninsule de Gudjerat du golfe de Cambay vers lequel notre ligne nous conduit en se dirigeant presque directement au Sud.

Voici donc que nous avons de nouveau rejoint le Tropique, quitté peu après Calcutta. En descendant dans le bassin de Cambay, la plaine se montre plus grasse, mieux cultivée : ce sont des cultures de plantes textiles, du coton, de la jute (la grande richesse de l'Inde), puis parfois de vastes plantations de pavots, dont l'opium est destiné à empoisonner les bons Chinois.

Mais.... la poussière ne diminue pas pour cela et c'est une véritable souffrance que de voir cette poudre en quelque sorte impalpable se déposer partout, recouvrir d'une couche noirâtre habillements, bagages et papiers. Ajoutons-y, pour compléter l'agrément, l'ébranlement de plus en plus violent des mouvements du train rapide : « *the Mail Train* » et l'élévation de la température toujours croissante. Nous sommes au 20 janvier, c'est le cœur de l'hiver, et cependant c'est la journée la plus chaude de tout mon voyage: entre 4 et 5 heures mon thermomètre marquait dans le wagon 33 degrés tandis que la veille au matin, il avait marqué 8!

Mentionnons pourtant pour pouvoir donner au moins un bon point au « *Bombay, Baroda and Central India Railway* » l'adoption ingénieuse de vitres de couleur, brunes ou bleu foncé, qui permet d'observer le passage, tout en atténuant l'effet brûlant de la lumière d'un soleil implacable.

C'est à peine si les premières heures de la nuit diminuent la température. Il fait encore 30 degrés quand, à 7 heures, on atteint Ahmedabad, ville célèbre par les ruines qu'y a laissées le séjour de certains princes musulmans, mais dont l'obscurité survenue ne nous laisse rien apercevoir.

Il nous faut cependant y changer de train, bien qu'on ne

quitte pas le domaine de la compagnie « *Bombay-Baroda* » ; mais on entre, paraît-il, dans la « *Southern Section* ». De plus, c'est ici qu'on dîne, et bien que l'indicateur donne une marge de quarante minutes, je m'empresse d'aller chercher le buffet à travers l'obscurité de la gare. Bien m'en prit de m'être échappé promptement de mon compartiment avant qu'une autorité implacable vînt fermer à clef tous les autres pour soumettre les passagers à une inspection médicale. C'est, me dit ensuite le bon Eugène « rapport à une maladie qu'il y a à Bombay », c'est-à-dire à la peste bubonique qui, comme on sait, sévit depuis quelque temps parmi les indigènes de cette capitale et de la région avoisinante. Ce fléau a porté l'administration anglaise à établir des mesures sanitaires rigoureuses qui ont, du reste, principalement par suite des visites domiciliaires, violemment irrité la population hindoue, et occasionné même l'assassinat de quelques-uns des fonctionnaires du corps médical.

En ce qui concerne les voyageurs de notre train, on craint apparemment que nous ne venions apporter de nouveaux éléments d'infection aux localités contaminées ; et pour entrer dans Bombay il faut montrer patte blanche ou plutôt langue immaculée. L'examen de la langue de chacun est le principal souci du médecin inspecteur et, d'après ce que me raconte Eugène, ce fonctionnaire vient de condamner à une détention de neuf jours, dans un établissement sanitaire, une dame anglaise qui voyageait dans notre train avec son mari, et qui avait beau protester ne pas être malade. L'incorruptible physicien l'a déclarée telle, ayant reconnu son mal, toujours suivant Eugène, « par la langue » !

Pendant que se passait cette scène déchirante, j'avais donc échappé au redoutable examen, et me trouvais seul attablé dans la salle du buffet, dont la température suffocante fut bientôt atténuée par le mouvement bienfaisant d'énormes pankas.

Le repas terminé, il s'agissait de découvrir notre nouveau train ; mais il se trouva, contre l'habitude des chemins de fer indiens, que le nombre des voyageurs était considérable et que toutes les places de 1re classe étaient prises. J'eus beau errer le long du train, suivi de l'indigène qui colportait mon petit bagage, interpeller le garde et le sommer de me donner place : il me fit voir qu'il avait dû, vu l'affluence des passagers, placer un écriteau réservant pour la 1re classe certains compartiments de 2e, et il fallut me conformer à cette sentence. La différence, du reste, entre les deux classes ne me parût guère sensible : les couchettes seulement étaient en sens transversal au lieu d'être dans la longueur du train, comme en 1re, et j'y installai mon oreiller et ma couverture au moins aussi bien que les nuits précédentes.

21 Janvier. — Nous étions donc assez confortablement couchés quand, vers 10 heures du soir nous fûmes fort désagréablement surpris en voyant introduire dans le compartiment un troisième passager d'aspect fort inattendu ; c'était, en effet, un Arabe en grande tenue, portant élégamment son burnous. J'eus beau protester, il paraît que ce majestueux musulman avait aussi son billet de 1re classe, de sorte qu'il nous fallut accepter sa compagnie, dont du reste je ne m'aperçus guère jusqu'au jour.

Mais..... « quand revint la pâle aurore », il se fit un remue-ménage dans le compartiment : notre fervent disciple de Mahomet, quittant sa couchette en face de moi, se mit à étaler son tapis sur le plancher afin d'accomplir ses prosternements rituels, tourné vers l'Ouest, qui est ici le côté de la Mecque : ce trait de mœurs musulmanes, cette fidélité littérale aux préceptes gardée jusque dans l'étroit compartiment d'un train en mouvement, me semblèrent charmants de couleur locale.

Bombay est située dans une île, et bien avant de franchir le dernier chenal qui la sépare du continent, la ligne, suivant la côte du Nord au Sud, traverse ou longe plusieurs petits bras de mer dont les eaux miroitaient à la lumière naissante, tandis que de l'autre côté, à l'Orient, le ciel s'éclaircissait graduellement et faisait apparaître les panaches dentelés des palmiers se détachant en silhouettes élégantes sur le fond doré de l'horizon.

7 heures 25, « Grant Road », première des stations qui s'échelonnent dans la ville de Bombay : nouvelle inspection médicale. Mais l'on se borne à faire descendre notre Arabe : quant à nous, nous étions censés, probablement, hors de cause comme ayant passé l'inspection à Ahmadabad.

Cinq minutes encore, et nous voici à « Charni Road », où j'ai le plaisir de voir apparaître M. de B..., assistant de l'Agence des Messageries Maritimes : sur le conseil de son père, l'excellent Agent de Singapore, j'avais correspondu avec lui par télégraphe pour retenir ma place à bord et le prévenir de mon passage. Nous laissons Eugène continuer dans le train jusqu'au terminus de « Colaba » et de là conduire directement les bagages jusqu'au paquebot, et je passe du chemin de fer dans la commode calèche de M. de B..., qui est accompagnée d'un domestique de l'Agence superbement habillé, dans le goût du pays, d'une tunique bleu foncé, galonné d'or avec ceinture rouge et turban rouge et or.

Nous entrons d'abord dans la plus proche église catholique. Nous sommes dans le quartier indigène, et c'est une chapelle assez pauvre dédiée à sainte Thérèse, comme l'indiquent les inscriptions, par une antique famille portugaise du nom de Gà. L'ecclésiastique auquel je demande quelques renseignements est un mulâtre de Goa, parlant le portugais assez mal : il nous montre, en prière sous sa mante noire, une des descendantes de la famille Gà, devenue mulâtre aussi. Puis il nous apprend que la Cathédrale est sur notre route, de sorte que nous y entrons un moment. C'est une vaste église moderne, vide en ce moment ; ici aussi, presque toutes les dalles tumulaires, même les plus récentes, portent des inscriptions portugaises : on y lit les noms de Souza, Fernandes, Rodrigues, Rosa Maria da Silva, et même l'expression familière « *Suas caras manas* ».

Bombay est une ville de palais. La grandeur et le luxe que la puissance britannique déploie volontiers dans les constructions officielles ou commerciales s'y révèle plus encore qu'à Madras ou à Calcutta. On sent qu'ici se trouve le centre principal du commerce anglais dans l'Inde, aussi bien que de ses communications avec l'Europe.

Mais la distance est assez grande du quartier indigène où nous trouvons, jusqu'à la ville de commerce, appelée comme à Colombo le « *Fort* » en souvenir de la primitive forteresse élevée lors de la conquête et agrandie aujourd'hui du beau quartier aux spacieuses artères, intitulé « *Esplanade* ».

Or, la besogne ne me manquait pas pour les quelques heures qui devaient s'écouler jusqu'au départ du paquebot. Je ne pus donc que voir défiler dans une course rapide les places spacieuses et leurs majestueux édifices de style gothique ou mauresque : d'abord sur le « *Maidan* » ou « *General Parade Ground* » le « *Police Court* » (bureaux de police et tribunaux), le superbe collège Saint François Xavier appartenant aux Jésuites et, tout à côté l' « *Elphinstone High School* » ; puis les « *Municipal Offices* », (bureaux de la municipalité), majestueux édifice surmonté d'une tour colossale, de style mauresque, dont la hauteur n'est dépassée que par le « *Ranjabai Tower* » due à la générosité de « Fremchund Roychund, Esquire », et appartenant à l' « *University Library* » : ce clocher dont le style a la prétention de se rapprocher du gothique s'élève à la hauteur de 280 pieds anglais (1) et est précédé d'un joli jardin qui fait face à la grande rue « Esplanade Road ». Tout à côté se trouve l'élégant édifice dit « *University Hall* » avec la statue du riche parsi, Sir Cowasjee Jehangir qui y a consacré un million de roupies (2). Puis se suivent l' « *Elphinstone College* » à la majestueuse façade de marbre blanc, le « Secrétariat », édifice de 135 mètres de

---

(1) Environ 84 mètres.

(2) Environ 2 millions de francs.

long qui renferme les principaux bureaux du Gouvernement, et enfin le « *High Court* » ou palais de justice. Au coin du « Maidan » s'élève encore la station de Victoria, terminus de la ligne directe de Bombay à Calcutta : « *The Great Indian Peninsula Railway* », immense palais, dont la richesse d'architecture gothique et d'ornementation défie toute description.

Sur la place, ornée d'une belle fontaine circulaire qui forme l'angle d'Esplanade Road et de Hornby Road se dresse le joli palais, aussi de style gothique destiné primitivement à la « *Cathedral High School* » (Ecole secondaire anglicane) mais occupé aujourd'hui par les bureaux d'une grande compagnie d'assurance sur la vie « *The Oriental Government Life Insurance Company* ». En face, à côté de l'imposante statue de la Reine Impératrice, érigée en 1872, se trouve le « *General Post Office* » élégant édifice plus modeste cependant que les précédents et renfermant les bureaux de la poste et du télégraphe.

Remarquons que plusieurs de ces merveilleux monuments scolaires sont, aussi bien que plusieurs autres dispersés dans des quartiers de la ville plus éloignés, dus à la générosité des riches Parsis. Cette race d'adorateurs du feu, remarquable par son génie financier et commercial, occupe, en effet, une position prépondérante parmi les hautes classes de Bombay et la munificence de ces puissants commerçants asiatiques a valu à plusieurs d'entre eux la qualité de chevaliers (« *Knights* ») voire même celle de « *Baronet* » héréditaire qui les font figurer dans l'annuaire de la noblesse britannique sous les noms baroques de « Sir Jamsetjee Jeejebhoy », « Sir Mungultass Nathoobhoy », « Sir Cowasjee Jehangir » et autres.

La communauté musulmane de son côté, sans atteindre ces fortunes colossales, est cependant assez importante à Bombay, pour avoir pu consacrer plus d'un million de roupies à ériger avec l'aide de quelques subventions gouvernementales et municipales une école d'enseignement supérieur destinée à ses correligionnaires et qui sous le titre d' « *Anjumar I Islam School* » occupe un spacieux et élégant palais à arcades, tourelles et coupoles de style semi bizantin.

Mais je ne puis qu'entrevoir tous ces palais : il nous faut d'abord, comme d'habitude, aller à la banque « Forbes, Forbes and C°, Limited » pour y chercher ma correspondance. Plus heureux qu'à Calcutta, j'ai la joie d'y trouver mes lettres de France, du 17 au 23 décembre, plus deux bons télégrammes de mon fils, de Hambantotta, dans Ceylan, dont l'un m'annonce son brillant exploit de chasse : il a eu la chance de tuer deux éléphants, coup sur coup.

La séance au bureau du télégraphe indispensable pour répondre à ces bonnes nouvelles et les transmettre en Europe, prend du temps aussi, la promptitude des employés « *Eurasians* » ou « *Babous* » ne correspondant pas tout à fait à la splendeur des installations. Enfin dans « *Medows Street* » je me fournis de livres pour la traversée.

Bref, quand M. de B... m'amène enfin aux bureaux des « Messageries », où il m'offre une hospitalité momentanée, il ne me laisse que 25 minutes à peine pour fermer la correspondance que j'adresse à Ceylan ; quant à l'Europe plus de correspondance heureusement à faire puisque le navire qui nous attend va nous rapprocher de ses rives.

Le départ du paquebot n'est annoncé que pour midi ; mais la compagnie est prévenue par qui de droit que les passagers doivent être à bord à 10 heures et demie, toujours à cause de la fameuse et assez dérisoire inspection médicale motivée par la peste ! Sous ce rapport, on ne sort pas de Bombay, paraît-il, plus facilement qu'on n'y entre.

Du quai d'embarquement au paquebot ce ne sont heureusement que quelques minutes de trajet dans la chaloupe à vapeur des Messageries. C'est avec plaisir que je remets le pied sur le « Salazie », et que je retrouve le brave Commandant Paul qui nous a si bien conduits de Kobé à Shang-haï. Cette fois-ci, le paquebot ne conduit pas d'agent des postes, de sorte que, en outre des gracieusetés auxquelles je suis habitué, sur les « Messageries » on a

CHAPITRE XIV

l'amabilité de me céder la spacieuse cabine destinée à ce fonctionnaire. Mais à peine y commençais-je mon installation qu'on m'appelle : on demande, me dit-on, tous les passagers sur le pont. Je trouve en effet mes futurs compagnons de route rangés dans le fumoir pour y attendre l'examen médical. Le jeune docteur anglais nous passe en revue, me tâte le pouls, me fait tirer la langue, et j'ai hâte de m'échapper. Voilà toute l'inspection.

Le médecin parti, le commissaire a fort à faire sur le pont pour se débarrasser de quelques indiens qui veulent absolument partir avec nous, mais qui ne sont pas arrivés à temps pour l'inspection ! Impossible de les emmener, ce serait contrevenir au réglement sanitaire approuvé, par accord international, lors de la conférence sanitaire de Venise; et c'est de force qu'il faut les faire redescendre dans le canot qui les a amenés.

En revanche, nous emmenons une sorte de petit personnage turco-égyptien qui se donne des airs de pacha avec sa calotte rouge et sa suite féminine de quatre ou cinq gracieuses indiennes ! Nous ne pouvons guère, hélas ! juger de leur beauté, car elles ont soin de ramener sur leur visage l'étoffe qui les enveloppe de la tête aux pieds, ne laissant entrevoir que l'éclat de leurs yeux noirs. Il faut nous contenter de contempler les bracelets en argent qui, comme la plupart de leurs congénères depuis Ceylan jusqu'au pied de l'Himalaya, ornent non pas seulement leurs poignets, mais aussi leurs chevilles, et les bagues innombrables dont sont surchargés chacun de leurs orteils. Non loin de là, une autre femme qui n'a à cacher aucune beauté, laisse voir la perle et les émeraudes de l'anneau accroché à sa narine. On est presque tenté de lui proposer l'achat de ce joyau suspendu à côté de son nez; mais l'Indien, comme nous avons pu l'observer dans les villes de l'intérieur, tient à ce luxe bizarre, même lorsque la famine et la misère l'ont réduit à l'éclat de squelette vivant.

Bientôt tout ce petit monde féminin disparaît dans les bas fonds de la 3ᵉ classe avec le prétendu pacha, pour ne plus reparaître dans les régions que nous fréquentons. C'est donc notre dernier coup d'œil jeté sur les mœurs indiennes trop rapidement aperçues dans cette course de douze jours.

Les passagers d'entrepont qui, comme sur d'autres paquebots forment une réunion bigarrée en prenant l'air à l'avant du navire, sont, cette fois, principalement des musulmans à burnous, calotte rouge, pantalon bouffant et bottes, qui font le commerce entre l'Égypte et l'Inde.

A midi on se met en route : la rade de Bombay est belle, grande et se prolonge au loin vers le Nord dans l'intérieur des terres. D'un côté s'étend la ville monumentale, de l'autre, quelques îlots accidentés : les collines du continent ferment le paysage dans le lointain.

Ce port spacieux a le désavantage de bas-fonds assez dangereux : la mer est rougie par le sable que met en mouvement l'hélice du navire. En outre, la rade étant ouverte vers le sud, n'offre qu'un abri médiocre dans la saison où la mousson souffle de ce côté.

Pour aujourd'hui, nous avons calme plat : l'Océan Indien est sans rides, le ciel sans nuages. Le coucher du soleil a été admirable et pour la première fois dans mon voyage actuel, je remarquai le phénomène si souvent observé dans les régions tropicales de l'Atlantique, de la phosphorescence des ondes ébranlées par le remous de l'hélice. Mais le thermomètre, hélas! est encore à près de 28 degrés.

Nous avons donc fait nos adieux à l'Empire Anglo-Indien, organisation puissante en apparence, mais peut-être à base fragile.

Le voyageur, même dépourvu, ainsi qu'il m'arrivait par suite de la rapidité de ma course, des éléments nécessaires à une étude tant soit peu complète, ne peut manquer d'être frappé de l'insignifiance numérique des éléments européens disséminés dans ces vastes régions. Comme je l'ai fait remarquer, on ne trouve en général dans les trains de chemins de fer, à côté de la multitude des indigènes plus ou moins loqueteux, qu'une demi-douzaine de passagers d'origine européenne ou moins même, et encore faut-il y comprendre les métis « eurasiens ». En consultant les statistiques des almanachs on y voit inscrits sur une population de plus de 290 millions, à peine 2,300,000 chrétiens, considérés forcément par le reste comme des antagonistes naturels et des supérieurs peu aimés, en dépit des relations, en apparence courtoises, établies par la nécessité.

Quant à la force militaire stationnée dans ce vaste Empire, il est à remarquer que l'armée dont dispose le Gouvernement général de l'Inde compte seulement 73,700 européens contre 166,000 indigènes : dans ce dernier chiffre entrent pour 29,320 hommes les contingents que quelques-uns des princes indiens ont soumis soit à la dépendance immédiate, soit du moins au contrôle permanent de l'autorité militaire britannique, sous le titre de « *Subsidiary Forces* » ou bien encore d'« *Imperial Service Troops* » et qui de ce fait ont acquis la discipline européenne, mais dont le dévouement à la suprématie britannique n'en reste pas moins douteux.

Les troupes indigènes que les princes indiens ont à leur solde, selon qu'il leur convient, forment, dit-on, un total de 350,000 hommes. Mais si le corps de garde que nous avons vu à Jeypore en est un spécimen véridique comme le font croire les appréciations recueillies par d'autres voyageurs, ces soi-disant contingents, sans armement efficace et sans discipline, s'ils ne sont d'aucun secours aux Anglais, ne sauraient non plus actuellement du moins leur inspirer de crainte, d'autant moins que les quelques centaines de Maharajahs ou Rajahs reconnus par le Gouvernement Britannique, souvent séparés par les différences de religion ou de race, sont tous plus ou moins jaloux les uns des autres.

Il faudrait l'apparition peu probable d'un génie militaire doué de facultés exceptionnelles pour établir un semblant d'union dans cette agglomération informe constituée par une population qu'a énervée l'action d'un climat débilitant jointe aux fréquentes famines.

En dépit de ces conditions favorables au maintien de l'autorité britannique on ne peut se dissimuler cependant que l'idée de l'indépendance de l'Inde fait des progrès, bien que lents jusqu'à présent.

L'instruction que la philanthropie parfois hypocrite, mais souvent réelle aussi des autorités anglaises s'est appliquée à développer parmi les Indiens commence à former une sorte de classe bourgeoise indigène, en partie lettrée, chez laquelle les idées européennes ont fait naître des aspirations plus ou moins réelles à ce qu'on appelle en Angleterre le « *Self-Government* » c'est-à-dire à un régime où les Indiens auraient une part prépondérante dans le Gouvernement de leur pays. Ces sentiments, sincères ou non, se font jour dans la presse, voire même dans des réunions publiques, où tout en affectant par nécessité un grand respect pour la Souveraineté Britannique on critique les résultats de son administration, on réclame un « Congrès national de l'Inde ».

Parfois le respect lui-même n'est pas gardé, même envers la personne de la Reine Impératrice dont la statue à Bombay n'a pas été à l'abri d'outrages grossiers; ces derniers faits sont isolés, il est vrai, d'autant plus qu'ils seraient l'objet d'une prompte répression.

Du reste les aspirations même dont je viens de faire mention, bien que se couvrant de forme en apparence légitime et pacifique, ne sauraient trouver grâce devant l'autorité britannique; si elles se réalisaient, elles ne tarderaient pas à amener l'écroulement de l'Empire Indien. Les Anglais savent bien, en effet, qu'ils ne peuvent compter sur les suffrages spontanés des indigènes persuadés à tort ou à raison que les salaires élevés des fonctionnaires anglais de tout ordre, civils ou militaires, sont la cause de la misère qui afflige deux cent millions d'êtres humains. Aussi, le Gouvernement de nos voisins d'outre-Manche, si fier de s'appuyer en Europe et dans quelques-unes de ses colonies sur la liberté illimitée de la presse et sur la sincérité des suffrages, si jaloux d'assurer aux « *Uitlanders* » du Transvaal (1) une part dans l'administration d'un pays où ils ne sont pas nés, se garde-t-il bien d'appliquer pareils principes à son Empire Indien : les journaux, soit de langue anglaise, soit de langue indigène, y sont étroitement surveillés, et supprimés, s'il y a lieu, sans forme de procès.

Lorsqu'on considère et l'ensemble de cette situation et l'insignifiante numérique de la race dirigeante, quand on se rappelle que les torrents de sang versés dans le soulèvement de 1857 eurent pour prélude et motif apparent un fait aussi insignifiant que la distribution à certains régiments indiens de cartouches considérées par eux impures à cause de la graisse de porc enduisant leur enveloppe, on est conduit à penser que si un échec extérieur venait à donner un ébranlement à cet Empire de près de 300 millions d'âmes, sa structure intérieure s'effondrerait facilement et que très grand pourrait être l'embarras des dominateurs actuels.

(1) Je ne prévoyais pas quand j'écrivais ces lignes que les prétendus droits des « Uitlanders » serviraient de prétexte à une conquête à main armée, mettant en mouvement la plus grande partie des forces disponibles de l'Empire Britannique — 1900.

CHAPITRE XV

La rade d'Aden. — La Mer Rouge. — Le canal de Suez. — Deux jours au Caire.

22 Janvier. — Cette journée nous offrit, comme diversion à la monotonie de la navigation l'observation de l'éclipse solaire qui met en mouvement les astronomes de l'Europe et de l'Asie. Mais nous nous trouvons en dehors de la zone où elle est totale et qui traverse l'Inde obliquement en laissant Calcutta au Sud-Est et Bombay au Nord-Ouest. Je lus consciencieusement la brochure publiée au sujet de ce phénomène par les Pères Jésuites du collège de Calcutta dont j'avais pris soin de me munir chez le libraire de Bombay (1), mais sans en tirer grand profit, mon intelligence étant décidément peu portée à l'étude de l'astronomie. Le maximum de l'éclipse fut atteint quelques instants avant midi : l'obscurcissement général de la lumière ne fut pas aussi saisissant qu'on aurait pu s'y attendre et eut pour principal effet de faire surgir du sein des ondes de nombreux poissons volants.

Le temps fut, du reste, admirable toute la journée. Pas un nuage ne se montra au ciel. La température a baissé un peu, par suite, apparemment, de l'éloignement des côtes ; nous n'avons plus que 26 degrés : c'est encore trop.

23 Janvier. — Voici la mer qui grossit un peu : nous retombons dans la fameuse mousson du Nord-Est, exceptionnellement fraîche pour ces parages, me dit le comman-

---

(1) The Total Solar Eclipse, January 22nd, 1898, by the Rev. V. de Campigneulles, S.J., and Rev. H. Josson, S.J. — Calcutta : Thacker, Spink and C°.

dant. La marche du navire est de 14 nœuds par heure, ce paquebot n'ayant pas, du moins dans les conditions ordinaires, la vitesse de l'*Ernest-Simons*. Je le préfère pourtant : il est moins haut, sinon plus large, et le roulis y est décidément moins sensible.

C'est dimanche, mais contrairement à ce qui arrive souvent sur les paquebots français, il n'y a pas de messe à bord. Sous ce rapport, j'ai joué de malchance pendant tout le cours de ce voyage. Mon valet de chambre Eugène a été plus heureux ; en venant me rejoindre à Colombo sur le paquebot des messageries, le *Sidney*, il a eu, me dit-il, la messe tous les dimanches, voire même la nuit de Noël une messe de minuit solennelle.

Nous avons bien, en 2ᵉ classe, un petit capucin français, natif d'Angers, mais il n'a pas avec lui ce qu'il faut pour dire la messe. Il s'en revient pour le moment à Aden, appelé par l'évêque : il est souffrant, le teint pâle et défait, et découragé, ayant été envoyé en mission dans plusieurs endroits de l'Inde et, en dernier lieu à Jeypore pour tenter une fondation, un orphelinat, je crois, à laquelle il a fallu renoncer, ces populations au centre de l'Inde, purement hindoues, très attachées à leurs superstitions brahmaniques, ne donnant guère prise à la propagande des missionnaires.

Les passagers de 1ʳᵉ classe ne sont pas nombreux. Les Français passent rarement par Bombay, préférant en général la ligne directe de Colombo à Suez : et à plus forte raison en ce temps d'épidémie, cependant peu dangereuse en somme pour les Européens. Quant aux Anglais, ce n'est pas encore la saison de rentrer en Europe : l'hiver n'est pas assez avancé. Aussi en y comprenant le Commandant, le commissaire et le docteur, nous ne sommes que onze à table, et, comme il arrive en général, le nombre des étrangers égale au moins celui des Français. Ceux-ci sont des fonctionnaires qui rentrent d'Indo-Chine en congé, entre autres M. G..., ancien officier de zouaves et agent du gouvernement au Laos. Il y a aussi deux Anglais fonctionnaires civils de l'Inde ; puis l'infaillible dame Américaine, faisant son tour du monde, qui seule jette un rayon d'élégance sur la table en général silencieuse : elle a nom Mme Schlippenbach.

24 Janvier. — La mer a continué à grossir ; et de mon côté, qui est celui du Nord, il faut tenir fermés tous les hublots! Heureusement la température ambiante a baissé à 24 degrés.

La mer est d'un bleu foncé, quoique moutonneuse et agitée : on dirait le golfe de Gascogne par un temps supportable : on avance à pleines voiles.

25 Janvier. — La mer est tombée avec le vent, et la chaleur a augmenté un peu : 27 degrés sur le pont. Ma cabine étant au Nord est très fraîche : 25 degrés seulement, et dans le repos de la vie de bord, c'est là une température fort tolérable. Du moins, m'y suis-je, pendant ces quelques semaines de Tropiques, tellement habitué à nouveau, que je me demande comment je supporterai le froid qui m'attend le mois prochain sur les côtes d'Europe. En attendant, je me laisse vivre doucement de cette vie de paresse, d'air pur et de confort matériel qui ne me laisserait rien à désirer, n'était l'éloignement de tous ceux qui me sont chers.

26 Janvier. — Mon second fils a 20 ans aujourd'hui! Dieu le protège!

C'est la journée où nous devons toucher à Aden ; et en effet, le jour commençait à poindre, peu après 6 heures, qu'on apercevait déjà, à droite et à gauche, les montagnes escarpées qui bordent la rade d'Aden : montagnes stériles s'il en fut ; mais à mesure que les rayons du soleil surgirent derrière la montagne à notre droite, celles de gauche se colorèrent de teintes roses admirables.

Vers 7 heures, on jette l'ancre. A notre droite nous apercevons la petite ville dont les constructions dispersées s'étagent le long de la colline aride ; ce sont des masures arabes et quelques maisons de commerce, dominées par des fortifications et par les casernes de la garnison anglaise ; plus à droite encore, se trouve le débarcadère appelé « *Steamer Point* ». Dans le fond de la rade, au loin, les deux groupes de montagnes de droite et de gauche sont reliées par une terre basse, sablonneuse, où l'on distingue, à l'aide de la lorgnette, des arbustes sans feuillage, puis des pyramides blanches qui dénotent une vaste exploitation de sel et quelques édifices à toits plats, d'apparence mauresque, éclatants de blancheur aussi. Et voilà tout ce que nous vîmes d'Aden. Nous sommes, en effet, en quarantaine, par suite de la peste de Bombay, et notre paquebot, hissant le drapeau jaune, s'est arrêté à vingt minutes de terre. Grand embarras pour moi, car il me faut trouver le moyen de demander à la banque « *Luke, Thomas and C°, Limited* », ma correspondance et quelques ressources pour les dépenses de bord, les télégrammes ayant promptement absorbé celles fournies à Bombay.

Heureusement, dès 7 heures un quart, l'Agent des Messageries est là, dans son canot, et sans avoir permission de toucher à l'échelle du bord, il me remet un télégramme de mon fils. Cet aimable et ponctuel fonctionnaire reste dans sa chaloupe à rames à danser sur le clapotis de la rade ouverte au sud; et, malgré l'incommodité de pareille situation, il me faut le prier d'avoir l'obligeance d'attendre que j'aie pu répondre à mon fils par lettre et par télégramme, rédiger deux autres dépêches pour la France et l'Égypte, compléter et fermer ma lettre préparée d'avance pour MM. Luke, Thomas et Cie. Enfin, il put repartir, et à 11 heures il me rapportait de la banque six lettres avec mes nouvelles de France du 24 décembre au 4 janvier, plus deux télégrammes, et enfin les traites que j'avais à signer pour moi-même et pour Colombo. Impossible d'être plus serviable.

A 2 heures et demie, nouvelle apparition de cet infatigable agent qui veut bien faire un troisième voyage, et il me faut alors régler les comptes avec lui, opération pénible au point de vue matériel : car il fallut ainsi, de l'échelle où je me tenais au canot où mon interlocuteur continuait à danser sur les ondes, passer et repasser les pesantes roupies en argent, le papier-monnaie étant inconnu en ces régions.

Durant ces longues heures d'attente, le paquebot par l'autre bord avait pris son chargement de charbon et une quantité inattendue de ballots de marchandises, surtout du café d'arabie : Moka n'est pas loin d'ici. Ces opérations aussi furent lentes et difficiles, par suite de la quarantaine. Il était interdit d'admettre à bord les indigènes du pays, qui, plus qu'à demi-nus, avaient amené les chalands, et il fallut que de leurs bras, le chargement passât à ceux des marins du paquebot, sac par sac, à travers la coupée du bord. J'eus au moins la distraction de lire des journaux de Paris du 1er au 12 janvier et une correspondance télégraphique anglaise qui se publie à Aden et qui nous donne les nouvelles de ces derniers jours.

Vers 4 heures on se remet en route et une fois hors de la rade nous trouvons la brise fraîchie et le navire danse. En revanche, ma cabine s'étant trouvée pendant le séjour en rade, du côté du soleil, s'est chauffée à 30 degrés.

Nous emmenons le capucin qui n'a pu débarquer à Aden à cause de la quarantaine : il sera obligé d'y retourner d'Égypte, mais ne paraît guère désolé de ce retard apporté à l'exercice de ses nouvelles fonctions.

27 Janvier. — Nous ne vîmes rien du détroit de « Bab-el-Mandeb » que nous passâmes à 11 heures du soir, laissant à droite la côte d'Arabie, à gauche la petite île de Périm, dont l'occupation sournoisement effectuée, au temps du règne de Napoléon III, par les Anglais, a remis aux mains de ce peuple astucieux non moins que prévoyant et tenace cette clef de la Mer Rouge, ajoutée ainsi à celle de plusieurs autres mers déjà détenues par eux.

Vers 9 heures et demie du matin, on a aperçu sur la droite les îles Zebaïr, à pentes coniques, gazonnées, arides, inhabitées.

La mer, appelée Rouge, on n'a jamais bien su pourquoi, est d'un beau bleu, mais plus agitée qu'on n'aurait pu le croire, vu la proximité relative de l'une et de l'autre côte. Le vent du sud, nous poussant par le flanc gauche, nous fait rouler un peu.

Le ciel est toujours superbe : la température se maintient à 27 degrés. Mais nous y sommes faits et, les hublots ouverts, la brise légère rafraîchissant le pont, nous n'avons pas à nous plaindre.

La dame américaine dont l'instrument de musique préféré est la trompette, a varié aujourd'hui cet exercice en se mettant au piano, et tout comme celle qui partagea nos ennuis durant la longue navigation sur le « *Perú* » elle nous a joué sur un ton invariablement monotone des menuets, des gavottes, « *En revenant de la revue* », « *Daisy Bell* », et toute une série de chansonnettes anglaises et américaines dans lesquelles l'accompagnait la grosse voix d'un des fonctionnaires anglais qui reviennent de l'Inde : voilà les diversions du bord.

28 Janvier. — Pendant la nuit, le vent a passé au Nord et, un peu avant le jour, on est venu dans ma cabine fermer les hublots. Le vent contraire fait tanguer le navire et l'embrun des vagues tombe sur le pont, tandis que sur la crête écumeuse des ondes, les petits poissons volants bondissent tout autour de nous. Le soleil ne se montre que par intervalles, le thermomètre est descendu à 25 degrés.

Tout le long de la journée, le tangage n'a fait qu'augmenter au point de nous faire sentir vers le soir le choc des mouvements de l'hélice sortant de l'eau, et retombant par saccades violentes; et, cependant, le mouvement n'étant que dans un sens, on n'eut pas besoin de mettre les « violons », ou table à roulis, qui font une impression si désolante. Décidément, à la longue, j'aime encore mieux le tangage que le roulis avec son balancement énervant.

Cependant les vagues contraires devinrent si fortes, que la marche du navire, qui est de 14 nœuds en moyenne, en était réduite à 10. Le Commandant nous dit que voici bien deux cents fois qu'il suit cette route sans avoir jamais vu la Mer Rouge en pareil état! Ce mauvais temps doit être la queue d'un terrible coup de vent sur la Méditerranée, et nous avons la consolation de penser que nous ne l'y trouverons plus, quand dans quinze jours, il me faudra la franchir à son tour.

29 Janvier. — Le tangage ne troubla pas mon sommeil et le matin j'eus le plaisir de voir la mer sensiblement baissée. Le soleil a reparu et la température est descendue à 19 degrés : c'est ce qu'on peut rêver de plus agréable.

Aussi, nous voici pour tout de bon sortis du Tropique, que nous avions atteint le 19 décembre, un peu avant Hong-Kong.

Aujourd'hui, on a vu, à droite, le petit phare égyptien appelé du nom latin de « *Dedalus* » sans doute par la fantaisie de quelque navigateur anglais. Cet utile auxiliaire de la navigation est planté sur un récif à fleur d'eau, à 200 kilomètres de toute côte, ce qui doit rendre peu plaisante la vie des fonctionnaires préposés à son entretien par le gouvernement du Khédive.

On est à la veille d'arriver à Suez et, au dîner, la monotonie habituelle de la conversation est égayée par les craintes qu'inspire la perspective de la quarantaine à purger avant de pouvoir fouler librement le sol égyptien. La dame américaine est fort inquiète de ce qui l'attend sur les rivages de la Mer Rouge; et les plaisants profitent de cette disposition pour l'émouvoir par la description exagérée des dangers et du manque de ressources de l'établissement quarantenaire, fréquenté dans ses alentours uniquement, lui dit-on, par les fauves du désert.

30 Janvier. — Au réveil, nous nous trouvons dans le golfe de Suez, l'un des deux bras de la Mer Rouge, qui embrassent entre eux la péninsule du Sinaï. Dès lors on a la terre en vue des deux côtés.

A droite, la haute chaîne de montagnes rocailleuses se détachait en bleu foncé sur le ciel, doré par l'approche du lever du soleil ; au plus haut point de la silhouette, émergeant au-dessus des autres sommets, à l'altitude de 2.700 mètres, se dresse la pointe du Sinaï. C'est donc de loin seulement qu'il nous faut vénérer cette montagne sacrée, en gardant le regret de ne pouvoir à la suite d'autres voyageurs, en explorer les pentes et les hauteurs, et en visiter les monastères.

A gauche, nous avons la ligne des collines de l'Égypte, plus lointaines et moins hautes.

Puis, à mesure que le golfe se rétrécit et que la lumière devient plus éclatante, on discerne la plaine de sable, le désert, qui, de l'un et de l'autre côté, sépare les montagnes de la mer. Partout c'est l'aridité la plus complète : le sable des collines a parfois des teintes d'un blanc si éclatant qu'on a l'illusion de la neige.

Les phares ne manquent pas. Pour éviter les écueils, le navire est obligé de suivre une ligne sinueuse, et le golfe rétréci semble parfois devenu un lac.

Vers 5 h. 15, nous sommes en rade de Suez. Le coup d'œil, à ce moment, présente un tableau d'une beauté saisissante, quoique sévère, rappelant les paysages dont s'est inspiré Doré pour illustrer les scènes sublimes de la Bible. Tandis qu'à notre gauche les nuages sombres laissent filtrer les rayons du soleil, devant nous le ciel présente une large bande absolument dorée. A gauche, les montagnes de l'Égypte ont pris la teinte du bleu le plus foncé, et en face les collines de sable de la côte arabique se colorent du rose le plus tendre. Au fond, entre les deux rives, s'ouvre le désert plane qui s'étend vers la Méditerranée : on aperçoit l'entrée du canal et un peu plus loin, sur la gauche, la petite ville de Suez qui déjà entre dans l'ombre.

A 5 h. 30 précises on jette l'ancre, et peu d'instants après, voici venir la chaloupe à vapeur de l'Agence des Messageries qui accoste à l'échelle du bord. Elle nous amène toute l'escouade des docteurs égyptiens : ils sont bien une demi-douzaine, à figures sombres, rébarbatives, rehaussées par le « tarbouch » rouge et des lunettes qui leur donnent une apparence mystérieuse. Le Commandant et le docteur du bord descendent au bas de l'échelle pour conférer. Il s'agit de savoir si nous serons condamnés à être conduits à une demi-heure d'ici, au lieu appelé « Fontaines de Moïse » pour purger notre quarantaine dans le lazaret, que le Gouvernement Égyptien s'est vu obligé d'établir pour satisfaire aux règlements internationaux.

Cet établissement se réduit à quelques baraques en bois que nous avons aperçues tantôt, semblables à des cabines de bains, rangées sur la plage déserte. Le séjour de ce lieu semble n'avoir rien d'attrayant non plus que le trajet d'une demi-heure en chaloupe qu'il faudrait affronter pour nous y rendre. Il règne donc parmi les passagers une émotion légitime ; « la dame américaine » est vivement impressionnée : ne lui a-t-on pas dit que la nuit, les hyènes rôdent, hurlant, autour des guérites solitaires de ce prétendu lazaret ?

Les dix jours pleins que les conventions ont établis, comme délai minimum, pour permettre à des passagers venant de Bombay de débarquer en Égypte, n'expirent que demain à midi. Nous devrions donc aller coucher au lazaret ; mais... il est des accommodements avec les inspections de santé : après la longue conférence au bas de l'échelle, l'examen de tous les papiers de bord, il est décidé que nous purgerons tranquillement sur notre paquebot nos quelques heures de quarantaine et que nous aurons libre pratique demain. Chacun se sent soulagé. Il est 6 h. 15 et la nuit tombe.

J'ai encore le plaisir de recevoir par l'Agence des Messageries un télégramme de mon fils, daté d'avant-hier, à Colombo, où il est retourné après ses chasses dans l'intérieur du Ceylan : il se dispose à partir pour Calcutta.

31 Janvier. — Je prenais mon temps pour m'habiller, puisque nous étions prisonniers jusqu'à près de midi, lorsque, dès 7 heures, on m'appelle sur le pont pour l'inspec-

81. — Canal de Suez : Garage près Ismaïliah.

82. — Coin de rue du Caire.

83. — Canal de Suez : Passage à El-Kantara.

84. — Jérusalem : « Tour de David ».

tion médicale : tout le personnel, passagers, équipage, et autres, est là rangé au grand complet. Le fonctionnaire égyptien qui, gravement, passait la revue, était de nationalité anglaise. Loin du foyer de l'infection, il se jugeait sans doute dispensé de la rigueur observée par ses collègues de l'Inde, et se borne, quant à moi, à vérifier le nom inscrit sur la liste des passagers sans même me faire tirer la langue.

L'inspection terminée, la libre pratique fut déclarée quelques heures plus tôt que nous ne nous y attendions, et le pavillon jaune amené. Bientôt accoste avec sa chaloupe à vapeur, M. de Sérionne, agent général en Égypte de la Compagnie du Canal de Suez. Il est depuis longtemps prévenu de mon arrivée par notre compagnon de voyage dont il est beau-frère. Je n'ai donc qu'à me mettre entre ses mains et me laisser guider par le plus aimable des cicerones.

Les adieux faits à l'excellent commandant du *Salazie*, nous voici bientôt à terre. Entre les quais du port et ceux du canal s'est formée une petite localité appelée « Port Tewfik », du nom du précédent Khédive, et reliée par une dizaine de minutes de chemin de fer à la vieille ville arabe de Suez que l'on aperçoit sur la rive gauche et que nous nous dispenserons de visiter, car le temps nous presse comme ailleurs. Les jours que je puis consacrer à l'Égypte sont comptés et il nous faut donc arriver au Caire dans la soirée. Du reste, c'est à « Port Tewfik » que se trouve tout ce qui est nécessaire aux Européens : les agences des Compagnies, la poste, le télégraphe, la maison de banque Wills and C°, où j'ai le plaisir de trouver mes lettres de France du 5 au 12 courant. Tous ces établissements se touchent en quelque sorte. Mes télégrammes et lettres pour l'Inde, écrits sur le bureau de M. Dumont, l'agent de la Compagnie du Canal, Mme Dumont nous fait le plus aimablement du monde les honneurs de son élégante installation et d'un excellent déjeuner. Puis voici qu'il est près de midi : il faudrait nous embarquer pour pouvoir encore de jour parcourir le Canal jusqu'à Ismaïliah, où nous devons rejoindre le chemin de fer. Mais Mme Dumont tient à me faire voir l'école établie aux frais de la Compagnie et où les bonnes sœurs de Saint-Vincent-de-Paul enseignent à lire en français aux petits arabes d'alentour aussi bien qu'aux enfants du personnel du Canal.

M. de Sérionne presse, il nous est impossible de nous attarder : je ne puis qu'admirer rapidement la propreté de leurs salles de classe et de leur petit jardin et m'agenouiller un instant dans leur jolie chapelle pour demander la continuation de la protection divine.

Il nous faut gagner la chaloupe à vapeur qui nous attend pour nous faire remonter le canal et qui s'ébranle à midi et demie.

Je me tiens sur l'avant, autant que me permet le vent du nord qui me semble bien froid au sortir des Tropiques. Pour commencer on ne voit absolument que les berges de sable, derrière lesquelles s'étend le désert. Mais M. de Sérionne m'explique les garages où les navires doivent se ranger et attendre quand il s'agit d'en croiser d'autres, les bouées de fer flottantes, peintes en blanc et contenant une lumière au pétrole, enfin tous les détails parfaitement entendus de ce grand service de navigation internationale, dû au génie français.

Plus loin on entre dans la région des « lacs amers » qui se sont formés lors de l'ouverture du Canal dans les parties où le sol était plus bas. Là, nous passons de la chaloupe sur un vapeur plus élevé, du pont duquel on embrasse l'horizon : horizon, malgré tout, sans beauté. C'est la plaine de sable, le désert à peine moucheté de loin en loin par les touffes du tamaris, arbuste mesquin dont les branches luttent difficilement contre le gravier amené par le vent du désert.

La nuit, froide et humide, tombe rapidement au moment où nous atteignons le lac Timsah, sur les bords duquel est située la petite ville d'Ismaïliah, point central du Canal. C'est un oasis verdoyant créé par le Khédive Ismaïl Pacha grâce à la plantation d'un arbre de tronc élancé à ramures élégantes et flexibles portant de fines aiguilles persistantes, analogues à celles de quelques-uns de nos conifères, le « Filo », si je ne me trompe.

Mais il fait nuit noire ; nous ne pouvons qu'entrevoir les avenues et les jardins d'Ismaïliah, en gagnant rapidement en voiture la résidence de M. Tilliers, inspecteur général du Canal et ancien officier de Marine. Un repas réconfortant nous y attend ; il faut l'abréger comme le reste. A 7 heures, nous sommes installés dans les compartiments peu luxueux du chemin de fer « Khédivial ».

Puis c'est, longtemps encore, du sable, toujours du sable, tellement blanc qu'éclairé par la lune à son premier quartier il fait penser à la neige.

10 h. 50, nous entrons dans la belle gare du Caire. J'y trouve en redingote et « tarbouch » l'un des maîtres de cérémonie du Khédive. C'est la réponse au télégramme que j'avais expédié d'Ismaïliah à Son Altesse pour lui dire mon arrivée en Égypte et mon désir de la saluer. Le Viceroi ne pourra me recevoir que dans quelques jours. On est dans la période du « Rhamadan », pendant laquelle il est établi à sa campagne de Koubbé et excursionne de là plus loin, vers le désert, pour observer plus facilement dans une solitude relative les préceptes établis pour ce saint temps par la religion musulmane.

M. de Sérionne me conduit jusqu'au « Shepheard's Hôtel » dont je traverse rapidement le vestibule, encombré du beau monde cosmopolite, en toilette du soir, rassemblé pour une des soirées dansantes qui sont au Caire, pendant la saison des étrangers, à peu près quotidiennes ; et je m'empresse de monter l'escalier pour gagner ma chambre et y chercher le repos.

1er Février. — A 10 heures M. de Sérionne vient me prendre pour me conduire au bazar du quartier indigène. Je demande à commencer la journée en entrant dans une librairie pour me procurer un guide et un plan du

Caire, et nous trouvons tout ce qu'il faut à la librairie centrale française de Mme J. Barbier. Ce bel établissement, situé au coin de la « place de l'Opéra » et de la « rue du Club Khédivial » (Dieu que toute cette nomenclature sent la civilisation banale et semble mal sonnante au pays des Mamelouks !) est pourvu d'ouvrages dans toutes les langues principales de l'Europe et complété par un cabinet de lecture possédant plus de 4.000 volumes. On y trouve encore une maroquinerie de luxe, de la parfumerie, et en somme tous les articles de Paris, sans compter les partitions d'opéra. C'est, comme on voit, la ressource naturelle du parisien, égaré par fantaisie ou par devoir de position, sur les bords du Nil.

Mais à quelques dizaines de mètres de ces places et rues tracées récemment au cordeau, et qui donnent l'illusion de l'Europe, la scène change et il nous faut mettre pied à terre pour parcourir les ruelles mauresques, étroites, maintenues dans un demi-jour par les planches posées sur le sommet des maisons. L'étranger qui pénètre dans ce dédale est assourdi par les appels des marchands de tout genre qui le guettent à l'entrée de leurs boutiques, et s'efforcent à grands cris de faire valoir leurs marchandises : ce sont des objets de toutes sortes, ciselés en bronze, en argent, des tables ou des coffrets incrustés de nacre, des ustensiles de cuivre, des bibelots en ivoire, puis des étoffes en soie, en mousseline rayées, quelques-unes fort jolies, et enfin les lourds tapis fort admirés en général, mais pour lesquels je ne me sens aucun goût. On me montre entre autres un tapis venu je ne sais plus d'où, de Perse, ce me semble, mais qui, par suite de son antiquité, est évalué à 36.000 francs : le mérite attribué à cette merveille passablement défraîchie, me laisse absolument froid.

On a peine tout de même à s'arracher à tout ce bruit, tout cet encombrement, à cette foule bigarrée formée par le public musulman, de toutes classes et de toutes couleurs, complétée par les jolis ânes de ce pays pesamment chargés, voir même parfois par des chameaux qui, avec les deux hottes colossales suspendues à leur dos, occupent toute la largeur de la ruelle.

Il est plus de midi et demie quand nous sommes de retour à l'Agence de la Compagnie du Canal, belle résidence, située dans la « rue du Chemin de Fer », non loin du palais de Nubar Pacha, où j'ai le plaisir de saluer la Comtesse de Sérionne, dans son élégant appartement orné avec le meilleur goût de tapis et étoffes du pays et d'un beau « moucharabi » : cette désignation est, comme on sait, la corruption européenne du nom de « *mechrebyeh* » donné à ces charmantes fenêtres arabes en saillie, formées par des grillages en bois à dessins variés.

Déjeuner en compagnie du jeune prince Pierre d'Arenberg qui se trouve pour quelques semaines en Egypte : son père est, comme on sait, le Président de la Compagnie du Canal, et vient de repartir pour la France.

3 heures : départ en compagnie de M. et Mme de Sérionne pour la visite des pyramides de « Gizeh ». Le trajet en voiture est de trois quarts d'heure. On passe d'abord sur la rive gauche du Nil par un beau pont en fer appelé « Kasr-El-Nil », mais qui, l'après-midi, n'est pas livré à la circulation avant cette heure un peu tardive, les premières heures de la journée étant réservées au service de la navigation, pour laquelle on ouvre la partie centrale du pont. De l'autre côté du fleuve, on suit à travers la plaine, les belles avenues plantées d'un arbre au feuillage touffu appelé dans le pays « acacia » ; mais qui n'a de commun avec le nôtre que d'être comme lui une légumineuse : ses gousses comme ses feuilles sont de dimension beaucoup plus grandes que celles de l'acacia européen.

Les fameuses Pyramides m'ont peu impressionné. Ces monuments dépourvus de tout caractère artistique s'élevant au-dessus des irrégularités d'un sol sablonneux me semblent fort laids. La construction en est, comme on sait, formée de très grosses pierres cubiques de couleur jaunâtre et dont le revêtement a disparu par l'action des siècles, sauf cependant dans la partie supérieure de la plus haute des trois pyramides. Mon âge me dispensait de tenter l'ascension, fort pénible, dit-on, de ces monuments; elle ne peut, comme on sait, s'effectuer qu'à l'aide des guides arabes toujours prêts à hisser les voyageurs en les entraînant par les bras.

Je me bornai à m'avancer de quelques pas dans le couloir obscur par lequel on descend dans l'intérieur de la pyramide, au lieu réservé, paraît-il, pour leur sépulture par les Pharaons qui prétendirent perpétuer leur mémoire par l'érection de ces monstruosités architecturales. Ce trajet intérieur, pour lequel il faut se faire éclairer par les bougies des cicerones du lieu, est fort glissant et, dit-on, assez long ; et comme arrivé au bout, on ne voit rien de plus que les parois en terre noire, c'est bien le cas de dire que « le jeu n'en vaut pas la chandelle ». Les restes des anciens souverains n'ont pas été retrouvés dans les sépultures qu'ils s'étaient préparées au moyen d'un travail si colossal : les sarcophages en granit encore conservés dans la cavité centrale des pyramides sont vides. On suppose que les momies des Pharaons ont été soustraites au lieu de leur repos et profanées au temps des Kalifes musulmans.

Je fis même sourde oreille aux propositions des jeunes gens de l'endroit dont l'industrie consiste à monter au haut de la pyramide et en redescendre en huit minutes, moyennant une dizaine de piastres : ce n'est pourtant pas cher pour un pareil exploit, car la piastre égyptienne ne représente que 26 centimes de notre monnaie.

A quelques pas des Pyramides, en contre-bas, une excavation a mis à jour les murs d'un temple primitif que domine, émergeant des sables, la tête colossale du Sphynx. Ici encore, mon impression fut celle d'une profonde déception. Il me fut impossible de découvrir, dans cette sculpture grossière, formée par des pierres superposées, dont on distingue les assises, dans ce visage où le nez a disparu et où les yeux ne sont que d'énormes cavités mal dessinées, l'expression mystérieuse et intelligente qui a frappé certains voyageurs.

En revanche, si l'œuvre des artistes laborieux qui nous ont précédés de près de cinquante siècles n'est pas, à mon avis, de nature à inspirer de l'admiration pour leurs aptitudes esthétiques, le léger mouvement de terrain qui supporte les Pyramides offre un point de vue grandiose qu'on ne se lasse pas de contempler. A nos pieds s'étend la plaine cultivée, en ce moment verdoyante des premières pousses du printemps, sillonnée par les majestueuses avenues d'acacias, semée çà et là de beaux groupes de dattiers, aux troncs élancés et puissants, au panache verdoyant, qui contrastent avec la pauvreté des villages bâtis en torchis. La vue est bornée par le cours du Nil et, au-delà, par les collines sablonneuses que dominent, dressant vers le ciel leurs pointes affilées, les flèches des deux minarets de la citadelle du Caire. Sur la droite, enfin plus au loin, on aperçoit le groupe formé par les cinq pyramides de Sakkarah.

On a peine à se figurer que cette belle plaine à laquelle la verdure actuelle donne un aspect, à tout prendre riant, en dépit de la pauvreté des habitations, est annuellement submergée par les eaux du Nil. Ce phénomène qui se produit régulièrement au mois de septembre et se prolonge quelques semaines est, comme on sait, l'élément indispensable aux semailles qui suivent la retraite des eaux.

Pour compléter la description du paysage, tout en descendant des hauteurs des impressions poétiques à la vie pratique d'aujourd'hui, disons qu'à peu de distance des Pyramides, à gauche de l'admirable panorama, s'élève le « *Mena House Hotel* », où les voyageurs trouvent, dit-on l'installation la plus confortable et toutes les ressources nécessaires pour satisfaire les estomacs, tout en contemplant les pyramides au clair de lune ou du soleil. Une autre profanation achève de défigurer le caractère grandiose du voisinage immédiat des Pyramides : c'est le pavillon dépourvu de toute idée architecturale, à façades plates et à fenêtres uniformes, érigé par Ismaïl-Pacha pour y offrir un déjeuner à l'impératrice Eugénie lors des fêtes de l'inauguration du Canal de Suez.

Le voisinage de ces monuments est habité par une horde d'indigènes de tout âge qui comptent pour leur existence sur la générosité des visiteurs. Mais ils reconnaissent, dans un des plus vieux d'entre eux, une sorte de « cheikh » ou supérieur naturel qui se charge de centraliser et distribuer les dons des touristes, et au besoin de mettre le holà parmi ses administrés.

Cette charmante journée fut complétée par un dîner en famille chez M. et Mme de Sérionne.

2 Février. — C'est la fête de la Chandeleur, supprimée en France par le Concordat, mais demeurée fête d'obligation pour les catholiques de la plupart des autres pays. Aussi M. de Sérionne, dans son intelligente distribution du temps trop court que je pourrais consacrer au Caire, avait-il réservé cette matinée pour aller entendre la messe à Mataryeh auprès de l' « arbre de la Vierge ».

A 7 heures et demie, par une matinée fraîche et charmante mêlée d'abord de quelques gouttes d'une pluie légère, impalpable, qui viennent, à ma grande surprise, démentir la renommée de sécheresse perpétuelle du climat égyptien, nous partons dans sa rapide victoria, et dans quelques minutes on est hors du Caire. On suit, vers le Nord-Est, la route dite de l'« Abbassieh » : dans ce faubourg se trouvent les casernes des troupes égyptiennes, l'hôpital international européen, desservi par les sœurs de Saint-Joseph, dans une maison donnée par le Khédive, et aussi un hôpital autrichien.

Trois quarts d'heure d'une course fort agréable à travers la campagne nous amènent au jardin acquis par les Jésuites et renfermant deux petites chapelles modernes, dont l'une surmonte une grotte commémorative de Notre-Dame de Lourdes. En attendant l'heure de la messe, les Pères nous font visiter le terrain adjacent où se trouve l'arbre vénéré, terrain qui malheureusement ne leur appartient pas, mais dépend d'une grande propriété du Khédive. Les souverains de l'Égypte se sont, jusqu'à présent, refusés à aliéner ce coin de jardin qui, apparemment, a pour eux aussi, quoique musulmans, un caractère sacré par suite de la tradition qui s'y rattache. Le Khédive Ismaïl profitait volontiers de l'occasion que lui offrait la conversation pour démentir le bruit d'après lequel il aurait fait don à l'impératrice Eugénie de ce lieu consacré. Le Khédive actuel a bien voulu consentir à l'ouverture d'une porte qui fait communiquer la propriété des Jésuites avec l'arbre de la Vierge.

Suivant une tradition mentionnée dans les plus anciens livres liturgiques des Coptes et des Nestoriens et pieusement recueillie par les pèlerins du Moyen-Age, c'est ici que la Sainte-Famille aurait séjourné lors de la fuite en Égypte et que l'enfant Jésus fit jaillir miraculeusement une source d'eau douce. Aujourd'hui il n'en reste qu'un puits d'où l'eau est extraite, comme ailleurs en Égypte, par une « *sakkieh* » ou « noria » (1), mue par des buffles noirs.

L'arbre vénéré est un sycomore « *Ficus sycomorus* », mais un sycomore d'Orient, c'est-à-dire très différent de l'arbre connu en France sous le même nom ; ses feuilles ressemblent à celles de l'aulne et sont persistantes ; l'été ses branches produisent, paraît-il, une sorte de petite figue ronde, couleur de chair. Toutes les opinions sont d'accord, nous disent les bons Pères, pour reconnaître que cet arbre n'est plus celui de l'époque de Notre Seigneur qui, d'après le récit du Père franciscain Amico aurait existé encore en 1596. L'arbre actuel a été probablement replanté vers cette époque au moyen d'une bouture prise à l'ancien, et cette pieuse opération va se répéter prochainement : car l'arbre approche de la vieillesse et déjà les rameaux inférieurs sont dépouillés de feuilles.

(1) Ce mot espagnol désigne l'appareil formé par une roue supportant une série de cruches qui vont tour à tour puiser de l'eau sous terre et la déverser plus haut.

La messe entendue dans la modeste chapelle en planches en compagnie d'un petit nombre de familles habitant dans le voisinage, nous remontons en voiture pour regagner la ville.

Nous voyons, sur la gauche, le grand palais de Koubbé, résidence de campagne du Khédive. Il nous faut renoncer à voir l'intéressant élevage d'autruches qu'un Français a établi non loin de là, et aussi à parcourir les ruines d'Héliopolis, dont nous apercevons au loin l'obélisque s'élevant au-dessus de la plaine, qui vit l'héroïque triomphe de Kléber sur l'innombrable cavalerie des Mamelouks et, près de deux siècles auparavant, le sultan Sélim vaincre aussi les Mamelouks qu'il réussit à soumettre à la domination ottomane.

Il nous faut hâter cette course charmante à travers la riante campagne, car je dois rentrer à l'hôtel pour y recevoir le maître de cérémonies du Khédive qui a fait demander à venir me souhaiter la bienvenue de la part du Vice-roi, absent.

Ce devoir rempli, il nous reste encore quelques moments de la matinée pour aller rapidement visiter la citadelle qui domine le Caire, mais qui, se trouvant elle-même adossée aux collines du « Moquattan », n'a plus aujourd'hui d'importance stratégique. C'est une vaste enceinte qui forme en elle-même comme une petite ville. Elle renferme des casernes, actuellement occupées par les Anglais, le palais de Saladin aujourd'hui en ruines, un autre palais moderne inoccupé, la mosquée de Qualaoum également en ruines et enfin la superbe mosquée moderne érigée par le grand Mehémet-Ali et terminée seulement après la mort de ce prince, dont elle renferme le tombeau. L'intérieur en est d'une grande beauté, étant pour la plus grande partie tapissé en merveilleux albâtre oriental transparent, de teinte ambrée. C'est ici que le Khédive vient en grand équipage, s'acquitter, à certain jour de la semaine, du devoir religieux.

On montre, en avant de cette mosquée, le puits dit de

« Joseph », que la légende fait remonter jusqu'à Joseph fils de Jacob, mais qui fut si non creusé, du moins remis en état au xiie siècle, par le grand Saladin. Il est ouvert dans le rocher à la profondeur de 88 mètres, qui correspond à peu près au niveau du Nil. On peut y descendre par un plan incliné formant spirale et de pente assez douce pour que des bœufs puissent, dit-on, la descendre et la remonter. A moitié de la hauteur se trouve une plate-forme en bois suffisamment vaste pour qu'on ait pu y établir la « sakkieh » destinée à monter l'eau, l'écurie pour les bœufs, une pièce voûtée où l'on garde le fourrage et une habitation pour le gardien qui partage avec ses animaux cette triste résidence éclairée uniquement par l'ouverture supérieure du puits dont la sépare une hauteur de près de 50 mètres.

Des terrasses de la citadelle on jouit d'une vue admirable sur la grande ville avec ses innombrables mosquées, le cours du Nil et la campagne dont l'horizon est borné par les Pyramides.

Sur l'un des côtés, un sentier escarpé accessible seulement aux piétons, aboutit à une petite porte flanquée de tours : c'est dans cet étroit passage que s'accomplit, le 1er mars 1811, le fameux massacre des Mamelouks par lequel Méhémet-Ali s'assura la domination de l'Égypte. L'un de leurs chefs, nommé Emin-Bey, échappa, dit-on, à la mort en se précipitant avec son cheval de toute la hauteur de la muraille.

Sur la place Roumaïlah qui se trouve au pied de la citadelle, nous visitons la mosquée du Sultan Hassan, où se trouve le tombeau de ce souverain ; elle remonte au xive siècle et est considérée la plus belle du Caire. Malheureusement le délâbrement dans lequel elle est laissée à l'instar de presque tous les trop nombreux monuments musulmans de ce pays, a fort endommagé l'admirable ornementation des voûtes, des corniches, ainsi que des trois sortes de tribunes ou chaires que l'on rencontre dans les moquées égyptiennes ; le « *Mihrab* », le « *Menber* », et le « *Mastabah* ».

Nous n'avons plus que le temps de rentrer pour déjeuner, à midi et demi, à l'Agence du Canal, où M. et Mme de Sérionne veulent bien me recevoir comme la veille et me faire encore goûter le charme de leur précieuse hospitalité.

L'après-midi est consacrée à visiter avec eux le fameux Musée des antiquités égyptiennes installé primitivement dans le faubourg de Boulaq par son créateur, le grand savant français Mariette-Bey, augmenté par son successeur Maspero, et transféré depuis dans le palais somptueux, mais peu solide, dit-on, où Ismaïl Pacha avait disposé cinq cents chambres pour son harem sur la rive gauche du Nil dans le beau parc de Ghizeh.

En avant du palais se trouve la sépulture de Mariette, modeste monument en granit, orné aux angles de quatre sphinx qui semblent de garde à la dépouille du glorieux égyptologue.

Le pont n'étant pas encore ouvert, nous traversons le Nil dans une chaloupe à vapeur qui, en quelques minutes, fait le trajet de va et vient pour le compte du « Ghezireh-Palace-Hotel » superbe établissement érigé il y a peu d'années au milieu d'un jardin sur l'autre rive du Nil.

De là, la voiture nous conduit à travers les belles avenues d'arbres au parc où se trouve le musée.

Je ne tenterais pas de présenter un tableau des merveilles réunies dans cet établissement qui renferme le produit de toutes les fouilles effectuées dans le sous-sol de l'Egypte depuis que la munificence de Vice-rois intelligents a permis aux savants de l'Europe de se livrer à ce genre de recherches. Dans ses salles innombrables se trouvent représentées sous formes de momies, de statues ou même de bijoux, et l'époque Pharaonique qui, en y comprenant l'Ancien, le Moyen et le Nouvel Empire, ne compte pas moins de 30 dynasties et plusieurs milliers d'années ; et l'époque Gréco-romaine des Ptolémées et des Césars ; et enfin l'époque Chrétienne ou Byzantine.

La série Pharaonique est, naturellement, de beaucoup la plus nombreuse et la plus intéressante par ses statues funéraires, en calcaire, en porphyre, en bois, ses innombrables momies où sont conservés dans leurs bandelettes, non seulement des corps humains, mais encore des chiens, des moutons et d'autres animaux. Citons aussi la merveilleuse collection de bijoux du travail le plus fin en or et en pierres précieuses trouvés, depuis 1894, à la nécropole de Dahchour, dans les tombeaux des princesses « Hathor Sat, Sent-Senbet, Itad Khnoumit », contemporaines des souverains de la xiie dynastie, « Usertesen III » et « Amenemhat II. »

Grand dîner, vers 8 heures du soir, chez les de Sérionne qui avaient invité la légation de France, ainsi que le prince Pierre d'Arenberg et les employés supérieurs de l'administration du Canal, MM. de Gorostarzu et Quellenech.

CHAPITRE XVI

Départ pour les Lieux Saints. — Le paquebot « Ava ». — Jaffa. — Première visite au Saint Sépulcre. — Bethléem. — Première journée à Jérusalem.

3 février. — Il me faut interrompre mon séjour du Caire pour aller à Jérusalem.

Le service maritime d'Égypte en Palestine est fait par quatre compagnies : les « Messageries Maritimes », le « Lloyd Autrichien », les Paquebots Russes, et la ligne « Khédivieh », organisée par le gouvernement égyptien et qui est sur le point de passer, par une opération très critiquée, aux mains toujours avides des Anglais. Mais, en dépit de cette abondance apparente de communications, on ne peut choisir son jour : il faut prendre ceux des paquebots.

Après un rapide déjeuner dans la belle salle du restaurant de l'hôtel, toute dallée en marbre, je fus donc prendre congé de la comtesse de Sérionne, et à 11 heures et demie, M. de Sérionne me conduisait à la gare, au wagon spécial qu'il m'avait fait réserver.

Les chemins de fer égyptiens ont peu de charmes : leurs mouvements sont lents, en dépit des facilités qu'offre un pays absolument plane. A mesure qu'on s'éloigne du Nil, les cultures disparaissent pour faire place aux monticules de sable. Le train s'arrête longuement à chacune des stations : installations assez mesquines où s'empresse une foule plus ou moins déguenillée. C'est « Benha » encore sur les bords du Nil et d'où part la ligne d'Alexandrie ; puis « Zagazig », d'où un embranchement se dirige sur Mansourah et la branche du fleuve qui va à Damiette, région illustrée par les exploits et la captivité de Saint-Louis, mais malheureusement en dehors de mon itinéraire forcé. Après Zagazig on passe à « Tell-El-Kébir », où en 1882, l'expédition anglaise mit en déroute les troupes d'Arabi-Pacha. En dépit de l'importance que la tradition anglaise attribue à cet engagement les mauvaises langues prétendent que les livres sterlings, ou cavalerie de Saint-George, adroitement employées au préalable, avaient ouvert un passage facile aux armes britanniques.

Il est 4 heures déjà, quand nous atteignons la gare d'Ismaïliah : il nous faut quitter la ligne égyptienne qui se dirige sur Suez. D'Ismaïliah à Port-Saïd, le service est fait par un chemin à voie étroite appartenant à la Compagnie du Canal. Je retrouve avec plaisir M. Tillier, inspecteur général du Canal. Mais le temps manque pour profiter, comme il y a quelques jours, de son obligeante hospitalité : il faut me contenter de l'omelette et du jambon du buffet de la gare, et nous voici de nouveau en route, longeant le Canal, et nous rendant compte de son immense trafic : en ce peu d'heures, nous n'avons pas vu passer moins de 13 vapeurs de grandes dimensions, entre autres un grand transport russe conduisant des troupes en Extrême-Orient, le pont encombré des casquettes blanches, caractéristiques du militaire russe en petite tenue. Dans cette partie du trajet, le Canal est borné par les arbres que l'intelligente administration du Canal fait planter pour lutter contre la mobilité des sables.

On fait halte à la gare d'El-Kantara, où un bac transporte sur la rive orientale du Canal les caravanes de chameaux à destination d'Arabie.

Puis la nuit vint, atténuée cependant par le clair de lune, et nous pûmes apprécier l'effet puissant des réflecteurs électriques que par les règlements chaque navire est obligé de porter à la proue pour éclairer les berges jusqu'à 1200 mètres de distance : cette lumière intense, ainsi projetée au loin sur ces rivages inhabités, produit un effet saisissant.

Avant d'arriver à Port-Saïd, on laisse à gauche le grand lac Menzaleh, qui s'étend le long de la mer jusqu'à Damiette et est peuplé, dit-on, de canards dont la chair imprégnée d'émanations salines, n'est pas comestible.

7 heures et demie, Port-Saïd : cinq minutes de voiture pour gagner le port ; quelques instants dans la chaloupe à vapeur, et un quart d'heure avant 8 heures, je suis à bord du paquebot des Messageries Maritimes l' « *Ava* » où l'on m'installe aimablement dans la cabine de l'agent des postes. Je crois me retrouver sur le « *Salazie* » l'aménagement est le même, ce paquebot-ci est cependant un peu moins grand. Je préfère décliner le souper qu'on avait bien voulu tenir prêt pour moi et profiter du bon lit de la cabine pour être sur pied demain à la première heure.

4 Février. — Avant 6 heures, en effet, j'avais pris ma douche et me tenais prêt à débarquer ; vers 6 heures et demie on mouille devant Jaffa. Il n'y a pas de port. Aussi l'embarquement et le débarquement sont-ils impossibles par les gros temps et, en ce cas, les passagers sont obligés d'aller prendre terre à Caïpha, une demi-journée plus au nord. Aujourd'hui, heureusement, nous avons calme plat.

Il faut attendre, comme ailleurs, que la « Santé » ait accordé la permission de communiquer avec la terre, permis que le paquebot envoie demander par un canot à pavillon jaune. Bientôt après, dès 7 heures, nous voici entourés d'énormes barques qui viennent de terre chercher les passagers. Mais, à ma grande surprise, dans ce pays, où depuis les hauts faits des Croisades, l'influence de la France, confirmée de siècle en siècle, n'a pas cessé d'être prédominante et où encore aujourd'hui les Anglais n'envoient pas même leurs paquebots, tout le service des voyageurs est fait par des agences anglaises : j'ai beau chercher à lire sur les pavillons rouges des embarcations qui nous entourent : tout est anglais: *Cook's Tour*, *Clark's Tour*, *Gaze's Tour*, et ainsi de suite ; il nous faut donc choisir entre tous ces bateaux anglais, et je donne la préférence à Cook, bien que mon billet du tour du monde fourni à Paris ne comprenne pas l'excursion en Palestine.

La mer semble calme, mais il faut croire qu'elle ne l'est jamais complètement en ces lieux ; car la grande barque était là à danser le long de l'échelle du paquebot, et ce fut toute une affaire d'une dizaine de minutes, de nous y laisser en quelque sorte couler, d'abord quatre ou cinq passagers, puis la longue série des bagages.

Enfin tout y est ; et quelques coups de rames des cinq rameurs indigènes, habillés de rouge et de bleu, nous font franchir la ligne des récifs et nous mettent à terre. Là aussi, l'Agence Cook s'empare de nous et de nos bagages, et nous fait d'abord pérégriner à pied par la boue de ruelles immondes ; les remparts de la ville franchis par une porte étroite, nous trouvons des voitures qui attendent et qui, nous cahotant à travers la boue et le sable, nous déposent à l'Agence établie en dehors de la ville. En face est le « Jerusalem Hotel » où il faut nous abriter ; car il n'y a que deux trains par jour pour la ville Sainte, et celui du matin étant parti, il nous faut attendre l'après-midi.

Les billets d'aller et retour pour Jérusalem pris à l'Agence, en y comprenant même le retour à Port-Saïd, les bagages enregistrés, que faire ? Le déjeuner de l'hôtel n'est qu'à midi. Je me décide à céder aux insistances d'un des guides indigènes qui guettent les voyageurs à la porte de l'hôtel, et à prendre moyennant 7 piastres (1 fr. 75) une voiture pour voir les curiosités de la ville.

Il n'y en a guère. Le guide qui s'est imposé à nous est un musulman fort ignorant dont le français est difficile à saisir. Il nous conduit dans le centre de la ville à la maison sanctifiée par le séjour de Saint-Pierre, mais qu'aucun emblème religieux ne distingue plus. On n'y voit qu'une chambre nue convertie en mosquée ou lieu de prières musulman. De la terrasse on a vue sur la ville et le port. Puis nous allons à l'ancienne demeure de Tabit, la veuve ressuscitée par Saint-Pierre. Il n'en reste qu'un caveau entouré de sépultures en briques, aujourd'hui vides, et tristement éclairé par un lumignon suspendu. Le guide stupide confondant les noms, veut absolument que ce fût là la demeure de la famille de « Monsieur David » ! Ce lieu-ci du moins appartient à des chrétiens quoique non catholiques ; il est compris dans le beau jardin de l'église russe. Nous visitons, non loin de là, l'église assez pauvre des Coptes schismatiques, puis dans la ville, le joli hôpital français, tenu avec l'orphelinat qui y est joint, par les sœurs de Saint-Joseph de Marseille.

En somme Jaffa laisse une triste impression compensée seulement par la beauté des plantations d'orangers qui s'étendent autour de la ville, chargées de fruits séduisants.

Midi, déjeuner à table d'hôte fort médiocre : une douzaine de convives de différents pays.

Le train part à 2 h. 20.

Nous montions en voiture pour nous rendre à la gare qui, du reste, est à peu de minutes de l'hôtel, quand un religieux franciscain se présente. C'est le Père Paul, envoyé pour nous conduire par le R. P. Custode de Terre-Sainte que M. de Sérionne avait prévenu de mon arrivée par télégramme. Ce bon religieux, natif de la Touraine, est fort instruit et nous avons désormais en lui le plus utile et le plus intéressant des guides. Nous montons avec lui dans le wagon assez peu confortable et encombré de touristes de toute qualité, où je me tiens une bonne partie de la route sur la plate-forme extérieure pour mieux observer ce pays mémorable et recueillir du Père Paul les indications que lui seul peut nous donner.

87 kilomètres d'un chemin de fer appartenant à une compagnie française, séparent Jaffa de Jérusalem. La différence de niveau est grande, puisque la ville sainte est située à environ 800 mètres au-dessus de la mer.

On traverse d'abord la plaine bien cultivée de « Saaron » qui était le pays des Philistins. Les stations ont nom : « Lydda » où Saint-Pierre guérit un paralytique, « Ramleh », l'ancienne « Ramen », que la tradition donne pour patrie à Joseph d'Arimathie et à Nicodème. Non loin de là était le tombeau de Samson. Puis c'est la tour blanche, dite des quarante martyrs, dont l'origine n'est pas très bien connue. Au 40e kilomètre, à partir de la halte de Sedjed, on entre dans la vallée de Sorek ou Sarare : collines rocailleuses et arides resserrant de plus en plus le vallon sinueux au fond duquel se traîne le lit sans eau du torrent. Sur les flancs escarpés des rochers broutent les troupeaux de moutons noirs ou de chèvres : on se croirait dans quelque recoin de l'Espagne.

A la halte de « Bittir », on débouche sur le plateau, d'où la vue s'étend un peu : ce sont de droite et de gauche de tristes villages en pierres. Il paraît, cependant, que quelques-unes de ces constructions assez primitives sont des colonies de Juifs allemands récemment établies grâce à l'esprit entreprenant de leurs riches correligionnaires d'Europe.

Enfin à 5 heures 10, nous voici à Jérusalem! Mais, il ne s'agit pour le moment que de quitter le wagon au plus vite, de trouver l'agent de la maison Cook pour lui remettre notre bulletin de bagages, tout en nous faufilant à travers la cohue des indigènes offrant leurs services et les voitures légères qui attendent les voyageurs. Bientôt l'une d'elles nous transporte en quelques instants à la porte de Jaffa que domine le château de Sion. Cette sorte de petite forteresse polygonale qui par sa construction reporte la pensée vers le moyen âge abrite, paraît-il, quelques soldats turcs et leurs dépôts de munitions; occupant le point le plus élevé de la ville Sainte elle a, de ce fait, constitué à toutes les époques une position militaire réputée en quelque sorte imprenable : c'est après avoir réussi à l'enlever de vive force aux Jébuséens que David put venir s'établir à Jérusalem. Les murs aujourd'hui délabrés, présentent cependant encore un aspect imposant; et leur tour pricipale dont la construction remonte au Roi-Prophète a gardé le nom de Tour de David : c'est la « Turris Davidica » emblème de puissance invincible. Les autres tours ont été rebâties au xve siècle par les musulmans sur des fondations datant d'Hérode.

Peu après avoir franchi l'enceinte que défend la « Tour de David » il nous faut mettre pied à terre, la plupart des ruelles de Jérusalem étant inaccessibles aux voitures. A travers les couloirs étroits que les maisons laissent entre elles, nous atteignons une porte modeste que signale uniquement l'inscription « Casa Nova », (en italien corrompu ce me semble) surmontant une simple croix à l'encre noire. C'est l'hospice des Franciscains, jadis abri presque forcé de tous les voyageurs européens. Aujourd'hui Jérusalem compte de nombreux hôtels qui affichent leurs réclames de tous côtés. Les principaux sont installés à l'anglaise avec tout le confort nécessaire, paraît-il, et dans le nombre il y en a, notamment le « Grand New Hotel » et l' « Hotel Howard » qui sont tenus par des catholiques maronites. J'ai préféré, pour être plus à portée des bons Pères, l'hospice traditionnel, moins fréquenté aujourd'hui : il dépend du Couvent de Saint-Sauveur vaste édifice sans aucune apparence extérieure et comme perdu dans le dédale des ruelles, mais qui peut loger cent religieux et renferme, outre un orphelinat avec ateliers d'apprentissage, l'église paroissiale latine, reconstruite dans de larges proportions grâce en grande partie à la munificence de l'Empereur d'Autriche, et consacrée en 1885.

L'aile réservée aux pélerins, peut, dit-on, héberger jusqu'à trois cents voyageurs. L'escalier, les longs corridors bien tapissés, présentent une propreté qui ne laisse rien à désirer. On nous installe au 4me étage dans d'excellentes chambres.

Mais... il fait jour encore et c'est vendredi. Le bon Père Paul veille à ce que je ne manque aucune des curiosités de Jérusalem : or, le vendredi est le jour ou les Juifs se réunissent le long du mur qui soutenait le temple de Salomon, pour lamenter pieusement leurs malheurs. Nous nous hâtons donc d'y aller. En effet, cette scène, assez mal reproduite dans la classique gravure d'après Bida, est une des plus singulières qu'on puisse voir. Les descendants d'Israël sont là en grand nombre et rien ne peut donner une idée de leurs chants discordants, accompagnés par un dandinement bizarre qui fait partie obligée de leurs exercices religieux et d'inclinations où la tête va rencontrer le mur sacré, du moins quant à ceux qui ont la chance de se trouver au premier rang.

Beaucoup d'entre eux portent la fameuse toque garnie d'une bordure de fourrure que nous sommes habitués à rencontrer le samedi dans les villes de la Galicie. D'autres ne peuvent se permettre ce luxe et sont réduits à l'accoutrement le plus simple. On distingue paraît-il, par leurs habillements, trois branches de juifs : ceux qui sont censés n'avoir pas quitté le pays de leurs pères et sont appelés Caraïtes et qui, dit-on, ne reconnaissent pas le Talmud ; les Achkenazimes, qui sont revenus d'Allemagne, de Pologne ou autres autres pays du Nord ; et enfin ceux d'origine portugaise nommés Séphardimes. Ceux-ci sont les plus riches et leurs longues houppelandes de velours ou de soie brochée des plus brillantes couleurs contrastent avec la pauvreté d'autres sections de la communauté israélite. D'où leur vient cette richesse ? On n'a su me l'expliquer. Sont-ce des trésors des Indes et du Brésil qu'ils ont su conserver et se transmettre de génération en génération aux dépens de l'appauvrissement trop connu du Portugal ?

Mais, la nuit approche et bientôt tombe pendant que nous revenons vers notre hospice. Toutefois, je ne veux pas terminer à Jérusalem cette première journée sans aller me prosterner au Saint-Sépulcre. L'église est déjà envahie par l'obscurité et on va la fermer. Traversant la petite place comprise entre les différentes chapelles qui font saillie autour de la Basilique, nous franchissons la porte et passant devant l'estrade en bois qui, à l'entrée de l'église, sert de divan au gardien musulman, je n'ai que le temps de baiser la pierre de l'Onction, grande dalle en marbre rougeâtre entourée d'une grille et éclairée par huit belles lampes, dont deux appartiennent aux catholiques latins, et les six autres, hélas ! à nos frères hérétiques, les Grecs, les Arméniens et les Coptes, puis de faire une rapide prière devant les pilastres de l'Edicule vénérable qui abrite le Sépulcre du Sauveur. Il faut nous retirer : car, par une anomalie bien cruelle pour les chrétiens, ce sont les Turcs qui détiennent les clefs de l'édifice sacré, et ils en condamnent les portes dès le coucher du soleil. A partir de ce moment les religieux eux-mêmes, catholiques ou schismatiques, qui, pour la garde des lieux saints habitent les petits couvents ouvrant sur l'intérieur de la Basilique, ne peuvent communiquer avec l'extérieur qu'au moyen d'un guichet pratiqué dans la porte d'entrée.

Nous rentrons à la « Casa Nova », où je vais faire ma visite au supérieur des Franciscains qui porte le titre de R. P. Custode de Terre Sainte. Ce vénérable religieux natif de Venise, me reçoit fort aimablement dans son grand salon orné des portraits de plusieurs souverains catholiques de différentes époques, parmi lesquels je remarque nos rois Charles X et Louis Philippe, et, sur ma demande, il a l'obligeance de faire appeler le frère Liévin de Hamme que je tenais beaucoup à saluer. C'est lui, en effet, qui guida mes beaux-parents dans leur tournée comptète de la Terre-Sainte et était resté depuis lors en rapports avec mon regretté beau-père qui l'appréciait beaucoup. Cet excellent homme, originaire de Belgique, est l'auteur d'un précieux « *Guide indicateur de la Terre-Sainte* » en trois volumes. Personne ne connaît comme lui cette région sanctifiée dont il a étudié chaque localité, confrontant le texte de l'Ancien aussi bien que du Nouveau Testament avec l'aspect actuel des lieux où s'est passé le récit sacré. Sa modestie seule l'a empêché de parvenir au sacerdoce. Aujourd'hui malheureusement une néphrite, qui s'ajoute à ses 76 ans, l'a considérablement affaibli.

A 7 heures, dîner dans la grande salle à manger voûtée et un peu obscure qui se trouve au rez-de-chaussée. Six convives seulement occupent avec moi un bout de la longue table : cinq ecclésiastiques américains, italiens, hollandais, et un jeune homme piémontais dont la timidité se déride quand il reconnaît que je parle un peu l'italien à défaut du piémontais : il se rend le lendemain à Bethléem. Le repas est excellent, et le Révérend Père Filippo, « *Direttore di Casa Nova* » vient vers la fin nous égayer de sa bonne humeur et s'assurer si les hôtes sont satisfaits.

5 Février. — Nuit froide, 9 degrés seulement dans la chambre, l'hospice ne comportant pas d'autre chauffage que de petits poêles mobiles qu'on apporte chez les voyageurs s'ils le désirent, mais qu'on ne saurait conserver allumés pendant la nuit.

A 8 heures, le café pris, départ en voiture avec le Père Paul pour Bethléem : cinquante minutes de trajet à travers les collines arides que dominent les villages en pierres. Les points de vue cependant sont beaux, grâce au ciel sans nuages et à la limpidité de l'atmosphère : à gauche se développe à l'horizon la ligne des montagnes bleuâtres de Moab qui se trouvent au delà du Jourdain et de la Mer Morte.

La Basilique de la Nativité construite dans les plus riches proportions par Sainte-Hélène, ne présente aujourd'hui à l'extérieur que des murs en briques dégradées. Après avoir franchi un premier vestibule sur lequel s'ouvre la porte du corps-de-garde turc, on entre dans une vaste nef supportée par quatre rangs de colonnes majestueuses, dues à Sainte Hélène, mais constituant aujourd'hui un parvis où ne s'exerce aucun culte. Le chœur ou prolongement de cette nef, dont il est séparé par une mince paroi, appartient aux Grecs schismatiques ainsi que le Maître Autel, caché, suivant l'usage de leur rite, par l'iconostase.

Ici, comme à New-York, à l'autre extrémité de mon voyage je retrouve vivant le souvenir du Prince de Joinville. C'est sur sa demande, lors de son pélerinage en Terre Sainte vers 1837, que fut ouverte la porte qui, à gauche de l'entrée, fait communiquer la nef avec la partie de l'édifice appartenant aux Catholiques. Là se trouvent les écoles de Terre-Sainte et la grande chapelle consacrée à Sainte-Catherine au fond de laquelle stationne, contraste choquant, une sentinelle turque, à l'entrée de l'escalier courbe qui conduit à la grotte de la Nativité, située sous le chœur de la nef. Quelques marches descendues dans l'obscurité et au bas desquelles se tient une autre sentinelle, nous mettent en présence du lieu où naquit le Sauveur du monde. Ici aussi, hélas! l'autel appartient aux schismatiques, en dépit de l'inscription latine qui se trouve en dessous. On lit, en effet « *Hic de Virgine Maria Jesus-Christus natus est* » avec la date *1717*, autour de l'étoile en argent clouée sur la plaque de marbre à ouverture circulaire que nous baisons pieusement. Volée en 1847 par les Grecs, cette étoile fut remplacée en 1852. En 1873, la grotte ayant été saccagée par les Grecs qui au nombre de 300 hommes en armes envahirent ce lieu consacré, le représentant de la France dut demander à l'autorité locale les sentinelles qui aujourd'hui veillent en haut et en bas de l'escalier! La tapisserie aux armes de France qui, en face de l'autel, garnissait les murs de la grotte, avait été détruite dans cet ignoble attentat : elle fut remplacée par celle qu'on y voit, également fleurdelysée, mais fabriquée en toile d'amiante, et envoyée par le maréchal de Mac-Mahon, alors Président de la République.

Un peu plus loin que l'autel de la Nativité, dans un autre enfoncement du roc, se trouve l'autel des Mages ; il appartient aux catholiques et fait face à la crèche où fut déposé l'enfant Jésus, aujourd'hui recouverte de marbre. La grand'messe s'y achevait, chantée par les Franciscains, accompagnés par un harmonium dont les sons assez discordants ne correspondent guère à la grandeur des pensées qu'éveillent dans l'âme des chrétiens ces lieux à jamais vénérables : les voix pieuses mais nasillardes de quelques habitants répondaient de leur côté aux oraisons du prêtre et aux « *Dominus Vobiscum* ».

Le père Paul avait espéré nous dire la messe sur cet autel. Mais, le service catholique terminé, nous apprîmes que c'était le tour des Arméniens schismatiques d'occuper

85. — Hospice franciscain : « Casa Nova ».

86. — Entrée de la Basilique du Saint-Sépulcre.

87. — Femmes Bethléemites.

88. — Bethléem : Basilique de la Nativité.

la grotte, et nous les vîmes descendre processionnellement dans leurs habillements chatoyants : le célébrant en chappe dorée, coiffé de la mitre également dorée de forme évasée et arrondie par le haut, les acolytes en robes de soie ornées d'or. Les deux autels sont trop rapprochés pour que des rites différents puissent y officier simultanément. Nous dûmes donc nous retirer et le Père Paul nous dit la messe à l'autel de Saint-Joseph qui se trouve également dans un souterrain, mais séparé de la crèche par une muraille que Sainte Hélène fit ériger pour soutenir sa Basilique. On y accède donc par un autre escalier bien qu'il existe une communication intérieure entre cette grotte et celle de la Nativité. Le tableau qui orne l'autel et représente la fuite en Égypte fut donné par l'archiduc Maximilien, si malheureusement tué au Mexique en 1867. Nous visitons encore, dans le même souterrain, plusieurs autres autels : ceux des Saints Innocents, de Saint Eusèbe, des Saintes Paule et Eustochie, de Saint Jérôme enfin érigé dans la partie de la grotte où ce grand docteur vaquait nuit et jour à la prière et à l'étude ; on y voit aussi l'escalier par lequel il descendait dans cet oratoire, mais dont la porte est aujourd'hui condamnée(1).

Les Franciscains nous font encore les honneurs de leur réfectoire, où se trouvent les portraits de quelques souverains bienfaiteurs des Lieux-Saints, entre autres de Robert d'Anjou, dit le Bon et le Sage, roi de Naples, et de sa seconde femme Sancie d'Aragon, fille de Jaime II, roi de Majorque : ce grand prince de la maison de France (2) acheta pour 17 millions de ducats d'or à Naser Mohammed, sultan d'Egypte et de Damas, la possession des Lieux-Saints et les donna en son nom et en celui de la reine, son épouse, au Saint-Siège. Ce fut alors qu'à leur demande Clément VI, par la bulle « *Nuper carissimi* » du 21 novembre 1342, adressée à la reine Sancie, déclara les

---

(1) Saint Jérôme mourut à Bethléem l'an 420 de Notre Seigneur et son corps d'abord déposé dans la grotte, fut plus tard transporté à Rome, où il repose dans l'église de Sainte-Marie-Majeure.

(2) Descendant de Charles de France, comte d'Anjou, frère de Saint-Louis.

Frères Mineurs constitués à perpétuité Gardiens du Saint-Sépulcre.

Nous terminons notre course à Bethléem par une visite à la « Grotte du Lait » où, dit-on, au moment de fuir en Egypte, la Très Sainte Vierge laissa tomber quelques gouttes de son lait et donna ainsi à la pierre crayeuse de la grotte, dissoute dans l'eau ou dans tout autre liquide, la vertu de procurer aux nourrices l'aliment nécessaire à leurs nourrissons. Les mères indigènes, tant catholiques que schismatiques, et même les femmes des Bédouins musulmans, du fond de leur désert, y viennent chercher cette grâce. La grotte creusée dans un tuf blanchâtre et friable est soutenue par quelques fûts de colonne et contient un autel.

A l'encontre de ce qui arrive dans les autres parties de la Terre-Sainte, la majeure partie des 8000 habitants de Bethléem sont catholiques : leurs femmes se font remarquer par l'élégance de la coiffure de forme carrée qui soutient autour de leur voile noir, de nombreux ornements consistant principalement en de petites monnaies ou disques d'or et d'argent encadrant leurs visages.

Si cette population de Bethléem se distingue par son caractère laborieux et son application à fabriquer des objets de piété, notamment des travaux en nacre, bien connus dans le monde entier, ces qualités ne vont pas sans une avidité parfois répugnante. Au moment de monter en voiture, nous avons grand'peine à nous défendre contre les insistances des marchands attroupés et l'un d'eux se permet d'injurier grossièrement le Père Paul parce qu'il ne nous encourage pas à entrer dans la boutique!

Enfin nous voilà en route pour retourner à Jérusalem et je puis reprendre l'instructive conversation avec ce bon religieux. Il nous renseigne en détail, sur les conflits qui, dans ces dernières années se sont produits à la Grotte de la Nativité et dont l'un coûta la vie, il y a peu d'années, à l'un des Pères Franciscains, brutalement tué par un « Kawas » ou employé subalterne du Consulat de Russie. La difficulté vient de ce que les Grecs *hétérodoxes* (vulgairement appelés *orthodoxes* du titre qu'ils se donnent eux-mêmes) quoiqu'ils disposent pour descendre à la Grotte d'un escalier réservé pour eux et situé en face de celui des Latins, ont le privilège de se servir aussi de celui-ci pour y passer processionnellement à certains jours solennels. Leur prétention consiste à augmenter le nombre de ces jours, et à y faire comprendre notamment le jour où ils célèbrent la fête de Noël qui correspond au 6 janvier de notre rite, fête de l'Epiphanie. C'est là le jour des conflits parfois ensanglantés. Les bons Pères Franciscains jugent qu'ils doivent s'opposer de toutes leurs forces à cet empiètement des schismatiques, et l'an passé, l'un d'eux resta de longues heures sur l'escalier les bras en croix protégé par la sentinelle turque barrant le passage à la procession des hérétiques. Malheureusement le Consul général de France, intervenant, donna l'ordre de cesser la résistance et cette année aussi les Grecs ont passé sans opposition (1).

Le Consul, M. Ledoulx, était cependant porté à faire de son mieux pour soutenir la dignité de la religion catholique et de la France, mais ses efforts ont été paralysés par les ordres venus de Paris. La mort récente de M. Ledoulx, qui s'est éteint dans des sentiments de piété, aurait été, m'a-t-on dit, hâtée par l'insuccès de ses efforts. Pour le moment, le Consulat est vacant.

A 11 heures et demie précises, nous rentrions à la « Casa Nova », au moment où la cloche annonçait le déjeuner ; à 1 heure, nous ressortons à pied pour la visite complète du Saint-Sépulcre.

Ici encore, le chœur de l'église, appelé par certains voyageurs le « Centre du Monde » est entre les mains des hérétiques ! Quand nous entrâmes, la grande nef résonnait des éjaculations discordantes d'un pélerinage de paysans russes en grosses bottes, blouses de lainage épais et longues chevelures incultes.

(1) Il paraît que dernièrement on a réussi à obtenir que les Grecs renoncent à cette prétention. 1900.

Les Arméniens schismatiques de leur côté possèdent l'église qui se trouve en arrière et en contre-bas du chœur de la Basilique et dont l'escalier s'ouvre derrière le « *Sancta Sanctorum* ». C'est la chapelle de Sainte Hélène ; par delà, un autre escalier conduit à la chapelle de « l'Invention de la Sainte-Croix », l'une des parties de la Basilique réservée aux Latins. Là était la citerne où le bois de la Rédemption fut découvert par la sainte mère de Constantin-le-Grand. La grande image en bronze du crucifiement qui en orne l'autel est aussi un don du pieux archiduc Maximilien d'Autriche.

La chapelle du Calvaire, érigée sur le point le plus haut du « Golgotha », se trouve aujourd'hui renfermée dans la Basilique, à droite de l'entrée. On y accède par deux escaliers d'environ vingt marches ; le plus voisin de la porte appartient aux Latins, l'autre aux Grecs. Ceux-ci possèdent aussi l'autel érigé sur le trou même où fut plantée la Croix de Notre Seigneur. Cette ouverture sacrée est entourée d'une plaque en argent de forme cylindrique et bien qu'elle ne soit pas en possession des Catholiques, c'est un des lieux où l'on gagne l'indulgence plénière, moyennant la récitation du *Pater*, de l'*Ave* et du *Gloria*.

Tout à côté, on remarque la fente produite dans le rocher par le tremblement de terre qui signala la mort du divin Rédempteur.

Les deux autels situés plus à droite, appartiennent aux Latins. Celui du *Stabat* commémore l'endroit où la Mère des Douleurs reçut dans ses bras le corps adorable de son fils ; celui du Crucifiement a été érigé devant l'endroit où le Sauveur fut cloué à la Croix. Cette dernière chapelle communique, par un passage étroit, avec une autre plus petite, remarquable par ses vitraux, vulgairement appelée chapelle des « Francs » ou de Notre-Dame-des-Sept-Douleurs : là se tenaient la Sainte Vierge avec saint Jean pendant le crucifiement.

De l'autre côté de la Basilique, c'est-à-dire sur la gauche, quand on fait face au chœur, les Catholiques ont la grande chapelle de Sainte Marie-Madeleine, dont l'autel perpétue le souvenir du lieu où Notre-Seigneur apparut à cette sainte femme. Elle sert d'entrée en quelque sorte au couvent des Franciscains, gardiens du Saint-Sépulcre, édifice de dimensions fort mesquines, dominé par la grande élévation de la construction voisine, appelée « Hospice de Saladin » ou « *Khankeh* », qui appartient aux Musulmans.

Depuis 1869, les bons Pères jouissent au moins d'une petite terrasse érigée sur l'écurie des derviches de l'hospice infidèle. Une plaque de marbre commémore que ce bienfait est dû à la pieuse munificence de l'Empereur d'Autriche François-Joseph, lors de son pèlerinage aux Lieux Saints, et que la construction en fut autorisée, sur la demande du monarque apostolique, par le sultan Abdul Aziz.

Dans une chapelle appartenant au couvent des Franciscains est l'autel qui commémore l'apparition de Notre Seigneur à sa Très Sainte Mère, et celui au-dessus duquel est conservé le fragment le plus considérable de la colonne de la « Flagellation » de 0,75 centimètres de hauteur environ.

La charge de Président du Saint Sépulcre est occupée par l'un des Pères Franciscains, remplacé de 4 en 4 mois : en ce moment, c'est le Père François, un bon Français, qui garde précieusement le souvenir de la visite du jeune chef de ma maison et de sa sœur en 1894. Après m'avoir conduit sur la terrasse, il tient à me montrer le minuscule réfectoire et à m'y faire prendre de l'excellent café et une liqueur spéciale que les bons Pères fabriquent avec les herbes des alentours de Jérusalem.

Puis nous montons à la galerie qui entoure le Saint Sépulcre, située sous la coupole circulaire et divisée en une série de compartiments dont malheureusement encore les trois premiers seulement, placés au-dessus de la chapelle Sainte-Marie-Madeleine, appartiennent aux Latins. Des autres, les Grecs en occupent six, les Arméniens un et deux sont laissés aux Coptes. Cet arrangement, où notre religion se trouve une fois de plus, reléguée dans une position inférieure, est dû à l'incurie du gouvernement de Napoléon III qui, après avoir fait de la question des Lieux Saints un des prétextes de la guerre de Crimée, négligea absolument de mettre à profit l'avantage que lui donnait sa victoire sur la Russie et qui aurait dû assurer à la France le droit d'être traitée dans la Basilique du Saint Sépulcre, tout au moins sur un pied d'égalité. On se borna à convenir que la dépense des réparations alors nécessaires serait partagée entre la France, la Russie et l'Empire Ottoman.

L'intérieur de la coupole fut alors repeint en bleu et or. Ce travail, d'un goût douteux, est aujourd'hui fortement endommagé. Mais toute réparation est ajournée jusqu'à ce que les deux puissances protectrices jugent à propos de se mettre d'accord sur ce point, et en attendant la coupole qui sert d'abri au sanctuaire le plus vénérable de la Chrétienté reste à l'abandon !

Mentionnons en passant que les Coptes ont une petite chapelle adossée à la partie postérieure de l'édicule du Saint Sépulcre et érigée en 1573. En face, on a réservé aux Syriens Jacobites une chapelle qu'ils entretiennent assez mal et par laquelle on pénètre dans le caveau creusé dans le rocher, postérieurement à la mort de Notre Seigneur, pour la sépulture de la famille de Joseph d'Arimathie.

La chapelle du Saint-Tombeau, qui constitue en quelque sorte le centre de la Sainte Basilique, comme elle en est le lieu le plus vénérable, appartient en commun aux trois rites : Catholiques, Grecs non unis, et Arméniens schismatiques qui y célèbrent chacun à leur tour le Saint Sacrifice.

La pierre tombale de Notre-Seigneur est, comme on le sait, abritée par un édicule isolé, placé au centre de la rotonde, en face de l'entrée du grand chœur de la Basilique appartenant aux Grecs. Cette construction, restaurée en 1808 par les Grecs schismatiques, lorsque profitant de l'abandon où les préoccupations de politique européenne de Napoléon Ier laissaient les intérêts catholiques en Terre Sainte, ils s'emparèrent de la Basilique, est ornée de 16 pilastres en pierre rougeâtre du pays et surmontée d'une balustrade en colonettes massives ainsi que d'un dôme sphéroïde soutenu par des piliers carrés. Sur la façade brûlent continuellement trois lampes entretenues l'une par les Catholiques, la seconde par les Grecs, la troisième par les Arméniens. La porte cintrée assez basse qui se trouve au-dessous des lampes, conduit d'abord à une sorte de vestibule d'environ 10 mètres carrés où brûlent aussi nuit et jour 15 lampes appartenant aux différents rites chrétiens; c'est ce qu'on nomme la « Chapelle de l'Ange », parce que ce fut là que, comme le racontent les Saints Evangiles, l'Ange du Seigneur annonça aux Saintes femmes le miracle de la Résurrection. On y vénère, placée sur un piédestal et enchâssée dans un cadre de marbre blanc, une partie de la pierre qui fermait le Saint Sépulcre, pendant que le corps de Notre Seigneur y était enseveli.

On se baisse alors pour franchir l'ouverture du Saint Sépulcre lui-même, trop basse pour qu'on puisse y pénétrer debout, et c'est là qu'on peut vénérer à genoux la tombe sacrée où reposa le corps du Rédempteur : elle est creusée dans le roc, en forme d'auge, et inhérente à la paroi de droite de l'édicule. Le dessus et le devant sont revêtus de marbre blanc et au-dessus du tombeau, à 40 centimètres de hauteur, on a fixé une corniche en pierre rougeâtre du pays, qui sert à placer l'autel portatif pour la célébration quotidienne du Saint-Sacrifice.

Après avoir parcouru et vénéré du fond du cœur ces lieux sacrés auxquels se rattachent les plus grands souvenirs de l'histoire de l'humanité, je quittai la Basilique sous l'empire d'une émotion ineffable; et accompagnés du Père Paul ainsi que du Père François, nous poursuivîmes à pied, jusqu'à 5 heures, la visite des autres lieux consacrés, qui se trouvent à Jérusalem.

C'est d'abord le Saint Cénacle, édifice situé en

dehors de l'enceinte actuelle de la ville reconstruite en 1434 par le Sultan Soliman, sur un tracé très différent de celui des rois de Juda qui existait encore, pense-t-on, à l'époque de la Passion. Les élégantes ogives de la salle voûtée révèlent sa reconstruction par les Croisés; mais maintenant, hélas! ce lieu vénérable qui vit l'Institution du Très Saint Sacrement de l'Eucharistie et la descente du Saint Esprit le jour de la Pentecôte, est converti en mosquée, et les gardiens musulmans n'en permettent la visite que moyennant pourboire. Les infidèles donnent à cet édifice sacré le nom de « Nabi Daoud », c'est-à-dire, prophète David, alléguant qu'ici fut la sépulture du Roi-Prophète.

Non loin de là se trouve l'emplacement de la maison de la Très Sainte Vierge, occupée actuellement par un potager(1).

Rebroussant chemin pour rentrer dans la ville, nos guides nous font visiter la maison de Caïphe où se trouve une cellule, aujourd'hui revêtue d'*azujelos* en faïence bleue à l'espagnole, qui fut, dit-on, la prison de Notre Seigneur pendant la nuit qui précéda la passion; la maison d'Anne, beau-père de Caïphe ; celle de Saint-Jacques-le-Majeur premier évêque de Jérusalem. Ces édifices, apparemment reconstruits sur l'emplacement des primitives demeures judaïques, sont aujourd'hui convertis en églises appartenant aux Arméniens qui y chantaient vêpres à l'heure de notre visite.

Nous traversons ensuite les ruelles immondes du quartier habité par les Juifs et qui forme le sud de la ville actuelle. Nous entrons même dans une synagogue où ces malheureux réunis en grand nombre chantaient ou plutôt hurlaient leur office du sabbat (nous sommes à samedi); et enfin nous aboutissons à la maison de Pilate. Cette construction massive, et qui était précédemment un couvent de derviches, forme aujourd'hui une caserne occupée par les

---

(1) C'est celui que le Sultan a concédé à l'Empereur Allemand lors de son voyage en Terre Sainte en 1898, et que ce souverain a destiné à la construction d'une église catholique.

soldats turcs, de sorte que l'entrée en est interdite aux voyageurs. Un seul souvenir pieux s'offre ici à la vénération des fidèles : c'est l'arc de l'*Ecce Homo*, jeté d'un mur à l'autre par dessus la rue et de la fenêtre duquel, suivant la tradition, le gouverneur romain montra à la populace en furie l'Homme-Dieu ensanglanté et couronné d'épines.

Le mur sur lequel, en face du palais de Pilate, est enchassé l'un des pieds droits de l'arc mémorable, appartient aujourd'hui au couvent des Dames de Sion, Congrégation bien connue dont la maison mère est à Paris, rue Notre Dame-des-Champs. Ces bonnes religieuses, reçurent avec joie ma trop courte visite, car pressé comme toujours par le temps, je ne pus que m'agenouiller un instant dans leur belle chapelle.

Tout à côté dans la cour d'un couvent restitué en 1838 par Ibrahim-Pacha aux pères Franciscains, se trouve l'église de la Flagellation, rebâtie vers cette époque, sur les lieux sanctifiés par les souffrances de Notre-Seigneur, grâce à la générosité de Maximilien, duc en Bavière.

C'est au palais de Pilate que commence la « *Via dolorosa* », le chemin de la Croix, par lequel le Sauveur fut conduit au Calvaire, mais dont l'antique et vénérable tracé, aujourd'hui exhaussé d'au moins deux mètres par les décombres qu'ont accumulées les siècles, ne peut-être suivi que partiellement, se trouvant interrompu par les édifications de la période musulmane. La 1re station devrait être dans l'intérieur de la caserne turque où se trouvait le prétoire de Pilate ; mais l'entrée en étant rarement permise, elle se trouve confondue avec la 2me indiquée dans la rue sur le mur de la caserne où se trouvait l'emplacement de la « *Scala Sancta* » aujourd'hui vénérée à Rome, emplacement encore aujourd'hui reconnaissable par la trace visible d'un escalier.

Les autres stations sont de même indiquées sur les murs de la voie publique par des signes sommaires : une croix et un chiffre romain. Les cinq dernières se trouvent à l'intérieur de la Basilique du Saint Sépulcre.

Sur ce trajet, à l'angle de deux rues en face de l'église de Notre-Dame-du-Spasme, appartenant aujourd'hui aux Arméniens catholiques, et qui commémore la rencontre de la Très Sainte Vierge avec son Divin Fils, chargé du fardeau de la Croix, se trouve l'Hospice Autrichien, reconnaissable à la grande inscription qui en surmonte l'entrée « *Catholisches Oesterreisch-Ungarisches Pilgerhaus* ».

Je désirais me préparer à mes devoirs religieux, et à 6 heures, le Père Paul vint nous prendre, mon valet de chambre et moi, dans nos chambres de « Casa Nova », pour nous conduire au couvent voisin de Saint Sauveur, résidence principale des Franciscains, où le Père Urbain, vicaire custodial, voulut bien nous entendre.

Ce bon religieux eut ensuite l'obligeance de m'envoyer entre autres souvenirs de pélerinage et en outre du diplôme de pélerin des lieux saints, une parcelle de pierre bien précieuse, prise à la colonne de la Flagellation, et des chapelets encore non montés faits en graines récoltées sur les oliviers de Gethsémani.

Au dîner, je ne trouvai plus d'autres convives que les deux ecclésiastiques américains, du diocèse de Portland dans le Maine. Remontant avec eux dans le salon d'un des étages supérieurs, nous y retrouvâmes ensuite l'évêque qu'ils accompagnent, bien reconnaissable à sa tenue anglo-saxonne, ses pantalons, sa petite redingote droite et le petit col droit aussi, dont la bande de soie rouge indique seule le caractère épiscopal. La conversation continua en anglais, autour d'un petit poêle, où le prélat se chauffait les mains « *calefaciens se ad prunas* », sauf que les « *prunæ* » étaient ici remplacées à l'Américaine par le moderne pétrole. Mais des Etats-Unis et des souvenirs qu'ont laissés en ce pays quelques-uns de mes parents, elle tomba bientôt sur Cuba, sujet sur lequel je dus reconnaître que le sentiment américain, même chez un évêque catholique, était fort différent du mien, et je m'en allai me reposer.

CHAPITRE XVII

Seconde journée à Jérusalem. — **Messe au Calvaire.** — **Le Moriah.** — **Le Mont des Oliviers.** — **Messe au Saint-Sépulcre.** — **Retour au Caire.**

6 Février. — Les Catholiques ont droit de célébrer journellement, sur l'autel du Saint Sépulcre, une messe basse et une messe chantée, mais l'heure n'en est pas fixe à cause de la nécessité de s'entendre au préalable avec les dissidents Grecs et Arméniens, dont les offices varient suivant les fêtes de leurs rites. Les jours ordinaires, les Grecs commencent leur messe à minuit; après eux, viennent les Arméniens, puis les Latins. Le temps manquant aujourd'hui pour s'assurer des heures du lendemain, qui de plus était un dimanche, il avait été convenu que le Père François nous dirait la messe à 7 heures et demie à l'autel du Crucifiement, dans la chapelle du Calvaire et c'est là, dans l'obscurité du jour naissant, qui semblait rendre encore plus vénérables ces lieux consacrés par l'accomplissement du mystère auguste de la Rédemption, qu'il nous fut donné de recevoir le Dieu de l'Eucharistie et d'élever nos prières les plus ferventes au Dieu crucifié. A côté de nous, absorbé par la ferveur de sa dévotion, se trouvait seul un pauvre paysan russe, à barbe touffue, catholique par exception et connu des bons Pères. Il aurait voulu communier aussi, mais il n'avait pas averti le célébrant qui n'avait consacré que deux hosties !

Quand nous descendîmes du Calvaire, la grande nef centrale des Schismatiques était, comme la veille, toute remplie de paysans, les bédouins en burnous, les fellahs plus légèrement habillés, se mêlant aux blouses et houppelandes des Russes. La voûte retentissait des chants solennels du rite grec, et à travers les portes de l'iconostase, on apercevait les chapes dorées des prêtres célébrant leur grand messe. Le rite oriental que déjà ma chère sœur à jamais regrettée, m'avait appris à aimer chez les Ruthènes de Galicie, est beau et solennel : et on est involontairement touché de la foi qui porte ces pauvres gens à venir de régions souvent bien lointaines prier aux lieux où souffrit le Sauveur du monde et célébrer ses louanges de toute la force de leurs voix rustiques.

Mais en même temps, quelle tristesse de songer que leur foi n'est pas mieux guidée, et que livrés aux erreurs qui les séparent de nous ils ne semblent pas près d'y renoncer! Il faudrait pour cela, ce semble, que le signal vînt des puissants de la terre et que Dieu fît naître un nouveau Constantin à Pétersbourg ou à Moscou !

Nous ne fîmes qu'une brève visite au Père François dans le petit réfectoire des Pères Gardiens du Saint Sépulcre, car le café nous attendait à « Casa Nova ». Rapidement réconfortés, le Père Paul nous emmène au Moriah, appelé par les Musulmans « Hharam-Esch-Charif ». C'est l'une des hauteurs renfermées dans l'enceinte de Jérusalem et qui occupe tout l'angle Sud-Est de la ville : elle est appuyée sur ce qui reste des murs colossals qui soutinrent le temple de Salomon. Mais ce vaste emplacement est aux mains des Turcs et a pour eux aussi un caractère sacré, car il renferme la mosquée d'Omar, qui est après la Mecque le lieu le plus vénéré du monde musulman.

Pour le visiter il faut une autorisation qu'on demande au palais du Pacha et l'escorte d'un « Kawas » ou janissaire du Consulat. Le Père Paul avait pris soin de prévenir au Consulat de sorte qu'un de ces fonctionnaires armés au service de la France, se trouva là à l'heure dite, avec un grand sabre à fourreau argenté, capable d'imposer respect à tous les infidèles du lieu. Nous passâmes avec lui à la porte du palais du Pacha, où l'autorisation d'entrer dans les mosquées fut

89. — Le Saint Cénacle.

90. — Arc de l'« Ecce Homo ».

91. — Mosquée d'Omar.

92. — Coupole de la Chaine : « Koubbet-es-Silsileh ».

remise à un soldat turc, sans armes, qui compléta notre escorte.

Après avoir traversé l'emplacement du « Parvis des Gentils » appelé aussi « Premier Temple », un escalier nous conduit à la spacieuse plate-forme où s'élevait le « Second Temple » ou « Parvis d'Israël », théâtre de plusieurs faits admirables de la vie de Notre Seigneur. C'est là, qu'encore enfant, il fut retrouvé par sa Sainte Mère et Saint Joseph, enseignant au milieu des Docteurs et que, plus tard, dans les jours qui précédèrent sa passion, il chassa à coups de fouets le marchands et les changeurs, pardonna à la femme adultère, exalta le denier donné par la veuve et enfin prédit la destruction du Temple. Aujourd'hui, du « Temple », il ne reste plus « pierre sur pierre », l'esplanade en forme de trapèze qui en constituait comme la base, apparaît vide et dénudée.

Au centre se dresse seule la mosquée d'Omar : cette construction musulmane est une rotonde à dôme monumental d'une grande beauté à l'intérieur. C'est l'un des plus riches édifices du culte musulman : la coupole en est, dans presque toute sa hauteur, ornée de mosaïques de style byzantin, en grande partie dorées, ainsi que le sont aussi les chapiteaux des colonnes. De jolis vitraux à facettes miroitantes en complètent le caractère pittoresque et mystérieux.

Pour les Chrétiens aussi, ce lieu est digne d'une profonde vénération. L'énorme rocher qui se trouve à nu au centre de l'édifice est, d'après la tradition, celui où Abraham conduisit Isaac pour le sacrifice. Ici aussi David eut l'apparition d'un ange et obéissant, à l'avertissement divin confirmé par la voix du prophète Gad, y dressa un autel où le feu sacré du Ciel descendit sur l'holocauste. Salomon y établit le « Saint des Saints » renfermant l'Arche d'Alliance protégée par la table d'or, appelée « Propitiatoire ».

Les Croisés, convertissant la Mosquée en église catholique, y érigèrent un maître-autel et aujourd'hui encore on gagne l'indulgence plénière en ce lieu mémorable, bien qu'il soit aux mains des infidèles, et qu'ici aussi comme à Delhi on conserve deux poils de la barbe de Mahomet, renfermés ici dans une urne en argent.

Sur la même esplanade un petit monument datant de l'an 700, appelé par les Musulmans « Makhamet Daoud » (Tribunal de David)ou « Koubbet-es-Sihileh » (Coupole de la Chaîne) commémore le lieu où, au dire des sectateurs de Mahomet, le grand roi David avait établi son tribunal et où les témoins au moment de prêter serment devaient tenir en mains une chaîne descendue du Ciel. Notre tradition chrétienne se contente d'y voir l'emplacement de l'autel des holocaustes établi par Salomon.

De la plate-forme centrale où s'élevait le temple proprement dit, le « Saint des Saints », on redescend quelques marches pour se retrouver sur la vaste esplanade du Moriah que limitent sur deux de ses côtés les murs extérieurs de la ville.

C'est là que vers le Sud on rencontre la grande Mosquée appelée « El-Aksa », c'est-à-dire mosquée éloignée, située sur l'emplacement de l'église de la Présentation de la Très Sainte Vierge, bâtie par l'Empereur Justinien. D'après la tradition, c'est à cet endroit que demeura la Sainte Vierge pendant son enfance dans le Temple, et ici aussi, croit-on, se fit la présentation de Notre Seigneur, en un lieu affecté à ces sortes de cérémonies. Cette mosquée a la forme d'un parallélogramme allongé et est soutenue par plusieurs rangées de colonnes de modèle varié, dans le style corynthien ou byzantin, dont quelques-unes sont en marbre de différentes nuances, mais d'autres simplement en stuc : l'effet d'ensemble est cependant imposant.

Sous les dalles de l'entrée, se trouve, me dit le Père Paul, la sépulture du chef des assassins de Saint Thomas Becket, Renaud, fils d'Ours, qui vint ici faire pénitence, à l'époque où Jérusalem était occupée par les Croisés. L'église et ses dépendances appartenaient alors aux « Templiers », qui s'y fixèrent l'an 1118, par l'ordre de Baudouin Ier, roi de Jérusalem. Leurs écuries étaient établies dans le vaste souterrain qui se trouve à côté et dont les piliers colossals remontent, pense-t-on, à Salomon. Attenante à la mosquée sur la droite on admire la salle d'armes des mêmes chevaliers dont la belle voûte fut restaurée par eux dans le style gothique.

Nous parcourons ensuite la muraille crénelée qui limite l'esplanade sur son côté oriental et qui fait partie de l'enceinte de Jérusalem. Là se trouve la Porte Dorée par laquelle, suivant la tradition, Notre Seigneur fit son entrée triomphale à Jérusalem, le jour des Rameaux. Aussi, dès l'époque des Croisades, ne s'ouvrait-elle que deux fois l'année, le dernier dimanche de carême et le jour de la fête de l'exaltation de la Sainte-Croix. Les musulmans l'ont murée complètement pour conjurer une prophétie dont l'origine est inconnue et d'après laquelle les Francs doivent entrer de nouveau par cette porte dans la Ville Sainte. Ils ne savent pas qu'ils accomplissent ainsi une prophétie véritable, celle d'Ezéchiel, dont les paroles nous disent que « la porte du sanctuaire extérieur qui regarde l'Orient..... demeurera fermée..... parce que le Seigneur, le Dieu d'Israël est entré par cette porte ».

D'après un illustre archéologue M. de Saulcy, la construction de cette porte remonterait à Salomon ; mais Hérode-le-Grand lui aurait donné l'ornementation qui la distingue aujourd'hui et de laquelle du reste, toute trace de dorure a disparu.

De la banquette de la muraille, à travers les créneaux, la vue plonge dans la vallée de Cédron ou de Josaphat toute semée de pierres blanches qui marquent les sépultures juives ou musulmanes. En face, se dresse la pente escarpée du mont des Oliviers, couronné de chapelles, dont le clocher le plus élevé, étincelant de blancheur, appartient malheureusement aux Russes schismatiques.

Il fallut enfin nous arracher à ce point de vue fascinant, si riche en monuments et en souvenirs, immortalisés par les récits de l'un et de l'autre Testament. Il fallait être rentré à la « Casa Nova » à 11 heures et demie pour l'heure du repas et nous avions à parcourir à nouveau à pied, toute la largeur de la ville de l'Est à l'Ouest. Nous ne pûmes que faire une rapide visite en passant à l'église des Grecs catholiques, fort pauvre et desservie par un seul prêtre : le Schisme exerçant une attraction puissante sur les chrétiens de rite grec, les Grecs unis au Saint-Siège sont très peu nombreux à Jérusalem.

Monseigneur l'évêque de Portland parut à déjeuner. Atténuant la rigidité de la tenue américaine, par une concession aux habitudes orientales, il s'était coiffé d'un tarbouch à la turque, justifié par la fraîcheur humide du rez-de-chaussée ; mais pour rester fidèles aux habitudes de son pays, il ne manqua pas, aussi bien que ses prêtres, de commencer le déjeuner en dévorant des oranges.

Cependant l'américanisme n'eut pas seul les honneurs de la table : la société se trouva complétée très agréablement pour moi par un jeune français fort correct et bon royaliste, originaire du Gers, M. Charles P..., qui a fait son éducation chez les dominicains d'Oullins et voyage aujourd'hui, non en touriste, mais comme représentant de l'agence française des voyages de M. Le Bourgeois. Je souhaite bon succès à cette propagande qui ne paraît pas encore avoir fait grand progrès à en juger par l'importance en apparence exclusive qu'ont acquise en Palestine les agences anglaises.

Il nous restait à visiter le Mont des Oliviers, et pour épargner le temps non moins que les jambes, le Père Paul avait fait venir, pour midi et demi, une voiture qui nous attendait près de la Porte Neuve, située au Nord de celle de Jaffa, à l'angle Nord-Ouest de l'enceinte actuelle. Nous faisons donc tout le tour des murailles du côté du Nord. Passant devant la porte de Damas, la plus monumentale de celles qui donnent accès à Jérusalem, puis devant la porte d'Hérode, enfin par devant l'école des Hautes Études établie récemment par les Pères Dominicains, on aboutit sur la façade Est de la ville à la porte Saint-Étienne où les murailles atteignent le fond de la vallée, et on franchit le pont jeté sur le lit, du reste sans eau, du Cédron.

Pour se conformer à l'usage des touristes, le Père Paul nous oblige à nous arrêter un instant à la visite d'une excavation sans intérêt, vulgairement appelée tombeau des rois, mais que la compétence des archéologues attribue à Hélène, reine d'Adiabène ou du Kurdistan, qui après avoir embrassé la religion israélite, vint s'établir à Jérusalem avec plusieurs membres de sa famille quelque temps avant la conquête de Titus.

Peu au delà, taillée dans le roc, est la chapelle de l'Assomption, vulgairement appelée le Tombeau de la Sainte Vierge. Mais ce sanctuaire appartient aux Grecs et nous ne pûmes trouver personne qui nous l'ouvrit.

Quelques pas vers la droite, quelques marches à monter, et on se trouve à l'entrée de la sainte Grotte de l'Agonie, qui, suivant une tradition contemporaine des premiers siècles du Christianisme, vit le Sauveur suer des gouttes de sang pendant une partie des heures d'angoisse qui précédèrent son arrestation. On descend par un escalier dans ce lieu vénérable qu'éclaire une ouverture pratiquée dans la voûte et qui contient trois autels. Les Pères Franciscains en ont la garde et y disent la messe tous les jours. Le tableau qui orne l'autel principal porte sur son cadre les armes d'Espagne et a été donné récemment par le duc de Madrid prétendant à cette couronne; les modestes chandeliers en cuivre, fixés aux parois de la roche sont peut-être une offrande du roi de Portugal, Jean VI, car on distingue sur les plaques qui les soutiennent les armes de Portugal sur le globe brésilien, telles que les avait réglées ce monarque, lorsqu'à son avènement au trône de ses pères, il adopta, en 1817, le titre éphémère de roi du Royaume Uni du Portugal et du Brésil.

Nous sortons de la Grotte pour gagner, à la distance d'un jet de pierre (suivant les termes de l'Evangile), le jardin de « Gethsémani ». Il appartient également aux Pères de Terre-Sainte qui, en 1848, l'ont entouré de murs et transformé en parterre, où fleurissent quelques arbrisseaux autour de beaux cyprès et de huit énormes et vénérables oliviers datant probablement de l'époque de la Passion. En dehors du mur, adossée à la montagne, est une petite abside érigée sur le lieu qui vit le baiser de la trahison de Judas et l'arrestation du Sauveur.

Du jardin des Oliviers au sommet de la montagne où eut lieu l'Ascension, le trajet ne peut se faire qu'à pied ou au moyen des petits ânes agiles qui abondent dans ces contrées. Nos jambes le franchissent en 25 minutes en dépit du peu d'aptitude que l'âge et les infirmités m'ont laissée pour l'escalade des montagnes.

Depuis les désastres des Croisés, l'endroit où Notre Seigneur s'éleva au ciel est occupé par une mosquée fort simple, de forme octogonale, à l'intérieur de laquelle se conserve, encadré d'une bordure de marbre blanc, le rocher où le Divin Rédempteur, d'après une tradition vénérable, laissa l'empreinte de ses pieds. Nous y rencontrons l'évêque américain. Puis nous escaladons les cinquante marches qui conduisent au sommet du Minaret, afin de jouir d'une manière plus complète de l'admirable panorama.

A l'est, du côté opposé à Jérusalem, s'étend le désert montagneux de la Judée, borné par les sommets bleuâtres du pays de Moab : encadrées dans un des vallons, on distingue fort bien les eaux, plus bleues encore, de la Mer Morte et du Jourdain, qui se trouvent, comme on sait, à 1,200 mètres au-dessous du niveau de Jérusalem, à 392 mètres plus bas que la Méditerranée.

Au Nord, se détache une partie des montagnes d'Ephraïm ; au Sud, au-delà du chemin qui mène à Béthanie, le prolongement du mont des Oliviers forme le mont du Scandale, ainsi appelé à cause des temples que Salomon y éleva aux dieux des infidèles : c'est la limite orientale de la vallée de Siloé qui fait suite à celle du Cédron ou de Josaphat, et est dominée sur la gauche par le dôme de la Mosquée d'Omar ; derrière celle-ci on aperçoit entre la route de Béthléem et celle de Jaffa, la vallée de Rephaïm ou des Géants. A l'Ouest enfin, par delà ce

CHAPITRE XVII

grand mouvement de terrain, s'allonge, éclatant de blancheur, le profil de la Ville Sainte.

Au premier plan, à nos pieds, nous avons les nombreux couvents ou autres établissements religieux érigés sur les flancs du mont des Oliviers. Le plus important, hélas ! est l'établissement russe, construction dont la blancheur attire les yeux de toutes parts et dont le clocher forme le point culminant de la Palestine.

Plus bas, près de la vallée de Cédron, se trouve encore une autre fondation russe, surmontée de coupoles pittoresques et destinée, primitivement, paraît-il, à la sépulture d'une Grande-duchesse. La protection russe, comme on voit, appuyée sur les ressources en quelque sorte illimitées du plus vaste empire du monde, offre un concours redoutable au développement ou du moins au maintien du Schisme Oriental. De l'autre côté de Jérusalem en arrivant par le chemin de fer, ou en prenant la route de Bethléem, le couvent de Saint-Elie occupé par le Patriarche schismatique, présente également aux yeux des voyageurs l'aspect d'une fondation importante. Dans les ruelles de Jérusalem, comme dans la Basilique du Saint-Sépulcre, les groupes de pèlerins russes appartenant pour la plupart aux classes les plus humbles des campagnes, sont les seuls nombreux, soit que la ferveur qui pousse aux voyages lointains soit plus vive qu'ailleurs chez ce peuple primitif, soit que les pèlerinages trouvent un encouragement dans une propagande à laquelle les ressources pécuniaires ne font probablement pas défaut. Dans les nombreuses boutiques en plein vent qui offrent aux pèlerins, des images pieuses, des objets en bois d'olivier, des chapelets ou autres souvenirs des Lieux Saints ; on est surpris de voir étalés en abondance parmi tous les autres souvenirs de pèlerinage, des images enluminées du Czar et de la Czarine, attestation du prestige dont jouit ici la puissante monarchie schismatique.

Cette propagande apparaît bien autrement redoutable que celle du protestantisme, branche de l'hérésie, qui, trop proche du rationalisme, ne semble pas destinée à acquérir une grande importance en Orient, bien qu'Anglais et Allemands y aient des établissements hospitaliers et des écoles et que sous les auspices de l'empereur d'Allemagne la construction d'une grande église luthérienne non encore achevée domine la basilique du Saint-Sépulcre sur l'emplacement où se trouva jadis l'église des chevaliers de Saint Jean de Jérusalem. On s'attend aussi à ce que la visite du souverain germanique annoncée généralement pour l'année courante ait pour résultat la cession à l'Allemagne de l'édifice du « Saint-Cénacle » actuellement détenu par les Musulmans (1).

Il ne faut pas croire pourtant que la France le cède jusqu'à présent à aucune autre nation par le nombre de ses fondations religieuses en Terre-Sainte. Nous en rencontrons plusieurs sur le mont des Oliviers, à mi-côte. C'est d'abord l'établissement du « Pater » appartenant aux religieuses carmélites et érigé en 1869 par les soins de la princesse de la Tour-d'Auvergne, née Bossi, sur le lieu où Notre-Seigneur enseigna pour la seconde fois à ses disciples, comme le raconte l'Évangile selon Saint-Luc (ch. xi) l' « Oraison dominicale ». Le couvent et la chapelle sont précédés d'un cloître de construction gothique fort élégante, à arcades ogivales et dont le mur porte, en face de chaque arcade, de belles inscriptions sur faïence reproduisant l'oraison dominicale en 32 langues. Mais la bonne princesse ne paraît pas avoir été heureuse dans le choix des linguistes auxquels a été confié ce travail d'érudition : autant que j'en puis juger par le peu de langues qui me sont connues, la grammaire et l'orthographe n'ont pas reçu tous les soins qui leur sont dus. Notre texte français lui-même est défiguré par la locution « *en la terre comme au ciel* » : apparemment un italianisme ; et on lit en anglais : « *Our father which art* » comme si le créateur du ciel et de la terre appartenait au genre neutre. Il en est de même

(1) Comme il a été dit plus haut, ce ne fut pas le « Saint Cénacle » mais le terrain voisin qui fut cédé à l'Empereur Allemand lors de son voyage,

d'autres idiomes européens ; et si des langues qu'on peut considérer vulgaires ont été ainsi traitées, quel n'aura pas été le sort du Chinois, de l'Ethiopien, même de l'Arabe, du Syriaque et de tous les autres idiomes divers ici réunis dans une pieuse pensée?

Un peu plus bas se trouve le couvent des Bénédictines du Calvaire, et en face la chapelle du *Credo*, qui n'est qu'un modeste oratoire, en quelque sorte souterrain, orné d'une peinture formant iconostase et représentant les douze apôtres. Cette crypte est, d'après les témoignages des érudits, la grotte où Notre Seigneur, après avoir enseigné dans le Temple, venait se reposer sur la route de Béthanie et où il prit avec les apôtres son repas du Mercredi Saint, les instruisant sur la fin du monde. Les apôtres, quelque temps après l'Ascension, ne se trouvant pas en sûreté dans le Cénacle, alors renfermé dans les murs de la ville, seraient venus se réunir ici pour y composer le symbole.

En continuant à descendre on rencontre la petite chapelle érigée en 1891, sur le lieu où le Seigneur pleura et dite du « *Dominus flevit* » ou plutôt comme dit une inscription murale « *Locus in quo Dominus videns civitatem flevit super illam* ». Elle est, de même que le Jardin des Oliviers, confiée à la garde des Pères Franciscains, constituées par les bulles du Saint Siège, gardiens des Lieux Saints, en souvenir du pèlerinage de leur grand Patriarche Saint François d'Assises, qui y vint établir un couvent, à côté du Cénacle, l'an 1219, grâce à la tolérance du Sultan Saladin, et depuis lors appelés vulgairement du beau nom de « Pères de Terre Sainte ». Parfois emprisonnés, ou chassés de Jérusalem, suivant les caprices des conquérants musulmans, ils furent réintégrés dans la possession des Sanctuaires par l'intervention de la République de Venise, puis du roi de France François Ier. Le texte des traités conclus avec la Porte Ottomane par ce prince, puis par Louis XIV, leur garantissait la possession des Sanctuaires, mais aux siècles suivants où la France, hélas!

se désintéressa souvent des intérêts de la religion catholique, ces droits si solennellement affirmés jadis, furent violés au profit de l'hérésie grecque qui aujourd'hui encore détient les parties les plus importantes des lieux consacrés!

Dans ces dernières années, plusieurs autres congrégations françaises sont venues se fixer dans l'enceinte même de Jérusalem ou à l'ombre de ses murs. La plus récente de ces fondations est celle des Pères Dominicains qui viennent d'ouvrir un cours de Hautes Etudes d'exégèse au pied des murs, témoins des mystères de la Passion et de la Résurrection, et ont dans ce but fondé un établissement en dehors de la ville, non loin de la porte Saint-Etienne et sous le vocable de ce premier des martyrs. Ils y ont érigé récemment une église, dans les fondations de laquelle se sont retrouvées de riches mosaïques, appartenant apparemment à une Basilique jusqu'à présent oubliée par l'histoire.

Les excellents Frères de la Doctrine Chrétienne ont dans Jérusalem un important établissement, où ils donnent l'instruction primaire à une nombreuse jeunesse indigène.

A quelque distance, à l'Ouest de la ville, sur les hauteurs qui dominent le chemin de fer, on aperçoit le grand établissement de Saint-Pierre, école professionnelle destinée à la jeunesse indigène, fondée en 1882, par le célèbre converti qui fut le Père Alphonse Ratisbonne et confiée à une congrégation spéciale.

Du même côté, mais à quelques pas de la Porte Neuve, se trouve aujourd'hui l'hôtellerie de Notre-Dame-de-France, créée par les Pères Assomptionnistes, qui ont depuis quelques années la spécialité de l'organisation des pèlerinages.

Mon temps était malheureusement trop restreint pour que je pusse inclure dans mon programme la visite de ces intéressants établissements. Je tins pourtant à faire une exception pour l'établissement des Pères Missionnaires d'Afrique, vulgairement appelés « Pères Blancs » : cette congrégation, fondée en Algérie, par le cardinal Lavigerie, dirige à Jérusalem un vaste établissement comprenant grand et petit séminaire, où se forment des prêtres du rite grec uni, qui, de là vont porter la saine doctrine catholique dans d'autres régions de l'Empire Ottoman. A cette importante fondation se trouve annexée la belle église de Sainte Anne, construite par sainte Hélène, disent les uns, par Justinien suivant d'autres, sur le lieu où les traditions orientales font naître la Bienheureuse Vierge Marie. Ce vénérable sanctuaire fut donné à la France par le gouvernement Ottoman à la suite de la guerre de Crimée et cédé en 1878, à la congrégation des Missionnaires de Notre-Dame d'Afrique.

Le terrain de l'établissement de Sainte-Anne comprend encore la piscine probatique où Notre Seigneur guérit le paralytique. Cette grande construction en pierres servait autrefois, croit-on, à laver les animaux, notamment les brebis, destinés à être immolés dans le Temple, et ce serait là l'étymologie du mot « probatique » (1). Aujourd'hui le niveau de l'eau y est fort au-dessous du sol et on y accède en descendant 50 énormes marches en pierre.

L'établissement de Sainte-Anne est situé dans le bas de la ville auprès de la porte Saint-Etienne, qui regarde le mont des Oliviers. Notre voiture pénétrant ici dans la ville suit la première partie de la « *Via dolorosa* » pour gagner ensuite, à droite, la porte de Damas et nous conduire en dehors de la ville, au bel hôpital français érigé sous le vocable de Saint-Louis, en 1880, par la générosité du comte de Piellat qui, natif du Dauphiné, a élu résidence dans cet établissement charitable, et de sa défunte mère. Il est desservi, comme celui de Jaffa, par les bonnes Sœurs de Saint Joseph de l'Apparition, de Marseille : les Pères Franciscains donnent par an 6 000 francs pour l'entretien, et le Gouvernement français 12 000 francs pour le médecin. Les bonnes sœurs ne manquent pas de nous servir aussi de leur liqueur, comme déjà chez les Pères Blancs il nous avait

(1) Dérivation du terme grec qui désigne une brebis.

fallu en absorber une autre ; de sorte que, si nous avions étendu davantage la visite des établissements religieux à Jérusalem, il en aurait été pour nos estomacs comme de la dégustation des nombreuses qualités de vins de Xérès que font essayer à leurs visiteurs les propriétaires des « *bodegas* » (1) et vignobles de la plaine d'Andalousie.

Après avoir parcouru l'hôpital, nous faisons l'ascension de la plate-forme du troisième étage pour embrasser encore le panorama de la Ville Sainte, étincelante de blancheur dans l'admirable limpidité de l'atmosphère et me faire expliquer par le Père Paul la situation des principaux édifices.

Rentré à « Casa Nova » je m'attardai de même sur le toit voisin de notre appartement, pour jouir de la belle chute du jour et voir surgir la lune dans le ciel sans nuages.

Vers 6 heures un quart, le Père Paul vint me prendre pour faire la visite de rigueur au Patriarche latin, Monseigneur Piavi, qui est de nationalité italienne et qui me reçut avec la plus parfaite courtoisie.

7 Février. — A 5 heures trois quarts, dans l'obscurité des ruelles que tempérait le clair de lune, nous suivons le Père Paul à la Basilique pour la messe qu'allait dire, au Saint Sépulcre, l'évêque de Portland. Les fidèles entendent la messe de la chapelle de l'Ange et pour la communion entrent successivement par la porte basse dans la chapelle intérieure, où le Saint Sacrifice est offert sur le tombeau même du Sauveur. Seule une pauvre femme, indigène apparemment, s'est approchée après moi de la table sainte. Les mots ne sauraient exprimer avec quelle effusion, dans ces lieux vénérables entre tous, si riches en grâces, les prières s'élèvent du fond du cœur en faveur de ceux qui nous sont chers, de leur bien temporel et de leurs âmes.

L'ornement que portait l'évêque était celui offert au Saint-Sépulcre par les dames royalistes de France, à la

(1) Nom espagnol des dépôts de vins.

93. — Jérusalem : « Kawas » du Consulat, et soldat turc.

94. — Rue de Jérusalem.

95. — Cour de la mosquée « El-Azhar », au Caire.

96. — Minaret dans une rue du Caire.

tête desquelles se trouvait, je crois, la duchesse de Chevreuse, et où elles ont reproduit, en merveilleuses broderies de soie, les images de Saint-Louis, Sainte Clotilde et autres Saints patrons de notre patrie.

Cette messe basse terminée, les Franciscains ont entonné le « *Dies irae* » pour accompagner la messe suivante, appliquée, ce jour-là, aux Souverains Pontifes défunts, et je me serais attardé volontiers à écouter, dans la demi-obscurité du jour naissant, le plain-chant des bons Pères qui s'élevait vers les voûtes de la Basilique sacrée. Mais vers 7 heures le père Paul m'avertit que le moment était venu de nous retirer, pour aller à « Casa Nova » prendre le café, remercier le bon Père Filippo, directeur de l'hôtellerie, lui remettre l'aumône qui remplace le paiement de l'hospitalité accordée et gagner la voiture de Cook qui ayant fait prendre nos bagages à l'hôtellerie, nous attendait à la Porte Neuve et quelques minutes après nous déposait à la gare.

Là, il fallut prendre congé du bon Père Paul en le remerciant cordialement de son excellente compagnie et nous installer dans le prosaïque et peu spacieux wagon de chemin de fer où je tâchai de charmer les regrets que me laissait l'éloignement des Lieux-Saints en cherchant à compléter mon instruction dans l'ouvrage du Frère Liévin (1).

Nous avions pourtant, entre autres compagnons de voyage, l'évêque anglican qui s'en allait regagner l'Europe comme un simple touriste de Jérusalem, reconnaissable seulement à ses guêtres classiques et aux cordons de son chapeau.

A 11 heures et demie, nous voici en gare de Jaffa. Déjà j'examinais l'état de la mer, du reste superbe, malgré un vent de terre assez prononcé, et je pensais m'embarquer immédiatement après déjeuner, sur le paquebot du « Lloyd

---

(1) Je ne saurais manquer de mentionner ici que la plupart des détails historiques insérés dans mon récit au sujet des Sanctuaires et monuments de Jérusalem et des environs sont extraits de cet excellent ouvrage.

autrichien » pour lequel nos billets étaient pris, quand, à la descente du wagon, le représentant de l'agence Cook me déclare que d'après un télégramme de Beyrouth, ce vapeur a 24 heures de retard !

J'eus un mouvement d'indignation et me plaignis amèrement de n'avoir pas été prévenu à Jérusalem. L'on prétendit n'avoir appris le retard que tout récemment : mais je gardai tout de même le soupçon que l'agence n'avait pas voulu faire perdre cette journée d'hôtellerie au « *Jerusalem Hotel* » qui jouit sans doute de sa protection puisqu'elle s'est établie en face : affreux petit hôtel tenu par un juif allemand dont la famille promène à travers la salle à manger toute une série de tignasses blondes de jeunes filles rubicondes et sans beauté.

Tout cela n'était pas fait pour atténuer mon amer regret de me voir ainsi arraché 24 heures trop tôt à l'intérêt si doux qu'offre le séjour de Jérusalem et à tant d'objets attachants à la visite desquels il m'aurait été précieux de m'attarder !

Il y a cependant d'autres hôtels dans Jaffa : plus près de la ville, ce sont les hôtels « Howard » et « Hardegg », dont le premier, malgré son nom anglais est tenu par un maronite catholique ; et tout à côté du « Jerusalem-Hotel » je découvris le « Grand Hôtel du Parc » tenu, paraît-il, par des Français et disposant d'un beau jardin. Mais, pour cette fois, ma malchance m'avait casé au « Jerusalem Hotel » et il fallut y déjeuner : les convives étaient des anglais en tenue de chasse, et le menu lamentable.

J'occupai une partie de la journée à m'en aller vers la ville à travers les chameaux, le sable de quelques rues plus larges, les ordures de celles plus encombrées où fourmille le commerce indigène, pour savoir à l'« *Agenzia del Lloyd Austriaco* » des nouvelles du paquebot attendu, puis escalader les ruelles pierreuses de cette triste ville édifiée sur le flanc d'une hauteur qui descend presque jusqu'à la mer, pour y visiter l'église catholique construite en 1888 par les Franciscains, malheureusement dans un style italien banal rendu plus vulgaire encore par le coloris éclatant, battant neuf et banal aussi, de ses tableaux et de son ornementation. L'antique chapelle qu'elle remplace, à voûte obscure et mystérieuse, est convertie en réfectoire des pèlerins.

8 Février. — Après avoir, jusque vers 7 heures, dormi d'un sommeil lourd sur un mauvais lit bombé à l'allemande, je me réveillai ayant mal à la tête; effet sans doute de l'affreuse odeur de peinture fraîche qui infecte ces chambres, désignées pour comble de bizarrerie par les noms des tribus d'Israël inscrits au dessus de chaque porte.

Il fallait absolument prendre l'air. J'affrontai donc de nouveau le sable et les immondices pour aller prendre à l' « *Agenzia* » autrichienne des nouvelles du paquebot, heureusement arrivé le matin, mais ne partant pas avant midi.

Vers 10 heures cependant voici les gens de l'agence Cook qui nous appellent pour embarquer.

On ne se le fait pas dire deux fois. Promptement les bagages sont fermés et chargés sur la voiture qui nous dépose à la porte étroite des murailles de la ville. De là, il faut faire, comme à l'arrivée, le trajet à pied, les bagages transportés à dos d'hommes. La mer est comme un lac : en quelques coups de rames nous sommes à bord.

Mais quelle triste surprise! Il faut croire que nous sommes tombés sur le plus mauvais des paquebots de la fameuse compagnie du « Lloyd Autrichien ». Il y avait longtemps qu'il ne m'arrivait de m'embarquer sur une coquille de noix de dimensions si exiguës. La salle à manger tient l'arrière du navire; et le petit nombre de cabines de première classe groupées des deux côtés d'un couloir qui y fait suite, sont tellement étroites qu'on ne saurait y faire entrer une malle.

Pas de passagers de 1re classe : je déjeune à côté de deux officiers du bord, tous de langue italienne aussi bien que leur équipage. En revanche, toute la partie centrale du pont est encombrée de turcs et de turques accroupis au milieu de leurs coussins, leurs matelas, leurs piles de couvertures en laine de toutes couleurs, leurs coffres en bois, leurs paniers énormes renfermant le reste de leurs nippes.

Pour compléter notre désappointement l'« *Ava* » appareillait non loin de nous. J'avais pris mes billets pour l'autrichien afin de gagner 24 heures, d'être fidèle à mes rendez-vous au Caire, puisqu'il devait passer à Jaffa un jour avant le paquebot français. Ce calcul s'était trouvé déçu et à la vue du paquebot des « Messageries » il me venait des envies furieuses de m'y faire conduire et d'abandonner le triste navire où nous nous trouvions, et le passage déjà payé. Mais le départ de celui-ci était annoncé pour 3 heures et je pensais, en y restant, gagner encore quelques heures sur l'arrivée à Port-Saïd. Hélas, nouvelle déception : le départ est ajourné de demi-heure en demi-heure, tant il y a à charger de marchandises, caisses d'oranges et ballots de toutes sortes !

Enfin, à 5 heures, on se met en mouvement, au moment où j'allais perdre patience et me faire conduire à l'« *Ava* ».

Le paquebot de la ligne russe était là aussi, mais je n'eus aucune envie d'en faire l'essai tant il me parut de petites dimensions !

Dieu merci, la mer est absolument calme. Mais le ciel, si pur à Jérusalem, s'est gâté, et les nuages sombres qui embrassent tout l'horizon semblent nous présager encore quelque déboire.

9 Février. — J'eus de la peine à trouver une bonne position dans la couchette aussi étroite que le creux d'un tronc d'arbre. Heureusement la nuit ne fut pas longue, car il fallait se tenir prêt à débarquer. On comptait sur l'arrivée à Port-Saïd entre 6 et 7 heures du matin. Mais.... on avait compté sans le brouillard qui, dit-on, ne se montre pas dans ces régions plus de deux fois par an ! Cette chance ne pouvait pas nous manquer, tout comme le tangage de la Mer Rouge qu'on ne rencontre qu'une fois sur 200, la grande houle du Pacifique, et le reste. Cette fois-ci, ce n'était pas le « *fog* » sombre de Londres que l'on peut, disent les mauvais plaisants, couper au couteau ; mais un brouillard blanc translucide, laissant apercevoir le soleil, d'abord à l'état de pain à cacheter, plus aimable ensuite ; un brouillard en somme suffisant tout juste pour cacher la terre. Or, la côte étant basse, les marins, dans ces parages n'osent plus avancer quand ils ne voient rien devant eux. Aussi à 7 heures et demie nous jetons l'ancre, situation désolante, puisqu'il est, paraît-il, impossible de savoir quand on en sortira ! Voilà à vau-l'eau mes rendez-vous du Caire et même la visite détaillée que M. de Sérionne comptait me faire faire de la partie du canal comprise entre Port-Saïd et Ismaïliah. C'est en vain que je tache de faire diversion à cette contrariété en multipliant mes visites au commandant qui, de la passerelle, guette une éclaircie. « Hé ! Monsieur le Comte ! », me dit-il en français mais avec son accent italien, « il faut avoir patience ! Ce peut être deux heures, trois heures, ou bien deux jours, trois jours ! » Belle perspective ! d'autant plus que les trois heures sont bientôt passées : voici qu'il est plus de midi. Enfin à midi et demi on y voit un peu plus. On se décide à marcher un petit peu, mais bien lentement et bientôt on s'arrête de nouveau, car la sonde a révélé qu'on a très peu de fond ; et en somme je crois que ces bons italiens « ont perdu la boussole » : on ne sait plus où on est, et on ne sait donc plus dans quel sens il faut avancer !

Enfin vers 2 heures, voici venir du secours ; on aperçoit à l'arrière d'abord un vapeur, puis plusieurs de grandes dimensions. On croit d'abord que c'est l' « *Ava* » sorti de Jaffa après nous. Mais non, on reconnaît que ce sont des paquebots sortant de Port-Saïd et qui prennent la direction d'Europe ; et ainsi nous voici orientés : sans nous en douter nous avions laissé Port-Saïd derrière nous et allions pour un peu plus nous jeter sur la plage qui limite le lac Menzaleh ! On fait donc volte-face et bientôt on voit venir vers nous le petit vapeur pilote à pavillon français appartenant à la compagnie du canal et appelé à juste titre le « *Résolu* ». Il nous envoie sa chaloupe portant un pilote et nous voilà hors d'affaire.

A 3 heures nous suivons la longue jetée qui protège l'entrée de Port-Saïd du côté de l'Ouest et bientôt on arrête. Une chaloupe à vapeur accoste : voici M. de Sérionne. Mais il faut attendre encore que la visite de la santé vienne nous autoriser à débarquer. Pendant ce temps, l' « *Ava* » entre au port derrière nous ; lui aussi a été retardé par le brouillard, et puisqu'il ne nous a pas gagnés de vitesse, je me console enfin de n'avoir pu le prendre de préférence au fâcheux autrichien.

Il nous faut renoncer malheureusement à toute visite du canal. Il est bientôt 5 heures et il faut absolument prendre le train pour atteindre le Caire le soir même : c'est demain que le Khédive attend ma visite. Il nous reste seulement quelques instants pour entrer chez M. Coureau, l'agent de la compagnie du Canal à Port-Saïd. A 7 heures, le train de la compagnie nous dépose à Ismaïliah, où, par les soins de M. de Sérionne, un excellent dîner nous attendait au buffet de la gare.

Mais... les trains eux-mêmes ont aujourd'hui un retard exceptionnel. Un grand paquebot anglais venant d'Europe est entré cette après midi à Port-Saïd. Il faut transférer d'un train à l'autre son énorme chargement de bagages et d'innombrables sacs de dépêches sous le poids desquels nous avions vu déjà plier de nombreux portefaix au départ de Port-Saïd. Puis, il y a les passagers : ces messieurs les Anglais sont en tel nombre aujourd'hui, qu'un train ne suffit pas pour les conduire au Caire. Il faut en organiser un second, et c'est là une besogne qui ne se fait pas promptement dans un chemin de fer égyptien.

Bref, au lieu d'entrer en gare du Caire à 10 heures et demie, comme le veut l'horaire publié chaque jour par le « *Journal Egyptien* » nous n'y étions qu'à minuit 10 minutes,

CHAPITRE XVIII

Troisième journée au Caire. — **Alexandrie**. — **La traversée de la Méditerranée**. — **L'Avant-Port de Marseille**. — **En terre de France**.

10 Février. — A minuit trois quarts enfin j'étais au lit à « Shepheard's Hotel ».

Par suite du malencontreux retard du paquebot autrichien, il ne me reste plus que cette unique journée à passer au Caire, car demain, je dois rejoindre à Alexandrie l'*Ava* qui retourne en France. Il faut donc plus que jamais mettre le temps à profit.

Aussi à 8 heures un quart, le comte et la comtesse de Sérionne viennent me chercher pour aller à l'église des Coptes catholiques, où Monseigneur Macaire, évêque administrateur du Patriarcat vacant, veut bien dire la messe pour me faire assister au Saint-Sacrifice selon le rite particulier à sa nation.

Son église est, aussi bien que la plupart des églises catholiques de divers rites, située dans le vieux quartier à ruelles étroites. Il faut donc mettre pied à terre, et nous avons quelque peine à découvrir le sanctuaire que nous cherchons. Cet édifice, de dimensions fort modestes, et précédé d'une cour assez exiguë, est cependant remarquable par les mosaïques évidemment fort anciennes qui en ornent le porche.

Fort curieux, le rite copte : la messe basse n'a duré qu'une demi heure, mais diffère presque en tous points de la nôtre. L'officiant porte sur la tête un bonnet et un long voile rouge et a tenu en main, presque tout le temps de la messe, sa crosse, dont la partie supérieure présente la forme de deux serpents. Pour l'Offertoire, le célébrant, comme dans les autres rites orientaux, se tient tourné vers les fidèles : il n'y a cependant pas d'iconostase comme dans le rite grec.

Après avoir dépouillé sa chape et échangé son bonnet et son voile rouges contre un bonnet et un voile noirs, Monseigneur Macaire nous a conduits dans son appartement, où il nous a tenus sous le charme de sa conversation en attendant qu'un serviteur apportât le service habituel de liqueurs et de café.

Elevé au collège des Jésuites du Caire, il parle fort bien français et avec esprit. Son mérite l'a appelé fort jeune à la dignité épiscopale, et il n'a pas beaucoup dépassé la trentaine : une belle barbe blonde orne son visage. C'est lui qui, en dépit de sa jeunesse, fut, comme on sait, choisi par le Saint Père, pour aller en Abyssinie, solliciter de l'empereur Ménélick la liberté des infortunés soldats italiens prisonniers, après le désastre d'Adoua.

Monseigneur Macaire tient à nous accompagner jusqu'à l'église du rite Maronite qui n'est pas loin de là. On y remarque au coin de l'autel, un grand nœud tricolore, signe de la protection que la France accorde de temps immémorial à ce vaillant peuple de Chrétiens du Liban. L'Eglise Copte, au contraire, est sous la protection de l'Autriche.

Nous allons encore voir la petite église du rite Syriaque où nous sommes reçus par un Chorévêque, titre, qui correspond, paraît-il, à celui de Vicaire général ou substitut de l'évêque. Dans le même quartier se trouvent aussi les églises catholiques des rites Grec et Arménien, mais il nous faut les négliger, pour entrer seulement à la grande église Latine appartenant aux Pères Franciscains de Terre Sainte, rebâtie, à la suite d'un incendie survenu en 1862, avec le concours du Khédive, dans un style italien, sans caractère. Les Pères de Terre Sainte étant sous la protection de la France, c'est ici que l'Agent diplomatique, représentant du Gouvernement français, vient officiellement assister au culte les jours de fêtes solennelles ou tout au moins à la grand'messe du jour de Noël, accompagné de tous les fonctionnaires consulaires, diplomatiques ou autres, en grand uniforme, et des membres notables de la colonie. Ce cortège, qui traverse à pied les ruelles du vieux quartier, est, paraît-il, fort imposant, et cette pieuse démonstration concourt puissamment à rehausser, aux yeux des indigènes, chrétiens ou non, l'importance du protectorat religieux de la France.

Nous reprenons la voiture à l'entrée de la Rue-Neuve pour aller visiter la mosquée « d'El Azhar ». Cet édifice, dont le nom signifie « Mosquée splendide » est remarquable par ses trois beaux minarets sculptés, et la grande surface qu'il occupe. C'est, plutôt qu'une mosquée, une sorte d'Université où viennent recevoir des leçons sur le Coran les étudiants des différentes régions du monde musulman : Turquie, Syrie, Tunisie, Algérie et autres. Habituellement on compte jusqu'à neuf cents élèves et plus de trois cents professeurs appartenant aux quatre rites, suivis en Égypte par les Musulmans et qui sont : le Chaféite, le Malkite, l'Hanafite, l'Hambalite. Le premier réunit plus de la moitié des étudiants, et le dernier fort négligé, paraît-il, n'en compte que trente. Les étudiants sont distribués par salles ou corridors, suivant leurs origines : d'un côté, par exemple, ceux de la Haute Egypte, de l'autre ceux du Delta, puis ceux du Mogreb, nom donné par les Musulmans au Nord de l'Afrique, puis les Syriens, ailleurs les Turcs, et ainsi de suite.

En ce moment, à cause du Rhamadan, les étudiants sont fort peu nombreux : le jeûne observé pendant toute la journée est, comme de raison peu favorable à l'étude. Cependant, sous les portiques et dans les chambres qui entourent la vaste cour, et surtout dans la salle du fond que soutiennent une centaine d'élégantes colonnes, rappelant un peu, sauf les dimensions, la « *Mezquita* » de Cordoue, se trouvent réunis quelques-uns de ces jeunes apprentis en théologie musulmane : les uns assis isolément, sont absorbés par la lecture de leurs livres, d'autres formant des groupes, sont suspendus à la parole du professeur accroupi au milieu d'eux. Puis, tout à côté de cette jeunesse studieuse, il y a ceux qui dorment étendus sur le marbre de la mosquée, enveloppés des pieds à la tête dans leurs couvertures de couleurs bariolées. Spectacle étrange! Sont-ce des étudiants qui font à leur mode la grasse matinée, ou tout bonnement des infortunés qui n'ont pas d'autre abri que les murs de la mosquée, toujours ouverts à tout Musulman étranger ou pauvre?

Puis, ce sont sous les portiques de nombreux groupes d'enfants que leur âge apparemment dispense du Rhamadan, car ils s'appliquent de tout cœur à apprendre leur Coran par cœur, ou bien encore à le copier sur de petites plaques en zinc, tout en balançant en avant ou en arrière leurs corps surmontés de leurs petites têtes rasées. Ainsi le veut la tradition de l'orthodoxie musulmane : comme chez les juifs, les mouvements du corps doivent accompagner les actes qui se rattachent à la religion.

Au fond de l'édifice nous pénétrons dans une salle obscure et fermée, à peine éclairée par une fenêtre ouverte dans le haut de la muraille mal crépie : c'est l'asile des étudiants aveugles! On sait que la cécité est plus fréquente en Égypte que partout ailleurs, ce qu'on attribue au sable, constamment soulevé par le plus faible coup de vent, et à la réverbération intense du soleil que, de longs mois durant, aucun nuage, aucune goutte de pluie ne vient atténuer.

Nous terminons la tournée de la matinée par une nouvelle visite aux ruelles du bazar. Je me laisse aller à emporter comme souvenir de l'Égypte, quelques-unes de ces écharpes en mousseline ou en soie à bandes de diverses couleurs tendres qui sont vraiment fort jolies et j'y joins tout l'accoutrement bizarre dont se coiffent les femmes indigènes pour circuler dans la rue : c'est un voile de tulle noir composé de deux parties : la plus longue, enveloppe le derrière de la tête, et l'autre, qui couvre la figure et la poitrine est retenue par une ficelle passant en travers d'une sorte de bobine en cuivre plus ou moins doré qui repose sur le nez de façon à laisser les yeux à découvert. Cet arrangement de coiffure, fort laid et probablement fort incommode, attire par sa singularité l'attention du passant : c'est un des traits caractéristiques des rues du Caire d'ailleurs.

Je passe à la banque d'Égypte « *The Bank of Egypt* », (car c'est tout bonnement une banque Anglaise), mais j'ai le regret de n'y pas trouver, comme j'espérais, de correspondance récente à mon adresse : elle m'attend sans doute à Marseille, tandis qu'on a déjà en Egypte la malle partie de Londres il y a moins de six jours. En revanche, j'ai eu dès ce matin, le plaisir de recevoir le télégramme, daté du même jour par mon fils bien arrivé à Calcutta. Il ne contient qu'un mot : « Bien », mais c'est assez pour renseigner et rendre grâce aux télégraphes sous-marins ou autres, et, par suite de la différence de longitude, il m'arrive même avant l'heure où il a été expédié !

En rentrant de cette tournée, nous croisons l'équipage du Khédive qui, assis dans une légère victoria, avec un aide de camp à ses côtés, et entouré d'une escorte de cavalerie, coiffée comme lui-même du classique « tarbouch » s'en vient en ville pour présider à midi et demi à l'ouverture solennelle des séances de son semblant de conseil et y donner lecture de son discours du trône.

Après le déjeuner, chez les aimables de Sérionne, nous nous rendons à l'Agence diplomatique de France. Le Ministre avait eu à mon premier passage au Caire l'obligeance de m'inviter à déjeuner pour hier. Mais le déplorable manque de parole du paquebot du *Lloyd* m'avait privé de répondre à cette aimable invitation, et je tenais à réitérer en personne mes regrets déjà exprimés par télégramme. Le ministre s'étant trouvé appelé à une audience du Khédive, Madame Cogordan voulut bien me faire les honneurs de cette superbe résidence, construite il y a quelque trente ans, par un riche français, M. de Saint-

Maurice, dans le style mauresque, et qui est probablement la plus belle habitation du Caire. Le grand salon est formé par de larges arcades que surmonte un beau plafond en coupole mauresque et la beauté des appartements est complétée par une terrasse dominant un jardin verdoyant.

Ma visite au Khédive était fixée à 3 heures et demie. Je devais m'y rendre seul. Mais M. de Sérionne tint à en rehausser l'importance en faisant courir devant la belle victoria qu'il tenait à ma disposition ses deux « Saïs. » Les « Saïs » sont des hommes qui, nu-pieds, en jupe blanche et veste brodée d'or, courent, armés d'un long baton, en avant des voitures, comme pour faire faire place par la foule si c'est nécessaire : ces piqueurs à pied font, paraît-il, partie des privilégiés des représentants diplomatiques ou autres grands personnages. Nous suivons ainsi la Grande Rue, dite du Chemin de fer, qui passe devant « Shepheard's » Hotel toujours animée par le mouvement des âniers, des voitures de toutes sortes et du nombreux public indigène, aussi bien que des touristes européens ; elle longe la grande place « Ezbekyeh », dont le Khédive Ismaïl fait un beau jardin à l'européenne, passe devant l'Opéra et la statue équestre d'Ibrahim-Pacha, le fils et héritier du grand Mehemet-Ali, et aboutit tout droit à la place d'« Abdin », où se dresse la longue façade du palais « khédivial », façade peinte en gris, sans caractère aucun, et élevée seulement d'un étage. Cette construction est due aussi au vice-roi Ismaïl, dont le goût artistique n'était pas toujours à la hauteur de ses dispositions fastueuses et des prodigalités mémorables qui eurent pour résultat final de le faire écarter du trône d'Égypte.

Des maîtres de cérémonie me reçoivent au bas de l'escalier. Il n'y a pas ici comme à Tokio, de beaux habits à boutons dorés, ni de grands appartements richement décorés. Tout affecte une simplicité, inspirée apparemment par le désir de se rapprocher du ton européen, tout en respectant le précepte musulman qui interdit la reproduction des figures animées.

CHAPITRE XVIII

Quant à la tenue, la redingote droite est celle de tout le monde officiel musulman : ouverte ici par une concession au climat, elle laisse voir le gilet et la cravate de fantaisie, mais toujours de nuance sobre et sans aucune prétention au luxe. L'habillement est complété par le « tarbouch » rouge, à gland noir, qui ne se quitte pas même dans les appartements. L'étranger, pour aller au palais, relève sa tenue de ville en arborant le chapeau haute forme, et c'est là à peu près toute la différence entre la toilette officielle des européens et celle des fonctionnaires égyptiens.

L'escalier, de dimensions suffisamment majestueuses est sans ornementation aucune. Il en est de même des spacieux salons, garnis simplement de tapis à l'européenne, à l'entrée desquels le Khédive vient au-devant de moi.

« Abbas Hilmi » est un jeune homme à l'expression sympathique, à la moustache blonde, qui connaît fort bien les façons européennes : il a, comme on sait, fait son éducation à Vienne au grand lycée militarisé, connu sous le nom de « Theresianum ».

Il me fait asseoir à sa droite sur un divan qui présente la particularité, peut-être accidentelle, d'un coussin se dressant à pic entre nous deux. Il s'exprime en français fort correctement : ses affectueux souhaits de bienvenue et le souvenir rappelé par moi des rapports maintenus entre nos deux familles depuis l'époque du glorieux Mehemet-Ali, font les frais de la conversation. La difficulté de sa position l'a évidemment habitué de bonne heure à une prudente réserve. Il lui faut ménager la dure tutelle anglaise pour laquelle, s'il faut en croire l'opinion courante assez plausible du reste, il n'éprouve aucune sympathie, mais l'expérience de quelques démarches tentées sans succès pour la rendre moins lourde lui a appris la nécessité de la prudence.

Au bas de l'escalier, le maître des cérémonies me prévint que le Khédive viendrait à l'hôtel pour me rendre ma visite, à 4 heures un quart, visite pour laquelle il se fit accompagner de Fuad-Pacha, l'un des membres de sa famille. Quand je l'accompagnai jusque sur le perron de l'hôtel, séjour préféré des touristes inoccupés devant lequel l'attendait sa victoria, avec son escorte de quatre ou cinq cavaliers, il serra amicalement la main du directeur de l'hôtel et de tel autre européen de sa connaissance. La cour d'Egypte a, comme on voit, un ton modeste et bon enfant qui met à l'aise : elle n'a pas la prétention de s'élever au dessus de la condition que lui ont faite les événements : c'est bien la cour d'un pays en quelque sorte doublement vassal : et cette simplicité facilite les rapports avec les étrangers, de toutes nations, qu'attirent, si nombreux en Égypte, les avantages du climat et de la situation géographique, et qui sont gracieusement reçus au Palais.

Le précepte musulman de la séparation des sexes y est toutefois strictement observé. Mais la mère du Khédive connaît, paraît-il, fort bien la langue française, elle a « son jour », et, accompagnée de sa belle-fille encore fort jeune, et sans la même éducation, elle accueille avec un plaisir manifeste, une fois par semaine, les dames de la colonie européenne.

J'employai ce qu'il me restait de l'après-midi à me rendre à « Hélouan » pour faire visite au duc de Saxe-Cobourg Gotha et d'Edimbourg, arrivé depuis peu de jours en Egypte, mon parent du côté de ma mère et compagnon de jeux de mon enfance. Il s'est installé au « Grand Hôtel d'Hélouan » pour une cure de bains sulfureux et m'y reçut fort aimablement. Cette localité, située au Sud du Caire et reliée à la capitale par un trajet de chemin de fer d'une demi-heure, est considérée par les égyptiens comme une sorte de « Sanatorium » non seulement à cause de son établissement d'eaux sulfureuses, qui passent pour les plus riches du monde, mais aussi par suite de sa situation à 33 mètres au-dessus du Caire et de la plaine du Delta ! L'air doit donc y être, pense-t-on, plus pur et plus sec qu'ailleurs en Basse-Egypte ; et l'administration est tellement jalouse de lui conserver ses vertus particulièrement bienfaisantes pour les poitrines faibles, qu'il est interdit aux propriétaires d'y faire des plantations, si ce n'est sur la dixième partie de la surface de chaque propriété ; les neuf autres dixièmes doivent rester ce qu'ils sont : un désert de sable ! La verdure, paraît-il, altérerait la sécheresse de l'air !

On se figure aisément ce que peut-être le paysage dans de pareilles conditions et les constructions ne présentent rien qui en rachète le déplorable aspect. Le « Grand Hôtel », rempli cependant d'Anglais qui viennent sans doute chercher ici un contraste à l'humidité de leur atmosphère natale et trouvent moyen d'y jouer au « *golf* », ne présente, à l'extérieur, aucune beauté. Sur un des autres côtés de la place principale, où quatre ou cinq palmiers, tolérés par exception, semblent gémir au contact du vent chargé de sable, se dresse un casino dont la façade effritée donne l'idée d'une ruine prochaine.

C'est seulement au sortir de ce triste Hélouan qu'on retrouve le charme particulier au paysage égyptien. Du wagon du chemin de fer parallèle au Nil, je jouis du spectacle du soleil couchant éclairant admirablement les palmiers de la rive opposée et l'horizon borné par les deux groupes de Pyramides de « Ghizeh » et de « Sakharah. » A 7 heures et demie, je dînai encore une fois chez les excellents de Sérionne, dont la cordiale hospitalité me laisse un si affectueux souvenir.

On s'étonnera, peut-être que dans mes courses à travers le Caire, je n'aie eu aucune occasion de faire mention des Anglais qui sont pourtant, en somme, maîtres et seigneurs du lieu. Eh, oui ! en fait d'Anglais je n'y ai vu que les touristes inconnus rencontrés dans les vestibules de l'Hotel Shepheard, mêlés aux voyageurs de toutes nations dont la liste est panachée de « princes » allemands, italiens, polonais, et de très nombreux Américains : la société du Caire est essentiellement cosmopolite.

De fonctionnaires anglais je n'en ai point rencontré, cherché, ni vu.

L'uniforme anglais, lui-même, semble absent de cette ville et de ce pays sur le gouvernement duquel sa main pèse cependant si lourdement. C'est à peine si j'ai aperçu deux ou trois habits rouges de soldats « en ballade » le long des rues.

On reconnaît ici l'astuce anglo-saxonne qui veut la réalité, mais sait se dissimuler là où il convient et réserve l'apparat pour les circonstances où il est besoin d'impressionner les peuples soumis.

La garnison anglaise occupe la citadelle d'où elle domine la ville tout en s'en conservant en quelque sorte séparée. Elle tient de même l'entrée du pont de « Kazr-el-Nil » au moyen de vastes casernes complétées par un terrain clos de murs élevés où ses soldats peuvent s'exercer dans les rudiments de la profession militaire : et c'est là tout ce que le passant en entrevoit. L'égyptien de toutes classes sait que les uniformes rouges sont là derrière les murs de leurs casernes; et cela suffit : inutile de les lui montrer souvent et d'entretenir par là une irritation que la rudesse anglaise pourrait facilement faire dégénérer en conflits sanglants.

Il en est à peu près du reste de même dans l'Inde; là aussi, sauf à Calcutta, où on peut admirer la garde du Vice-Roi et la brillante « *Bengal Cavalry* », il est assez rare de rencontrer des uniformes dans les villes, en général séparées du « *Cantonment* » qui abrite les conquérants du pays.

11 Février. — A 9 heures et demie, je montais en chemin de fer avec M. de Sérionne, prenant congé à la gare du ministre et de son aimable secrétaire de légation Pierre Lefèvre-Portalis, qui avaient bien voulu se déranger pour venir me saluer au départ.

La matinée était fraîche et charmante; mais la plaine d'Egypte est décidément monotone, bien que dans la direction d'Alexandrie, le trajet soit coupé par le passage successif des deux grands bras du Nil, dits de « Damiette » et de « Rosette », ainsi que de nombreux canaux qui servent à la fois à la navigation à voiles et à l'irrigation. On franchit le bras de Damiette au sortir de la gare de Benha, où la ligne d'Alexandrie se sépare de celle d'Ismaïliah et Suez.

Lamentable aspect, du reste, que celui de ces stations égyptiennes, pauvrement construites, et toujours encombrées d'une population à moitié nue qui semble crier misère. Les fameuses richesses de la campagne égyptienne, considérée pendant de longs siècles comme l'un des greniers du monde et encore aujourd'hui fertile en récoltes de céréales et de coton, profitent apparemment aux créanciers de l'Egypte plus qu'aux tristes habitants du pays. Triste aussi, l'aspect des villages presque exclusivement construits en torchis et accompagnés souvent de vastes cimetières dont les tombes en briques grises complètent la demi-teinte qui plane sur le paysage.

En dépit des cultures qu'alimente le limon du Nil, le sable du désert pénètre partout : notre wagon en est littéralement inondé. C'est qu'aussi, depuis notre départ du Caire, s'est levé un violent vent d'Ouest, le terrible « Kamsin ». Évidemment il ne pouvait pas faire défaut le jour où je dois prendre la mer.

En approchant d'Alexandrie, la ligne suit une langue de terre qui sépare les deux grands lacs ou lagunes d' « Aboukir » à droite, de « Maréotis », aujourd'hui « Mariout » à gauche. Nous avons quarante minutes de retard, et il est 1 heure 40 quand nous entrons en gare d'Alexandrie. Il n'est que temps d'aller déjeuner et la voiture amenée par l'agent de la Compagnie de Suez nous conduit rapidement à l'hôtel Abbat, qui ne me parut guère brillant.

Alexandrie fait l'effet d'une ville morte : l'ouverture du canal de Suez l'a fait déchoir de son importance. Ses larges rues dallées sont désertes et les habitants semblent absents de ses blanches constructions, à toits plats, à caractère banal. Le temps nous faisait défaut pour visiter le musée gréco-romain que l'on dit remarquable, et la Colonne, décorée, on ne sait trop pourquoi du nom du grand Pompée. Il nous fallait, en effet, trouver les bureaux du télégraphe pour télégraphier à Calcutta et à Marseille et me munir de monnaie française à la succursale de la « Bank of Egypt ».

Toutes ces petites opérations ne vont pas sans absorber pas mal de temps, et le départ du paquebot est annoncé pour 4 heures. Nous reprenons la voiture pour parcourir quelques rues et passer devant les façades, du reste sans caractère, de la cathédrale Latine et de celle des Grecs, et à 3 h. 1/2 nous retrouvons l' « Ava » à quai dans le port. Tout à côté, flottent deux grands paquebots du Lloyd Autrichien, le « *Bohemia* » et le « *Habsburg* », beaux navires, bien installés, dont la brillante apparence rectifie en partie la triste idée que ma navigation sur le « *Minerva* » m'avait laissée de cette célèbre compagnie : il paraît, du reste, que ce sont là ses deux plus beaux bâtiments.

Le train pour le Caire est à 4 h. 15, de sorte que le moment est arrivé, malheureusement, de me séparer de M. de Sérionne, dont l'amabilité constante et l'empressement affectueux et intelligent ont tant embelli et facilité à tous points de vue mon trop court séjour en Égypte : je me sens, en l'embrassant, incapable de trouver des paroles suffisantes pour le remercier autant qu'il lui est dû !

Me voici donc de nouveau seul et je reprends possession de la spacieuse cabine de l'Agent des postes. Mais, la tempête souffle et le Commandant nous confie qu'il ne croit pas pouvoir sortir par un temps pareil. Même dans l'intérieur du port, quoique protégé par de longues jetées, la mer est agitée. Tantôt, on a vu, de l'autre côté de l'une de ces digues, sombrer entièrement un trois-mâts à voiles turc : l'équipage, heureusement, s'est sauvé, escaladant l'enrochement contre lequel le navire s'est brisé.

Le soleil se couche derrière l'entrée du port, à demi

caché par des nuages sombres qui, avec les jetées, le phare, les nombreux mats de navires, complètent un paysage rappelant ceux de « Claude Lorrain », moins cependant la lumière et la beauté.

La nuit tombée, le Commandant Fontana fait savoir qu'il est impossible de sortir avant le matin tout au moins. On dîne donc à loisir, j'ai une voisine agréable : la comtesse d'Argence, née Barrot, qui me rappelle des souvenirs se rattachant à l'aînée de mes sœurs, à jamais regrettée. Accompagnée de son frère, officier de chasseurs à cheval, elle retourne en France, après avoir fait visite à son père, « Barrot-Pacha », qui, jadis, secrétaire confidentiel du Vice-Roi Ismaïl, a gardé l'habitude de passer ses hivers au Caire, sur l'invitation du Khédive actuel. En face de nous se trouvent M. et Mme Albert Aubry, qui demeurent avenue Hoche, et avec qui je me trouve avoir aussi des connaissances communes. Puis, c'est le Frère Evagre, supérieur des Frères de la Doctrine Chrétienne établis en Terre-Sainte, vénérable religieux à la barbe blanche qui va en France quêter les ressources nécessaires au développement de son école de Nazareth.

Le reste de la liste des passagers, que le commissaire à l'obligeance de me remettre, est, comme d'habitude, complétée par des Anglais : on y remarque l'évêque anglican de Hereford, qui revient de faire visite à son fils, officier de cavalerie en garnison en Égypte.

Le vent d'Ouest continue à souffler, presque glacial, sur le pont, et le navire, tout amarré qu'il est, roule comme en pleine mer et semble vouloir se briser contre le quai d'embarquement.

12 Février. — Cependant le Commandant n'attendait que le jour pour franchir la passe du port, et le paquebot s'est mis en marche à 6 heures précises. Quand je m'arrachai de mon lit, on avait perdu la terre de vue.

Mer mauvaise : le tangage est très sensible et les repas solitaires ; les dames ont absolument déserté la salle à manger.

Comme distraction, on a aperçu, l'après-midi, dans la direction du Sud-Est, une trombe : ce phénomène offre l'aspect d'un tourbillon de fumée qui s'élève de la mer et que l'on pourrait croire produit par l'explosion de quelque volcan sous-marin : le Commandant nous explique que c'est tout bonnement l'eau de la mer qui, aspirée par un tourbillon de vent, s'en va rejoindre les nuages.

13 Février. — Journée assez vilaine encore et mêlée de gros grains. Cependant le ciel bleu s'est montré par moments ; le vent, toujours contraire, est Nord-Nord-Ouest.

La mer est tombée sensiblement quand nous nous sommes trouvés à l'abri de la Crète, dont les montagnes ont d'abord émergé des nues au loin à l'horizon, puis se sont montrées assez près de nous, nous envoyant un vent glacial de leurs sommets toujours enveloppés de nuages et de leurs flancs entièrement couverts de neige presque jusqu'au niveau de la mer. Je ne m'attendais à voir tant de neige à une latitude inférieure à celle de Gibraltar et sur une côte exposée au Sud. Quoiqu'il en soit, l'aspect de ces montagnes de Crète est grandiose. C'est sur la côte opposée que stationnent depuis de si longs mois les escadres du fameux « Concert Européen. »

En avant de la grande île, nous voyons la petite île de Gaudo, aux pentes arides, formant un plateau peu élevé que domine la côte voisine.

Malgré cette acalmie partielle, la salle à manger a continué d'être déserte : à la table du commandant, je n'ai pour voisin que le lieutenant Barrot : en face de nous, une seule dame, anglaise apparemment, prend place à côté du robuste et irréductible « Lord Bishop of Hereford ». A l'autre table, présidée par le commissaire, le vénérable Frère Evagre, et un autre passager, tiennent seuls tête au Docteur du bord.

14 Février. — Pendant la nuit, le mouvement du navire est redevenu assez violent. Ce matin le ciel est entièrement pris de nuages, nous voici par le travers de l'Adriatique d'où descend en rafales le vent du Nord, le « Bora » du littoral Autrichien.

15 Février. — La mer s'est calmée peu à peu ; on approche des côtes de Calabre.

C'est de nuit, malheureusement, que nous franchissons le détroit de Messine ; et ce fut en vain que vers 4 heures du matin, je tâchai de saisir quelque chose du paysage fameux : je ne pus discerner ni « Charybde » ni « Scylla » ; et à peine entrevoir à travers la double vitre de mon hublot la forme vague d'une montagne de la Calabre. La nuit était fort obscure, et je jugeai inutile de quitter ma cabine pour aller tenter d'apercevoir de l'autre bord les lumières de Messine.

Le jour venu, un peu avant 7 heures, les côtes de Sicile fuyaient au loin à notre gauche ; et bientôt nous traversons l'archipel de « Lipari », dont les îlots surgissent bizarrement, presque à pic, du sein de la mer. Nous longeons de tout près, sur notre droite, « Stromboli », masse conique assez élevée, des flancs escarpés de laquelle on voit s'échapper la fumée d'un cratère intérieur. Plus bas, à mi-côte, on distingue tout un village d'où se détache le clocher d'une modeste église, et on m'assure qu'un autre plus important se trouve de l'autre côté de cet îlot. Les vignobles de Stromboli sont, paraît-il, renommés, et c'est apparemment ce qui explique la persistance de ces groupes d'habitants sur une terre constamment menacée par les éruptions de l'activité volcanique que renferment ses flancs.

Nous avons, Dieu merci, enfin laissé les tempêtes de l'autre côté de la Sicile.

La mer tyrrhénienne est comme un miroir. La température est douce, le soleil brille, et le navire fend, sans ébranlement ni efforts apparents, la surface de l'onde azurée et la légère brise printanière ; la température est de 12 degrés.

Le pont s'égaie de la réapparition de nos compagnons de voyage dont le mal de mer nous avait privés jusqu'à présent.

Vers la tombée de la nuit, on aperçoit à droite, les petites îles italiennes appelées « Ventotenne », « Ponza » et « Pasmanda », qui sont à la hauteur de Gaëte et de Terracine.

16 Février. — Le Commandant m'avait prévenu que pour éviter le risque de voir la navigation retardée par la rencontre du « Mistral », il ne franchirait pas, comme d'habitude, le détroit de Bonifacio, mais doublerait l'extrémité septentrionale de la Corse qui, ainsi, nous abriterait plus longtemps. Aussi, au point du jour, avons-nous, à droite, la masse montagneuse de l'extrémité occidentale de l'île d'Elbe, à côté de laquelle, bientôt, le soleil radieux sortait des ondes. Un peu plus au Nord, nous voyons la « Capraia » (1), petite île montagneuse également, que le Dante souhaitait voir avec la voisine « Gorgone » se précipiter « *d'Arno in su la foce* », pour châtier les crimes des Pisans, en obstruant le fleuve qui baigne leurs murs !

A gauche, voici la longue ligne de la Corse, première terre française d'Europe. Ses sommets neigeux se détachent nettement sur le ciel ; la mer, absolument calme, complète l'admirable spectacle : argentée par la lumière du soleil naissant, son miroitement nous reporte au calme inaltérable des lagunes de Venise.

Bientôt le cours de la navigation nous rapproche de la Corse, assez pour en admirer les blancs villages suspendus aux pentes escarpées et verdoyantes et les tours pittoresques qui, semées du bord de la mer jusqu'aux sommets, commémorent l'époque où ces rivages avaient à se défendre contre les incursions des pirates Sarrazins.

Arrivé au nord de l'île, le navire contourne le cap Corse

---

(1) Cette île n'est pas à confondre, comme on l'a fait quelquefois avec l'îlot de Caprera, malheureusement illustré de nos jours par le séjour de Garibaldi et situé dans le détroit de Bonifacio non loin des côtes de Sardaigne.

en signalant notre passage au Sémaphore et laissant à droite le phare qui surmonte l'îlot de Giraglia aux pentes rocailleuses, brillant de teintes métalliques sous les rayons du soleil. Puis apparaît, par delà le golfe de Saint-Florent, un nouveau rideau de hautes montagnes entièrement neigeuses : c'est le massif de Calvi qui forme la côte Nord-Ouest de l'île.

Le bon Commandant Fontana avait bien fait de nous assurer aussi longtemps que possible l'abri de la Corse : une fois hors de vue de cette côte qui nous était apparue si belle dans un ciel sans nuages, voici que le temps change, le soleil s'est caché, et la mer est agitée à nouveau par la brise qui maintenant nous vient du Sud. Sur la fin de l'après-midi, elle nous amène une houle énorme qui nous prend sur le flanc gauche : c'est presque la grande houle Nord-Ouest du Pacifique et, paraît-il, un reste de tempêtes passées.

A ce moment, le soleil se couchait devant nous, enveloppé de nuages d'un rouge flamboyant : spectacle admirable, mais toujours inquiétant sur mer, les nuages rouges du soir présageant le mauvais temps. A droite nous apercevions enfin la côte française : toute la ligne des montagnes qui s'élèvent derrière Saint-Tropez et Hyères. Nous avions dépassé, mais trop loin pour les voir, Nice, Antibes, Cannes !

Il fait déjà nuit, quand nous longeons à distance le groupe des îles d'Hyères.

17 Février.— Je m'étais retiré de bonne heure en vue du débarquement du lendemain matin, et je reposais quand, vers 11 h. 1/2, on mouilla en rade de Marseille.

Ce matin, lever en hâte dès avant 6 heures : on ferme les paquets, on prend les derniers arrangements, on calcule qu'on pourra prendre le train pour Paris à 9 heures.

Mais il était écrit que ma mauvaise chance sur mer devait me poursuivre jusque dans le port d'arrivée !

Je monte sur le pont, puis sur la passerelle, pour y

trouver le Commandant, et j'ai le fâcheux désappointement d'apprendre de lui qu'il n'y a pas à penser pour le moment à rentrer dans le port ! Le vent violent du Nord-Ouest qui agite la rade, ne lui permet pas, paraît-il, de manœuvrer un navire de cette dimension de façon à le faire entrer sans danger dans le goulot de la Joliette qui est parallèle à la direction générale de la côte. Nous voici donc en panne et il est impossible de prévoir combien de temps cet état de choses durera : le ciel est bleu, le temps semble au beau fixe !

Du reste la position du navire est stable, parfaitement abritée, à gauche, par les deux îles Pomègue et Ratonneau qu'une digue a reliées pour en faire un petit port d'abri et y établir le lazaret dit du Frioul ; en avant, par l'îlot qui porte les vieilles tours rondes du château d'If, illustré par les inimitables récits d'Alexandre Dumas dans son Monte-Christo.

A droite, nous avons le panorama de la baie de Marseille, formé par les parties extérieures de la ville que domine de toute sa hauteur « Notre-Dame-de-la-Garde », puis par la ligne circulaire des montagnes semées de maisons de campagne et de villages. Le coup d'œil est superbe, l'air est pur ; mais... la contrariété du retard de l'arrivée à Paris domine tout. Si, au moins, nous pouvions recevoir des nouvelles ! Il nous semble à chaque instant qu'au moins la chaloupe de la Compagnie doit venir se renseigner sur notre sort. Mais cet espoir aussi est déçu : rien ne vient, ou ne semble prendre sur terre aucun souci de notre sort, et pendant cette attente, nous voyons d'autres navires, moins considérables, il est vrai, faire leur manœuvre et enfiler bravement l'entrée du port.

Les heures se passent, et les passagers de 1re commencent à s'insurger : l'évêque anglican est attendu, le dimanche 20, à Oxford pour y prêcher un sermon ; le lieutenant de hussards rappelé à sa garnison à Bordeaux par l'expiration de son congé ; M. Aubry et d'autres pressés par leurs affaires.

CHAPITRE XVIII

Je me décide à faire une tentative auprès du Commandant toujours sur la passerelle et me permets de lui demander s'il n'y aurait pas moyen d'entrer. « Non » me répondit-il, d'un ton qui n'admet pas de réplique, « et c'est moi qui ai la responsabilité. » C'est trop juste et je ne puis insister.

Après déjeuner, cependant, les passagers impatients se décident à forcer la main au commandant : on le menace de porter des réclamations à la Compagnie si le retard se prolonge ; et j'apprends bientôt qu'enfin on se met en mouvement. Le navire prend sur la droite et va longer la côte rocailleuse de façon à enfiler l'entrée du port de la Joliette. La direction, évidemment, est difficile à donner au paquebot, et ce n'est pas sans quelque émotion qu'on en suit les mouvements. On rase de bien près la jetée de gauche ; mais enfin... on y est et on respire.

Voici bientôt les premières embarcations qui m'apportent toute ma correspondance confiée aux soins de l'Agence, toujours empressée, des Messageries Maritimes, puis les chalands dans lesquels on s'entasse comme on peut et qui débarquent leur monde en peu d'instants. Nous sommes enfin en terre de France !

Il est environ 3 heures. En peu de temps, un employé des Messageries, fort aimablement, fait passer mes bagages à la douane sans autres formalités. Je hèle un fiacre et me fais conduire au bureau des télégraphes, puis au pied de la colline de Notre-Dame-de-la-Garde.

Depuis ma dernière halte à Marseille, en 1890, on a construit un ascenseur vertical qui, en moins de deux minutes, dépose les promeneurs au bas de l'escalier de l'église, remplaçant ainsi la longue montée en voiture que j'avais faite plus d'une fois et notamment à l'époque susdite avec mes enfants et mon regretté beau-père.

Après avoir, dans ce beau sanctuaire, le cœur plein de reconnaissante émotion, rendu grâce à Dieu et à Notre-Dame de l'heureuse conclusion de mon voyage, j'aurais voulu m'attarder sur le terre-plein voisin pour contempler à loisir le magnifique panorama de la grande ville et de la campagne qui l'environne. Mais le vent d'ouest qui avait tant retardé et gêné notre arrivée continue à souffler de plus belle : la mer est couverte de moutons, et à peine en dehors de l'abri de l'église, l'ouragan me menace d'une descente forcée le long de la pente escarpée. Impossible de lutter contre pareille tempête.

18 Février. — Après la nuit passée dans le train encombré par les voyageurs rentrant de la « Côte d'Azur », vers 9 heures nous sommes en gare de Paris et je suis dans les bras des miens, auxquels s'était joint l'excellent général, père du compagnon de voyage de mon fils.

Mon tour du monde avait duré 118 jours.

Ce n'est pas beaucoup plus que celui du fantastique « Phileas Fogg », créé par la merveilleuse imagination de Jules Verne; et j'espère, du moins, avoir, dans ce court espace de temps, acquis un complément d'éducation pour le reste de mes jours.

TABLE DES CHAPITRES

	Pages
Préface	1

CHAPITRE I
L'Atlantique. — Le paquebot la *Touraine*. — Première impression de New-York. — Le Broadway Central Hotel. 1

CHAPITRE II
Promenades dans New-York. — Les chutes du Niagara. — Chicago. — Les États d'Iowa et de Nebraska. — Denver 21

CHAPITRE III
Les Montagnes Rocheuses. — La Cité des Mormons. — Le Grand Désert Américain. — La Californie. — San Francisco 46

CHAPITRE IV
Dernier coup d'œil sur les États-Unis. — Le paquebot *Peru*. — La traversée du Grand Océan. — L'arrivée au Japon 69

CHAPITRE V
Yokohama. — Premier aperçu de Tokio. — Les Parcs. — Shiba et Ueno. — Nikko et sa montagne consacrée 94

CHAPITRE VI
Séjour à Tokio. — Les Rues, les Boutiques. — Le Musée d'Ueno. — Le Théâtre Japonais. — Les fonctionnaires de la Cour Impériale. — Le quartier d'Asakusa. — L'Arsenal, les Casernes des Trois Armes. — Diner japonais au Restaurant Koyokan. — Les 47 Ronins. — Grand diner diplomatique. . . 118

CHAPITRE VII
Excursion à Kamakura. — La Cour Impériale. — Départ pour l'Ouest du Japon. — Nagoya. — Kioto 142

CHAPITRE VIII
Les rapides du Katsuragawa. — Nara. — Osaka. — Kobé. — Le paquebot *Salazie*. — Adieux au Japon 167

CHAPITRE IX
La mer du Japon. — Le Yang-Tse Kiang. — Shanghaï. — Le paquebot l'*Ernest-Simons* — Hong-Kong. 189

CHAPITRE X
Canton. — Saïgon. — Singapore 209

CHAPITRE XI
L'Océan Indien. — Ceylan. — Le paquebot le *Dupleix*. — Pondichéry. . . . 233

CHAPITRE XII
Le départ de Pondichéry. — Madras. — Calcutta 257

CHAPITRE XIII
Bénarès. — Agra. — Delhi 280

CHAPITRE XIV
La traversée du *Radjpoutana*. — Jeypore : l'installation d'un grand feudataire indien. — Le *Bombay Baroda and Central India Railway*. — Coup d'œil rapide sur Bombay 300

CHAPITRE XV
La rade d'Aden. — La mer Rouge. — Le canal de Suez. — Deux jours au Caire. 322

CHAPITRE XVI
Départ pour les Lieux Saints. — Le paquebot *Ava*. — Jaffa. — Première visite au Saint-Sépulcre. — Bethléem. — Première journée à Jérusalem 344

CHAPITRE XVII
Seconde journée à Jérusalem. — Messe au Calvaire. — Le Moriah. — Le Mont des Oliviers. — Messe au Saint-Sépulcre. — Retour au Caire. 365

CHAPITRE XVIII
Troisième journée au Caire. — Alexandrie. — La Traversée de la Méditerranée. — L'Avant-Port de Marseille. — En terre de France. 385

TABLE DES GRAVURES

1. — « Elevated Railway », près de « The Battery », New-York.
2. — Entrée du pont de Brooklyn.
3. — Pont de Brooklyn.
4. — Cataracte du Niagara prise de la rive canadienne.
5. — « Elevated Railway » dans les rues de Chicago.
6. — Pont-ascenseur sur le chemin de fer, à Chicago.
7. — Les « Stock-yards », Chicago.
8. — Chicago : Vue prise de la Tour de l'Auditorium.
9. — Wagon de luxe des chemins de fer américains.
10. — Gare dans les hauts plateaux des États-Unis.
11. — « Antler's Hotel », Colorado-Springs.
12. — Tranche de « Sequoya Gigantea », à Cliff-House.
13. — Les voyageurs à Cliff-House, près San Francisco.
14. — Serviteur chinois annonçant l'heure du repas sur le vapeur *Perú*.
15. — Le commandant du paquebot *Perú* prenant le « point ».
16. — Chinois jouant aux cartes à l'arrière du vapeur *Perú*.
17. — Statue de guerrier japonais devant l'Hôtel Impérial, à Tokio.
18. — Avenue de lanternes conduisant aux temples de Shiba.
19. — Shiba.
20. — Palais des ministères et administrations publiques, à Tokio.
21. — Temples de Shiba.
22. — Entrée des temples d'Ueno.
23. — Gare d'Utsonomiya.
24. — Conscrits à la gare d'Utsonomiya.
25. — Gare d'Utsonomiya : Soldats, employé de police ; lavabo public.
26. — Hôtel Kanaya, à Nikko.
27. — Pont sacré, à Nikko
28. — Rue principale de Nikko.
29. — Bazar d'Asakusa.
30. — Temple d'Asakusa.
31. — Boutiques à Tokio.
32. — Marchand de comestibles ambulant.
33. — Les voyageurs et l'interprète Tawada dans les rues de Tokio.
34. — « Jinrikshah » dans les rues de Tokio.
35. — Observatoire pour annoncer les incendies.
36. — Murailles extérieures du Palais impérial de Tokio.
37. — Le « Dai-Butsu » de Kamakur.
38. — Château de Nagoya.
39. — Canal à Nagoya.
40. — Devant la gare de Kioto.
41. — Maison de campagne en face d'Hodzu, sur le Katsuragawa.
42. — Navigation sur les rapides du Katsuragawa.

43. — Bonzes en marche dans la campagne près de Kioto.
44. — Kioto : Une rue en fête.
45. — Soldats japonais devant la gare de Kioto.
46. — Parc des temples de Nara : Cerf sacré.
47. — Prêtre-chef du temple Shinto, à Nara.
48. — Bonze en chef des temples bouddhiques, à Nara.
49. — Le quai de Shanghaï.
50. — Porte de la ville chinoise, à Shanghaï.
51. — « Sampan » à voiles à l'entrée de la rade de Hong-Kong.
52. — Hôtels sur les hauteurs du « Peak », à Hong-Kong.
53. — La pagode à cinq étages sur les murs de Canton.
54. — Murailles de Canton.
55. — Canton : Rangées de cellules pour candidats au baccalauréat.
56. — Canal Shameen, à Canton.
57. — Charrette et conducteur cochinchinois, Saïgon.
58. — Sergent de ville annamite. Tramway de Saïgon à Cholon.
59. — Statue de l'amiral Rigault de Genouilly, Saïgon.
60. — Sentinelle annamite : Palais du Gouverneur-Général, Saïgon.
61. — John Arachi, « Upper Servant of Queen's House », Colombo.
62. — Rue principale de Kandy.
63. — Temple de la Dent de Bouddha, Kandy.
64. — Villageois Cinghalais.
65. — Fiacre cinghalais.
66. — Pondichéry : « Pousse-pousse ».
67. — Sur l'Hoogly.
68. — Calcutta : Palais du Gouvernement.
69. — Bénarès : Les Minarets d'Aurengzeb.
70. — Bénarès : Les ablutions dans le Gange.
71. — Bénarès : « Shiwala-Ghat ».
72. — Ramnagor : Palais de campagne du Maharajah de Bénarès.
73. — Bénarès : « Queen's College ».
74. — Bénarès : « Saint-Mary's Chapel ».
75. — Le « Fort » d'Agra.
76. — « Moti-musjid » : La Mosquée-perle, Agra.
77. — Monument d'Itinadu-Daulah, près Agra.
78. — Le « Taj-Mahal », près Agra.
79. — Portiques de l'entrée du « Taj-Mahal ».
80. — La « Jumma-Musjed », à Delhi : façade intérieure.
81. — Canal de Suez : Garage près Ismaïliah.
82. — Coin de rue du Caire.
83. — Canal de Suez : Passage à El-Kantara.
84. — Jérusalem : « Tour de David ».
85. — Hospice franciscain : « Casa Nova ».
86. — Entrée de la Basilique du Saint-Sépulcre.
87. — Femmes Bethléemites.
88. — Bethléem : Basilique de la Nativité.
89. — Le Saint Cénacle.
90. — Arc de l' « Ecce Homo ».
91. — Mosquée d'Omar.
92. — Coupole de la Chaine : « Koubbet-es-Silsileh ».
93. — Jérusalem : « Kawas » du Consulat, et soldat turc.
94. — Rue de Jérusalem.
95. — Cour de la mosquée « El-Azhar », au Caire.
96. — Minaret dans une rue du Caire.

Levallois-Perret. — Imp. CRÉTÉ DE L'ARBRE.

www.ingramcontent.com/pod-product-compliance
Lightning Source LLC
Chambersburg PA
CBHW071708230426
43670CB00008B/945